政治文化与政治文明书系

主 编：高 建 马德普

多元文化与国家建设系列

执行主编：常士闇

本书是国家社会科学基金重点项目
"多民族发展中国家政治整合路径选择研究"
（13AMZ005）的阶段性成果

政治文化与政治文明书系

多元文化与国家建设系列

合族之道的反思：
当代多民族国家政治整合研究

Reflections
on the Way of Ethnic Combination:
A Study of Political Integration
in Contemporary Multi-ethnic Countries

常士閟◎著

天津出版传媒集团

天津人民出版社

图书在版编目（CIP）数据

合族之道的反思：当代多民族国家政治整合研究 /
常士闿著. -- 天津：天津人民出版社, 2018.12
（政治文化与政治文明书系. 多元文化与国家建设系
列）
ISBN 978-7-201-14364-4

Ⅰ.①合… Ⅱ.①常… Ⅲ.①多民族国家—政治制度
—研究 Ⅳ.①D033

中国版本图书馆 CIP 数据核字（2018）第 299973 号

合族之道的反思：当代多民族国家政治整合研究
HEZU ZHIDAO DE FANSI：DANGDAI DUOMINZU GUOJIA ZHENGZHI ZHENGHE YANJIU

出　　版	天津人民出版社
出 版 人	刘　庆
地　　址	天津市和平区西康路35号康岳大厦
邮政编码	300051
邮购电话	（022）23332469
网　　址	http://www.tjrmcbs.com
电子信箱	tjrmcbs@126.com
策划编辑	王　康
责任编辑	林　雨
美术编辑	卢炀炀
印　　刷	高教社（天津）印务有限公司
经　　销	新华书店
开　　本	787毫米×1092毫米　1/16
印　　张	20.5
插　　页	2
字　　数	300千字
版次印次	2018年12月第1版　2018年12月第1次印刷
定　　价	78.00元

政治文化与政治文明书系

天津师范大学政治文化与政治文明建设研究院·天津人民出版社

编 委 会

目　　录

---

① 由于标题字数限制,本书所采用的"当代中国"主要指作为"当代中国多民族国家",后面标题均同。

第一章　多民族国家政治整合视角中的合族之道

当代世界体系是民族国家体系。不过这里的"民族国家"并不是狭义上的"民族－国家"，即"一民族一国家"①，而是在一定由政府代表的主权之下，占有一定的领土，并由一定数量的居民（其中包括了不同民族群体）组成的主权国家，也有的学者称之为国族国家。从当代不少国家的现状看，狭义上的民族国家几乎很少。由于人类交往的原因，各个国家总是由一定数量的民族群体构成的，尤其全球化开辟以来更是如此，可以说，多民族国家构成了当代的一种正常形态。② 在这样一种国家形态中，采取怎样的途径使不

---

① 一些学者将"民族国家"解释为"一民族一国家"，即单一民族组成的国家。如有中国学者指出：民族国家"一般指由单一民族组成的国家。包括两种类型：一种是在资产阶级革命胜利后建立的，一种是在无产阶级革命后建立的"。（见陈永龄主编：《民族词典》，上海辞书出版社，1987 年。）马克思、恩格斯在其学说中也有类似的观点："西欧各民族形成的过程同时就是它们变为独立的民族国家的过程，英吉利、法兰西等民族同时就是英吉利等国家"，而且认为这是"典型的正常的国家形式"。[见《列宁全集》（第 25 卷），人民出版社，1988 年，第 225 页。]在《俄法同盟》一文中，马克思、恩格斯把民族国家视为是民族成分单一的国家，指出："在一切可能的地方，都应该促进单一的民族国家的建立，这种国家的使命，是把具有共同的思想和意向的居民吸收和集中到一个强大的统一体里。"[见《马克思恩格斯全集》（第 15 卷），人民出版社，1963 年，第 122 页。]列宁认为："在西欧大陆上，资产阶级民主革命时代所包括的是一段相当确定的时期，大约是从 1789 年起，到 1871 年止。这个时代恰恰是民族运动和民族国家建立的时代。这个时代结束后，西欧便形成了资产阶级国家的体系，而且通常是些单一的民族国家的体系。"（见《列宁全集》（第 20 卷），人民出版社，1988 年，第 409 页。）英国学者克雷伊奇和韦利姆斯认为，民族国家就是"以一个民族为基础建立起来的国家"，即"在一个文化同质的民族的范围内建立起来的由本民族的统治阶级治理的国家"，或是"一个国家的全部人口形成一个民族。"（转引自王希恩：《民族过程与国家》，甘肃人民出版社，1998 年，第 164 页。）日本学者绫部恒雄认为，民族国家就是"民族与国家的重合"。由王云五总纂的台湾《云五社会科学大词典》也如是解释："由一个民族所组成之国家谓之民族国家。"（见宁骚：《民族与国家》，北京大学出版社，1995 年，第 265、266 页。）

② 关于多民族国家概念，这里暂作一个简单解释。目前，关于多民族国家的解释可以分为两大类：一类是狭义的多民族国家，主要从一个国家包括的民族群体数量角度解释，其中有两种观点，一是指一个国家中包括两个以上的民族群体，二是指一个国家中有两个或两个以上的主体控制政权。另一类是广义的多民族国家，偏重于从多元文化角度解释，不仅包括多个民族群体，还包括多个宗教、多种语言群体等。

同民族生活在共同的领土范围内，自然合族之道也就构成了多民族国家政治整合的一个重要内容。

一、多元一体实践的学者审视

自从人类进入国家时代以来，由于征服、移民、不同民族之间的交往，各个国家内部从一开始就存在着不同民族群体共存的局面。面对多元的群体存在，如何既能维护国家的统一和稳定，又能使不同的民族群体和平共存也就成为不同时代学者所关注的问题。比利时学者马克·马尔蒂尼埃罗（Marco Martiniello）指出："历史上（在西方）关于移民融入和关于多元文化社会的争论总是局限于一系列的二元对立观，所有国家的情况都纳入其中。"①与之不同的是，安东尼·D. 史密斯用等级、契约和共和三种文化解释了多民族国家整合上的三个不同模式。②

在古代世界中，随着国家对外征服和被征服地区的民族群体沦为这些国家的奴隶，随着不同民族群体之间的交往，古代国家内部就存在了一定的异族。在希腊雅典城邦时代，希腊人就非常注重"我者"和"他者"的身份区分。亚里士多德（Aristotle）在《政治学》一书中总结了希腊城邦在确定公民资格上的做法。他注意到，不少城邦是通过土地、血缘、出生等标准将一些成年男性自由人列为公民。城邦是公民的集合。公民通过公民大会，担任议事会成员，在政治上获得了发言权。相反，那些外邦人和奴隶不在其列，只是作为被治理的对象。在这里，同质化的公民集团成了城邦的统治主体。公民集团内部围绕公共利益，通过共和体制实现整合，共同对付奴隶的反抗和对外邦人的管理，由此也就奠定了古代西方基于公民基础上的统治的二元管理模式。

在古罗马时代，基于公民集团的管理模式在共和国时代得到了培育，随着罗马国家对外征服面积的不断扩大，一个横跨欧、亚、非的多民族大帝国建立起来。在这样的大帝国中，罗马人通过法治的方式确立了罗马公民在帝国中的统治地位，公民权或市民权由罗马公民独享，排斥其他民族自由人

---

① ［比利时］马克·马尔蒂尼埃罗：《多元文化与民主》，尹明明等译，社会科学文献出版社，2015 年，第 51 页。

② See Anthony D. Smith, *The Cultural Foundations of Nations：Hierarchy，Covenant，and Republic*, Blackwell Publishling, 2008.

的政治权利。亲属权肯定了家长在家庭中的私有财产主体的自权人身份，贬低其他成员，包括妻子、子女、奴隶在内的家子或他权人的地位。另一方面确立了万民法，目的是为帝国范围内的自由民的财产关系调整提供一个法律上的依据。这就适应了帝国统治的需要，将异族群体纳入法治之下，从而形成了以罗马人为核心，通过法治管理异族人的传统。

比较希腊和罗马对异族统治的方式，中国古代王朝通过一宗伦理秩序的推演来管理少数民族。华裔澳大利亚学者何包钢指出，在中国古代存在一种为儒家所称道的夏 - 夷秩序。夏（汉中国或中华）是统治者，而夷是被统治者；夏是中心，而夷是边疆；夏是内部人或同胞，而夷是外人或陌生人；夏高人一等，而夷则低人一等。夏 - 夷关系代表了一种中央和地方之间的关系。以这样一种关系，中国古代在中央权力得到保证的条件下，对民族地方实行了一定的地方自治的制度，土司制度即为代表。在夏 - 夷秩序下，从大一统秩序的需要出发，通过加强汉族文化价值对"夷"进行同化，其途径是吸收"夷人"进入政治制度的价值体系中进而同化他们，而在处理民族关系上，则倡导儒家五伦学说的运用。所谓的儒家的五伦学说即君臣、父子、夫妇、老幼、朋友五种关系。如家庭中的兄弟关系可以运用到对少数民族身上，将少数民族称为"兄弟"。孔子学说讲"仁"，如果少数民族都本着"仁"的精神，各个民族就可以和平共存。① 不仅如此，这种仁义治理反衬了对少数民族的尊重。如何包钢指出："基于历史习惯所具有的自治权利，责任驱动的权利，少数民族享有某些优惠政策的权利，家长制的怀柔政策，社群主义对集体权利的支持，以上所有的权利或优惠形式都具有工具性特征。"②需要指出的是，何包钢这里说的"权利"在中国古代的治理中并没有上升到今天的法律规定，不过他提到的"工具性"特征反映了二元化时代的政治整合的特点。

近代以来，随着"社会契约论"的建立，基于人权基础上的公民国家的理论成了民族国家建构的核心内容，并转化为西欧国家的现代国家建构的实践。对此当代学者安东尼·D. 史密斯（Anthony D. Smith）、格罗斯（Deliks Gross）、诺斯（North Douglass）等西方学者侧重从公民国家角度分析了近代公

---

① Will Kymlicka & Baogang He, *Multiculturalism in Asia*, Oxford University Press, 2005, p. 57.

② ［澳］何包钢：《民主理论：困境和出路》，法律出版社，2008 年，第 219 页。

民民族主义的国家建构方式。在这种方式的选择中，所有社会成员不分民族、文化和宗教等差别，都被还原为一个共同的身份——公民。公民从其原来隶属的、族群的、文化的、宗教的共同体中解放出来，进入国家之中。国家成了每个个体成员效忠和归属的对象，而社会生活中存在的多元的族群或宗教集团降到了次一级的地位上，公民身份、对法律的服从高于其他任何身份和团体。基于公民纽带，国家实现了对境内不同群体的政治整合。当代法国学者皮埃尔·罗桑瓦龙（Pierre Rosanvallon）在《法兰西政治模式》中引用了法国大革命时代政治思想家西耶士（Sieyes）的"单一"的民族理念："我们应该把民族想象成脱离了社会联系的个人的集合。"政论家吉罗代说得更为明确："法兰西民族是一个由大约两千五百万个人组成的社会。"①大革命要用一个全新的世界来取代由行会组成的物欲横流、支离破碎的社会。这是一个"由个人而非由阶级组成的大协会，这个协会对其成员一视同仁，决不分三六九等"②。按照这种"单一"的规则，法兰西民族的所有成员一律平等，所有个人都享有相同的权利与义务，而公民的特殊主义和文化身份只能存在于私人生活中。在公共领域内，对民族的属性是排他的，唯有"公民的共同体"是被承认的。这样一种公民国家的观点，在当代不少学者中得到了发展。

　　近代以来，随着殖民主义统治在不少地区的推行，一些殖民主义者适应于殖民统治需要在殖民地推广一种分而治之的整合政策，试图将不同的民族群体纳入其统治之下。20世纪三四十年代英国行政官和政论家弗尼沃（J. S. Furnivall）在对新加坡、马来西亚和印度尼西亚等东南亚地区的考察中认为，以为通过市场就可以把不同民族群体整合起来是不可能的。他指出，多元社会是一个由两个或多个社会因素或多种秩序彼此划分、共存于一个政治单元中的。如在英属马来西亚，华人、印度人和马来人地理上接近，但社会是分离的，他们就如一种劳动分工一样，其中族群宗教团体扮演了不同的角色。这种社会的断裂反过来导致了政治上的动荡不安。③ 在他看来，由各自不同的族群和宗教组成的社会相互区分，除了都是在市场上进行交换外，没有任何共同性。如果这些地区将来要按国家进行政治整合的话，最好

――――――――――

　　①② ［法］皮埃尔·罗桑瓦龙：《法兰西模式：1789年至今公民社会与雅各宾主义的对立》，高振华译，生活·读书·新知三联书店，2012年，第5页。

　　③ Robert W. Hefner, ed., *The Politics of Multiculturalism: Pluralism and Citizenship in Malaysia, Singapore, and Indonesia*, University of Hawaiï Press, Honolulu, 2001, p. 5.

采取联邦制。

　　与之不同的是,印度底层研究代表人物帕萨·查特杰(Partha Chatter-jee)在《被治理者的政治》一书中揭示了英国殖民统治期间,殖民当局对印度的等级式管理。查特杰指出,殖民地印度时代在统治和管理方式上采取了两种途径:"一条途径是由殖民地官员保护低种姓的利益,或是由殖民地征服人民来自贱民群体的接触人士充任他们的代表;另一个方式是,在立法机构里为来自低种姓的候选人特别保留一定数目的席位。当时还有一条途径是,为低种姓选民设立单独选区,使他们可以选择他们自己的代表"①。查特杰在书中指出,英国在印度统治地位的确立,为印度现代国家的建构奠定了基础。但这种建构不同于欧洲民族国家的建构,国家建立在独立主权和公民平等基础上,而是殖民主义者民族歧视政策的产物。在对印度的统治上,不是把印度构建成一个独立的主权的民主国家,而是使其处在英国的统治之下,英国人居统治地位,当地人作为"野蛮人"处在"被治理"地位上。这样,在这些殖民地国家还没有独立建国前,按照差别对待人口的原则就已经建立起来了。

　　按照公民体系管理国家的方式被独立后的新兴国家所采纳,查特杰总结了两个线索:"一条是将公民社会与建立在大众主权基础上并赋予公民以平等权利的民族国家联系起来的线索。另一条是将人口与追求多重安全和福利政策的治理机构联系起来的线索。"②前者不少国家通过宪法确立了公民平等的原则,后者涉及对境内公民的管理。在西方国家,由于几百年的市场经济和市民化进程,使社会生活中的个人实现了"从身份到契约"的转变,政治整合也从私人关系纽带中解放出来,那些具有自己文化特点的族群也被强制纳入公民权利体系中。然而,对大多数多民族发展中国家而言,市场经济基础缺乏,市民社会历史积淀浅,尚未经历过对本国的传统文化的深刻反思,国家依然还有着当代经济学家诺斯所讲的"自然国家"传统。在这种国家中,根深蒂固的原生情感和盘根错节的私人关系构成了社会的组织基础,多元的族群、家族、村社等群体在国家中发挥着各自不同的纽带作用。

---

　　①　[印度]帕萨·查特杰:《被治理者的政治:思索大部分世界的大众政治》,田立年译,广西师范大学出版社,2007年,第16页。

　　②　同上,第45页。

原生主义代表人物克利福德·格尔茨(Cliffford Geertz)在《文化的解释》第十章"整合的革命"中指出："新兴国家很容易被基于原生依附的严重不满所伤害。原生依附的意思是指来自所'给定的'——或者更精确地说，就像文化不可避免地卷入这类事物一样，它被假定是'给定的'——社会存在：主要是密切的紧邻和亲属关系。此外，给定性还源自于特殊的宗教团体，说特殊的语言，甚至是一种方言，还有遵循特殊的社会习俗，等等。这些血缘、语言、习俗及诸如此类的一致性，被视为对于他们之中及他们自身的内聚性有一种说不出来的，有时是压倒性的力量。"①而新的国家的出现越来越强调了民族的团结、社会的互动和公民对国家的忠诚。然而，在主流民族群体控制和影响着公民纽带的内容中，个体成员一旦超越自己的族群进入到一种"陌生的分类中，将冒失去自主和个性的风险"。在他看来，在法国、英国和美国等一些国家中，国家管理族体(ethnicity)，人民不大可能把他们自己的族群纽带视为比对国家的忠诚更重要，在这些国家中，公民民族主义取代了族裔民族主义。之所以出现这种不同，格尔茨认为，这是现代化发展的结果。而在新兴的国家，由于没有实现全面的现代化，因而族群民族主义问题非常严重。人们一直认为，新兴国家只要推进现代工业，这些问题就可以解决。实际上，这一目标实现起来并不那么容易。因为现代化的发展也促进了各个不同民族群体利益要求的发展。在国家发展尚处在非常落后的条件下，现代化也带来了利益分化和民族之间差别的扩大。不同民族群体为了在竞争中获得更多的国家支持，往往反求于原生纽带的作用，这就加强了原生纽带的地位。发展中国家的政府在满足这些要求面前，无论是能力、满足群体欲望的条件还是制度设计等均非常落后，由此不能不带来民族群体与国家之间、民族群体与民族群体之间的冲突。

相比之下，印度尼西亚独立后也试图通过民主的方式将不同族群纳入到体制中来，但适得其反。格尔茨对印尼民主性吸纳管理的失败作了分析。在他看来，1955 年印尼曾经创立了议会制度，试图通过公民秩序的方式来管理内部的多元状况。在特定时代中，这种新的体制尚能控制爪哇与外岛地区之间的紧张关系。原因在于：①团结的感情，②多党体制，③二元执政的行政体制。在这种体制中，有两个老资格的民族主义领袖——爪哇人苏加

---

① ［美］克利福德·格尔茨：《文化的解释》，韩莉译，译林出版社，2002 年，第 307 页。

诺和苏门答腊的穆罕穆德·哈达,一个是总统,一个是副总统,共同分享最高领导权。但随着现代化的发展,利益的分化,社会内部不满的加剧和扩大导致了建国初的团结局面逐渐消失掉,由此也影响到议会政治内部。议会本来由多个政党组成,但每个政党都代表各自的利益集团,因此在表决时,议会内部难以形成一致,从而导致政治制度崩溃和由此支持的二元领导体制的瓦解。所以对于离心性很大的社会来说,议会多数制和竞争制有其软弱性,不能收到政治整合的效果,由此威权政治倒能发挥整合的作用。

与这种观点相同,戴维·阿普特(David E. Apter)在对多民族国家的政治整合上开辟了另一个思路。他注意到,不同国家内部社会结合纽带或核心组织体系的不同。他在对现代化的政治分析中,提出了两种政治统治模式,即世俗-自由主义模式和神圣-集体主义模式。在他看来,在发展中国家中第二种模式更有普遍性。这种模式有三个层面:"在行为层面,它由具备独特潜能的个体单位构成。个体被认识是具有潜能的存在。在结构层面,政治共同体是将潜能转化为现实的工具。因此,社群是社会生活的中心。此外,作为社会化的首要工具,政治共同体本质上是一个教育机构,它本身为共同体的提升而存在。个性仅仅是派生的。是一种派生的特征。"[1]他指出,在神圣-集体主义模式中,权威发挥着重要的作用。它强制人们对特定的关键政治问题进行有选择的交流。如果原初的目标是引导人们形成一种共同的社会语言,那么其最终的结果便是一致性的建立。不仅如此,重要的是,这种权威被神圣化,即通过一种政治教条化的信仰转化,而求得政治统治的合法性。其内容就是创造各种忠诚,使其超越人的原始忠诚,也就是对种族、宗教和语言归属的忠诚。阿普特指出,种族、种族划分、宗教和语言是人们用来表达自己、组织社会的工具。而政治宗教要做的事情就是使这种原始的忠诚变得越来越没有意义,并通过努力使人们超越原始忠诚,在一个更大的政治共同体中发现公共利益。而这样一来,也就使"政治宗教"受到了各种挑战。现代国家为了获得这种政治宗教,越来越注重"意识形态"的权威和对领导人的崇拜。这种状况在加纳、几内亚、马里等国家的政治统治中表现得尤为突出。这个社会演变为一种单向度的社会和单向度的

---

① [美]戴维·阿普特:《现代化的政治》,李剑等译,全国百科出版社、中央编译出版社,2011年,第20页。

个人。

一些学者也注意到了多民族国家组织中威权的重要地位。英国学者詹姆斯·梅奥尔(James Mayal)从多民族发展中国家的经济发展与民族主义的角度作了解释。在他看来,如果说,发达国家的民族主义是深嵌的,它具有相当的控制和动员能力,而发展中国家仅仅是"名义上的民族国家"①,在这些国家中,民族主义并不是深嵌的。由于民族主义的这种肤浅特性,决定了发展中国家的领导人一方面选择意识形态输入来激励"大众的情感和政治忠诚",另一方面就是政府垄断所有的生产资料,集中发展重工业。他们试图通过快速的经济发展和社会现代化的计划来单独完成去殖民化的过程。加纳首位国家总统夸梅·恩克鲁玛(Nkrumah Kwame)曾说:"首先建立起政治王国,其他诸事将逐一列入解决。"②对大多数多民族发展中国家而言,"经济发展不仅仅是一个技术性问题;它是政府可资利用的一个战略:既具有不可否认的现代性(因此也具有合理性),同时又似乎为把人们的忠诚从宗族、部落以及宗教上剥离并转移到新的民族国家上提供了一种途径。甚至是在某种世界性的宗教依然强力地控制着大多数民众的情感和忠诚的地位,情况也普遍如此"③。不少多民族发展中国家注重权威,特别是政府的核心作用,毕竟一些发展中国家正是在这种威权统治下站立了起来。今天亚洲的不少国家即为典型。然而,威权的统治管理是否就达到了政治整合的目的呢? 梅奥尔提出了相反的观点:"在很多、甚或是大多数这些国家,占据政治主导地位的不是民族主义,而是希望获得更大的自治权的种族的联合来迫使中央政府作出各种让步。在这样的情形中,追求经济发展与其说弱化毋宁说加剧了社会的离心趋向;亚民族政治运动的最后武器就是威胁煽动分离主义运动;他们为与中央妥协提出的要价是要求在分赃中获得更大的份额。"④在非洲国家中出现的"重新部落化"已验证了这种情况,而在亚洲国家中这种情况也大量存在。

---

① [英]詹姆斯·梅奥尔:《民族主义与国际社会》,王光忠译,中央编译出版社,2009 年,第132 页。

② 转引自[英]詹姆斯·梅奥尔:《民族主义与国际社会》,王光忠译,中央编译出版社,2009年,第 138 页。

③④ [英]詹姆斯·梅奥尔:《民族主义与国际社会》,王光忠译,中央编译出版社,2009 年,第139 页。

对发展中国家威权政治的研究,自然涉及对"精英政治"的研究。从发展中国家政治整合的角度看,一定的政治精英对国家建构和政治整合的实现发挥了巨大的作用。贝淡宁(Daniel A. Bell)等人在亚洲的威权或半威权民主的论述中分析了精英的重要作用,提出了贤人政治的观点。贝淡宁指出,在亚洲国家中,贤人治理适应了现代化的需要。因为在现代化发展进程中,"经济与法律问题如此复杂,以至于多数选举出的领导人——更不用说普通公民——不能够试图做出稳健而有效的判断,换句话说,公共事业的复杂性本身意味着很大部分进行决策的权力必须置于一群具有机敏的头脑上"[1]。新加坡人民行动党的统治即证明了这一点。在治理体制上,亚洲国家同样借用了民主体制。以新加坡为例,新加坡在名义上是民主制的,但是反对派候选人会面临各种报复,这包括破产、侮辱以及被驱逐,结果是在选举时很少有合格的候选人敢于挑战执政的人民行动党。贝淡宁指出:"现代社会面对的问题是要将对民主的肯定与对由具有才能、热心公益的精英进行决策的思想的肯定结合起来。"准确地说,就是将儒家"君子"的治理与民族的价值和实践协调起来。[2]在亚洲国家中,存在着多元的族群、多元的语言和宗教集团,在这种背景下,怎样的民主才能有效地面对这种多元的局面并起到应有的治理作用呢? 从新加坡、马来西亚、印度尼西亚的实践效果看,贝淡宁认为,这些国家并没有接受西式的自由民主,而是采用了在平等基础上的非自由主义民主。在这种民主中,各个民族的平等高于单个公民的平等。也就是为了发展这种民主,国家通过一定权力干预多数人的优势,而对少数人予以保护,通过对不同民族群体的调试和平衡,实现了各个民族的平衡。反之,如果采取西方竞争性的民主,以多数选票为规则,这些国家的民主必将导致国家政治上的动荡或分裂。以新加坡的语言政策为例,贝淡宁指出,如果选择汉语为国语,可能满足了华人的要求,但最终得罪了马来人和印度人,还有其他群体,那样国家将陷入种族冲突中。同样,在马来西亚,在有关宗教的安排上,马来西亚政府有意地压制了多数信仰伊斯兰教人的利益要求,采用了世俗国家的原则。正是亚洲的这些国家采取了一种更为包容的统治管理,因而保证了国家的稳定和团结。

在对多民族国家政治整合的解释上,一些学者也注意到了政治领袖或

---

① ② [加拿大]贝淡宁:《超越自由民主》,李万全译,上海三联书店,2009 年,第 155 页。

精英的重要作用。麦格在《族群社会学》中，在总结南斯拉夫解体教训时指明了这种族群的和政治权力内部的相互对立对政治整合的影响。他指出，各个族群在权力、财富和声望差距较小的情况下，族群关系有可能合作。但在今天的社会中，这种情况不多见，相反，经济和政治上的不平等是今天多族群社会的基本特征。此外，各种文化差异的存在同样也会引起族群冲突。麦格指出："当政治和经济资源在各族群之间的分配的平等达到最大化时，多族群社会中的各个族群能否相对和谐共存，很大程度上就取决于是否存在一个有足够力量将族际冲突控制在可容忍范围内的中央政府，仅仅公平并不足以取得所有群体的忠诚。""南斯拉夫的情况表明，将各个族群结合在一起的强大政府垮台，将会带来怎样的灾难。"又指出："一旦强大的中央政府的黏合力消除，潜藏的族群仇恨就会以排山倒海之势卷土重来。"①麦格在对南斯拉夫解体前后的解读中指出，南斯拉夫本来采取的是一种"团体多元主义"代表。"各个族群共存于一个松散的联合体制中……中央政府官方认可这些族群的存在，并且试图按照一定比例给它们分配政治权力和经济资源。而且，每个族群都享有某种程度的政治自治。"②然而，在这种联合体中，各个团体都凭借自己的某种优势地位谋求自己的"政治独立"，"每个族群都试图尽量扩张领地并且网络那些在其他地区以少数族群身份生活的该族群的成员"。原来的各加盟共和国领导在铁托逝世后都转而追求各自所代表的族群利益最大化，加剧了族群间的敌意，裂痕逐步扩大。先从克罗地亚共和国和斯洛文尼亚共和国开始，已经在各个加盟共和国扩展，族群间的和解死亡。中央政府被族群民族主义架空，难以起到一个整合核心的作用，最终在族群的离心运动中崩溃。

南非则是另一种状况，美国学者戴维·奥塔韦（David Ottaway）在《德克勒克与曼德拉》一书中，通过对两个民族群体精英及其他们所在的政党、集团的解释，指明了两个政治精英对南非国家重建的重要影响。在这部著作中，作者以细腻的手法描绘了黑人领袖纳尔逊·曼德拉（Nelson Mandela）和白人领袖德克勒克（Dekeleke）在南非重建上各自不同的心路。他们之间存在着矛盾，但这种矛盾不是两个人之间的矛盾，而是两个重要种族之间的矛

---

① ［美］马丁·N.麦格：《族群社会学》，祖力亚提·司马义译，华夏出版社，2007年，第523页。
② 同上，第510页。

盾。如果按照零和博弈的规则思考各自利益的最大化,带来的结果只能使黑、白两大种族之间的分歧不断扩大下去,暴力依然充满社会,"国家陷入分裂"并最终"摧毁国家"。① 但是两位领导人都站在了"南非社会究竟应该如何重建新的政治秩序"这样一个大前提下,评价和认识国家所面临的危机形势,试图找到和平谈判的解决办法。他们都努力说服各自所属政党中的激进分子接受和平对话,协商解决黑、白两大种族之间的对立。也就是这两个决定南非国家发展命运的领袖既从各自的角度,也从整个国家的角度思考着共生共在的问题。在此观念影响下,两大种族最终走到了一起,结束了长达半个多世纪的种族隔离历史和白人的统治,实现了政治转型。

在多民族国家中,不同民族群体的利益存在使谈判变得十分复杂。民族群体的政治增加了精英策略的内容,其中特别涉及利益的计算。雅克·辛德(Jack Snyder)指出,在政体变革中,为了巩固权力,精英们诉诸地方感情以获得支持,由此导致族际仇恨和暴力。罗斯柴尔德(Rothchild)和勒玛桑德(Lemarchand)指出,1993 年和 1994 年布隆迪发生内战,就是开始迈向民主化时的极端产物。当时,精英通过族群认同动员,以期在选举中获得优势。但族群动员带来的是一些少数族群被排除在政治之外的后果。这种状况容易导致此后族际的矛盾和冲突,给日后的政治整合带来不利。

脱离了威权政体,从一党制统治转向多党制会激励一些精英打族群的牌。如丹尼尔·波斯内尔(Daniel Posner)指出,在赞比亚和肯尼业,从一党制转化为多党制导致了一些主导族群出现裂痕。因为在一党制政权中,精英倾向于诉诸地方认同。而政体的转型激励了对更大社区单位,如教派的、地区的和语言团体的依赖。而且精英们为了物质利益,也可能求助于更多的地方认同,甚至创造新的身份和更多的自治。林茨和安德森指出,他们以肯尼亚蒙特埃尔岗地区(Mount Elgon)为案例,发现精英们在实现多党民主转型后带来了新的"族群识别"。随着选举的引进和地区边界的重新划分,原来在萨波特和布库索之间的冲突转变为说萨波特语的人群内的冲突。政治领导人寻求巩固的政治力量支持,坚持对土地的所有权和政治控制权力。他们用与这块土地的归属有关的历史资料来表明他们对这一土地拥有的合

① ［美］戴维·奥塔韦:《德克勒克与曼德拉:用妥协和宽容重建南非》,启蒙编译所译,上海社会科学院出版社,2015 年,第 23 页。

法权利,否定说萨波特语的人对土地权利的要求。林茨和安德森注意到,在所有这些事件中,"选举已经成为用来维护土地利益的手段:相应地,土地和族群身份成为政治家手中的工具"①。

越南学者佟玉(Tuong Vu,音译)从亚洲国家的发展道路的选择中发现,在亚洲国家的发展进程中,政治核心中的精英人物发挥着国家建构的重要作用。在他看来,一些学者往往吸取了蒂利的社会学观点,即从战争、殖民化和商业化等方面考察国家构建。在佟玉看来,尽管这些因素非常重要,但没有看到不少发展中国家的国家构建是帝国主义或殖民体系解体的结果。②在这一过程中,本土精英和大众利用千载难逢的机会参与到了政治中来。这种机会非常典型也非常短暂。在这样一个变革中,精英与民众之间形成了不同的组合。他们可能是团结的、分裂的、妥协的或是对立的,大众可能自发地也可能被精英动员起来有所作为。如果他们是自发的,精英可能将他们吸纳进来或是镇压下去。总体看来,精英和大众有不同的结合方式。从亚洲一些国家的情况看,存在对抗、包容和二者兼有几种表现形式。其中,精英的对立、对大众的镇压或是有效动员联系在一起,而包容的形式蕴含了精英的妥协和大众的吸纳等因素。作者在研究中特别提到了印度尼西亚和越南,这两个国家都属于包容形式。在这种形式中,精英的妥协和大众的吸纳均在政治制度和国家管理中得以体现,这也就为他们采取发展性政策提供了保证。

在对政治整合的认识上,一些学者也注意到了民主政治的作用。作为近代意义上的民主形成于威斯敏斯特时代。在这种模式中确立起来的多数人统治原则上是与同质性人民主权国家理念相匹配的。而一旦将其置于多民族现实中,也就面临着种种挑战。19 世纪后期,英国自由主义思想家密尔(S. Mill)曾提出:"在一个由不同的民族构成的国家,自由制度简直是不可能的。在一个缺乏共同感情,特别是语言不同的人民中,不可能存在实行代议制政府所必要的统一的舆论。"③进入当代,林茨在分析中也谈到多民族国家与民主之间的矛盾:"在由多民族、多种语言、多种宗教和多元文化社会组成

---

① Edited by Jacques Bertrand and Oded Haklai, *Democratization and Ethnic Minorities: Conflict or Compromise?* Routledge,2014,p. 13.

② Tuong Vu,*Paths to Development in Asia*,Cambridge University,Press,2010,p. 327.

③ [英]J. S. 密尔:《代议制政府》,汪瑄译,商务印书馆,2007 年,第 223 页。

的国家之中,人口越多,政治就越复杂,这是因为就民主问题达成一致意见就越将困难。"①然而,独立后不少国家由于受到西方民主模式的影响,依然采取了威斯敏斯特议会模式,但很快就受到来自国内各种族群、宗教利益集团的挑战。本杰明·赖利(Benjamin Reilly)以亚洲太平洋国家为蓝本,分析了这些国家独立后采取民主制度的状况,指出了这些国家民主制度并没有起到整合的作用。赖利指出:"许多亚太国家长期以来所面对的问题源于民主政府和族群多样性的关系。"②独立后民主并不能起到应有的协调作用。除了日本之外,缅甸、印度尼西亚、马来西亚、菲律宾独立后都曾采取了西式民主。进入20世纪70年代后,这些国家的政治均转向某种形式的"非民主"体制。如他指出,在这些国家中,民主政治中所需要的因素均受到社会内部存在的断裂因素影响;而政党软弱、立法机构分裂、政府无能,更使民主政治难以发挥治理的作用。在印度尼西亚,社会分化带来的集团的政治化导致了民主的失败。在马来西亚和新加坡,对族群政治表达的控制及其管理,不能不依靠一定的威权发挥作用。在菲律宾,家族、部落和地区认同严重、民主基础脆弱,选举受到地区和族群语言影响。在柬埔寨,族群和地区的分裂的影响同样困扰着民主的推进。在泰国,即使公民社会获得了一定的发展,同化政策也在一定层面上展开,但民主政治依然不能摆脱族群和城乡对立的纠缠。而在泰国边缘地区的多元分裂状况影响着民主化效果。即使今天亚太国家的民主政治有了很大进步,但各个国家发展依然悬殊。尤其在那些异质性高的国家,如印度尼西亚、菲律宾、巴布亚新几内亚、所罗门群岛、瓦努阿图等国家都被严重的社会分裂、低收入、政府绩效低下所困扰,无法与那些同质性高的国家相比。

　　然而一些国家同样也取得了成功的经验。利普哈特在对协和民主进行研究时,也发现在印度、巴布亚新几内亚、巴巴多斯、黎巴嫩、马来西亚、毛里求斯等国家中,有不少协和民主的案例,由此他创立了协和民主理论(后来发展成为共识民主理论)。其基本精神就是用正和博弈规则取代威斯敏斯特民主政治中的零和博弈规则,体现为"要共识而非对抗、主张包容而非对

　　①　[美]胡安·J.林茨:《民主转型与巩固的问题:南欧、南美和后共产主义欧洲》,孙龙等译,浙江人民出版社,2008年,第30页。

　　②　Benjamin Reilly, *Democracy and Diversity: Political Engineering in the Asian - Pacific*, Oxford University Press, 2006, p. 15.

抗、力求使处于统治地位的多数规模最大化而不是满足于微弱的多数"①。
与此不同的是,霍洛维茨提出了聚合性民主理论。他同样从不少亚洲、拉丁
美洲和非洲等国家案例中获得灵感。如他指出:"在一个分裂的社会中,族
群结盟(Ethnic Affliation)提供了安全、信任、相互帮助感,并保护不受到陌生
人一方利益的忽视。"②由此,一种聚合民主(centripetalism)成为多民族国家
的制度选择。其基本原理就是强调跨族合作、调适和整合,降低族性在政治
上的分野。这种合作性机制的基本原则是,政治领导人超越族裔意识,不同
政党要联合起来。在制度上,通过制定选前协定,确立选举规则,激励和奖
励温和少数人对多数人决策的影响,加强不同族群之间的责任,以保证不同
民族群体之间长期合作。

受当代这种"协和"的启发,西方学者安德鲁·雷诺德(Andrew Reynord)
创立了一种"包容性"民主。在《危险世界中的民主设计》(*Designing in a Dangerous World*)中,雷诺德在该章开头引用了一位学者的话:"进步的艺术
不是把秩序保留在变化中,而是把变化保留在秩序中。"③雷诺德指出,在过
去的半个世纪中,不少脆弱的国家在追求民主,一些取得了成功,但实现的
道路坎坷。一些国家,如伊拉克和阿富汗民主未稳,民主有时会点燃冲突的
火种。也有不少国家由于设计了完善的政治制度,从而使领导人的选举合
法化,少数民族的权利得到了保证。在此方面,他提到了"宪法设计"和"民
主设计"。在他看来,好的宪法设计为共同体的和谐奠定了基础,但它只是
一个支柱。因为即使宪法设计再精巧,新的国家也会被地区冲突和邻国的
干预拖到暴力和混乱之中。而精巧的政治制度结构是处理民族国家内部存
在的群体冲突的最好途径。在他看来:"一个合适的民主政治可以为缓和少
数民族的恐惧,为多数人提供包容的激励。"④

二、当代政治整合的理论探讨

二战以后,随着欧洲国家走向联合和更多的殖民地地区的独立,人们开

---

① [美]阿伦·利普哈特:《民主的模式:36个国家的政府形式和政府绩效》,北京大学出版社,
2006年,第23页。

② Donald L. Horowitz, Democracy in Divived Societies, See Editedby Larry Diamond and Marc F.
Plattner, *Nationalism*, *Ethnic Conflict*, *and Democracy*, The Johns Hopkins University Press, 1994, p. 49.

③ Andrew Reynord, *Designing in a Dangerous World*, Oxford University Press, 2011, p. 1.

④ Ibid., p. 2.

展了对政治整合的研究。在对政治整合的研究中,国外在对此题的研究中主要围绕两个向度①进行:一个是横向政治整合向度,另一个是国内政治角度的政治整合向度。主要指国际某一区域内以民族国家为单位的国与国之间的整合,重点在于构建超越民族国家的更大范围内的区域认同,比如关于欧洲一体化等方面的研究;国内政治角度的政治整合研究,比较典型的就是国家内部不同力量的政治整合,代表作有卡尔·多伊奇(Karl W. Deutsch)的《民族国家的成长:政治和社会整合的周期性模式》②、克劳德·埃克(Claude Ake)的《魅力型合法性与政治整合》③《政治整合与政治稳定》④、伦纳德·宾得(Leonard Binder)的《国家整合与政治发展》⑤等。这些研究都关注了民族国家发展与现代化过程中的社会整合问题。而专门针对发展中国家政治整合研究的代表有加布里埃尔·阿尔蒙德(Gabril A. Almond)、派伊(Lucian W. Pye)、米隆·韦纳(Myron Weiner)以及詹姆斯·科尔曼(James S. Coleman)等学者编著的《发展中地区的政治》⑥,在比较政治学的结构功能主义视角下,对东南亚、南亚、撒哈拉以南的非洲、近东、拉丁美洲等地区的政治体系及其变迁过程进行了分析,并对这些地区各国政治整合的特征、模式与问题作出了评价。类似的地区或国别研究著作还有科尔曼的《热带非洲地区的政党与国家整合》⑦、汤普森的《非洲政治导论》⑧、蔡爱眉(Amy Chua)的《起火的世界》、威廉·阿希尔(William Ascher)的《亚洲的发展策略,认同和冲突》⑨,埃德蒙德 J. 克勒(Edmond J Keller):《非洲的认同,公民身份与政治

① 吴晓林:《国外政治整合研究:理论主张与研究路径》,《南京社会科学》,2009 年第 9 期。

② Karl W. Deutsch, The Growth of Nations: Some Recurrent Patterns of Political and Social Integration, *World Politics*, Vol. 5, No. 2(Jan., 1953), pp. 168 – 195.

③ Claude Ake, Charismatic Legitimation and Political Integration, *Comparative Studies in Society and History*, Vol. 9, No. 1(Oct., 1966), pp. 1 – 13.

④ Claude Ake, Political Integration and Political Stability: A Hypothesis, *World Politics*, Vol. 19, No. 3(Apr., 1967), pp. 486 – 499.

⑤ Leonard Binder, National Integration and Political Development, *The American Political Science Review*, Vol. 58, No. 3(Sep., 1964), pp. 622 – 631.

⑥ [美]加布里埃尔·A·阿尔蒙德等:《发展中地区的政治》,任晓晋等译,上海人民出版社,2012 年。

⑦ S. Coleman &C. Rosberg Jr. edited, *Political Parties and National Integration in Tropical Africa*, University of California Press(Berkeley), 1964.

⑧ [英]阿莱克斯·汤普森:《非洲政治导论》,周玉渊等译,民主与建设出版社,2015 年。

⑨ William Ascher and Natalia Mirovitskaya, *Develiopment Strategies, Identities, and Conflict in Asia*, Palgrave, Macmillan, 2013.

冲突》①，阿里松·麦克古勒奇（Allison McCulloch）的《深度分裂社会中的权力分享与政治稳定》②，泰德·戈尔（Ted Gurr）的《世界政治中的民族冲突》③，安德鲁·芬雷（Andrew Finlay）的《管理民族冲突：联盟，认同与和平的代价》④等。

政治整合的理论源头来自于社会学研究中的社会整合理论。奥古斯特·孔德（Auguste Comte）、赫伯特·斯宾塞（Herbert Spencer）、埃米尔·涂尔干（Emile Durkheim）、埃尔科特·帕森斯（Talcott Parsons）、刘易斯·科塞（Lewis A. Coser）、马克斯·韦伯（Max Weber）、彼德·布劳（Peter. Blau）等人都在不同程度上提到了社会分化、整合与秩序的问题。其中有两种模式值得关注：一种来源于分化 – 整合模式，即将整合与分化冲突结合起来，有代表性的是涂尔干的观点。涂尔干提出，社会分工是一种社会功能分化的过程，它带来两种社会后果，即社会异质性的增强与社会各个组成部分之间依赖性的增强。这两种后果如果能够同时出现，就可以既破坏旧有的机械团结，同时又为新的有机团结创造条件。但是涂尔干也指出，如果社会分工破坏了传统的机械团结却并未能建立新的社会联系，就会造成危机和冲突。因此，他强调，法律制度与共同的集体意识是建立有机团结的重要组成部分。⑤ 另外，美国社会学家布劳在其交换理论中指出，权力向权威的转化对整合有着重要作用。布劳指出，合法权威的确立减少了群体成员的内耗，促进了群体整合；相反，如果合法权基础被削弱，权威退化为强制性权力，势必造成群体内部的冲突。⑥

另一种来源于功能主义理论的观念，认为政治整合来源于整合政治体系的安排。这一观点带有理性主义的特点，对整合中的制度和机制作用给予了关注。以结构功能主义学派代表美国社会学家帕森斯为例，他继承了

① Keller, Edmond J. Identity, *Citizenship, and Political Conflict in Africa*, Indiana University Press, 2014.

② Allison McCulloch, *Power-sharing and Political Stability in Deeply Divided Societies*, Routledge, Taylor & Francis Group, c2014.

③ Ted Robert Gurr, *Ethnic Conflict in World Politics*, Westview Press, 2002.

④ Andrew Finlay, *Governing Ethnic Conflict；Consociation, Identity and the Price of Peace*, Routliedge, 2011.

⑤ 参见［法］涂尔干：《社会分工论》，渠东译，生活·读书·新知三联书店，2000 年。

⑥ ［美］布劳：《社会生活中的交换与权力》，孙菲等译，华夏出版社，1987 年。

涂尔干、马歇尔（T. H. Marshall）、维弗雷多·帕累托（Vifredo Pareto）和韦伯的理论，建立了一般行动理论。在帕森斯看来，结构分化使得原先承担多种功能的单一结构类型转化为不同的、承担单一功能的多种结构类型，但是结构分化又可能带来系统内部的关系紧张，"制度可以称为复杂的模式化的角色整合，这种整合在相应的社会系统中具有战略性结构的意义"①。帕森斯强调，构成社会的四个子系统是承担适应、目标获取、整合、模式维持四项基本功能的四类制度性结构：经济制度、政体、法律以及家庭教育和宗教制度，其中承担整合功能的社会制度主要是法律和宗教的某些部分。这种制度性结构可以在社会内部成员和组织之间维持最低限度的合作与团结，对可能出现的冲突进行调节，避免出现分裂性的冲突。

在对政治整合的研究上，一些学者对现代意义上的政治整合进行了探讨，认为伴随着民族国家的发展，传统的社会纽带和整合机制失效，新秩序的建立需要重新思考和定义整合问题。查尔斯·蒂利（CharlesTilly）在分析西欧国家的变化时指出："民族国家控制着一个有明确界定的整体疆域；有相对集中的权力支配；区别于其他政治单位的组织形式；掌握着统一的强制性方式，并声称自己对其控制疆域全面负责。"②民族国家的出现，在某种意义上是地域性以及建立在地域基础上的权力集中的共同体代替了传统的血缘亲属关系，同时也是以公民权为基础的国家的发展，正如格罗斯所说："政治－地域上休戚与共的团结意识之出现，标志着政治纽带从血缘亲属关系向地域性公民权方向的转变地域上的一致和认同，对以公民和个人团结为基础，而不是以氏族和部落联系为基础的公民国家的发展至关重要。当然，其他的联系仍然存在，但却要受这个新的政治组织的影响。这种类型的公民权把城市国家的一员直接与城邦这种政治共同体联系起来。这种政治共同体把权利和义务给予个人而不是家族和氏族。因此，它是一种不同类型的政治联合的开始，一种个人的直接联合摆脱了氏族或部落的中介环节，它

---

① ［美］D. P. 约翰逊：《社会学理论》，南开大学社会学系译，国际文化出版公司，1998 年，第521～522 页。

② Charles Tilly, *The Formation of National States in Western Europe*, *Introduction*, Princeton University Press, 1975, p. 27.

是一种直接的政治伙伴关系。"①所以在民族国家的意义上思考政治整合问题时，必须考虑国家建设发生的理念变化。"公民权是现代民主的公民国家的一项基本制度……公民权在这里创造了一种新的认同，一种与族属意识、族籍身份分离的政治认同。它是多元义化的一把政治保护伞，它同时也是一种新的政治联系，一种比种族联系和地域联系更加广泛的联系。因而，它提供了一种将种族上的亲族认同文化民族与和国家相联系的政治认同国家民族相分离的办法，一种把政治认同从亲族关系转向政治地域关系的途径。"②当前，我们研究多民族国家政治整合的命题，既离不开民族国家、公民国家范畴，同时又要考虑多民族国家的现实，并在此基础上进行合理的抽象分析。

由于政治整合的进程对应的正是共同体的形成与团结，因此对于多民族国家而言，政治整合的内容不仅包括领土、地域上的整合，还包括认同、价值、文化以及情感上的整合。针对民族国家的整合过程，卡尔·多伊奇（Karl Doutsch）分析认为，地域整合、语言趋同、精英结合、文化整合、社会整合以及政治整合是民族国家成长的六个阶段。③ 迈伦·韦纳（Myron Weiner）对政治整合的认识具有代表性，他将政治整合置于新兴国家政治发展进程中看待，并在《政治整合与政治发展》④一文中提出，新兴国家政治发展中需要解决的整合问题包括国族认同、领土控制、设置公共冲突管理规范、建立统治者与被统治者之间的关系、围绕共同的目标将分散的个体组织起来等，并在此基础上界定了几种整合类型：一是"国族整合"，主要是将确定领土范围内的多样化社会群体整合起来并建立统一的认同，这一过程主要是以国家的认同和团结替代地方认同与忠诚的过程；二是"地域整合"，强调以领土为基础的管辖与统治；三是"精英－大众整合"，旨在弥合不同阶层社会群体之间的裂痕；四是"价值整合"，意在建立共同体所需的最低限度的价值共识，既包括抽象意义上的普遍价值，如公正、平等、自由等，同时也包括与共同体息息相

---

① ［美］菲利克斯·格罗斯：《公民与国家-民族、部族和族属身份》，王建娥等译，新华出版社，2003 年，第 204 页。

② 同上，第 33 页。

③ K. Deutsch, *Nationalism and Its Alternatives*, 1969, pp. 4 – 20.

④ Myron Weiner, Political Integration and Political Development, *Annals of the American Academy of Political and Social Science*, Vol. 358, New Nations：The Problem of Political Development（Mar. 1965），pp. 52 – 64.

关的历史记忆、传统、表意符号等，更重要的是在此基础上建立的一整套具体的制度与程序，以解决出现的冲突并实现共同体的目标；五是行为整合，主要指围绕共同的目标将分散的个体行为组织化。而艾森斯塔德(S. N. Eisenstadt)在《现代化抗拒与变迁》中将整合机制分为两类："一类是建立某种比较有效的制度框架和能够调节它们的组织，并提供充分的行政服务与指令来调节不同群体间日益增加的冲突。另一类是拟定出为维护产生于这个制度框架之中的各种规章和指令的大多数人所能接受的价值观与象征。"①另外，他还区分了五种制度性的整合机制，分别是法制、科层组织、社团组织、市场机制以及政治组织和政治过程。② 塞缪尔·亨廷顿(Samuel P. Huntington)在分析发展中国家政治发展的历程时提出，政治体系的稳定程度与政治制度化水平和政治参与水平具有相应的关系，如果政治制度化水平低，那么政治稳定程度就低。因此，发展中国家政治现代化的关键因素在于政治制度化，衡量一个国家政治制度化水平的指标包括相应的组织和程序的适应性、复杂性、自治性和内部协调性。亨廷顿认为，在发展中国家，强有力的政党制度在政治现代化进程中发挥着重要作用。③

　　国内学术界对政治整合展开了讨论。周平教授于 2005 年率先提出了"族际政治整合"的概念，认为"族际政治整合是多民族国家运用国家权力，将国内各民族结合成一个统一的政治共同体，以维护这个共同体的政治过程"④。这一概念更多地强调了政治整合的主体是多民族国家，将国内各个民族视为整合的客体，侧重于自上而下的整合。周平在 2010 年的文章中进一步深化了这一概念，指出："族际政治整合是多民族国家将国内各民族维持在同一的国家政治共同体中和巩固、强化各个民族的政治结合的过程，也是多民族国家通过协调族际政治关系而维持国家统一和稳定的过程。"⑤常士闾教授在谈到族际政治整合时，则兼顾了政治整合自下而上和自上而下

　　① ［以］艾森斯塔德：《现代化抗拒与变迁》，张旅平等译，中国人民大学出版社，1988 年，第43 页。

　　② 同上，第 45～46 页。

　　③ 参见［美］亨廷顿：《变化社会中的政治秩序》，王冠华等译，上海世纪出版集团；《难以抉择——发展中国家的政治参与》，旺晓寿等译，华夏出版社，1989 年。

　　④ 周平：《论构建我国完善的族际政治整合模式》，载于黄卫平、汪永成：《当代中国政治研究报告Ⅳ》，社会科学文献出版社，2005 年，第 210 页。

　　⑤ 周平、贺琳凯：《论多民族国家的族际政治整合》，《思想战线》，2010 年第 4 期。

两个维度的内容。他认为，族际政治整合是指"一定国家中的不同族群通过一定的文化价值体系、权威结构、关系纽带、制度规范等结合成一个整体的过程和状态"①。这既强调了多民族国家内的各个不同族群在整合中占有主体的地位，同时也没有忽略整合中需要的文化价值体系、权威结构、制度规范等整体性权威的存在。因此，在多民族国家的语境下，政治整合包含两个向度：一方面是"多民族国家以政治权力为依托，通过发掘执政资源、意识形态宣传、构建民族制度、发扬国族文化等多种方式，将国内各民族整合为一个统一国族的过程"；另一方面，也是"多民族国家各个民族基于理性和政治认同，在政治权力的作用，不断强化着各个民族的历史记忆、政治联结、文化交流、经济联系等，进而将自身'镶嵌'进入到统一国族的过程"②。上述学术方面的梳理异彩纷呈，本章主要对政治整合学术状况、研究状况作一般的介绍，对其内在关系的分析放在下一章。

对政治整合路径选择的讨论也是目前国内外学者探讨的重点。对此，国内学者形成了不同的看法，总结起来共有8种观点：

①"民族共治"路径。即"在现代多民族国家主权统一的前提下，由各民族共同造就的旨在保证民族政治民主和共和，协调各民族利益均衡发展，促进民族关系良性互动的政治工具、权力结构和制度形式"③。

②利益整合路径。即强调多民族国家对本民族在制度、法律和政策尚提供倾斜和优惠并据此在稀缺资源的分配中享有更大的份额。在多民族国家内部，通过利益的不断调整，确保各个民族的共同繁荣和建筑于其上的政治合法性，这些是多民族国家政治整合的现实要求。④

③族际民主路径。主张"在消除种族主义和文化霸权。实现族际关系真正平等观念的前提下，通过自治共享的手段增进族际的沟通和理解，正确处理民族间的利益纠纷，保证文化价值差异存在的政治空间，增进多民族国家的包容性和灵活性，是多民族国家解决、满足民族愿望，避免族际冲突，促进多民族国家内部政治民主化进程，实现各民族和睦相处，共同繁荣发展的

---

① 常士闇：《和谐理念与族际政治整合》，《政治学研究》，2009 年第 4 期。

② 朱碧波：《苏联族际政治整合模式研究》，中国社会科学出版社，2015 年，第 6 页。

③ 朱伦：《论民族共治的理论与基本原理》，《世界民族》，2002 年第 2 期。

④ 陈建樾：《族际沟通与民族主义族际政治的一种分析框架》，王建娥、陈建樾等：《族际政治与现代民族国家》，社会科学文献出版社，2004 年，第 41 页。

可行途径和最佳选择"①。

④和谐稳定路径。认为国家的多民族结构是人类社会发展过程中形成的既有社会现实,产生于多民族国家的民族问题只能在多民族国家内求得解决,为了实现多民族国家的和谐稳定,必须建立一种合理的民族关系和民族与国家的关系。平等的民族关系、共同的国家认同和一体性社会联系是建立和谐稳定的多民族国家的基本要素。②

⑤国家建构路径。认为"民族国家建构是世界现代化进程中的一项根本要求和本质内容,其内涵是从各个方面打破国内各个地区、各个族体间的壁垒,建立和健全全国统一的国家权力系统,建立和发展统一的国民经济体系和商品流通市场,在全国范围内推行和传播统一的语言以及能够促进社会、经济现代化的文化模式……直到今天,促进国民整合,推动全体国民忠于民族国家,仍然是民族国家建构的主要内涵"③。

⑥"去政治化"路径。认为在思考少数族群的有关问题时,"应逐步把它们看成是'文化群体'而逐步较少突出它们作为'政治群体'的角色"④。

⑦宪政民主路径。认为在一个国家中,公民只要遵守宪法和法律,不用在意民族出生和背景,在此基础上可以促成足够的国家认同。⑤

⑧求同存异路径。认为族际政治整合是多民族国家维持自身存在和正常运行的重要机制,强调通过求同存异,实现族际政治整合。⑥

从前面提到的8种观点可以总结为这样几个方面:①制度性政治整合路径,如民族共治路径、族际政治民主化路径、宪政整合路径;②政策策略路径,如利益整合路径、和谐稳定路径、自上而下路径、文化价值整合路径、国族整合路径。就其共同特点而言:首先,大多数学者越来越多地将发展中国

①　王建娥:《现代世界体系中的族际政治》,王建娥、陈建樾等:《族际政治与现代民族国家》,社会科学文献出版社,2004年,第55~74页。

②　参见王希恩:《多民族国家和谐稳定的基本因素及其形成》,《民族研究》,1999年第1期。

③　宁骚:《民族与国家——民族关系与民族政策的国际比较》,北京大学出版社,1995年,第248页。

④　马戎:《民族社会学——社会学的族群关系研究》,北京大学出版社,2004年,第124页。

⑤　参见江宜桦:《自由主义的宪政民主认同》,王焱:《宪政主义与现代国家》,生活·读书·新知三联书店,2003年,第57~88页。

⑥　周平、贺琳凯:《论多民族国家的族际政治整合》,《思想战线》,2010年第4期。对8种观点的总结,参见侯万锋、王宗礼:《多民族国家的政治整合研究》,兰州大学出版社,2011年,第12~23页。

家的状况作为其中研究的对象,不过在此研究上有两种情况:一种是,无论从案例的选择,还是经验的分析,基本上以发达国家的经验和范式作为依据,即使涉及的发展中国家案例也主要作为辅助性材料,用来论证发达国家的经验和范式的合理性、科学性。如阿伦·利普哈特(Arend Lijphart)的协和民主,唐纳德·霍洛维茨(Donald Horowitz)的向心性民主主要是以瑞士、荷兰、比利时等国家的模式为蓝本的,而其中涉及黎巴嫩、叙利亚、印度、马来西亚等发展中国家的案例,也主要用于论证发达的国家政治整合模式。另一种情况是,将发展中国家单独列出来研究,但对于这种研究,不少学者是按照西方自由主义民主或多元文化主义视角设立某种解释为依据,然后再选用案例进行论证。进入冷战后,随着东欧国家和东南亚国家,撒哈拉以南非洲国家与北非、中东地区的民主转型,这种状况开始发生了变化,对发展中国家的民族与国家、民族与民主等问题研究的成果也多了起来。如对亚洲国家多元文化与民主研究的代表作有:金里卡(Will Kymlicka)和何包钢合著的《亚洲的多元文化主义》①,本杰明·赖利(Benjamin Reilly)的《民主与多样性:亚太地区的政治工程》②,贝淡宁的《走向非自由民主》③,威廉·安奇(William Ascher)等主编的《发展战略,认同和亚洲国家的冲突》④,苏珊·安德(Susan J. Henders)的《民主化与认同:东亚和南亚的政权与族性》⑤。对非洲国家民主化与多民族研究的代表作有:埃德蒙德·科勒(Edmond J. Keller)的《认同,公民身份和非洲的政治冲突》⑥,斯蒂芬·金(Stephen J. King)的《中东和北非的新威权主义》⑦,利奥纳多·阿里奥拉(Leonardo R. Arriola)

---

① Will Kymlicka&Baogang He,*Multiculturalism in Asia*,Oxford University Press,2005.

② Benjamin Reilly,Democracy and Diversity:*Political Engineering in the Asia − Pacific*,Oxford University,2006.

③ Daniel A. Bell,David Brown and David Martin Jones,*Toward Illberal Democracy*,At. Martin Press,1995.

④ William Ascher and Natalia Mirovitskaya,*Development Strategies,Identities,and Conflict in Asia*,Palgrave Macmillan,2013.

⑤ Susan J. Henders,*Democratization and Indentity:Regimes and Ethnicity in East and Southeast Asia*,Lexington Books,2004.

⑥ Edmond J. Keller,*Identity,Citizenship,and Political Conflict in Africa*,Indiana University Press,2014.

⑦ Stephen J. King,*The New Authoritatarianism in the Middle East and North Africa*,Indiana University Press,2009.

的《非洲的多民族联盟：反对派选举运动中的金融支持》①。这些作品内容均经过作者的亲自考察,研究之精细值得称道,其中也提供了不少有价值的信息和学术观点,代表了目前对多民族国家的研究的最新研究成果,而且西方的学术观点同样也在论著的布局和观点中反映出来。

三、政治整合的多维构成

政治整合是一个复杂的构成。迈伦·韦纳主要是从政治与社会关系角度解释了政治整合的构成要素。在笔者看来,既然政治整合不同于其他的如社会的、经济的和文化方面的整合,有其自身的特性。我们知道,政治现象的存在更多是和国家的存在联系在一起的,国家是政治的核心,因而政治整合与国家密切联系在一起。具体而言,政治整合从来都是发生在一定的领土基础上的政治整合,其目的就是要将国家内部的多元因素组织起来,纳入一定的秩序中,从而形成一定的政治共同体。从外在意义上看,主要通过地缘和制度的和组织结构上表现出来;从内在意义上看,政治整合需要以一定的文化和精神为纽带,其中特别是国家认同和政治认同具有重要意义。

从外在的意义上看,国家总存在于一定的地域之中。在今天的地球上除了南极以外,世界上的陆地和与陆地相连的近海均有所属,从而形成了一个又一个领土为陆海结合的或仅仅是陆地的国家。领土是一个国家生存的基础和基本的战略空间。在边界范围内,各国的地域因地域规模、形状、环境、气候、资源等呈现出不同的状态。它作为一种自然的存在,不仅直接蕴含着重要的经济价值,而且衍生出文化的、政治间的和战略的价值。各个国家为了维护自身的价值,力求使这种价值获得安全感和最大化展开了激烈的竞争,也由此产生了无穷无尽的矛盾和冲突。这种冲突既有内部的,也有跨域的、跨族的。政治共同体想存在下去,就要不断地维护这种存在,并通过一定的方式对领土防卫内的资源和环境进行有效的整合,以保证国家的统一和完整。

国家作为一种政治共同体,其内部充满了多元的集团和各种复杂的矛盾和冲突。要使这些多元的力量和平地生活在一起,就需要一定规范的力

---

① Leonardo R. Arriola, *Multiethnic Coalitions in Africa: Business Financing of Oppoition Election Campaign*, Cambridge University Press, 2013.

量。这种规范的力量既是一种内在的伦理规则,也是一种外在的强制性规范,如宪法、法律、各种制度和政策。目的就是使有着各种不同利益偏好的个人或集团的行为符合一定的公共要求,保证各种多元的力量或个人能够和平地生活在一起。因此政治整合是一种有秩序的状态。在这种状态中,多元的力量既有其自由,同时也受到某种约束,并在共同的规范要求下将不同的群体结合到一起。因此,政治整合是一种有秩序的和平状态,甚至是围绕一定的意志和目的的一种有组织的状态。具体到多民族发展中国家而言,如前所述存在着叠加化的特点。内部各种不同的异质性群体在长期的历史发展过程中形成了各自的行为规则、亚群体文化和认同。当发展中国家从殖民地或外国的干涉下解放出来,并力图按照一种统一的宪法和法律将分散的力量集合到一起时,不能不和各种亚文化群体的规则发生冲突。如何将多元的,甚至是对立的亚群体文化和行为规则纳入统一的国家及其政治制度中,关系到国家能不能将国内多元的力量组织起来,并在国际竞争面前立于不败之地的问题。在这种条件下,政治整合就是政治制度化建设。其基本内容就是实现制度的适应性、复杂性、自主性和凝聚性①等,从而保证国家的各个方面的力量真正在规则中组织到一体。

在政治制度化建设中,国家的结构形式和政体形式是其中的重要内容。就国家结构形式上而言涉及复合制和单一制度。复合制中有邦联和联邦制。单一制中也有某种地方自治。但无论哪种形式,都是不仅要使国家权力组织起来,而且也要使其渗透下去;不仅形成统一的控制力量,而且能够成为一种有效的力量,以使其在政治整合中发挥关键的作用。因此,政治整合是一种权力体系的建构,尤其在现代国家多元的力量面前,涉及一体与多元的有机结合的建构、政治精英和民众的相互关系的安排。

一定的政治整合同样也涉及最低限度的行为一致性,即政治整合是一种法治社会实现的状态,其集中体现就是"宪法爱国主义"。在多民族发展中国家,一定的宪法和法律能否得到人们的认同和自觉遵守同样存在着种种挑战,原因是多方面的。从立法的角度看,一定的宪法和法律只有反映了大多数人的利益要求,并能保护他们的利益和权利时才具有它的合法性和

---

① ［美］塞缪尔·亨廷顿:《变革社会中的政治秩序》,李盛平等译,华夏出版社,1988 年,第 13~23 页。

权威性。但多民族发展中国家政治状况表现出了极大的复杂性。一定的宪法或法律适合了某些民族群体的利益要求,但可能与别的民族的宗教或习惯相悖;也可能在一些国家中,宪法和法律的权威性和宗教的神圣性和权威性发生冲突,由此导致某些民族拒绝或抵制国家所建立的宪法和法律。从执法的角度看,一定的宪法和法律确立后需要一定的司法机构加以落实。但在权力监督不力、司法权威公信度低的国家中,法律难以得到严格的执行,从而使多民族国家或是权力滥用普遍,或是无政府现象严重。再者就是国家能力的限制。无论立法和执法都需要一定的人才队伍和组织机构的水平,但在不少落后的国家中,教育水平低,法律意识很难深入到大众心目中;执法者法律意识淡薄,普通民众更是缺乏必要的法律意识。而执政或执法机构的种种违法行为也为社会带来了重要失范效应,驱使社会个体成员或民族群体各随自己的意志而为之。这样极易导致多民族发展中国家法律纽带的脆弱,政治整合缺乏法律基础支持。

国家作为一种最大的政治共同体,需要通过一定的外在的或形式性的规范力量将其组织起来,使其成为实体,即实现国家外在的统一。但政治共同体成为实体的关键是内在的统一。也就是通过精神的和各种制度的力量将分散的认同力量转到对国家的认同上来。因此,政治整合的重要内容实际上就是认同的整合。

什么是认同? 所谓认同(identity),最初是一个心理学用语,弗洛伊德认为,认同就是个人或群体在感情上、心理上趋同的过程。[①] 后来它被移植到哲学、逻辑学、社会学、政治学和民族政治学中,所回答的是"我是谁"或"我们是谁"的问题,即当我或我们与他者相遇时,也就产生了一个我的归属和他的归属的问题。进一步说,认同不仅是个体的,也是群体的、社会的。它不是自足的,即"某个社会行为者关于社会秩序的图像"[②]。而是在与外界他者发生交往关系中建立起来的。它并不是一些心理学家讲的,完全是一种精神的或生物遗传的,它同样有着深刻的社会诸多因素的共同建构。

我们知道,人在与他人的交往中结成了一定的关系。人也只有在与他

---

① 参见陈国强:《简明文化人类学词典》,浙江人民出版社,1990 年。
② [美]罗伯特·E.戈定主编:《牛津比较政治学手册》(上),唐士其等译,人民出版社,2016年,第 256 页。

人或社会的接触中才产生了"我"和"他"，"我们"和"你们"的区别，因而认同有着明确指向性。指向的对象随着时间、地点和课题的不同而发生变化，因而身份以及认同的内容在发生着转变。在人们的认同建构中，给人的认同的建构受其原初的群体，如家庭、家族、部落、社区、教区、社团等的影响，并随着人的成长和交往关系层面的不断扩大，其认同也得以拓展。因而认同从来是一个拓展的认同，从最初的群体，如家庭或家族拓展到整个民族、宗教或国家上。在这种拓展的认同形成过程中，一定的价值观念、宗教信仰、文化修养、知识体系、审美习惯等共同塑造着人们的认同，并随着认同的不断加深、认知图像的差异而形成了不同的群体或社会关系结构。在这些诸多的对象中，给当代人的认同以重要的影响的则是政治共同体，即国家。一方面，国家给予生活其中的每个人以一定的公民身份，凭借这种公民身份，人们可以从国家中获得一定的安全、公共物品和服务；另一方面，国家也要求生活其中的公民对其保持认同，以实现国家的凝聚力。为了实现这样一个目的，国家通过意识形态、教育体系、福利体系、健康保障等塑造公民的精神和价值上的认同。不过在这些认同中，领土认同具有基础性地位，可以说，领土构成了公民的国家认同基础。[①]

众所周知，大多数发展中国家的领土确立带有殖民地时代留下的痕迹，如一些国家边界的确立，边界内人口的构成均是殖民统治者势力划分的产物，由此也就造成了不少多民族国家领土和边界是一种共占的领土。这种共占的领土可以是领土内的不同民族群体共占，也可能是同一民族分占一部分领土（如跨界民族），这也就造成了领土内的民族与民族、民族与国家之间的复杂性局面。由于边界和领土从来是在与他国的关系中而存在的，它也是一种政治关系的产物。因而边界或领土涉及与周边国家、边疆及其民族群体的管辖权和民族群体认同上的矛盾，给多民族发展中国家政治稳定带来了不同程度的影响。因为唯有在对领土认同的基础上，才可能进一步推进制度认同和民族认同以及不同公民群体、不同民族群体之间的纽带的建立和发展，国族建构才有可能。然而，国家的领土认同以及在此基础上的国家认同从来是在国家的积极影响和作用下而实现的。因为，①一定的领

① 参见周光辉：《领土认同：国家认同的基础——构建一种更完备的国家认同基础》，《中国社会科学》，2016 年第 7 期，第 46 页。

土认同离不开国家的教育和宣传作用,尤其当国家受到来自内部分裂主义和外部势力的挤压时,可以极大地调动起生活在其中的公民认同感;②一定的领土认同同样和国家对公民安全、利益的获得,法律权利的保证联系在一起,国家对公民所做的一切使公民认识到自己是该领土范围内的成员;反之,正是由于有国家的存在,生活在一定领土之上的公民才有了自己的"家";③领土认同与公民对国家的义务联系在一起,在公民履行对领土的认同中,国家通过它的强制发挥了重要作用;④正是有了领土,公民才可以在其中从事各种经济的、文化的、政治的、艺术的和宗教的各种活动,而这些离不开国家所提供的各种安全和制度上的保证。

领土认同是一种最为基础的政治整合,就其目的而言,就是发展和建立一种包容不同民族群体在内的"国族"。也就是生活在这一地域上的不同民族群体超越本民族群体的限制,在地域基础上团结和凝聚起来,形成统一的认同。对此,国内学者周平教授在讲到多民族国家族际政治整合时指出:"族际政治整合的进程,也是组成国族的各个历史文化共同体进一步凝聚为国族的过程。族际政治整合的成效,也必须体现为推进各个民族间的进一步聚集,即国族水平的提高。"①

基于上述分析,政治整合也可以视为是国家认同、政治认同和国族认同的过程。它是多民族发展中国家政治整合的核心内容,并对多民族国家的政治整合起到凝聚的作用。它与外在的政治整合相互依托。前者重在外部统一,后者意在内部统一。而在具体内容上彼此交错、相互影响,从而使政治整合只能是多重的。总之,所谓的政治整合就是生活在一定的领土上的多元群体,其中包括不同的民族或宗教群体在主导的政治主体影响下,形成为国族国家的一种政治状态和过程。

四、本书研究的主题和说明

多民族国家政治整合的核心内容就是如何使不同民族共同生活在政治共同体中。本书中采用了"合族之道"概念,实际上就是探讨政治整合的路径问题。由于政治整合包括的内容很多,不可能面面俱到地研究,主要围绕两大方面展开:一是书中涉及的"道",在中国古代汉语中当"路"讲,在当代

---

① 周平:《多民族国家的族际政治整合》,中央编译出版社,2012 年,第 226 页。

术语中指"路径"；再一是"合族"，即解决的是如何将不同民族群体"合"到一起。在中国汉语中，"合"指合拢，结合到一起，凑到一起，共同之意。所谓的"合族"，并不是将两个民族群体合并为一族，即带有一体化或融合之意，而是指不同民族群体结合到一个共同体中，在这样的政治共同体中，各个民族群体依然保持了它的个性和文化。"合族之道"回答的是政治共同体通过怎样的途径，使不同民族群体共生、共存，实现政治整合的问题，实际上合作之道的本质就是多元一体。

有必要指出的是，本书采取的"合族之道"中的"合"主要取自于"政治整合"中的"合"，重在强调不同民族的政治整合之意。而且，在发展中国家处在转型和变革的今天，社会整合、政治整合以及族际政治整合依然有着重要的意义，因而对于多民族国家，尤其是发展中国家而言，能够"合"到一起，处在主权之下，是一个最基本和最重要的问题，或说是发展中国家的基本前提，因而本书"合族"二字作为书名的关键用字。在文中有的地方，作者也提到了中国古代的"贵和"精神以及"民族融合"的表述。这里有必要做一辨析：①"和"在这本书中更多强调的是"和谐"。"和谐"概念表明的是一种相互信任、彼此合作互惠的状态和实践，带有更高的道德和伦理的意义和价值。而"合"偏向于多元共存，即含有"己所不欲勿施于人"的消极共存涵义；而"和谐"既包含有"合"的涵义中的"合作"的意义，更是一种更高的伦理和道德状态的实践。在这种状态中，儒家所倡导的"己欲达而达人、己欲立而立人"的相互提携，共同奋进的精神和价值蕴含其中；②文中提到的"贵和"精神和民族融合中所含有的"和"的意义是中国多元一体格局中的一种传统，是中国民族政治的一大特色，并且这一特色在当代中国不同民族的"交往交流交融"的思想和实践中得到了进一步弘扬和发展。而不少发展中国家，依然停留在不同民族群体"合"的状态下，在走向"和谐"的民族关系方面还有很长的路要走。

如前面对政治整合含义的解释，政治整合有多重含义。其中有三个方面需要探讨：

一是多民族共生的文化或文明之道的问题，即共有文化和政治认同问题。现实的世界是多元的，各国内部同样受到了多元文化的影响。而不同民族的存在更集中反映了这种多元文化的要求。在常士闾撰写的"族际政治文明建设探析"一节中，作者指明了族际政治文明是多民族国家在正确处理民族关系和共同事务上形成的政治意识、政治制度、政治行为等方面的进步状态和成果的总和。在多民族国家,族际政治文明建设发挥着重要的作用,一个关键方面涉及多民族国家内部族际之间形成一种怎样的"共有文化"。作者在文中指出,在多民族国家中,良好的族际共有文化对解决民族矛盾、促进政治整合提供了重要的文化基础,也为不同民族的共存提供了良好的秩序保障。所以,建立在族际政治文明基础上的多民族国家才能有坚实的文化基础。

常士闿也注意到了族际互惠关系对政治整合的作用和影响。族际关系也是多民族国家内部的社会资本。良好的共有文化与良好的族际互助关系有着重要的联系。在此,作者以东南亚国家为背景,撰写了"民族互惠共生与东亚国家的政治整合"一节,认为东亚国家政治整合具有现实的基础,其立足点在于多民族的互惠共生,以间性认同为理念的民族互惠共生促进合作共治,成为当代东亚国家发展政治整合的一种新取向。而多民族国家政治整合具有一体两面性,即多民族的特殊性与国家的统一性,这两个方面的有机结合影响着政治整合的健康发展。

在多民族国家的研究中,涉及如何认识多元文化的问题。在多元文化问题上,加拿大是这一领域的典型。20 世纪 70 年代以来,加拿大创立了多元文化主义政策,与之相应地也产生了加拿大多元文化主义政治思想,涌现出像威尔·金利卡、查理斯·泰勒等一大批多元文化主义代表人物。在加拿大、澳大利亚、英国和荷兰等多元文化主义实践和学者的影响下,多元文化主义获得了巨大的国际影响。对此,国内外一些学者对加拿大多元文化主义进行了研究,仁者见仁、智者见智。常士闿曾在 2008 年出版了《异中求和:加拿大多元文化主义政治思想研究》(人民出版社,2008 年)一书,在此基础上,曾先后发表了多篇文章对此问题进行了探讨,其中针对"多元文化主义具有普世性"的观点发表了自己的看法,指出了它的价值,也分析了它的局限性和未来发展。在近些年来,加拿大的多元文化主义政策正在朝着"整合的多元文化主义政策"方向发展,对此问题尚待研究。而付海梅关于世俗主义与印尼国家整合的研究,从个案的角度回答了通过一定的价值引导实现多民族国家的政治整合问题。她在"印度尼西亚的世俗主义国家认同建构"一节中指出,印尼是当今世界上伊斯兰教信徒最多的国家。然而在现实中,印尼并没有立伊斯兰教为国教,而是选择成为一个世俗国家。该部分分析了印尼成为世俗国家的理由,认为印尼不可能成为信奉单一宗教的伊斯兰国家,温和的印尼伊斯兰教、分裂的伊斯兰教派及世俗民族主义的领导地位使世俗印尼成为可能。印尼独立后,确立"潘查希拉"(又称"建国五基",即信仰神道、人道主义、民族主义、民主政治和社会公正)为建国基础,并在对伊斯兰教政治有一定限制的基础上,实现了精英重组:苏哈托政府上台后,大力发展经济,加强中央集权,极大地促进了印尼国家整合。

多民族国家的文化基础关键是认同的形成,认同原意带有归属或等同之意。但认同从来是在一种关系中存在的,它涉及对我是谁、我与"他者"的关系的探讨。在多民族国家中,认同的问题涉及方方面面,其中如何处理民族认同和国家认同的关系问题关系到多民族国家的凝聚力。因此,常士闇在"东南亚国家政治认同的转折与政治建构"一节中指出,政治认同是国家政治合法性构建与政治稳定的基础。其中,政治认同的变革对政治构建的发展具有重要的影响。东南亚国家政治认同主要是对政治权威的认同、政治文化的认同和政治制度的认同的有机结合。在当代,这种政治认同是以民主政治作为基本取向,以文化认同、权威认同和宪政制度认同作为重要内容的政治认同。正是在具有本民族特色政治认同的基础上,东南亚国家开始了新的政治发展进程。

王恒在对国家认同及其建构:多民族国家政治整合的心理基础的研究中指出,政治整合作为多民族国家最基本的维持机制,其整合过程就是塑造各民族成员对国家政治共同体的认同感和忠诚感、增强国家凝聚力的过程。因此,国家认同是多民族国家政治整合的心理基础。在多民族国家中,民族认同是造成国家认同危机的一个重要原因。因此,在多民族国家进行国家认同建设的首要问题就是如何对待民族和民族认同。族性和民族认同具有一定的客观存在性,这要求人们对待民族和民族认同要给予尊重和相应的权利,而用包容和支持的态度来对待多元性,必须建立在国家建构强大的凝聚力的前提之下。公民身份是国家认同的政治基础。因此,提高民众的公民身份意识是国家认同培养的着力点。这是其一。

二是多民族共生的制度问题。在多民族国家中,如何将不同民族整合到一起,涉及国家内部存在不存在一种核心的力量。在此方面,国家性及其作为表现形式的政治制度发挥着重要的作用。在"国家性建设与多民族发展中国家政治整合路径设计的反思"一节中,常士闇认为,政治整合就其本质而言就是实现国家的统一和民族的团结。而就如何实现这一目标问题，当代学者进行了不同的探讨，主要在两大方面：制度路径和国家性路径。就前者而言，主要涉及威权主义政治整合和民主政治整合路径；就后者而言，主要涉及国家的合法性、治理能力和重叠共识的形成与引力作用。多民族国家的政治整合不仅需要制度建构，更重要的是要有国家性建设。也就是多民族国家在制度建构的同时，要从国家性，也即国家能力和内涵性关系建构上夯实制度存在的基础，从而保证国家的政治整合具有长期性和稳定性。多民族发展中国家加强国家建设，并不是否定民主建设，国家性建设只有和民主建设结合起来，多民族国家的国家性才能获得更为坚实的基础。

在对多民族国家制度建设的讨论上，多民族国家和民主的关系是当代热点问题。常士間在"多民族国家与民主关系的复杂性"一节中指出，从 19 世纪自由主义思想家密尔提出民主与多民族不兼容命题以来，不少学者接受了密尔的观点。20 世纪苏联解体、东欧国家剧变，似乎这一问题越加得到了印证。文章通过对世界上诸多多民族国家的历史与现实的比较，发现多民族国家与民主政治之间存在着复杂的关系，它们之间既存在着相互反对的方面，也存在着互动的方面。不同国家或地区由于受历史与现实的限制，呈现出复杂多样的状况。在对多民族国家与民主关系的认识上应该从实际出发，客观地理解它们之间的关系，从多民族国家民主建设的经验中吸取有益的成分。在"民主选择的悖论——多民族发展中国家政治整合视角"一节中，常十間进一步以发展中国家的经验为依据，分析了"民主"之"民"的不同及其他给多民族国家民主政治发展带来的不同影响。

在对上述问题的研究中，常士間也从亚洲国家的个案的角度分析了民主政治巩固的途径。在"协商治理与民主建设——以东亚国家民主巩固为背景"一节中常士間指出，自 20 世纪 80 年代以来，东亚一些国家在完成民主转型之后进入了民主巩固时期，但这一时期又是民主发展的不稳定时期。在这一时期，面对如何既能巩固和发展民主，又能有效地应对国内出现的各种问题，东亚国家的协商治理开辟了一条民主建设的新路径。

郭小虎在"埃及政治整合困境探源与前景展望"一节中，分析了埃及政治转型带来的政治动荡，分析了"阿拉伯之春"对埃及政治发展的影响，指出脱离了埃及和阿拉伯世界本身的问题特点，以及照搬西方民主带来的恶果。在郭小虎与常士間共同撰写的"后发多民族国家建构如何避免国家失败：以乌克兰为例"一节中,作者主要以乌克兰为背景,分析了实现民主政治后的乌克兰当面临向西还是向东,即是加入欧盟,还是保持与俄罗斯友好关系这样一个国家的大战略决策时,俄罗斯族和乌克兰人之间的分裂立刻走向表面化,最终使克里米亚岛从乌克兰分离了出去。而王恒对"族际政治民主化在南斯拉夫的失败——多民族国家治理视阈下的研究"回应了当代学界关于"族际政治民主化"的观点。族际政治民主化的核心内容强调了民族分权的民主。在多民族国家中,尊重和保障少数民族的权益,是国家正义的应有之义。但是如果把国家民主的主体落到各个民族单位时,最终的发展结果就是"族主",而如果离开了国家有效控制和建设的"族主",必将成为挑战国家统一的力量。南斯拉夫联邦共和国所采取的"民族共和国"制度体现了"族际政治民主化"这一理论。南斯拉夫联邦共和国走向解体的原因正是在于其过度强调民族分权的治国原则,而这严重削弱了国家的凝聚力和整合能力,给国家带来了毁灭性的后果。

三是多民族国家的治理问题。政治整合问题与国家治理有着很重要的关系。不少多民族国家的经验表明,良好的国家治理可以促进多民族国家的政治整合。反之则带来国家政治整合上的失败。这里涉及如何认识多民族国家内部的不同民族群体之间的关系。正确地认识族际关系对多民族国家的治理具有重要价值。因此,常士闇在"族际政治文明中的他者与多民族国家治理变革"一节中探讨了"他者"地位的转变,认为在历史上"他者"往往外在于"我",在零和博弈规则下,我与"他者"处在了对立地位上,我战胜"他"构成了传统治理中的规则。近代以来,随着平等意识的发展,人们的文明意识也发生了深刻转变,我与他处在一种相互依赖、共生共荣的状态下。在这种条件下,一种新的族际政治文明观产生出来。伴随新的族际政治文明的发展,一种协商治理、包容吸纳、倾中执政、集分平衡、包容性发展、民族镶嵌、新的族际政治文明开始建立起来,使其成为不少多民族国家政治发展的新亮点。

全球化时代,不同民族如何共生,在此方面各国积累了不少经验。加拿大和新加坡都是移民国家,具有典型的多种族、多文化的特点。不过由于各自历史的不同,在如何对不同民族、不同文化进行管理上形成了不同的管理方式。常士闇对加拿大多元文化管理的内在机制的研究分析了加拿大多元文化主义政策对该国的影响和作用。作者指出,加拿大是世界上移民国家中最早建立多元文化主义政策的国家。自从这一政策问世以来,学界对多元文化主义产生了不同的认识,褒贬不一。尤其是其中有一种观点认为,多元文化主义导致文化上的断裂,容易使国家分裂。本文从多元文化管理的角度,从社会一体化、法治建设、民主政治以及福利国家四个方面对加拿大这一政策的实践及其效果进行了分析,并以此为基础,对学界中存在的观点进行了回应。

常士闿也分析了新加坡多元文化治理,在"在包容多元中促进公民身份认同建构——比较视野中的新加坡多元文化政治实践"一节中指出,新加坡是一个多民族国家,如何处理好多元文化与公民认同之间的关系,是该国政治生活的重要内容。与西方国家以及邻邦相比较,新加坡在和谐理念指导下,以国家至上、社会为先为基本原则,在承认多元文化、包容多样的同时,通过积极的政策和治理,有效地促进了新加坡人公民身份认同的发展。在多元文化挑战后发国家的今天,新加坡在公民身份建设方面为发展中国家提供了宝贵的经验。

常晶撰写的"印度多民族国家治理的制度经验与问题"一节以印度为个案,回答了多民族国家民主治理问题。如作者分析的,印度作为一个异质化程度非常高的国家,能够在民主制度之下维持国家的统一和正常运转,是多民族国家治理研究中非常重要的一个案例。印度多民族国家建设的成效来源于制度的有效性和稳定性,民主和联邦主义为印度多民族国家的凝聚提供了重要的制度纽带:宪法设计中体现了对多元的包容与对统一的诉求,提供了基本的共识基础和权利保障;民主制体现了印度人民对民主价值观的共同追求,成为联结多样性的纽带和多元化表达的场域;联邦主义则为印度缓解民族自治要求和民族分离主义带来的压力保留了一定的制度空间和灵活性,是协调差异的制度性基础。但是毋庸置疑,印度对社会分裂程度的控制仅停留在一个相对较低的水平上,印度的多民族国家治理仍面临一些问题,如民族主义政党在多党竞争的民主制度下崛起、地方权力增长带来了显在或潜在的分裂威胁、公民平等流于形式等。

在对多民族国家研究中,一些国家或政党未能客观地认识本国的国情,导致了民族政策上的严重失误,导致了国家的分裂。常士闿在"苏联共产党在族际政治整合上的教训分析"一节中指出,苏联是苏共领导下的多民族国家。苏联建立后,苏联共产党在国家建构与族际政治整合上采取了一系列的方针和政策。然而，20 世纪 90 年代，苏联解体，苏联共产党对族际的政治整合也告终结。作者采取结构分析方法，对苏联共产党在族际政治整合上的教训进行了总结，提出了多民族国家治党和治国是两种不同的治道，二者都要坚持，但同时二者要有机结合。

基于上述分析，常士闿对当代中国多民族国家的政治整合进行了分析，阐述了中国多民族国家政治整合的两个重要方面：一个是作为社会结合的基本纽带的"两个共同"，另一个是中国共产党在当代中国政治整合中的核心作用。

第二章　多民族国家的认同建构与政治整合

多民族国家能否获得凝聚力,关键在认同建构。认同是一种归属感,表明主体与对所归属的群体及其作为群体的价值、制度和政策的一种接受和一致。多民族国家,由于个体或群体归属的外在群体的多样性,决定了其认同的多样性。不过在民族国家时代,国家以及与此相关的国家认同、政治认同构成了其中的重要内容。多民族国家只有不断地发展和建设国家认同、政治认同,才能克服自身内部存在的亚认同可能带来的离心力,才能从心理上将各个民族结合起来,使国家的统一建立在坚实的心理基础上。

认同有着复杂的含义和内容,各个国家的认同也有着各自不同的重点。通过不同的途径建立和发展国家认同和政治认同是多民族国家实现政治整合的重要内容。

第一节　国家认同及其建构

国家的存在不仅需要主权和强制力的"硬件",更依赖于公民对其感情投入的"软件"。"国家不过是一个建构起来的政治共同体,在人们认同它并愿意继续保持它的时候,它是巩固和稳定的。而当人们不再认同它因而也不愿意继续保持它的时候,它就有可能瓦解、走向崩溃。"[①]可见,公民对国家是否认同,严重影响着国家这一政治共同体的存续和发展。因此,多民族国家的政治整合必须通过建构公民的国家认同来实现。

一、国家认同:多民族国家政治整合的心理基础

在多民族国家,民族多样性构成与国家的政治统一性之间存在矛盾和

---

① 周平:《多民族国家的族际政治整合》,中央编译出版社,2012年,第95页。

张力,因而在民族分离主义大行其道的背景下,通过有效的政治整合来控制和消解矛盾和冲突,就成为多民族国家维系和发展的前提和基础。而政治整合过程就是塑造各民族成员对国家政治共同体的认同感和忠诚感,增强国家凝聚力的过程。因此,国家认同是多民族国家政治整合的心理基础。"认同"一词在英文中为"identity",由拉丁文"idem"演化而来,其最基本的含义为同一性、一致性。在现代汉语中,"认同"的含义一是"跟自己有共同之处而感到亲切",二是"承认和认可"。认同建立在"我"和"他"区别的基础之上,差异的存在是认同的前提和基础。人们的社会认同过程就是通过与他者的交往认知自己的差异性和特殊性,从而寻找和确定自己的群体归属,进而强化对自身群体的情感和依赖。因此,从本质上看,认同是个体主动寻求群体归属的心理过程。相应地,国家认同就是把国家作为认同对象,把国家作为心理归属和情感寄托的中心。

具体来说,国家认同首先是政治制度认同,即人们对国家政权和政治制度的认同,就是对国家的政治、经济、文化、社会等制度的认可与服从。如果说古代国家形成的基础在于血缘或地缘的自然关系,那么现代国家形成的基础则在于建构性,即现代国家基于特定的制度性安排而形成,"其出发点就是通过一套制度体制将一定区域的人民整合为一个能够共享制度安排的统一共同体。这与基于人类组织自然演化而形成的"古代国家"不同"。① 因此,对于多民族国家来说,其国家认同的获取首先依赖于一套设计、运行良好的政治制度和政治体制。因为政治制度的合理与公正、各民族权益的实现与保护对于获取和提升国家认同至关重要。人们不仅需要制度对其权益进行保障,还需要情感的寄托,把自己的心理依恋、文化归属投入到民族-国家共同体中去。因此,国家认同还包括对国家的实体认同,即为人们提供空间上的家园感,满足人们的乡土情结,寄托人们对祖国同胞的依恋之情,即使客居他乡,也能够找到自己群体的归属感。

亚里士多德曾指出:"一个政体如果要达到长治久安的目的,必须使全邦各部分(各阶级)的人们能参加而且怀抱着让它存在和延续的意愿。"②也就是说,国家认同关系着多民族国家的存续和发展。国家认同的功能主要

---

① 林尚立:《现代国家认同建构的政治逻辑》,《中国社会科学》,2013 年第 8 期。
② [古希腊]亚里士多德:《政治学》,商务印书馆,1996 年,第 188 页。

表现在两个方面：

其一，承认功能。首先，国家认同赋予国家政权以合法性。国家权力来源于人民，只有得到民众的认可和支持，国家政权才能稳定有效地运行。因此，民众的国家认同是国家获得合法性的基础。其次，国家认同赋予政治权力以"权威"的地位。权力是一种强制别人服从的能力，而权威是基于别人自愿的服从的权力。权力可以强迫人们的行动，但不能强迫人们的意志，而意志才是最为根本的东西。正如皮德·布劳所说："我们不能强迫别人赞同我们，不管我们对他们有多少权力，因为强制他们表达他们的感激或赞扬将使这些表达毫无价值，'行动可以强迫，但情感的被迫表现仅仅是一场戏'。"①因此，只有上升为权威的权力才是长久的和有效的，而只有获取认同的权力才能够上升为权威。最后，国家认同还是社会稳定的心理基础。虽然合法的强制也能实现社会秩序的稳定，但这种稳定是相对脆弱的，是需要极大管理成本的，而民众的自愿支持才能保障国家长治久安，而且能够降低社会维稳的成本。因此，"能够成功地利用这些需求或感情推动力的政体，可能降低其实施政策所花的代价，或者保持一种超过其能力的表面价值的生产力水平"②。

其二，支持功能。在政治学中，关于社会成员对国家与政治系统的支持可分为两种状况：如果社会成员用某种外显的行动和做法来表达支持，则叫作"特定支持"；如果社会成员用内化在内心的某种态度和想法来表达支持，则叫作"散步性支持"。③"特定支持"是因某种诱因的释放而引起成员对系统的支持，如系统满足成员的利益和要求；而"散步性支持"则是成员发自内心深处的、对系统的自觉认同和信任。"特定支持"的前提是共同体能够提供给成员相关的利益满足，这种支持是以利益交换为基础的，当系统不再有能力给予利益时，这种契约式的支持也会随之消失；而"散步性支持"则不同，这种支持变成了人们存在意义的一部分，如果失去了支持的系统，那么民众就会觉得失去了生活的尊严和生存的意义，同时民众时刻把系统的利益看作自身利益的前提和基础。这种支持不同于契约式的支持，它是内化

① [美]彼德·布劳：《社会生活中的交换与权力》，华夏出版社，1988年，第26页。
② [美]加布里埃尔·A.阿尔蒙德、小G.宾厄姆·鲍威尔：《比较政治学：体系、过程和政策》，上海译文出版社，1987年，第468页。
③ [美]戴维·伊斯顿：《政治生活的系统分析》，华夏出版社，1999年，第185页。

了的、与成员生死存亡息息相关的支持。而一个政治系统只有得到成员的"散步性支持",才能获得最大的忠诚和热忱。因此,对于一个国家来说,如果说军事、暴力等"硬权力"是不可或缺的,那么国家认同就可以被视为超越这些"硬权力"的、具有非凡能量的"软权力",具有强大的凝聚力和向心力作用。

现代国家的建构性决定了国家的存在与稳定取决于民众对国家的态度。特别是在多民族国家中,如果民众对国家的认同意识淡薄,那么各种从属的身份意识和认同就会高涨,特别是民族的自我意识、民族主义的凸显,可能导致分裂势力的抬头、地区的紧张和冲突,危及国家的统一与稳定,破坏国家的建设和发展。因此,在多民族国家中,国家认同建设必须予以重视并长期坚持下去。

二、"国家认同"建构理念:凝聚下的多元

差异和多元是现实存在的,所有的多民族国家都在如何实现超越分歧、消弭冲突的道路上摸索着。为了实现国家认同,历史上曾出现消灭"异质性",达成"同一性"的做法。或是采取驱逐、清洗、镇压的手段对待弱势民族以实现民族的纯洁性,或是采取强制同化的手段将少数人的民族文化整合进多数人的主流文化,强调文化的一元论。这种"灭异"的极端方式日益受到鄙视与批判,而历史也证明这种方式并不能、也没有导致民族认同消失,反而导致民族关系紧张和民族暴力升级。

面对日益复杂的民族状况和人类对更加文明生活的向往,各个多民族国家都在努力探索更加文明的方式来实现国家整合的提升和国家认同的实现。虽然每个国家都基于自己的特点,采取不同的认同建构方式,但是贯穿其中的共同点是在包容民族多样性的基础上建构政治统一性。

在多民族国家中要坚持一体与多元的共存,既要坚持国家的统一,又要尊重和保护各个民族的利益。对此,学界已达成了共识。但是在如何实现两者共存的价值取向上,不同学者提出了不同的主张。有的学者认为,只有平衡和实现了民族利益,特别是少数民族的利益才会提高民族的国家认同,增强国家的凝聚力,主张"多元之下的凝聚";有的学者则从国家凝聚与一体化的前提出发看待民族权益的实现,主张"凝聚之下的多元"。

主张"多元下的凝聚"的理论,将民族作为国家的基本组成单位,把民族

看作连接国家和公民的中介,认为只要实现了各民族的政治平等和权力分享,就能实现民族认同与国家认同的和谐共存;主张"凝聚下的多元"的理论,主张将"多元一体"理解为"政治一体"和"文化多元"两个层次,逐步把民族看成"文化群体",而减少他们的政治色彩,强调公民身份层面的政治平等和发展自身文化特色的自由。

在多民族国家中,尊重和保障少数民族的权益,是国家正义的应有之义。但是以民族作为凝聚公民的政治单位,强调各个民族共享国家权力,实行民族分权意义上的民主理念,最终导致的结果可能更可怕。如南斯拉夫"非集权化、非国家化、非官僚化、权力分散化"的治国原则就严重削弱了国家认同和国家的凝聚力,导致国家在民族利己主义和民族分离主义浪潮中走向解体。

实现民族平等与团结是符合政治正义和历史规律的,但是在盘根错节的民族关系面前,前南斯拉夫联邦共和国却追求并维护民族多元与自治局面,强调各个民族分享国家政治权力。

首先,前南斯拉夫赋予各民族共和国民族自决的权利和自由退出联邦的权利。铁托指出:"民族问题必须在民族平等的原则上,在自愿联合并享有分立权的基础上解决。"①基于此,1946 年 1 月通过的新宪法第一条就宣布"南斯拉夫联邦人民共和国是共和国形式的联邦人民国家,是享有平等权利的各主权民族的公众集体,各民族根据民族自决的权利可以自愿地参加联邦或退出联邦"②。民族自决权利与自由退出联邦的权利使联邦的聚合成为一种临时性的、可以随时解散的政治体,也导致南斯拉夫认同的基础是各个民族,强化了民族的自我意识和自我认同性。而对于国家,只是将其看作临时居所,以及利益实现的工具,从而削弱了对于国家的归属感和心理认同。在这种制度下生活的民众体会不到国家的作用,反倒只是生活在各共和国的影响之下,对于民众来说,可没有国家却不能没有共和国。因此,没有形成人民对国家的依附感,自然也就难以形成强大的国家认同感。

前南斯拉夫这种基于民族单位的国家认同建构为极端民族认同提供了

①　[南斯拉夫]铁托:《我们联邦的民族关系》,《铁托选集》(1961—1973),人民出版社,1982年,第 89 页。

②　《南斯拉夫新根本法》,白堃译,世界知识出版社,1956 年,第 59 页。

宽松的政治环境,使国家认同湮没于强大的民族认同中,苦心建立的制度不但没有很好地化解历史形成的民族恩怨,反而又产生了新的民族矛盾和问题,导致民族主义,特别是民族分离主义的倾向加剧,使得国家统一的力量受到极大的削弱。因此,我们应该看到,诉求在包容多样性中实现国家凝聚和国家认同的提升,还必须考虑包容的"度"的问题,过犹不及。相较于前南斯拉夫,瑞士之所以被称为多民族国家治理的典范,正是因为其在尊重民族多样性的基础之上努力建构国家的统一性和公民的国家认同,而这才成就了瑞士成为民族多样化程度最高、但民族和谐程度也最高的国家。

瑞士联邦宪法最获称道之处在于其"安顿多样性,建构统一性"的功能。联邦宪法充分尊重和维护各州的自治和一定程度的独立,给予其很大的权力空间。宪法赋予各州在遵守共同联邦宪法的基础之上,各自制定自己宪法的权力,各自有独立的立法权和司法权,甚至部分军事和警务权,以及强大的行政权。各州的行政机构不仅执行联邦政府的相关安排,而且在本州内还有很大的管理权限,可以根据自身的状况自主行政,以体现民众的权利和要求。

广泛的自治权力使各州有很大的空间管理自己的事务,制定本地区适应的政策,为地方共同体保持和发展自己的文化、语言、宗教提供了便利,体现了瑞士的包容精神和对民族多样性的尊重。

联邦宪法在给予地方各州充分的自治权的同时,并没有忘却塑造一个强有力的中央联邦。1874 年修改宪法的主要目的之一便是要增强联邦政府的权力。"打着'一支军队、一个市场和一个国内事务管辖权'的口号,这次宪法修订主要致力于更强中央集权的建立。"之后,在对宪法进行的一些局部修改中,联邦的权力得以进一步增强。可以说,联邦宪法修改的过程是联邦不断加强中央集权的过程。同样是实行民族联邦制的制度形式,但是不同于前南斯拉夫的是,瑞士虽然宪法保障各组成州的主权和领土,但是各州不能自由退出联邦,"组成瑞士联邦之(各邦),宪法一一举列其名,是一方固明示联邦期于永久,各邦不容退出"①。对各州不容退出联邦的宪法要求,为联邦的长期稳固和国家认同的形成提供了宪法基础。联邦政府的确立,为国家提供了作为其代表的权威中心,为民众提供了国家认同的组织基础。

---

① 费巩:《中外政治之比较》,浙江大学出版社,2011 年,第 120 页。

联邦权力的增强,带来的是联邦作用和力量的强大,代表着联邦对各民族、各州控制力的强化,以及公民对联邦依赖性的增加,这对国家的稳固和国家认同的提升起到了重要的作用。

瑞士公民作为政治基础的地位主要体现在直接民主制度和双重多数制度中。直接民主制是瑞士国家制度中的一大特色,在联邦层次,主要表现在"公民创宪权"和"公民复决权"。"公民创宪权"是指公民在满足一定条件的前提下有权对联邦宪法进行全部或部分的修改。"公民复决权"是公民对议会通过的决定的意见权,分为"强制性复决权"和"非强制性复决权"。在地方层次,直接民主表现在公民的直接决定权。如许多市镇在决议的形成上采取集会的民主形式;有的州也定期举行公民大会,在大会上决定本州经济和社会发展的各种议案,遵循"双重多数原则"(州多数 + 公民多数),即凡是涉及宪法和签订有效期 15 年以上的国际条约或加入国际组织的法令,需要州和公民的双重多数通过方能生效。

直接民主制体现了瑞士人民享有和政府联合决策的权利及直接参与国家事务管理和决定的权利。这是用公民政治来对抗州的民族性和分裂性倾向,用公民身份来超越民族政治的影响。通过公民权的经常行使,民智得到了启发,公民参政的能力得到了提高,在相互交往互动中形成了公共利益和公民责任。因此,使得民众能够摆脱民族的界限、超越本民族的利益和政治限制,从联邦、国家的角度看问题和思考。同时,直接民主从村镇向联邦层面的扩展,提升了公民的国家主人翁意识,公民的认同也逐步随着民主的扩展而向联邦层面转移。

族性和民族认同具有一定的客观存在性,这要求人们对待民族和民族认同要给予尊重和相应的权利。因为只有用包容和支持的态度来对待多元性,才能赢得不同民族对国家的认可和认同。国家认同建设需要包容性,但是这必须建立在国家强大的凝聚力之下。没有包容的凝聚是强制的,而没有凝聚的包容是放纵的。

三、国家认同构建的着力点:公民身份意识

"公民"是国家认同的政治基础,如果公民身份意识比较薄弱,那么就会导致各种从属身份意识和认同的增强,如地域认同和民族认同,这样就会危及国家的稳定和安全,甚至导致分裂活动的萌生和发展,使国家整合受挫。

而只有使人们逐渐超越自己的民族性和地域性，才能以更宽容和更理智的心态来看待彼此，才能使国家更有凝聚力，如瑞士公民爱国主义的培养带来强大的国家认同的实现。因此，提高民众的"公民"身份意识，是国家认同培养的着力点。

提高公民身份意识最直接的途径是公民教育。公民教育是培养公民的国家归属意识、提升公民的权利和义务认知及践行自觉性的教育。公民教育关系着国家观念的形成、爱国观念的培养和良好公民的培育。在多民族国家，公民教育的目的不是把少数民族塑造成主体民族的一部分，而是要把所有民众塑造成多民族国家的平等公民，促进各个民族的民众公民身份意识的提升，形成对国家的归属感。在多民族国家开展公民教育的有效途径是寻找和挖掘各民族共同的爱国历史记忆，强调各民族在国家的形成和发展过程中的作用和意义。这样不仅可以激发各个民族的主人翁意识和爱国情怀，提高国家认同感，同时可以增强不同民族彼此之间的感情，增强彼此之间的认同感。

提高公民身份意识最基本的途径是确立和弘扬国家核心价值观。一定的政治行为都是在一定的政治认知和政治价值观的直接影响下形成的。因此，在多民族国家建构国家认同、提升公民身份意识中必须注重政治意识，特别是政治价值观的培养和引导。核心价值观集中体现了一个国家的基本制度价值取向，只有公民接受国家的核心价值观，才会稳定持久地形成对国家的认同和爱国情怀。很多国家都非常注重国家核心价值观的社会化进程，都在或显或潜地进行着公民价值观的教育和引导。如美国，虽然声称在对公民的"善"的追求上采取国家中立的态度，但是实际上却一直在努力致力于对公民意识形态的塑造，始终用"自由、民主、人权"等价值教育着公民；新加坡对公民的价值观灌输更为明显，国家核心价值观的确定通过全国大讨论的方式进行，最终达成共识，形成各民族都能接受的共同价值观，促成各民族对国家的认同。可以说，国家核心价值观是凝聚社会所有成员的共同纽带。而多民族国家核心价值观要想得到各个民族的赞成就应超越各个民族的个别要求，体现所有民族的共同利益。

提高公民身份意识的根本途径是公民利益的实现和公平的分配。马克思说:"人们为之奋斗的一切,都同他们的利益有关。"①所以,实现公民赖以生存的现实利益,既是国家追求的目标,也是维系国家情感纽带的重要保证。国家对于公民利益的实现还必须满足公平性的条件,如果国内不同群体的公民收入差距过大,那么低收入者就会产生极大的不平衡感和被剥削感,从而导致对国家的不满和怨怒的积聚,破坏公民对国家的认同。同时,国家对公民生存与发展需求的满足应该具有长期性和可持续性,确保利益实现程度的水平和质量不断提高,这样才能获取公民对国家稳定的、长期的认同。

第二节　族际政治文明建设:多民族国家认同建构的重要途径

冷战结束以来,多民族国家尽管内部民族冲突不断,但"大部分国家仍然保持着统一和完整"②,国家依然是唯一的合法统治形式。为了维护国家的统一、稳定和发展,这些国家的政府努力改善治理,妥善缓和不同民族之间的矛盾。如 20 世纪初的印度尼西亚、菲律宾、缅甸,20 世纪 90 年代的南非、卢旺达等国家都在付出血的代价后,最终走向了和平、和解和合作。在这种政治现象中,一种族际政治文明的理念和实践开始出现和发展起来。在众多中外学者把多民族发展中国家的民族冲突作为关注重点的今天,有必要对这种新的理念和实践作一分析。

从学术上看,在对多元文化管理和民族冲突调控上,学者们提出了民族间接触、对话、民族融合、语言政策、民族平等等理论,其中大量涉及族际政治文明方面的理念。这些研究主要以发达国家经验为主。从中国知网发表论文的情况看,涉及政治文明的文章汗牛充栋,尚未见到有以"族际政治文明"为关键词的文章。有关政治文明的专著有《政治文明论》③和《政治文明:理论与实践发展分析》,主要从政治学角度探讨了政治文明。其中,有的

---

① 《马克思恩格斯全集》(第 1 卷),人民出版社,1995 年,第 187 页。

② [美]乔尔·S. 米格代尔:《社会中的国家:国家与社会如何相互改变与相互构成》,李扬、郭一聪译,江苏人民出版社,2013 年,第 145 页。

③ 虞崇盛:《政治文明论》,武汉大学出版社,2003 年,该书首次把政治文明作为一个理念进行了系统分析;许耀桐等:《政治文明:理论与实践发展分析》,中央编译出版社,2006 年,该书以民主政治为主线,详细从理论和实践的角度对政治文明进行了分析。

对政治文明的论述涉及中国民族区域自治制度，但没有提到族际政治文明概念。近年来，中国学者在族际政治学研究中关于多元文化主义、族际政治民主化和民族和谐等理论的讨论，蕴含了不少与族际政治文明相关的思想。在国外，以和平、合作为主题的"冲突转化"理论①也蕴含了不少族际政治文明的思想。笔者于 2010 年在《云南行政学院学报》上发表了《多民族后发展国家现代化进程中的族际政治整合和政治文明建设》一文，开始提出这一概念。2012 年 4 月 20 日，有学者在《中国民族报》发表了《为什么说民族区域自治制度具有科学性和先进性》一文，提到了"族际政治文明理念"，但对什么是族际政治文明这一问题，上述两篇论文尚未进行充分阐述。

近几十年来，多民族发展中国家民族问题和民族矛盾层出不穷，但这些国家的政府和民族群体从来都没有放弃过寻求和平、合作与发展的各种努力。中国是当今世界最大的多民族发展中国家，中国共产党提出的两个"共同"②的民族工作宗旨，构成了当代中国族际政治文明建设实践的总结和指导方针。2015 年 3 月 28 日，国家发布《推动共建丝绸之路经济带和 21 世纪海上丝绸之路的愿景与行动》，提出"增进沿线各国人民的人文交流与文明互鉴，让各国人民相逢相知、互信互敬，共享和谐、安宁、富裕的生活"③的思想，更彰显了中国"族际政治文明"在国际政治中的运用。在此背景下，反思多民族发展中国家族际政治文明发展的经验和教训，对中国族际政治文明的建设大有裨益。

一、族际政治文明的含义

为了生存和发展，人们不可避免地要结成一定的关系，形成一定的民族

---

① 这里的"冲突转化"系指代"一系列的过程和结果：让关系更加公正，满足各方需要，充分参与和有尊严的过程；在没有暴力的情况应对冲突与解决冲突或者至少管理冲突（将冲突保持在可控范围，将危害降到最低）的过程；减少甚至消除伤害和仇恨、让共存成为可能的过程；发展'建设性冲突文化'"，使"新的或正在进行的冲突就不再具有破坏性，且能够为社会福祉做出贡献的过程。"见［英］戴安娜·弗朗西斯：《人民、和平与权力：冲突转化的实践》，陈建荣译，南京出版社，2015 年，第 6 页。

② 2003 年 3 月，胡锦涛同志在全国政协十届一次会议少数民族界委员联组讨论会上的讲话中第一次提出"各个民族共同团结奋斗、共同繁荣发展（简称"两个共同"——笔者加）是新世纪新阶段民族工作的主题"的思想。

③ 见《推动共建丝绸之路经济带和 21 世纪海上丝绸之路的愿景与行动》，http://zhs.mofcom. gov. cn/article/xxfb/201503/20150300926644. shtml。

群体,而且不同的民族群体之间在交往中也形成了一定的关系。近代以来,随着主权国家的确立,不同民族群体均归于一定的政府管理和一定的政治秩序之下,形成了各具特色的族际政治关系格局。①

多民族发展中国家族际政治关系格局的形成途径不一,大致有两种:一种是由于历史上这些国家对外征服而形成。如泰国历史上对马来半岛的征服,之后由于英、法两国殖民者在势力范围划分上的博弈,泰国南部马来人居住的四府归于泰王朝治之下。另一种是沦为殖民地或半殖民地后,一些民族群体并入或移民而形成一个国家中的少数民族群体。上述两种情况对发展中国家的族际政治格局构成了重要影响,逐渐形成了和平共处型、平等互助型、政治联合型、相互竞争型、实力对峙型、压迫与被压迫型、族际战争型和政治分离型②八种类型的民族政治关系。在这些类型中,前三种带有较强的政治整合取向,后五种带有对立、冲突和对抗的特点。两大类型并不是固定不变的,前一种类型在内外因素的作用和影响下,可能向着后一种类型转变,后一种类型也可能转变为前一种类型,如南非和卢旺达。

在当今世界中,远离战争、关爱生命,追求发展、实现公正、通过和平方式解决不同民族群体之间的矛盾和冲突不同程度地跃然于多民族发展中国家的政治理念和政治实践中,成为族际政治文明的重要内容。

从文化层面看,多民族发展中国家的现代化进程不可避免地将一国之内的民族动员起来。市场竞争带来的民族群体的身份建构和竞争被凸显出来。在这种竞争中,处理好"我们"与"他们"、自我与他者之间的关系成为多

---

① 学界对于民族国家与多民族国家有不同的观点:一种观点认为,民族国家是对帝国或王朝国家的超越,而多民族国家是相对于单一民族国家而言的。实际上在今天的民族国家体系中,单一民族国家是民族国家,多民族国家也是民族国家。在这个意义上,民族国家和多民族国家是不少国家的一体两面。

② 周平:《民族政治学》,高等教育出版社,2003 年,第 131~133 页。

民族发展中国家族际共有文化①的核心。健康积极的共有文化有利于不同民族之间相互合作和发展，互相猜疑、彼此交恶的共有文化使民族间相互敌对，甚至分疆裂土。例如，巴尔干地区留有罗马帝国、奥斯曼帝国和奥匈帝国乃至纳粹德国的铁蹄印记。不断变更的疆域、民族认同的重新塑造给不同民族群体留下了数不尽的创伤。成长在这种文化中的南斯拉夫、捷克斯洛伐克和今天战火燃烧的乌克兰一度有过民族和平共存的和风细雨，但脆弱的族际共有文化经不住外部强力集团的风吹雨打，当旧有的嫉妒和怨恨因膨胀而占据主导地位时，这种脆弱的共有文化便转变为敌对的共有文化——国家最终四分五裂。与之形成对比的东南亚国家，地处欧亚大陆中间地带，自北向南延伸至南海和印度洋，陆地上的多山和海洋屏障使北方强国难以远征，素有礼仪之邦美称的中华帝国以"协和万邦"原则善待南海诸国，鲜有发兵讨伐的历史。远在中东的阿拉伯人以和平方式跨海经商，将带有和谐文化内涵的伊斯兰文化传播至这个地区，与儒家文化和佛教文化融合，相互交流，和平共存，为这里的各个民族群体相互包容奠定了基础。历史上，东南亚地区存在过不同的王朝，但统治者以父系的家庭伦理或伊斯兰思想中的协商精神治国理政。在开罗、巴格达、伊斯坦布尔等伊斯兰教信徒王国中"都有

---

① 当代国际建构主义代表人物温特提出，共有文化是指人们对现实知识的判断取决于自身具有的知识。知识可以是自有的，也可以是共有的。自有知识是"指行为体持有而他人没有的信念"。"社会共有知识是个体之间共同的和相互关联的知识"。在温特看来，共有知识是社会的，因而又可以称之为"文化"。由于"共有"是社会意义上的"共有"，因而"共有知识可以是合作性质的，也可以是冲突性质的。像博弈游戏一样，文化分析在社会关系的内容上是中性的，互为敌人和互为朋友都是文化事实。文化有许多具体形式，包括规范、规则、制度、意识形态、组织、威胁体系等等。"（［美］亚历山大·温特：《国际政治的社会理论》，秦亚青译，上海世纪出版集团，2008年，第141页。）在温特对"共有知识"或"共有文化"的认识中，显然存在着两个方面的含义：一个是"冲突性"的知识，另一个是"合作性"的知识，它们都是"文化事实"。前者涉及到对谁是我们的敌人进行判断，后者涉及对谁是我们的朋友的判断。当然，温特在对共有知识的分析中，主要强调的是后者，即辨明谁是我们的朋友，目的是解释安全共同体的社会结构。在这种结构中，行为体的共有知识是相互之间的信任，它们之间存在分歧和矛盾，但它们相信可以通过和平的途径解决矛盾。这里的族际共有文化是指不同民族之间就彼此之间的关系形成的一种共同的认识和文化氛围，其中特别是建设性的族际共有文化是族际政治文明的文化基础，对族际政治文明的发展和建设具有重要价值。

许多公共讨论的支持者"①，为今天东南亚国家出现的"协商的威权主义"②留下了宝贵的精神财富。在当代东南亚国家，包容精神同样占据重要地位，在伊斯兰文化居主导地位的印尼和马来西亚，面对不同民族群体，均采取世俗原则立国，带有很强的包容特点。在新加坡，按照共同价值培育和谐的族际共有文化，使地处战略要地的小国成为亚洲的富裕国家。东南亚国家和谐的族际共有文化已经演化为东盟国家的原则和万隆会议精神。通过对话协商寻求共识，相互让步，彼此互惠，维护良好的关系为和谐的族际共有文化营造了和平的国际环境。

就现实政治秩序而言，多民族发展中国家在沦为殖民地或半殖民地之前，或是王朝国家，或是部落社会。殖民者到来后，凭借其强势力量将本地民族和外来种族混合到其势力范围中，奠定了最初新兴国家的前身。而那些处在独立地位的国家，如泰国和半殖民地地位的中国，受到了殖民主义势力的挤压或分割。此后，殖民地和半殖民地人民在反对殖民统治的斗争中团结合作，共同建立了各自的独立国家，形成了今天的多元一体格局。在这种背景下，发展中国家的国家建设有两个基点：一个是"国族"建构。在这一建构中，不同民族群体不管其身份如何，都是一国之"民"，不管是统治者还是被统治者，都同属一个政治共同体。在此方面，亚洲的新加坡、马来西亚、印度尼西亚即为典型；在发展中国家国族建构中，一些国家曾以强制方式同化或排挤弱势民族群体，但事与愿违。它所带来的只能是国家和民族群体之间、优势或主体民族群体与弱势民族群体之间的对立和不信任。大量的教训使不少多民族发展中国家改弦更张，开始探索新的国族建构之路。另一个是善待民族群体文化或权利，即从政治和法律上对民族群体的认同。在此方面，印度和印度尼西亚先后确立了联邦制原则，新加坡将民族事务纳入政府管理范围，设立了专门职权和机构。尽管上述两个方面各有局限，但都试图通过一定的法制方式承认不同民族具有的身份和文化差异，促进不

---

① ［印］阿玛蒂亚·森：《身份与暴力——命运的幻象》，李风华等译，中国人民大学出版社，2009 年，第 47 页。

② Baogang He and Mark E. Warren, "Authoritarian Deliberation: The Deliberative Turn in Chinese Political Development"；Baogang He and David Hundt, "A Deliberative Approach to Northeast Asia's Contested History"，见天津师范大学政治文化与政治建设研究院、中国政法大学政治与公共管理学院：《第三届西方政治思想史暑期高级研讨班阅读材料汇编》，2012 年 7 月。

同民族之间的和谐共存。

多民族发展中国家大多为民族、宗教、家族和部落制度所困。这些历史传承下来的制度和规范往往强化着民族群体或部落群体的认同，甚至在一定的条件下成为不同民族群体之间交往的障碍。独立后的国家通过宪法、法律和制度明确了公民在法律面前人人平等，也确立了各民族群体的平等地位，为族际政治文明的发展奠定了良好的基础。经过半个多世纪的发展，这些制度已经从宏观落实到中观和微观方面，族际政治法制化已经生根。

鉴于上述分析，笔者可以对族际政治文明[①]的含义作一个概括：①族际政治文明的核心是正确处理不同民族群体之间的共同事务和相互关系，②族际政治文明是不同民族群体之间的一种积极的共有文化，③族际政治文明是一种通过和平的、协商的和民主的方式发展不同民族群体之间共同利益的一种机制，④族际政治文明是一种公正地协调国家全局利益和民族群体利益的一套规则体系和秩序，⑤族际政治文明的目的在于实现整个国家和各个民族群体的共同发展。基于上述含义，笔者认为，所谓族际政治文明就是多民族国家在正确处理民族关系和共同事务上形成的政治意识、政治制度、政治行为等方面的进步状态和成果的总和。

二、多民族发展中国家族际政治文明的建设成果

多民族发展中国家大多出现在第二次世界大战之后。作为新兴国家，推进族际政治文明建设、维护国家统一和民族团结是各个国家的首要任务，经过半个多世纪的实践，已经在这一方面取得了不同程度的进展。

众所周知，大多数发展中国家内部存在着不同民族、宗教，语言、部落，内部文化充满了异质性。如何使这些具有不同文化背景的群体既能够自我约束又能够超越自我？如何有效地遏制族裔民族主义？如何使不同民族群体能够捐弃前嫌、和平共存？是族际政治文明建设的一个关键环节。在此方面，发挥国家在价值观念上的积极作用，通过超越宗教和族属的世俗价值观念灌输，潜移默化地影响着民族群体意识的发展方向，培育了这些群体的

---

① 目前，学界对于文明和政治文明的概念有不同的观点，形成了不同的定义，本文难以一一列出。并且，文明的问题从来是一个现实问题。马克思和恩格斯对文明的研究从来不是从概念出发，而是在对现实的考察中解释文明的。马克思主义经典作家的这种研究方法正是本书研究方法的依据。因此，在对族际政治文明内涵的把握上，首先是从多民族发展中国家的实践出发给出定义的。

国家意识,成为不少发展中国家的政策实践。在印度这样一个宗教氛围浓厚的国家,政治领袖们选择了世俗主义作为宪法的基本取向,同时和政治民主、联邦主义结合起来,共同构成了宪法的三个原则。在印尼,苏加诺提出了建国五原则,即"潘查希拉",其主要内容为:信仰神道、正义和文明的人道、印尼的统一、协商一致的民主、社会正义。① 这些原则后来都被写入宪法。尽管在印尼后来的政治发展中,这些原则的内容发生了变化,但其使社会内不同的宗教、民族群体既自我约束,又协商团结的宗旨一以贯之。

发展中国家独立后,无论是整个国家还是其中的不同民族群体总体上都处在严重的贫穷状态下,发展不仅成为这些国家的基本任务,而且也成为动员不同民族群体参与社会和政治生活的一种实践。在这一实践中,不同民族群体通过交往,增进理解、相互合作,在增进国家的共同利益中发展了族际政治文明。但在现实中,由于各个民族群体实力不同,由发展而得到的回报也不同,甚至出现了"反发展",②即发展不是使民族群体从贫困和剥削中"解放"出来,而是重新或继续走向贫困和被剥削、被压迫的状况。有学者指出:"在整个非西方世界,哪里存在着主导市场的'外来者'少数族群(我们在大多数民众贫穷的时候享有辉煌的财富),哪里的民主化就产生'为真正的主人''收回国家的财富'的巨大的民间压力。这是从印度尼西亚到俄罗斯到委内瑞拉的真切现实。"③在这种"反发展"背景下,族际政治文明步履维艰。因此,独立后的不少发展中国家如何遏制反发展,事关国家统一和政治稳定。在马来西亚,马来人务农者多,华人经商者众④,马来人与华人之间的贫富差距悬殊。20 世纪 60 年代末,巫统(即马来西亚民族统一机构)充分利用"5·13"事件后马来人掌控政权的有利形势,推进了一种带有"不平等和谐"的新经济政策。该政策的目标是通过不分种族、消除贫穷和重组社会两个步骤,建立一个公平合理、进步和繁荣的国家,⑤并列出了各项指标和具体

---

① 韦红:《东南亚五国民族问题》,民族出版社,2003 年,第 234 页。
② [美]德尼·古莱:《残酷的选择:发展理念与伦理价值》,高铦、高戈译,社会科学文献出版社,2015 年,第 206 页。
③ 蔡爱眉:《起火的世界:输出自由市场民主酿成种族仇恨和全球动荡》,中国大百科全书出版社,2005 年,第 138~139 页。
④ 转引自廖小健:《战后马来西亚族群关系:华人与马来人关系研究》,暨南大学出版社,2012年,第 110 页。
⑤ 林水檺等:《马来西亚华人史》,马来西亚留台校友会总会(吉隆坡),1984 年,第 271 页。

措施。这一政策实施后成功地造就了一些马来人企业家,缩小了马、华两个民族之间的贫富差别,对马来人和华人之间经济领域的合作与融合也有较大的促进作用。20世纪90年代后,马哈蒂尔总理调整经济政策,希望通过马华合作,吸收华人在商业中的成功经验和创业精神,以保证马来人的永久经济利益。尽管这一政策中的"马来人优先"原则并没有得到根本转变,但以政策平衡民族群体之间关系的做法不乏合理之处。

在多民族发展中国家,不同民族群体之间的社会合作水平同样是检验族际政治文明的重要标志。在这里,农耕文明培育了社群主义基础。它与伊斯兰教、儒家文化和佛教思想中的"包容"和"合作"精神相得益彰。在东南亚国家,随着不同地区之间经济和文化往来,不少国家内部出现了"陌生人"或"他者"。他们在参与所在国家的建设中,已经和这些国家的民族群体形成了相互包容的共生关系。在印尼,爪哇的人力、技术与外岛的疆土、资源的结合,构成了印尼经济生活以及国内市场的基础。经济上的互补性使爪哇族与外岛民族相互容忍进而相互需求,促进了印尼的和谐与统一。在泰国、越南、印尼、柬埔寨生活着不少华人,他们与当地民族群体形成了相互包容与合作的关系。华人通过他们的商业网络延伸到不少地方,方便了那里的经济生活和社会生活。而当地民族群体在与华人交往中相互接受,甚至出现了不少通婚现象。在印度,由不同的种族、等级、阶级、宗教或其他因素相互交叉而组成的"二级联系网络"成为政府之外的一种网络,"不同主体为了发展经济、社区和平以及政治参与而共同努力"①。

多民族发展中国家不同民族群体在反对殖民主义斗争中,搁置前嫌,共同创建了主权国家。即使在威权体制岁月,也以包容精神吸纳了不同民族宗教群体参与国家治理,有效缓和和缩小了不同民族群体之间的矛盾和冲突。在此方面,印度尼西亚即是代表。在民族解放斗争中,苏加诺曾以民族主义作为动员各族民众的精神力量,此后上台的苏哈托实施"有领导的民主",对民族主义思想和民族主义力量实行怀柔和吸纳政策。1973年,他通过对不同倾向政党的整合,将左右倾向的政党分别组合纳入新政治秩序,既向民族主义者开放了有限权力,又保证了国家的统一和秩序。在印尼这种吸纳性机制中,人民协商会议(即人协)作为印尼的最高权力机关,通过一定

---

① [英]范达娜·得赛:《发展研究指南》(上册),杨先明等译,商务印书馆,2014年,第262页。

议席分配,将不同民族和宗教群体纳入苏哈托的领导之下。20 世纪 90 年代后期,印尼政治转型:开放党禁,人协实行两院制;中央和地方分权,实施联邦制,印尼成为多元政治国家。经过一段时间的磨合,印尼消除了国家分裂危机。① 同样的情况也发生在马来西亚巫统、新加坡人民行动党主导的政治体制中。这两个国家的政党本身带有包容性,同时通过其控制的议会吸纳不同民族群体精英,通过对话平台的搭建处理和遏制不同民族群体和宗教群体之间的矛盾冲突。在 20 世纪七八十年代的叙利亚,阿萨德执掌政权后,注意吸纳与自己对立的逊尼派和潜在对手,有效地缩小了激进的逊尼派暴力行为。

在发展中国家的族际政治文明实践中,一定的非政府组织成为不同民族群体之间联系社会和国家的重要纽带。在泰国他信时代和新南非,类似于民族和解委员会的组织秉承非暴力、促进宽容、接受差异等理念,努力为政府和民族群体以及不同民族群体牵线搭桥。在拉丁美洲的哥伦比亚,由大学生和教授组成的基层组织,自愿为偏僻地区的渔民和土著居民服务,他们积极影响政府的政策制定,对防止政府的政策失误以及土著居民或边缘群体的极端行为起到了缓冲作用。典型案例是 20 世纪 80 年代,哥伦比亚农业部成立了全国渔业委员会,通过吸收渔民代表,组织渔民、负责培训,展开基层民众对话。在印度、马来西亚、菲律宾、肯尼亚、巴西、厄瓜多尔和许多中美洲国家的群众环境运动中,努力维护较低社会阶层或土著人的权益,同样也缓和了民族群体之间的冲突。

三、多民族发展中国家族际政治文明建设面临的问题

独立后,多民族发展中国家在族际政治文明建设上取得了一定的成果,且随着国家的发展而不断得到巩固。但受自身和国际环境的影响,依然存在着种种问题。②

从发展层面看,多民族发展中国家发展的悖论影响着族际政治发展的稳定。这里说的发展的悖论,是指发展中国家在发展的同时也存在着"反发

① Damien Kingsbury and Harry Aveling, eds., *Autonomy and Disintegration in Indonesia*, Routledge, 2002, p. 11.

② 这里说的问题主要是指族际政治文明建设中存在着种种内在矛盾。

展"。具体而言，当发展中国家集中力量增强国家实力时，获利更多的是那些优势民族群体，而弱势民族群体利益受到侵害；另外，民族群体权利的获得或限制意味着国家实力的下降或扩大，两者的权利发展呈现反方向。当代多民族发展中国家多数是资本主义国家，但这种资本主义不是西方式的"自由资本主义"，而是一种"政治资本主义""官僚资本主义""家族资本主义"，这些不同形态的资本主义的明显标志就是政治和资本的结合。在这种背景下，如果国家没有民主和法治上的严格保证，获得"发展"的首先是那些优势民族群体，大多数弱势民族群体或这些民族群体的生活地区成为主导民族群体的"臣民"和"殖民地"。族际政治文明的关键是正确处理国家全局和民族地区，不同民族之间的利益关系。如果一个国家的政府能够采取公正原则积极帮助弱小民族群体，族际政治则比较稳定，民族群体则相安无事。如果政治腐败或政府被富有的民族群体的资本控制，族际政治文明则难以为继。在今天的非洲国家中，国家领导人的产生关键在于其手中是否有资源和掌握货币。所谓的民主主要以某个掌握这种资源的领导人为中心的部族联盟。拥护者的部落将得到政府支持，反对者的部落将面临经济制裁和困境。

从认同层面上看，族际政治文明需要承认民族认同的合理性。因为这种认同是构成一定民族群体尊严的一部分。然而，族际政治文明又需要不同民族之间的相互承认。当民族认同的力量和不同民族群体之间的相互承认失衡时，族际政治文明的心理基础将面临挑战。其原因在于，多民族发展中国家是由两个或多个不同的民族群体组成的，其中任何一个都不能同化另一个，也不能脱离另一个而独立。这就意味着这些群体既忠诚于自己的民族群体，又由于自身局限而不能不与其他民族群体共同组成国家。在这样一个内部存在断裂点的国家中，彼此利益和文化不同的民族往往"为了最大可能的自治和／或为了在与其他族群所共享的国家里拥有较大的份额的政治和经济权利而斗争"①。不同民族群体认同上这种若即若离的状况就使族际政治文明面临着种种不确定的因素。

多民族发展中国家存在着利益和认同上的内在矛盾，也影响到了族际

---

① [美]马莎·L.科塔姆等：《政治心理学》，胡勇、陈刚译，中国人民大学出版社，2013 年，第291 页。

政治民主建设的健康发展。族际政治文明需要一定的民主政治支持,但在一个民主政治名不符实的国家,民主政治不一定支持族际政治文明。众所周知,在不少多民族发展中国家,虽然宪法宣布了人民主权原则,但这里的人民往往被部落、教派所分割。民主之"民"不是公民,而是部落或教派之"人"。因而民主极易蜕变为各个部落或教派竞争的工具。在这种背景下,"民主难以整合民族国家",也"替代不了民族意识"①,族际政治民主也容易走向反族际政治文明。如在中东国家,"宗派主义/部族主义传统,使阿拉伯人形成了一种'同心圆式'的政治认同理念;其忠诚对象总是沿着'家族－部族－部落联盟－国家'的方向依次外扩,越往外忠诚越差,感情越淡漠"②。当这些国家照搬西式总统选举、议会民主,平等协商或政治妥协时,"对话是争论的开始,而争论又是内战或分裂的开始"③的连环逻辑也就顺次展开。

多民族发展中国家的族际政治文明多数依赖于政府或政党。当这些国家的政权强大且秉公治理时,它可能会促进族际政治文明发展,而且这一政权存在的时间越长,所支持的族际政治文明越持久。然而,当国家实力和管理社会的能力下降时,解决民族群体之间矛盾的能力也相应地在下降,族群间的紧张关系也在走强。20世纪90年代,阿富汗、利比里亚和黎巴嫩政府陷入危机,地方军阀伺机而起,各个民族群体为自己的生存和安全担忧,纷纷采取自卫措施。在东南亚国家,"没有哪个少数族群像或曾经像东南亚华裔社群那样富可敌国,在市场上无可匹敌。这些华裔共同控制着该地区几乎所有最先进的和最有利可图的产业,把持着经济的命脉。当美国政府和国际金融机构不断呼吁进行更快更有力的市场改革时,该地区的本地多数族群中郁积的对华裔的怨恨随之加剧"④。在国家权力衰弱的条件下,这种种族间的怨恨极易转变成大规模的冲突。

族际政治文明需要制度保证,但发展中国家制度的多孔性和脆弱性制约着族际政治文明的健康发展。尽管这些国家建立了宪法、法律和各种政治制度。但部落制度、宗教信仰、家族、裙带和庇护关系侵蚀着上述正式制度的实施。由此造成在一些多民族发展中国家,国家制定的政策和制度难

① 郑永年:《地缘政治变迁重塑政治秩序》,《参考消息》,2014年10月29日,第10版。
② 马晓霖主编:《阿拉伯剧变》,新华出版社,2012年,第445页。
③ 同上,第449页。
④ 蔡爱眉:《起火的世界》,中国大百科全书出版社,2005年,第34页。

以深入民族地区，成为调节不同民族群体之间及其民族群体内部矛盾的规范。不少民族群体之间的矛盾只能借助于制度外的力量，如军事暴力或恐怖，和平与发展难以保证。同时，这些国家的民族主义政党推波助澜，更使部落组织只为自己着想。喀麦隆总统阿希乔说，他的国家有 200 个"部族"，"如果部族对自己实行封锁，议员从部族的立场出发考虑问题，公职人员为部族从事日常工作，那么，我们就不可能在实现统一方面取得进展"①。尤其值得一提的是，在大多数多民族发展中国家，被社会学家韦伯称为传统统治和魅力统治的统治者均有典型代表。在这种环境中，统治者的个人魅力成为众心所向。不少开国领袖，如印度的甘地、尼赫鲁、印尼的苏加诺，加纳的恩克鲁玛，缅甸的吴努，巴基斯坦的真纳，阿尔及利亚的本·贝拉，马里的凯塔，斯里兰卡的班达拉奈克等，审时度势，救民于水火，领导人民实现了国家独立，因而也赢得了各族人民的拥戴。这些杰出人物"能够将社会能量集中起来，但是社会能量也随着这些领导人的消失而消失"②。魅力型领导人的统治有其脆弱性，他们在位时如不加强制度建设，将对国家带来危机。铁托在领导南斯拉夫时，各加盟国家联合成邦。铁托逝世后，中央权威衰微，族际矛盾四起，西方势力乘虚而入，挑拨离间，终于使南斯拉夫分崩离析。

族际政治文明建设受到国际环境的制约。多民族国家中的一些民族群体有着跨国背景，致使这些国家中民族问题不单是本国问题，而且是一个国际性问题。国与国之间存在的复杂关系和矛盾与一国内部复杂的民族关系纠缠在一起。尤其是当一国中的一些民族群体与中央政府或控制政权的民族群体发生利益冲突时，与该国对立的国家就会利用这些民族群体作为反对力量，制造麻烦和政治动荡。而一些跨界民族群体就会寻求与自己同宗国家的支持。以泰南的马来民族为例，在泰国内部民族关系紧张时，这些马来民族群体把马来西亚视为是他们的归属和靠山。当他们的权利要求得不到满足时，他们就会寻求马来西亚国家的支持。不仅如此，一些大国为了实现自己地缘利益的最大化，不惜采取分裂他国之策。现实主义代表人物摩根索将"分而治之"作为实现权力均衡的上策。他指出："那些分化竞争对手或使之保持分裂从而使之受到削弱或持续受到削弱的国家，都是在使用'分

---

① 陆庭恩、刘静：《非洲民族主义政党和政党制度》，华东师范大学出版，1997 年，第 184 页。
② ［美］克利福德·格尔茨：《文化的解释》，韩莉译，译林出版社，1999 年，第 280 页。

而治之'这一策略。"①在殖民主义时代,西方殖民者采用这种政策对待殖民地人民,人为地制造了殖民地内部民族之间的隔阂和冲突。殖民地独立后,新的国家往往注意加强不同民族之间的族际文明建设,缓和民族关系,以加强自身的安全。但对于某些西方国家而言,为了实现其在国际体系中的霸权地位,对发展中国家强制推行西式民主,以此培育亲己的民族群体及其政党,破坏那里的族际政治文明建设。

四、多民族发展中国家要巩固和发展族际政治文明

多民族发展中国家的族际政治文明建设进程不一,问题不少,但对于这些国家而言,要在经济全球化背景下获得竞争力和未来发展,不断克服族际政治文明发展中的问题,巩固族际政治文明成果依然是其努力的方向和重要的任务。自 20 世纪末以来,各个国家在此方面做了不少的努力。

第一,包容性发展是多民族发展中国家族际政治文明发展的基础。发展是多民族发展中国家的要务,在过去的发展中,优势民族群体在发展理念和实践上往往占据优先地位,它在带来优势民族群体地区发展的同时,弱化或边缘化了少数民族地区。这种不平等不仅是发展的障碍,也会导致不同民族群体关系的恶化②,不利于族际政治文明的健康发展。进入 21 世纪以来,一种"包容性增长"理念出现在东南亚发展理念和实践中。它以"各方面的公平、机会的平等、市场的保护以及就业的转变"③为内容,要求"每个人都参与到增长的过程中;另一方面也要求每个人都平等共享增长的成果"。因此"利益"和"分享"的原则是对传统的竞争性发展理念的修正。《东盟展望2020》中提出:"所有的人们都享受到对人类发展的平等的机会,尽管他们的性别、种族、宗教、语言以及社会和文化背景不同。"④2015 年 4 月 24 日印尼雅加达万隆会议公报提出:"我们承诺团结一致制定强劲、前瞻性、包容性和公平的 2015 后发展议程,聚焦消除贫困、促进可持续发展和包容性经济增

①　[美]汉斯·摩根索等:《国家间政治:权力斗争与和平》(第七版),徐昕等译,北京大学出版社,2006 年,第 216 页。

②　[美]哈瑞尔达·考利等:《2050 年的亚洲》,姚彦贝等译,人民出版社,2012 年,第 56 页。

③　同上,第 54 页。

④　[菲]鲁道夫·L.塞韦里诺:《东南亚共同体建设探源:来自东盟前秘书长的洞见》,王玉主等译,社会科学文献出版社,2012 年,第 139 页。

长。"①这种新的发展理念也给该地区的族际政治文明建设带来了重要影响。21 世纪以来，泰国政府建立了消除贫困、促进经济增长、改善交通设施、开发人力资源等 105 个发展计划并拨款实施，缓和了南部伊斯兰教信徒和国家之间的关系。印度曾提出，到 2018 年实现 4% 的农业增长和 1 万亿美元的基础设施投资，优先发展农村和落后地区②，体现了一种包容性增长的理念的运用。在巴基斯坦，政府对直辖部落地区给予了发展上的支持。"2013—2014 年度巴联邦直辖部落发展项目"显示，政府计划投资 16.58 亿卢比，用于发展民族地区的小水电、工业、采矿业、技能发展和研发中心等项目；政府还设立了一些地区之间的项目，恢复那里的经济发展；政府还在文化、教育等方面投入资金发展那里的文化事业。这些措施缓和了那里的紧张局势。柬埔寨 2011 年推行的社会保障战略提出了为穷人提供免费医疗和增加试点方案，如有条件的转移支付，通过劳动密集型的公共工程来创造就业机会，以改善民族地区的经济状况。有学者指出："亚太国家（地区）之所以能够推进经济增长，一个特别之处就在于通过'分享增长'来减少政治不稳定和政治分化。这些国家（地区）通过鼓励使社会每个部门都获益的经济增长来为其政策寻求社会支持。这一策略有效整合了各种社会团体的利益。"③

第二，发挥共同价值的引导和纽带作用。多民族发展中国家面临着内外多元文化的挑战和影响。就外部多元文化而言，各种价值、宗教和文化观念通过各种渠道深入到这些国家中，不仅影响着一个国家的主导性价值，而且也影响着不同民族群体的价值选择。就这些国家内部而言，多语言、多宗教、多民族群体等复杂情况也影响到了多民族发展中国家国家认同的稳定和巩固。面对内外多元文化局面，一些国家注意发展了共同价值和理想，以影响良性的族际共有文化氛围。20 世纪 90 年代后，新加坡《共同价值》、马来西亚《2020 年宏愿》都通过确立一定共同价值或理想，积极推进一种价值共同体的建构，体现出通过一定价值和理想引导不同文化背景的民族宗教群体超越自我、和平共存的取向。

第三，发展协商治理。在当代多民族国家中，国家和不同的民族宗教群

---

① 《2015 万隆公报》，《光明日报》，2015 年 4 月 25 日，第 2 版。

② ［美］哈瑞尔达·考利：《2050 年的亚洲》，姚彦贝等译，人民出版社，2012 年，第 66 页。

③ ［美］布鲁斯·布恩诺·德·梅斯奎塔等：《繁荣的治理之道》，叶娟丽等译，中国人民大学出版社，2007 年，第 198 页。

体都发挥着各自的作用,其中政府的作用不可小视。从多民族发展中国家的民族地区的经济发展、社会秩序的安排还是利益的分配、扶贫政策的制定和实施、民族之间冲突的调节、打击恐怖主义保护本国公民权利等都离不开政府的作用。有学者在总结亚洲国家发展经验时指出:"国家政治经济部门的水平及其威信的大幅度提高是亚洲保持增长的前提条件。高水平的机构将既有助于快速增长的国家避免陷入'中等收入陷阱',也有利于增长缓慢的国家创造基础条件逐步向经济增长迈进。"①不仅如此,政府在调节不同民族之间的关系、发展民族经济、分配利益,打击恐怖主义、保护民族权利和宗教信仰方面都发挥着任何一个民族群体都无法替代的作用。尤其是随着民主价值观念的影响,各个不同民族群体权利意识得到发展,不同民族群体不是消极地适应政府的安排,而是积极参与其中。在这种状况下,多民族发展中国家的治理秩序在发生着新的转变,即由过去以政府主导和渗透的行政管理为外在形式的族际政治文明转变为由政府主导的、不同民族群体参与其中的协同治理为特征的族际政治文明的发展。在当代一些亚洲国家,国家、公民和民族群体代表的对话机制已经建立起来。在新加坡,"少数民族团体权益委员会""宗教和谐总统委员会",以及一些带有跨族群、跨帮派的社团组织成为政府与不同文化群体之间对话协商机构。在马来西亚,这样一个以"马来的精英与非马来人(主要是华人)团体之间的不平等联合"为特征的国家②,1992 年,马来工商总会和马华工商联合理事会设立有关机构,合作拟定广泛的原则和指南,确定了联营的优先领域,解决了华巫(指马华工商联合会与马来西亚统一机构)合作中出现的种种问题。在泰国,2006 年素拉育政府恢复设立了"泰南边境政府行政中心",这一机构是以"和平、和解和发展"为宗旨,由政府官员、安全部队和民众代表组成的协商机构,其目的是实现族际平衡。上述实践表明,传统的由政府主导的治理模式正逐渐转变为一种政府和民间、政府和不同民族群体协商共治的机制,协商共治已成为族际政治文明的一个重要机制。

第四,建立地区和国际合作机制,为族际政治文明的稳定发展营造良好的国际环境。多民族发展中国家的有些民族具有跨国性。因此,族际政治

---

①　[美]哈瑞尔达·考利:《2050 年的亚洲》,姚彦贝等译,人民出版社,2012 年,第 39 页。

②　Daniel A. Bell, ed., *Toward Illiberal Democracy in Pacific Asia*, Macmilian Press LTD,1995,p. 16.

文明不仅是国内问题,也是地区或国际问题。通过地区和国际合作机制克服国际极端势力渗透,是维护族际政治文明健康发展的重要机制。2015 年 4 月 15 日公布的《2015 万隆会议公报》明确提出,要在"不同文化、宗教、信仰和文明间营造和谐";"致力于集体打击极端主义、种族主义、种族歧视、仇外情绪和与之相关的不容忍,同时将温和主义视为反对一切形式极端主义的重要价值观,致力于促进对话、相互尊重、相互理解和彼此接受"[①]。万隆会议的这种精神已经体现在东盟国家"协商一致"通过对话解决冲突问题的原则中。尽管这一原则随着东盟国家内部问题的日益复杂化而受到挑战,但它所体现出来的温和精神为不少国家所接受,成为这些国家处理民族问题的重要原则。如一些有民间性质的宗教团体,希望东盟能够允许它们跨国向所有可能存在族裔宗教问题的国家发布通报、公开出版书籍和影像资料。印尼的穆罕默德年轻知识分子网和菲律宾的温和伊斯兰教信徒中心就"非常重视与东盟内宗教领袖的交往,并尝试通过他们的努力以防止整个地区的温和伊斯兰向极端伊斯兰转化"[②]。在泰国和马来西亚,两国是"东盟内唯一在历史上没有公开对抗的国家"[③]。20 世纪 80 年代以来,泰国政府和南部马来族群之间的关系对两国关系构成不利影响。自进入 21 世纪以来,两国政府一直在寻求谅解与合作。2009 年 12 月,阿披实政府同意了马来西亚首相纳吉布提出的泰南马来语区自治的建议。2013 年,在马来西亚的协调下,泰国政府与泰南分离运动组织"全国革命阵线"签署协议,两周后在马来西亚首都吉隆坡首开和平会谈。此外,泰国政府也与阿拉伯国家和伊斯兰组织建立了友好关系,以实际行动赢得了这些国家和组织的信任。

五、小结

当代多民族发展中国家自独立以来民族矛盾和冲突连绵不断,此起彼伏。然而,不少国家的政府、政党、学者和民众都在寻求着各个民族群体共存一体的文明机制和理念。尽管这种探寻和实践在发展中国家水平不一,有的已经有了相当基础,有的正在形成中,但它代表了一种新的取向。其中

---

① 《2015 万隆公报》,《光明日报》,2015 年 4 月 25 日,第 2 版。
② 章远:《东盟在区域族裔宗教问题治理中的角色拓展》,《世界民族》,2015 年第 1 期。
③ 李一平、吴向红:《冷战后泰南伊斯兰教信徒分离运动》,陈丙先等主编:《东盟研究 2013》,世界知识出版社,2014 年,第 53 页。

通过和平、和解、对话和发展的途径解决不同民族之间的矛盾和冲突,实现各个民族群体共存一体构成了族际政治文明的基本内容和机制。

在当代多民族国家,特别是发展中国家,各个民族如何共存一体、共同发展是各国政府和学界共同关注的问题。在以往的研究中,人们进行了各种富有意义的探讨,提出了诸如多元文化理论、族际和谐理论、族际政治民主理论、族际政治整合理论等。这些理论不仅从不同方面涉及对经济全球化时代发展中国家的政治整合问题,而且也昭示着一种新的族际政治文明观的出现。尽管它的实现还有很长的路要走,但其地位不可忽视。

国家的一个重要职能就是将利益彼此矛盾的群体整合到一起,过一种有秩序的文明生活。在实现这一目标时,各国国情和历史状况不同,采取的方法千差万别。但在各种艰难的探索和实践中不断充实着新的内容。冷战结束之后,随着各个国家对世界参与的加强,不同文明之间相互影响和民族问题的凸显,推进着多民族发展中国家政治文明内容的更新和发展,自然也推动了文明的理念和规则深入到族际政治中。它向人们表明,民族之间的关系不仅是物质的,同时也是文化的。族际政治整合不仅需要行政的或某种外部政治力量的作用,更需要一种具有丰富内涵的文明力量的支持。换言之,族际政治文明就是更具深刻内涵的政治整合,它通过对不同民族群体以及政府或执政党思想观念和实践的潜移默化,正成为一种多民族发展中国家政府和民族群体解决民族问题的政策和行为。

第三节　东南亚国家政治认同的转折与政治建构

20世纪80年代后期,东南亚国家从原来的威权政治向民主或半民主制转型。在这一过程中,社会成员的政治认同变革发挥了先导作用。对此,国内有的学者从全球化的角度分析了东南亚国家政治认同在社会转型中的地位与作用①,并认为,东南亚的政治认同正从原来的权威认同专向法理认同。本书通过历史考察试图说明,东南亚的政治认同尚未完全实现这种转型,其政治认同在构成上具有新特点,同时依然具有混合性特点,不过这种混合型

---

① 如刘昌明在《全球化与当代国家政治职能》一书中,专门就全球化对政治认同的探讨作了分析。见刘昌明:《全球化与当代国家政治职能》,山东大学出版社,2006年,第184~206页。

的政治认同对东南亚国家政治民主化的发展有着重要的意义。

一、政治认同及其特性

认同是一个非常复杂的概念，在剑桥英语字典中，Identity 一词最初所表示的是"统一""绝对相同""安全相同""身份""本体"等意。中国台湾学者孟樊在《后现代的认同政治》中用了"认同"一词来解释"identity"。他指出："认同一词，英文称为 identity，国内学者有译为'认同'、'身份'、'属性'，或者是'正身'者"①，"加之 identity 原有'同一'、'同一性'或'同一人（物）'之意"，因此译为"认同"。②

在西方，"认同"概念最早由威廉·詹姆斯和弗洛伊德提出。詹姆斯曾用"性格"一词表示他对认同的理解："一个人的性格特征可以在精神或道德态度上看出，当这种情形突然发生在自己身上时，他会感到自己充满生机和活力。这一刻，有一种发自内心的声音在说，这才是真正的自我。"③弗洛伊德把认同看作"是一个心理过程，是个人向另一个人或团体的价值、规范与面貌去模仿、内化并形成自己的行为模式的过程，认同是个体与他人情感联系的原初形式"④。

尽管学者们对认同的解释有很多，但在研究上都有一些共同的特点：首先，认同从来是社会的。也就是当两个不同的行为者发生互动时，才有认同问题。也就是"一个人不能基于他自己而是自我。只有在与某些对话者的关系中，我才是自我"⑤。因此，"某个人的认同的全面定义，通常不仅与他的道德和精神事务的立场有关，而且也与确定的社团有某种关系"⑥。哈贝马斯指出："任何人都不能脱离开其他人同他共同具有的相同性来建立他自己的同一性。"⑦其次，认同和文化有着必然的联系。也就是说，某种认同来源

---

① 孟樊：《后现代的认同政治》，扬智文化事业股份有限公司，2001 年，第 16 页。

② 同上，第 17 页。

③ 梁丽萍：《中国人的宗教心理》，社会科学文献出版社，2004 年，第 11～12 页。

④ 同上，第 12 页。

⑤ ［加拿大］查尔斯·泰勒：《自我的根源：现代认同的形成》，韩震译，译林出版社，2001 年，第 50 页。

⑥ 同上，第 51 页。

⑦ ［德］尤尔根·哈贝马斯：《重建历史唯物主义》，郭官义译，社会科学文献出版社，2000 年，第 17 页。

于人的"本真性",实际上也就是它的民族性。没有离开民族文化或民族积淀的认同。再次,认同具有方向性。认同一词本身就含有"同一""完全一样"之意,这种意思决定了认同从来具有方向性。正如泰勒所指出的:"我们的认同,是某种给予我们根本方向感的东西所规定的,事实上是复杂的和多层次的。"①这种方向性的东西使认同具有了归属性。正如弗洛伊德指出的:"认同是一个心理过程,是个人向另一个人或团体的价值、规范与面貌去模仿、内化并形成自己的行为模式的过程。"②最后,认同是可变的。由于认同和身份联系在一起。当社会成员的地位和状况发生转变后,认同也在发生着转变。由此,也就需要社会政治制度结构发生变革和调整。西方学者拉彼德指出:"国家不存在持续不变的认同,为了当时的政治目的,国家建立并改造认同。"③综合上述特征笔者认为,认同就是社会行动者在交往过程中从内心中对所投射的对象表示赞同、接受和自我约束的过程。认同的确立,实际上也就是社会行动者判断是非标准的确立。有了这些,人在现实的世界中就有了行动的方向。

和认同概念一样,政治认同是"人们在社会政治生活中产生出的一种感情和意识上的归属感。它与人们的心理活动有着密切的关系。人们总是生活在一定社会中,并在一定的社会交往关系中形成了自己的身份,如把自己看作某一政党的党员、某一阶级的成员、某一政治过程的参与者或某一政治信念的追求者等,并自觉地以组织及过程的规范来规范自己的政治行为。这种现象就是政治认同"④。政治认同的对象是多种多样的,比如国家、政治制度、阶级、政党、政治理想、政策等,对国家的认同是最基本的政治认同。有鉴于此,本书认为,政治认同表示的是政治行为主体从内心深处对政治文化、政治权威、政治制度和政策的一种赞成和支持,并愿意自觉地约束自己的政治行为。它可以有这样三个层次:一是文化认同层次。政治文化认同从来和一定的文化联系在一起,甚至和一定的民族性联系在一起,没有脱离

---

① ［加拿大］查尔斯·泰勒:《自我的根源:现代认同的形成》,韩震译,译林出版社,2001年,第39页。

② 梁丽萍:《中国人的宗教心理》,社会科学文献出版社,2004年,第12页。

③ ［美］约瑟夫·拉彼德等:《文化和认同:国际关系回归理论》,浙江人民出版社,2003年,第211页。

④ 《中国大百科全书·政治学卷》,中国大百科全书出版社,1992年,第501页。

一定民族特性的政治认同。一个国家或一个民族(包含了多个族群)在长期的历史过程中形成的共同的政治心理和文化构成了一定国家社会成员政治认同的文化基础,它是一个国家成员的政治"本真性"。社会成员可能身处不同的集团之中,但这种政治上的"本真性"构成了他们的共性。二是制度认同层次。政治认同总和一定的政治制度联系在一起。由于政治认同产生于一定的政治身份,身份表明了一定社会成员的政治权利与义务,也表明了规定这些权利与义务的法律与政治制度。现代国家普遍确立了公民身份制度,因而也确立了公民与国家之间的关系。公民把国家作为归属,也就确立了公民要把国家所确立的政治制度作为他的认同对象,其主要内容涉及对该国宪法、法律和制度的认同。三是权威认同。社会成员的政治认同,关键部分是对权威的认同,也就是承认政治权威,其中特别是政治领导的管理与统治,否则,政治生活也就落入了无政府状态。

二、东南亚国家的传统政治认同

东南亚国家自新大陆发现以来先后沦为了西方国家的殖民地。二战后,这些国家纷纷取得独立,建立了各自的主权国家。由于受西方文化的影响和殖民主义者在这些国家强行地推行其本国的政治制度,这些国家独立后都不同程度地继承了殖民地时期的一些制度,或仿效西方国家建立一些现代制度,如颁布了宪法,建立了议会和选举制度等。同时在这些国家中,一些知识精英与政治精英通过不同政治制度的比较,深刻领悟到只有建立现代宪法制度,国家才能摆脱贫困和落后。因此,立宪是"改变民族民运的有效工具"①。在这种条件下,宪政认同成了这些国家政治认同中的一个重要的内容。

作为新兴国家,虽然在政治上获得了独立。但殖民主义统治导致的社会畸形发展、极端落后的小农经济状态,不仅使传统文化、习俗与社会组织形式保留了下来,而且也铸成了一种文化认同,并对人们的政治行为与政治认同起到了规定作用。在这种传统文化的认同中,裙带关系、家族认同是其中的重要组成部分。派伊指出:"亚洲关注群体而不是个人,这种取向不仅

---

① 参见《清末筹备立宪档案史料》(上册),中华书局,1979年,第15、29页。

影响到了政治的基本价值,而且在相当范围内也影响到政治行为。"①"亚洲文明的某些特征使它和西方文明区别开来。这些特征中,突出的一点就是强调集体性,而不大注重西方个人主义的价值。"②如在韩国,那里的地区性的团体在为村镇利益而斗争。政治包括了为获得权力或参与或退出竞争,包括了胜利的果实的竞争。在日本,这种团体取向为国家的和谐提供了基础,它被精英们实现政治上的配合默契奠定了基础。

东南亚国家的统治集团和精英深知,团体取向和归属感是社会的一个部分,它存在于社会、经济和政治之中。在传统社会中,以团体的方式进行管理是东南亚实现统治权威的最好的方式。在现代化的起步阶段,政治精英更强调集体取向,用它来构建民族主义和动员大众参与到劳动密集型生产中去。不仅如此,集体主义也代表了一种纪律,它使集体的成员之间形成了一种亲密感,并为政治稳定奠定了基础。然而,最重要的是,由集体主义提供的归属感和认同,强化了社会成员的权威认同。在地方一级,如在工厂、农村和城镇中,团体取向促进了社会和谐。在国家一级,它使那些寻求建立一种有机的民族精神的领导人合法化。

在东南亚的政治认同构成中,对人际关系的关注举足轻重。不过这种关系并不是一种平等人之间的关系认同,而是一种以裙带关系为特征的认同。这种关系认同实际上是一种相互依赖的等级关系认同。在这种关系中,上级和下级通过相互忠诚绑在一起。在社会层次上,庇护关系表现在随从人员与派系、人事关系网络和协会的政治中,它构成了密切相关的国家权力结构。例如,日本的主从关系来源于更高的个人政治属性。如同在自民党中的派系一样,不同派系都是围绕一定的权威人士而形成的一种以等级关系为纽带的封闭集团。在泰国,庇护关系来源于高层次的乡村选票出卖,如同被泰国民族党和新志向党精心安排一样。每个政党都包括了高层次的个人性质的政党联盟,并与地区的庇护关系网络密切配合。

在东南亚国家,对行政与政党首脑的权威的认同构成了重要部分,可以说它和传统的庇护关系与集体认同相互配合,构成了东南部传统政治认同的重要部分。亨廷顿谈到发展中国家的领导人如何扩大群众基础时指出:

---

① Lucian W. Pye, *Asian Power and Politics*, Belknp Press of Harvard University Press, 1955. p. 27.
② Ibid., p. 26.

"每个政治领导人或政治领导人集团,即使在完全的非民主制度中,也不得不拥有某个或某些群体作为他们力量和支持的源泉。"①利用这些政治资源,统治者巩固了自己的统治基础,建立起了韦伯所说的"克理斯玛"型统治。不仅如此,这些国家的统治精英也在努力营造一种权威认同的文化。"他们通常援引历史和传统以正当化他们所掌握的权力结构"②,同时,通过教育和惩罚机制强化人们的这种权威认同。卡普顿指出:"在现代东亚社会中,要对政治不满是非常困难的。因为,这将扰乱社会和谐,威胁到建立在遵从基础上的政治等级传统。所以,在新加坡,高级领导人和学者都会定期在媒体上评论顺从的美德,并对社会不满进行指责,他们的社会教育运动就是要支持传统的价值。新加坡政府诉诸儒家思想,而在马来西亚,马哈蒂尔求助的是传统和伊斯兰教。在两种情况中,传统的目的就是向挑战者表明,权力的性质来源于道德的优先性,以此来维护'软权威'(soft aushoritarian)的社会工程试验。"③

东南亚国家的政治认同还有很多方面内容,尽管在传统的威权政治时代,由于受西方影响,存在着某些现代制度认同的因素,但权威认同与传统的裙带关系与家族认同构成了这些国家政治认同的核心部分。它们的形成既为权威认同奠定了基础,同时,威权政府与统治者也凭借着强制性工具,通过教化和惩罚机制不断强化着人们的权威认同。东南亚国家的这些政治认同在独立后国家发展的一定时期中,对维护东南亚国家的稳定和发展起到了一定的积极作用。然而这种机制和政治认同之间又不可避免地存在着矛盾和冲突,由此决定了东南亚国家的政治认同必然在新的环境下发生深刻的变革,并随着这种政治认同的转变,东南亚的政治结构相应地发生了新的调整。

三、东南亚国家政治认同的转折

东南亚传统政治认同是农业社会的产物,随着这些国家现代化建设进

① [美]塞缪尔·亨廷顿:《难以抉择》,汪晓寿译,华夏出版社,1989 年,第 34 页。

② Michael R. J. Vatikiotis:《东南亚政治与发展》,林若雩译,韦伯文化事业出版社,1999 年,第 37 页。

③ Robert Wallace Compton. Jr, *Emerging Democratic Consolidation Patterens In East Asia:Political Elites and the Cultural and Economic Construction of Politics*, B. A. Bowie State University,1997.

程的发展和市民社会的成长壮大,传统政治认同也随之发生了深刻的变化。

（一）宪政认同成为政治认同的重要组成部分

东南亚国家独立后的一段时间曾初步建立了一些宪政制度。然而从 20 世纪 50 年代中后期开始,这些制度相继被威权主义政治所取代。这里涉及威权主义概念。对此曾有一种说法,认为威权主义国家是指"统治者把个人的、集团的、地方的意愿和利益当作国家的意愿和利益,强加给政治体系中的社会成员而不顾及社会的意愿和利益。威权主义的基本特征是,过于集中的政治权力导致了缺乏社会的参与和宪法的制约"①。这一认识过于宽泛。因为,在一些原先受英国、美国和荷兰影响的国家,如新加坡、菲律宾、韩国、印度尼西亚都不同程度地在经济上采取了市场经济原则。威权主义在政治上主要表现为,在保有议会形式下,权力高度集中在政府或政府首脑手中。从这个意义上看,不能把威权主义和专制主义完全等同起来,也不能把这一概念与民主概念对立起来。② 其实,深入分析威权主义政治特点就可以看出,威权主义不同于专制独裁。现代东南亚威权主义国家是建立在以技术精英为官僚主体,以政治上高度集中,经济上以市场为导向的一种统治模式。在这种模式中,国家权力集中到了统治者手中,特别是行政权力、军人政权或政党领袖手中,他们干预立法议会与司法组织的活动;而就公民的自由与政治参与而言,受到了极大的限制。在经济与文化生活领域中,这些国家的政府或国家首脑,为实现国家的现代化,积极扶植经济寡头的资本积累。在这种环境中,只有军队与经济寡头参与国家的政治生活,社会缺少自身的主体性。③

威权主义国家为了实现政治上的稳定与经济上的发展,往往强调公民对权威的认同与服从。这种认同通过两个方面体现出来:一方面是社会成员无论在思想和行为上都自觉地将政府或政党首脑的思想与意志作为认同的对象,并努力通过自身的政治行为去实现统治当局的目标;另一方面,国家通过文化教育体系和惩罚机制,积极影响社会成员对执政当局的权威认同与服从。威权主义条件下对执政当局的权威认同与社会生活中的家长

---

① 潘伟杰:《宪法的理念与制度》,上海人民出版社,2004 年,第 144 页。

② 参见[美]乔·萨托利:《民主新论》,冯克利等译,东方出版社,1993 年,第 194 页。

③ 参见潘伟杰:《宪法的理念与制度》,上海人民出版社,2004 年,第 145 页。

制、宗教领袖权威结合起来，大大加深了东南亚国家社会成员的顺从意识。在一定历史时期中，这种对执政当局的权威认同使公民脱离开了政治参与，保障了社会秩序与社会成员思想上的相对稳定和国家的统一，防止了转型时期的价值失范和社会的明显冲突，也有力地促进了现代化建设的发展。

然而随着这些国家市场经济的发展，大量的社会成员从传统的家族的或部落的生活范围中解放出来，而成了市场经济活动中的一个成员。利益的驱动使社会成员日益地把自身利益的实现与保障、自身利益的表达及其渠道作为关注的对象。威权主义时代由少数人决定自己命运的决策机制与利益分配机制很难逐渐获得人心。同时，威权体制中表现出来的无视人权、侵犯公民自由权利与尊严，甚至威权政治表现出来的残暴与腐败也越来越引起了社会的强烈不满。沃提克提斯指出："亚洲人对与权威正当性的尊重以及高度的顺从比很多西方人更能习惯，但权威的滥用也总是被这些社会质疑。"①深受伦理与宗教熏陶的东南亚社会成员，从来以伦理来判断政府与权威。他们对那些真正讲诚信的政府与权威从来言听计从，而对背信弃义、不讲道德的政府从来不畏强暴。历史的教训和社会的发展，使东南亚国家的人民逐渐认识到将自己的利益完全寄托在权威上是远远不够的，人治不能保障公民的权利，公民的权利只能通过一定的宪政体制才能得到保障。

东南亚国家独立后的一段时间中曾建立了一定的宪政体制，但这些体制是建立在宪政价值贫乏土壤上的。一个没有文化价值支撑、没有公民宪政认同的宪政治制度终归是不稳定的。它可能成为专制政治的装饰品。历史的教训使东南亚国家人民认识到，威权政治总体上是一个缺少监督的权力。当掌握权力的执政者不能自律或不能有效地听取下属的意见时，腐败和重大决策失误就会随之发生。同时，权力在个人手中的集中也就导致了公共权力日益成了个人获取利益的工具。菲律宾马科斯家族、印度尼西亚苏加诺统治无不运用手中的权力为己谋利，最终引发了剧烈的社会和政治危机。即使是贤明的国家，"如果没有形成贤明权威领袖的民主机制，谁能保证它的继任者们永远贤明，而不会出现昏庸的暴君呢？"②20 世纪 80 年代

---

① Michael R. J. Vatikiotis：《东南亚政治与发展》，林若雩译，韦伯文化事业出版社，1999 年，第153 页。

② 张锡镇：《东亚：通向政治稳定之路》，载《国际政治新论》，中国社会科学出版社，1996 年，第103 页。

以后,韩国、菲律宾、印度尼西亚、泰国、马来西亚、新加坡等国家发生了民主的转型,社会成员和统治者开始从权威认同的巢穴中走出来,宪政制度终于成了多数人的政治认同,东南亚国家开始实现了从对行政的或政党首脑的权威认同转向对政治制度的认同。当然这并不否定权威认同在政治认同中的地位。实际上,任何一个政治认同总离不开一定的权威认同。不同以往的是,东南亚国家的权威认同在向以制度认同为主的转变中,逐渐从魅力型人物权威认同转向法理性权威的认同。这种认同既继承了传统,又在现代条件下实现了权威与制度的结合,使之带有了东方的特点。

（二）以集体意识为主要特征的文化认同构成了政治认同的重要内容

威权时代的东南亚国家始终注重传统文化在维护社会秩序中的重要地位。这对保持权威在社会生活中的统治地位具有重要的价值。统治精英也竭力维护传统文化来巩固自己的权力基础。在新加坡、韩国,儒家思想一直是新加坡人所信奉的道德价值和家庭规范;在印尼爪哇人的文化中,对权威当局的感恩和尊重一直成为所有印尼人应珍惜的价值。在泰国,对国王的尊重与崇拜始终构成了人们生活的内容。

然而随着全球化的发展而带来的西方文化价值的冲击,东南亚国家内部的文化价值也呈现出多元化倾向。特别是西方文化在这些地区的蔓延和传播,究竟以西方文化为准,还是从本民族的文化传统出发,构成了这些地区所面临的严重问题,它直接涉及公民的政治认同。因为任何一个国家的政治认同都不是脱离了本民族背景的政治认同,一定国家的民族文化确定了政治认同的基本政治文化方向,因而也就确定了人们判断是非的标准和理想追求。对此,当代西方社群主义者麦金泰尔讲得非常明确,他指出:"自我不得不在社会共同体中和通过他的成员资格发现它的道德身份,如家庭、邻居、城邦、部族等共同体,但并不意味着,自我必须接受这些形式的共同体的特殊性的道德限度。"①

由于文化涉及政治认同的取向,进一步说涉及政治权威巩固基础。对于转型时期的东南亚国家在提升宪政制度认同的同时,并没有忘记历史文化传统。李光耀说:"亚洲人所重视的东西未必就是美国人或欧洲人所重视

---

① Alasdair MacIntyre, *After Virtue*, *A Study in Moral Theory*, Notre Dame, Ind.: University Of Notre Dame Press, 1984, p. 217.

的。""没有人可以忽视一个社会的历史、文化和背景，几千年来，各社会都各自以不同的速度和不同的方式发展。他们的理想与标准也各不相同。20世纪末期的欧美标准并不是放之四海而皆准的标准。"①

作为政治认同的一个重要组成部分，东南亚的文化认同带有很强烈的整体主义取向。尽管在这种取向中，家族与种族的因素占有一定的位置。但在民主转型过程中，集体主义的认同愈来愈多地和民主政治联系在一起。一位泰国军官说道："我们都想要在未来的某些时候看见民主政治的出现，但西方应该了解在我们的文化中，首先保存住整体的意识是很重要的。"②李光耀谈到东方的民主政治时说，东方的整体主义文化特质寓于其中。他指出，东西方在民主政治上存在着差异：西方强调监督与制衡，强调个人自由，其特点是，重权利，轻责任和义务；而东方的精髓是强调个人服从社会和国家，强调执政党及其政府的作用，强调为了社会和国家的利益，有时候就需要将个人的利益和自由转让出来，甚至作出牺牲。他指出，东方国家在实行民主政治时，一定要考虑到文化差异，并提出，新加坡的民主是"带有家长制倾向的东方式民主主义"③。

作为文化认同中的另一个内容的是混合主义取向。东南亚各国都是一个多民族、多族群共存的国家。不同的文化和宗教信仰把这些民族的成员联结在一起。威权主义时代，由于少数人的统治和其家族的统治密切联系在一起，民族关系往往出现各种矛盾和挫折。然而多民族基础上的多元文化的现实与东南亚国家的群体主义和折中主义的结合，使东南亚国家发展了一种折中主义的文化。在这些国家所建立的政治纲领中，往往是多种文化的混合，既有西方的自由主义原则，也有从本土发展起来带有集体的、宗教的观念。在宗教信仰上，不同宗教之间的信仰往往共存一体。在政治生活中，他们更强调了民主政治中的妥协、宽容的方面。如果说，西方民主政治主要以竞争性为特点，在东南亚国家中则以相互宽容和让步为内容。李光耀谈到民主文化的培养时指出，要使民主政治正常运作，而不会被经常打断，有关国家的人民"首先必须培养一种文化习俗"。在这种文化习俗中，互

① 李光耀：《民主与人权放之四海而皆准吗?》《联合早报》，1992年11月21日。

② Michael R. J. Vatikiotis：《东南亚政治与发展》，林若雩译，韦伯文化事业出版社，1999年，第150页。

③ 转引自李文：《东亚社会的结构与变革》，社会科学文献出版社，2006年，第97页。

相竞争的集团能够自行通过互相让步、妥协,而不是用暴力求同存异,协调彼此的分歧与冲突。① 同样,在不同的文化与意识形态相遇时,东方国家更多地采取了相互尊重与承认的态度。一位日本观察家如此评价爪哇人,指出那里的人们"不同的意识形态并不作为相互独立的实体而存在"②。同样,在韩国、菲律宾、新加坡、马来西亚,不同的宗教往往和谐共存。

总体而言,东南亚国家的政治认同发生了新的变革。在这种变革中,以往以政府或政党首脑的权威认同为导向的认同开始向以民主政治为导向的认同转变。但就是如此,这种认同不是西方式的民主认同,而是带有了东方特色的民主政治的认同。其内容有这样三个方面:①宪政认同,制度的认同逐渐成为政治认同中的重要内容;②文化与集体意识,认识到集体在政治生活中的重要地位,个人要服从集体,不同的群体、不同的意识形态都要通过一种折中的方式共存于一个整体之中;③以政府首脑或政党的首脑为核心的权威主义取向,即服从权威和等级制度,在社会中认同政府的积极作用,认同主要政党的领导。从这些方面看,东南亚国家在新的形势下出现的政治认同恰恰是韦伯所说的三种类型因素的有机组合。其中宪政的认同逐渐取得重要地位,但不是异军突起,而是相互协调。这点正是东南亚政治认同的独特性所在。与这种认同相应的是,东南亚的政治建构也迈出了新的步伐。

四、东南亚国家政治变革与政治建构

随着东南亚国家政治认同的变革,这些国家的政治结构也发生了新的转型。若从国家与社会的关系角度看,实质上就是从原来的"强国家,弱社会"向着"限制国家权力,建构公民社会"转变。但在各个国家转型的程度、速度与广度上又千差万别。有的转型比较彻底,有的比较缓慢,有的比较激进。亨廷顿在第三波民主化浪潮中,把民主化的转型方式分为了三种:变革、置换与转移。③ 中国学者有的将东南亚的民主转型分为三种类型:①温

---

① 转引自李文:《东亚社会的结构与变革》,社会科学文献出版社,2006 年,第 97 页。

② Michael R. J. Vatikiotis:《东南亚政治与发展》,林若雩译,韦伯文化事业出版社,1999 年,第 37 页。

③ [美]塞缪尔·亨廷顿:《第三波——20 世纪后期民主化浪潮》,刘军宁译,上海三联书店,1998 年,第 142 页:第一类是变革——当执政精英领头实现民主时就出现改革;第二类是置换——当反对派团体领头实现民主时,而且威权政权垮台被推翻时,便出现置换;第三类型是转移——当民主化主要是因为政府和反对派团体采取联合行动而实现时便出现所谓的"转移"。

和改良型。其主要特点是把政治改革严格限制在体制内进行,政治改革的进程和范围都在有效控制之中,马来西亚、新加坡和越南的政治社会转型属于这一类型。②激进改革型,认为激进变革的主要特点是当局者已经无法控制政治改革的进程和范围,政治改革超出了原有体制之内,菲律宾、印尼和泰国的转型属于这一类型。③其他类型,诸如外来影响下的变革,如柬埔寨;上层统治集团的变革,如缅甸等。① 但从这些国家的政治变革状况看,在政治建构上基本有这样几个方面:

(一)确立制度化权威

制度化建设是现代国家的基本特征。所谓的制度化,表示的是组织和程序借以取得重要性和稳定性的过程。② 主要表现为两极:一极是对政府权力的产生有明确的程序性规定,其配置是有法律规范;其过程按照固定的法律制度进行;其功能是随着社会环境的变化而变化的。另一极是公民的权利有明确的规定内容,其权利既有明确规定,也有明确的保障措施。权利与义务、授权与责任密切结合。总之,制度化的基本精神就是依法治官,依法治民。无论官与民都不能以自己的意志破坏制度的权威性。在现代社会中,宪政制度是最具有权威的制度。

东南亚国家独立后都曾不同程度地制定了宪法,确立了宪法的权威与制度。但由于这些国家缺少支持宪政制度的价值和文化习惯,人治传统比较长久,新确立的宪政治制度很快被执政者意志所取代,如韩国朴正熙的统治,菲律宾的马科斯政权等曾运用手中的权力推翻了宪政制度。20 世纪 80 年代以后,韩国、菲律宾、印度尼西亚、泰国等国家,社会成员的民主政治意识高涨,人们对民主政治的认同迫使这些国家的执政者或政治精英或是通过自上而下的方式,或是通过统治当局的妥协方式重新确立了民主的宪政体制。如 80 年代末韩国、菲律宾、印度尼西亚等国家都发生了民主宪政的变革。表现在具体内容上,重新确立了人民主权的权威,确立了公民选举、议会监督、权力制衡等多项制度。在这些变革中有两个突出的方面:一是公民的权利通过宪法和政治体制的渠道得到了保障,二是对最高执政者的产生

① 潘一宁等著:《国际因素与当代东南亚国家政治发展》,中国社会科学文献出版社,第 254 ~ 261 页。

② [美]塞缪尔·亨廷顿:《变革社会的政治秩序》,李盛平译,华夏出版社,1988 年,第 12 页。

与监督有了更为明确和严格的规定。

（二）更新政治合法性内容

威权主义国家的执政者在实现对整个国家的统治和管理上，不能没有人民的支持。但在获得人民的支持上主要通过统治者的道德与业绩以及人民的消极反应上表现出来。所谓的道德与业绩主要指的是，统治者通过其道德行为和政绩获得人民的接受和认可。中国学者赵鼎新先生指出："与民主国家的领导人相比，威权国家的领导人就没有这么轻松了。由于没有选举的合法性作为挡箭牌，他们必须处处表现得既是道德上的表率，又是捍卫民族利益的旗手和经济发展的保证。各方面表现越佳，政权的合法性也就越高；反之，表现越差，政权的合法性就越是受到质疑。"①所谓的消极反应，是指这些国家的社会成员并不是通过选举和其他方式表示自己对政权的信任，而是通过政权给自己带来实惠等支持统治当局。这样，统治当局的合法性不是建立在民主参与基础上，而是以领导者政绩作为认同的基础。这样一种政治合法性的获得方式本身带有相当大的局限。因为没有任何一种经济体一直保持高增长。一旦经济发展出现问题，人们马上就将责任归到了国家身上。同样，把合法性建立在道德上也存在着问题，这并不是说国家领导人就不应该讲道德，而是说，一些在社会成员中被视为不道德的行为（如贪污）就不再是经济问题而是政治问题了。从这种意义上看，东南亚国家的政权就面临着一个十分艰难的处境。

以统治者的道德或政绩换得合法性主要表现在东南亚国家的初期阶段。随着历史的发展和魅力型统治的领袖的相继逝去，加之政权发展过程中带来的一系列问题，决定了政权合法性的获得不能简单以政绩为依据，还必须通过公民的政治参与和法律程序的方式来获得。在此，东南亚国家政权合法性实现了新的变革。这也就是通过公民积极主动的政治参与（其中主要是民主选举）表达其政治认同，通过政权产生的合法程序使政权的运用和转让有法可依。由此，也就使东南亚国家的政治合法性实现了政绩、公民认同与公共规则与程序几个因素的统一。当然，这不是说，东南亚国家的政权合法性不存在问题，但比起威权主义政权取得合法性基础的途径来说，无疑是一大进步。

---

① 赵鼎新：《社会与政治运动讲义》，社会科学文献出版社，2006 年，第 114 页。

（三）建立法理性权威

东南亚国家在相当时期中始终采取的是威权政治的统治。采取这种统治有各种原因,其中传统文化中的家长制和权威主义、社会生活中的庇护关系使威权政治在这些国家有了丰厚的土壤。但随着这样一种政权形态的产生,这些国家原有的宪政制度受到很大破坏。国家领导人产生上的非程序性、权力运用上的无制约、权力监督上的空白,为独裁者滥用权力开辟了自由空间。

应该承认,威权政治在一定时期中在稳定社会、动员民众、集中资源实现现代化方面确实发挥了一定的作用。但由于社会生活中处处以权威为原则,破坏了社会的法制,导致社会生活中强权势力的发展和无政府状态的蔓延;在经济生活中,也破坏了市场原则,社会财富大量地集中到了统治者及其家族势力手中。这就加大了社会的两极分化。这些也就加大了执政当局与社会的对立。

威权政治的转变并不意味着社会不再需要政府权威,也不意味着社会不再需要执政者。历史的教训使东南亚国家的人民深刻认识到,仅仅有授权是不够的,关键必须要限权。这就不能不引起东南亚国家统治类型的一次巨大变革,即从魅力型的统治向法理型统治权威的转变。也就是政府的权力的授予、使用、配置、运作等方面都必须纳入法律制度的规则之中,并且只有建立在这种基础上的权力才具有合法性。

（四）坚持本土特色

东南亚国家有着悠久的历史,长期的历史发展过程形成了不同于西方的文化特点。民族文化的存在不仅为凝聚社会成员,而且也为统治者对社会的管理提供了思想基础。东南亚各国文化基础不同,但总体上看,"传统主义有助于保存并集中权力,而且扩散权力"①。由于文化的这种作用,东南亚国家在民主转型过程中,非常注重民主政治建设要和本国文化特点相结合,按照本国的实际特点建立本国的政治体制。新加坡在民主政治建设中,始终强调自己的民主政治要因于社会历史与文化背景,他们试图将儒家传统与现代政治结合起来。马来西亚前总理马哈蒂尔指出:"在国民团结和社

① Michael R. J. Vatikiotis:《东南亚政治与发展》,林若雩译,韦伯文化事业出版社,1999 年,第37 页。

会凝聚力方面,在经济方面,在社会正义、政治稳定、政府制度、生活质量、社会和精神价值、民族自豪感和信心"等各个方面,都"应成为自己模式的发达国家"①,也就是从本国的文化传统中吸收有益的成分。在泰国,媒体已经相当的自由,政治体制中拥有了大量现代政治体制的内容。但讨论到君主政体时仍然受到严格的控制。因为在泰国的政治文化中,国王被看成毗湿奴、湿婆和梵天在凡世的化身。对神的崇拜转化为对国王的崇拜,国王具有了精神权威和神圣的光环,被看成拥有绝对权力的神,主宰着人们的命运。"当夜间新闻正播放赞颂皇家王室的新闻时,泰国的公务员于公务繁忙时仍会驻足倾听王室的颂曲。"②在世界走向开放,多元文化,特别是西方文化大举进入东南亚社会的状况下,"不论是通过国家的权力力量或是市场的力量,东南亚社会找到了抵抗外国价值入侵的积极方法,并在这个过程中保存了他们的传统和历史的标准。这一过程也指出了一般亚洲民族主义的本质:实用主义和综合性。吸收外部的影响以维护主权;汲取那些影响中最高的成分并和本土价值加以融合以强化人民的身份认同,要点是在演变的过程中还得包括对传统的适应和保存"③。

五、小结

东南亚国家政治认同的变革为东南亚国家的政治变革提供了价值基础。东南亚国家独立后曾建立了宪政体制,但这仅仅是形式上的。威权主义的兴起,原有的宪政体制纷纷失去了权威。从根本上说,关键在于社会成员的政治认同与宪政体制间存在着矛盾。也就是传统的政治认同不能为宪政体制提供有力的支持,相反却助长了少数人的权威。当代东南亚国家政治认同向民主方向的发展,为新的政治体制的变革奠定了思想文化基础。也就是说,当社会成员把民主的制度与先进的文化观念有机结合并将其视为是自己的取向时,民主政治的变革才能获得巨大的生存土壤,现代宪政体

---

① Chen Heng Chee, Democracy: Evolution Implementation: An Asian Perspective, in *Democracy, Asiana and American Perspectives*, es. Robort Bartley, Chen Heng Chee, Samuee p. Huntinton and Shijuro Ogata, ISEAS, 1993, pp. 21 – 25.

② Michael R. J. Vatikiotis:《东南亚政治与发展》,林若雩译,韦伯文化事业出版社,1999 年,第38 页。

③ 同上,第40 页。

制才能在此基础上发展起来。

在现代政治认同的形成过程中,公民的政治认同本身包含着丰富的内容,具体在东南亚这样一个各种文化交汇处,适应法理型统治的认同曾经得到了培育和发展变化,与魅力型统治和传统型统治相应的政治认同同样在这里有着丰厚的土壤。在独立后现代化建设过程中,三种认同在市民社会兴起和民主思想影响的背景下相互磨合与损益,构成了东亚特有的政治认同的重要内容。制度认同、权威认同与群体意识三者相得益彰,丰富了人们对民主政治的认识。民主政治不仅仅只有建立在契约与竞争基础上才是正宗的,民主本身就含有人民集体当家做主管理国家的问题。因此,民主离不开一定的具有宽容与妥协精神为依托的集体;民主也不仅仅只树立制度的权威而忽视对执政者权威的服从。民主既需要制度也需执政者的权威,也少不了集体意识的支持,可以说制度、权威与集体文化意识三者和谐共存构成了一个不同于西方国家的民主政治体制。

然而不能不看到,东南亚这种带有典型东方特色的政治认同和政治建构的内部要素之间发展并不是平衡的。权威的认同、传统文化的庇护关系、裙带关系制约着民主政治的发展。它使民主政治在相当程度上存在于与现代制度或现代民主政治不相称的文化环境中。此外,东南亚国家虽然民主政治的建构有了新的起色,但传统中形成的庇护关系与权威人格养育了政治上的官僚、政治精英、地方势力;市民社会虽然随着市场经济的发展已经有了牢固的基础,但传统力量在社会生活中形成的势力依然和市民社会纠缠在一起。如裙带关系和市民社会力量的结合,形成了东方特有的家族资本主义,一方面支撑着现代利益集团,另一方面又保护着历史上形成的庇护关系和家长制度。这本身与民主政治形成了一种相悖关系。在此基础上形成的亚洲式民主总是带有着历史的沉重包袱。这种历史的现实使东南亚国家的民主在获得广泛的政治认同的同时,也凭借着历史上形成的文化传统建立了强大的政府权威。甚至在一定的时期和一定的国家中,民主政治主要是行政权威控制下的民主。

第四节 新加坡的公民政治认同建构

新加坡是一个拥有大约 480 多万常住人口的岛国,也是东南亚最小的国家之一,除了人力资源和重要的战略位置之外并无自然资源。新加坡国家虽小,但却居住着华人、马来人、印度人、欧洲人、伊拉克人以及犹太人。其中华人人口最多,约占总数的 76.9%。此外,新加坡又是说多种语言的国家:英语、汉语、马来语和泰米尔语等在社会生活中得到广泛运用;新加坡的族群都有自己居住的街区,都强调自己的文化认同。族群还与宗教信仰相结合,超过 70% 的华人信奉儒家思想、佛教和道教;几乎所有的马来人和很多印度人都信仰伊斯兰教;多数的政治和经济精英至少是基督教徒。显然不同民族、不同语言和不同宗教的存在,使新加坡成为东南亚地区的一个地地道道的多元文化国家。

作为多民族国家,在复杂的民族基础上产生出来的族群身份复杂性,使新加坡国家在民族身份与公民身份问题上存在着一定的张力。如以族群身份为重点,也意味着族群认同是第一位的,国家不过是部落联盟,作为发展中国家所面临的国家建构任务难以实现。如以公民为本位,发展公民对国家的认同,又不可避免地像西方国家那样,导向对同质化的追求。而这种政治实践,往往有时又是通过统治民族对国内少数民族的强制同化而实现的。如 20 世纪马来西亚对华人、印度人,印尼对华人,缅甸佛教徒对天主教徒的歧视和同化政策,都反映出控制政权的统治集团以主体民族为依托,对非主体或竞争对手的民族采取强制性政策。然而事实证明,这种政策往往容易带来种族间的冲突和矛盾。显然上述两种极端情况在新加坡领导集团看来,都是不利于国家建设和民族和睦的。新加坡所走的是一条和而不同的道路:承认多种身份的存在,同时通过积极的政策促进不同民族的融会一致,引导不同族群最终走向对国家的认同。

一、社会和谐:确立公民认同的世界观基础

二战以后从殖民主义统治下独立出来的东南亚国家基本上都是一种以主体民族文化为主、少数民族(部族)文化为辅的多元文化国家。在这些国家中,与新加坡相邻的两个国家——马来西亚和印度尼西亚最初采取了两个完全不同的思路。马来西亚确立了马来人的政治优先地位。1957 年宪法虽然承认了不同族群的身份,但也赋予了马来人和伊斯兰教以特权。此后,1962 年的宪法在很多方面继续给予马来人以优惠待遇,由此也催生了一些马来民族主义者提出了"马来西亚人的马来西亚"口号,试图在各个方面排

斥和压制华人、印度人和其他少数族群，使这些民族处在从属地位上。在这种关系结构中，优势的马来人获得完全的公民身份，而非马来人公民身份受到极大限制；与之不同的是印度尼西亚采取了一条强制同化道路。印度尼西亚是一个民族成分复杂的大国。1947年独立后，针对华人和印度尼西亚民族国家的关系曾出现过两种对立的观点：一种是整合论，即主张多元一体的立国原则和文化多元主义，华人应被接受为印度尼西亚的一个民族，与其他民族一样享有同等的权利。而同化论者主张华人对印度尼西亚民族国家的义务，要求华人通过与原住民通婚、吸纳当地文化和宗教等途径彻底同化于原住民群体中。这一观点得到了印尼军方的支持。20世纪60年代发生排华事件和反共事件后，同化论占据了主导地位。

上述两个国家在民族问题上的态度和政策不仅在东南亚地区具有相当的影响，而且也给新加坡的民族政策带来不同的影响。新加坡自然资源缺乏，生存环境受外来因素影响很大。尽管新加坡华人在数量上占优势，但放在与两大邻邦的环境中考察，依然属于弱势族群。新加坡如果采取过激行为对待国内第二大民族——马来西亚族群，不仅带来的是两个国家之间的冲突，而且也将带来印尼伊斯兰信众的不满。自然资源的缺乏和邻邦战略地理位置的影响，决定了新加坡在对待国内民族问题上不能采取像邻邦那样的过激方式，而只能走一条中间道路。早在新加坡还是马来西亚的一个州时，李光耀就把各民族的平等作为新马联盟的一个重要原则。1954年，人民行动党举行成立大会，李光耀在宣布党纲时就把"培养民族团结、自重、自给自足的精神"作为其中的重要内容。[①] 1965年新加坡独立后，李光耀向国民呼吁："我们的国家是一个复合民族的国家，新加坡既非马来人，也非华人之国，更不是印度人国家。我们不分人种、语言、宗教或文化上的差异，而得团结一致。"[②]临近21世纪时，李光耀回忆建国之初的困难状况时，更加明确地阐述了民族和谐的重要地位，他指出："……我们的人民……虽然分成几个族群，但是，我相信只要政策公平、不偏不倚，尤其是事业和其他苦难由大家平等分摊，而不是主要落在少数族群头上，他们就会和平共处。确保多

---

① ［新加坡］冯清莲：《新加坡人民行动党：它的历史、组织和领导》，苏婉蓉译，上海人民出版社，1975年，第3页。

② 玖苇林：《新加坡的成功》，金文图书有限公司，1982年，第55页。

种语言、多种文化、多种宗教组成的社会团结一致是尤为重要的。"①新加坡领导人不同时间在民族关系上的态度是一致的,即处理国内民族关系,要以公平和谐的价值为取向。

早在新加坡独立出来之前,马来民族统一机构和主张种族平等的新加坡人民行动党之间就有深刻的矛盾。在 1964 年 7 月爆发流血事件之前,马来民族统一机构秘书长贾巴尔·阿尔巴尔就向人民行动党提出:"停止敌视马来人,不要向他们挑衅,否则马来人将要把民主扔在一旁,开始用拳头教训人民行动党。"②此后,随着华人与马来人之间矛盾的升级,最终酿成了 7 月和 9 月的两次血案。1965 年独立后,新加坡并没有走上以怨报怨的道路,新的领导人誓言,要维护民族和谐,并将 7 月 21 日作为民族和谐日,由各族人民共同组织,参与庆祝活动。2001 年,新加坡总理吴作栋在对 1700 多名各界代表发表讲话时指出:建立新加坡社会的"族群互信圈",以增进族群间的沟通和理解,避免让恐怖活动等外界因素影响破坏社会和谐与族际关系。③

其实,新加坡领导层将和谐作为价值理念不仅体现在处理不同族群关系上,而且也体现在国内不同利益集团的关系处理上。新加坡原来为英国的殖民地,加之西方文化对国家的影响,在其政治生活中有不少西方文化的因素。但新加坡又是东方国家,在文化观念和行为习惯中保留和继承了不少东方文化的特点,特别是儒家思想传统。在西方公民文化中,公民身份建立在个人主义基础上。在这种传统中,个人间的竞争和政治上的多元竞争虽然带来了西方社会的发展,但这样一种文化对于以群体为本位的国家新加坡来说,它所带来的可能是群体的断裂和分化。对新加坡而言,公民认同的形成不能走以个体为本的道路,而需要从自身的文化特质中发展公民政治。李光耀谈到公民自由存在的条件时指出,人类只能生存在一个社会里,这个社会有它的生活水准和社会习俗,这些习俗是随着它的历史、传统、技术与工业地位,以及人民所习惯的生活方式而定的。④ 社会构成了公民的活

---

① [新加坡]李光耀:《经济腾飞路——李光耀回忆录》,外交出版社,2001 年,第 7~8 页。

② [英]亚历克斯·乔西:《李光耀》,安徽大学外语系译,上海人民出版社,1976 年,第 154 页。

③ 余建华:《在多元包容中繁荣发展——新加坡民族和睦的成功之举》,《世界经济研究》,2003 年第 10 期。

④ 吕元礼:《新加坡为什么能,和谐社会是怎样构成的》(下卷),江西出版集团、江西人民出版社,2007 年,第 28 页。

动基础,这就决定了平等的公民不仅需要竞争,也需要妥协。也就是说,在一个民主的政治生活中,存在着不一致是正常的,但关键是人们要能够正常接受异议。"宁为玉碎,不为瓦全"是很难培养出公民文化的。对此,李光耀指出,有关国家的人民必须培养一种文化习俗。在这种文化里,竞争的集团能够自行通过让步而不是暴力,协调彼此的歧见和冲突,并且也只有在具有一定程度的包容和妥协的环境中,公民文化才能建立起来。

二、国家与社会优先:导向公民政治认同的前提

新加坡是一个移民社会,来到新加坡的人都本着经济实用的理性态度在新加坡生活和工作。不同人种混合在一起,为了保障不同人种的和平相处,就需要一种超越于不同人种的公共身份,这就是公民。公民在法律上是平等的。新加坡宪法明确规定:"除本宪法明文规定授权者外,新加坡公民不得仅因其宗教、种族、祖先或出生地,而在法律上或在公务机关人员任命或雇佣上,或在财产之取得持有或处分之法律执行上,或在开设或经营贸易、商业、专有职业、一般职业或雇用上受任何歧视。"①

新加坡作为一个移民国家,移民离开自己的祖国和家族的动力就是谋求发展,获得利益。从这种意义上看,个人主义的动机占有相当的地位。对此,新加坡的领导人在反思新加坡的成功经验时曾指出,新加坡人的成功是个人的成功,因为他们是作为移民而将自己与中国注重集体的传统分离开的。然而随着新加坡财富的增长,中产阶级正日益脱离政府的控制,新加坡领导集团在 20 世纪 70 年代末和 80 年代初转变观念,开始认识到个人主义价值观念不过是西方观点,它腐蚀着"东方的价值"。针对这种局面,新加坡人民行动党政府在学校教育课程中推进了《好公民》《生活与成长》课程建设,并积极推进儒家伦理教材的编写和教育活动,取得了良好的社会效果。但对于新加坡这样一个多元文化的国家,仅仅宣传儒家伦理容易带来宗教和种族上的矛盾。20 世纪 90 年代,新加坡国会通过了政府提出的"共同价值观",将国家至上与社会为先的原则作为这一价值观的首要内容。

新加坡是多元文化国家,不同文化群体的存在对国家的发展有有益的方面:它可以促进人们从不同文化角度去创造和发明,也便于人们与世界上

---

① 高德义:《各国宪法民族条款汇编》,台湾"行政院原住民族委员会",2004 年,第 261 页。

其他民族往来,使国家在开放的环境中成长与发展。然而,多元文化本身又可能使不同种族、不同宗教群体或不同的语言共同体专注于各自的领域,从而使各自群体的身份认同与国家认同之间发生冲突和矛盾,这显然对国家是不利的。同时,由现代化发展带来的中产阶级发展正日益超越政府的控制,影响着政府在社会中的重要地位。对于新加坡这样一个更多地依赖外商投资的国家来说,保证国家的权威是国家实现族际政治整合、促进经济发展的重要条件。在这种状况下,树立公民的爱国意识极为重要。因此,在《共同价值观》中,新加坡政府将国家至上作为了首要原则,这也就意味着所有的公民,不论种族,都要把新加坡作为首要的认同的目标和忠诚的对象。在这一价值观影响下,新加坡政府规定,在中小学举行升国旗仪式、提倡唱爱国歌曲、青年人服兵役制度,使年轻人通过这些活动增强国家意识和公民意识的自觉性。

新加坡政府主张的国家意识和公民意识,并不像自由主义国家那样,试图通过公民化最终同化掉其他族群文化。相反,国家在确立国家意识和公民意识同时,也对公民的族群归属给予了高度的重视,提倡每个种族都应该维护和发展本民族的文化传统,并在宪法和法律上规定:"政府应保障新加坡少数民族及其宗教团体之利益。"①当然,新加坡政府也认识到,对多元文化价值认同而培养起来的寻根意识可能会增加社会的深层断裂,带来族际间的紧张,为此,包容差异、民族和睦是国家至上原则之下的一个不能少的原则。

新加坡把国家作为他们的认同对象,有一个因素是不能忽视的。新加坡是移民国家,国家是他们的共同体。而历史上形成的国家,往往容易产生原住民族的历史意识和由这种意识发展起来的族群民族主义。②如新加坡的邻国马来西亚和印度尼西亚都曾经有各自国族或统治民族的民族主义。这种民族主义容易形成统治地位的族群的身份意识和认同,并对外来的或弱势的少数民族采取排斥或压制的态度。与之不同的是,新加坡是由移民族群组成的,新加坡就是他们共同生活的领域,其中的任何一个族群对这一领域并

---

① 高德义:《各国宪法民族条款汇编》,台湾"行政院原住民族委员会",2004 年,第 270 页。

② Edited by Will Kymlicka and BaoGang He, *Multiculturalism in Asia*, Oxford UniversitynPress, 2005. p. 43.

不享有完全的历史权利。因此，国家至上也就意味着国家在作为最高的权力组织的同时，也成为不同的族群之所归，这为公民身份的认同奠定了基础。

将国家置于优先地位上，也决定了新加坡政府试图将宗教或族群认同与政治分开。如在 20 世纪 60 年代初，人民行动党领导人就通过了将族群和宗教结社的私人化立法。尽管后来的政策发生了变化，但 1990 年通过的"宗教和谐"法案保留了这一政策的关键特征。如禁止用宗教作为政治目的，规定了对极端主义的任何事情都给予了严厉的惩罚。① 在利益表达上，法律严格限制涉及种族、语言等与民族和睦关系问题的批评。可以说，新加坡政府把经济发展、民族关系和睦、环境安全等作为国家发展的第一要务。

公民身份的英文单词是 Citizenship，在英文中表示的是公民的权利与义务，也就是公民身份是公民权利与义务的统一。不过在西方文化传统中，很长时间注重的是公民权利。而在新加坡，领导集团继承了东方文化价值中注重社会和集体的传统，将公民置于社会之中。李光耀谈到公民的责任问题时指出：西方人"认为一个公民，我有我的权利，在宪法下，我有权享受这些东西。那好，现在就给我这些东西；如果你不给我，我就不投你的票，让你落选"。而"华族的道德观念是不同的，人人对社会都应尽点义务……孔子说：君君、臣臣……。政府和人民之间的关系、父子关系、兄弟姐妹关系、朋友之间的关系，这些关系都是重要的基本关系"。如果从小就把这些观念灌输到人们的头脑中，就能培养出"良好的公民"②。

承认公民权利对国家和社会的认同，并不是仅仅意味着公民对国家尽义务。实际上，随着现代化的发展和市民社会的发展，公民的个人权利不论在社会中还是在经济生活中都具有重要的地位。因此，新加坡共同价值观提出，每个人在社会中享有的权利也必须受到尊重，而不能轻易地受到侵犯，从而在社会与个人的利益之间取得平衡；必须为每一个公民提供平等的机会，使每个人在生活上都有良好的起步；必须将经济发展所带来的财富公平和广泛地分配给人民；社会不但要照顾生活上的优胜者，也应照顾成就较弱的一群。可见，社会优先下的公民不是没有权利的公民，而是享有权利并

---

① Edited by Robert W. Hefner，*The Politics of Multiculturalism*，*Pluralism and Citizenship in Malaysia*，*Singarpore*，*and Indonesia*，University of Hawai'I Press，2001，p. 38.

② 新加坡《联合早报》编：《李光耀 40 年政论选》，现代出版社，1996 年，第 391 页。

得到尊重的个人,社会关怀、尊重个人构成了新加坡公民身份建设的一个重要内容。

三、托管式民主:培育公民政治认同的制度保障

新加坡是一个多民族国家,不同民族的信仰与观念形成了不同的身份认同。尽管新加坡领导人努力推进和谐社会建设,但这种由于身份不同而产生的难以黏合是社会的现实,其下潜伏着几乎属于原始的欲望冲动。在这种状况中,如果采取英国、加拿大、美国等国家两党或多党制度,进行跷跷板似的政权交换,对新加坡这样一个经济资源贫乏、严重依赖外国投资的国家来说,是不足取的,而且也容易带来政治上的不稳定和经济停滞。有鉴于此,新加坡需要一种强制性的权威驾于社会之上,同时,又要顺应现代社会发展潮流。在此,新加坡建立了一种"托管式民主"。所谓"托管式民主",正如新加坡前总理吴作栋解释的:"政府像人民的信托人,一旦在选举中受委托以负责看管人民的长期福利时,它就以独立的判断力来决定人民的长远利益,并以此作为它的政治行动的根据。实际上,新加坡政府的政策从来就不是由民意调查或人民投票来决定的,因此在执行正确的长期政策时,有时难免会产生'良药苦口'的反应。但是,正因为新加坡采取了这种'托管式民主'模式,它才能成功地推行一些虽不讨好但有利于经济发展的政策。"①

作为托管式民主的一个重要内容就是确立了人民行动党在民主中的重要地位。这种地位的获得从自身的思想建设上看,不是凭借排外的民族主义意识,而是以实现所有公民都是"新加坡人"为目标,对不同文化采取包容态度建立起来的。李光耀指出:"新加坡人是一个出身、成长或居住在新加坡的人,他愿意维持现在这样一个多元种族的、宽宏大量、乐于助人、向前看的社会,并时刻准备为之献出生命。"②李光耀的观点代表了人民行动党的一种倾向,即人民行动党必须要以一种包容的态度而不是狭隘的民族主义意识建立自己的政党,并把建立"新加坡人"作为自己工作的重要目标。这里包含了一个民族、一个国家的民族国家建构精神。同时"新加坡人"的建构

---

① 新加坡《联合早报》,1995 年 9 月 18 日,转引自李文主编:《东亚:宪政与民主》,中国社会科学出版社,2005 年,第 115 页。

② [英]亚历克斯·乔西:《李光耀》,安徽大学外语系译,上海人民出版社,1976 年,第 368 页。

也承认不同族群身份。

在组织建设上，人民行动党也力求将自己建设成一个包容不同民族代表的政党。20世纪60年代末，在人民行动党的最高决策机构中央执行委员会中，华族占全体委员的66.7%，马来人占16.7%，印度人占8.3%，其他民族的人士占8.3%，这与新加坡人口的比例大致吻合。在人民行动党各支部的521个委员以及成员中，不同民族都有一定比例的代表，从而使人民行动党本身就是一个包容不同族群的、具有广泛代表性的政党。人民行动党通过自身组织上的建设，将不同族群的代表吸收到自己组织中来，使人民行动党在包容多元中体现出它的公共性，以此保证公民认同的建设。

作为托管式民主的另一个方面就是民主选举。对于一个多民族的国家，民主选举可能带来政治稳定，也可能带来不同族群，特别是多数人民族和少数民族关系的紧张。当代不少国家，如格鲁吉亚、委内瑞拉、哈萨克斯坦、塞尔维亚等国都曾因主体民族选举中的过激行为而导致种族冲突。新加坡是一个华人人口占多数的国家，也面临着同样的问题。因为，对于人口占多数的华人来说，很可能通过选举而获得优势政治资源，而非华人族群可能处于劣势，甚至引起这些族群的忧虑。在此，新加坡马来教师工会的人民行动党领导人曾表达了这样一种态度：当少数民族成员遭歧视或被剥夺了他们从国家进步中所获得的利益的时候，他们就会感到被疏离。他提出这样一个问题："我们如何确保所有的主要种族都能在议会和内阁中得到充分代表？……我们如何确保议会中总能有多种族代表？……我们的立法机构要反映新加坡是多民族的，这一点重要吗？……如果是的话，我们又如何确保主要的社会群体能继续在政府中被充分地代表呢？"①

针对这种情况，人民行动党领导下的政府及时建立了集选区制度，以保障少数种族的政治参与得到实现。在1987年8月16日的国庆日集会演讲中，李光耀总理表示，集选区制将会保证"少数种族，尤其是马来人，在议会中继续拥有代表权"。他透露说，从1980年和1984年的大选中可以发现，选民更愿意把选票投给那些可以说方言或汉语的候选人，这使得马来候选人越来越多、难以当选。实际上，从笔者对1959年到1984年新加坡立法体系

---

① 参见[澳]约翰·芬斯顿：《东南亚政府与政治》，张锡镇等译，北京大学出版社，2007年，第274页。

的种族构成状况的分析来看,马来人从 1972 年开始就没能在议会中获得充分的代表权。李光耀建议,在不良后果发生之前就应当找到一个解决方法:必须找到某种方法,不要等到问题堆积如山才处理。

《新加坡宪法法案》第 2 号修正案和《议会选举法案》于 1987 年 11 月 30 日通过,两个法案规定了集选区制的构成,即由 3 名议员组成的小组当中必须有 1 名议员是马来人或印度人,或者来自其他少数民族。1988 年大选之后,新选举的议会之中有 39 名议员来自 13 个集选区,其余 40 名来自单名制选区。集选区的数量在 1997 年的大选中上升到了 15 个,每个小组包括 4～6 名议员,单名制选区数量则相应减少到了 9 个。

在政府高层人员数量的分配上,人民行动党注意吸收马来人和印度人进入党和政府的高层。从总统到内阁成员,以至政府内部的公职人员,都从法律上规定了必须要有少数民族代表,同时在政府部门和人民行动党内部,都建立了相关的民族事务方面的机构,如人民行动党内设立了马来事务局等。

四、共同价值观:引导公民超越族群认同的基本准则

新加坡是一个移民国家,移民到这一国家的人具有很强的"经济实用主义"倾向。因此,在新加坡的政治与经济生活中,真正发挥作用的是每个人的欲望和需要,而这种状况不能不对社会的共同的道德价值带来冲击。新加坡也是一个多元文化的社会,不同族群、不同宗教、不同的语言背景构成了社会文化的基本特点。新加坡由于其交通上的战略枢纽地位,处在外部多种文化与价值影响下的社会,各种思想意识,不论是优良的还是颓废的,都容易在此汇集,直接影响人民的思想和行为。经济实用主义加上新加坡内外多元文化冲击,决定了新加坡自身极其容易存在社会断裂。此外,新加坡将英语作为主要用语,长期的英语熏陶极为容易使东方文化西化,使社会成员遗忘掉传统的价值。对于新加坡领导人来说,要使国家真正具有凝聚力,并能团结起来,依赖市场上的自发结合或靠不同种族之间的理解和交流是远远不够的。新加坡要发展,就必须有一种共同的道德价值,以引导不同的族群和个人真正认同和忠诚于自己的国家。

早在 20 世纪 80 年代初,新加坡的领导人就认识到,随着经济发展,新加坡的社会与文化生活越来越多地受到了西方文化的影响,表现尤其突出的

是,那些受英文教育的上层分子更是洋化得厉害。西方世界的个人主义、唯我独尊思想已使部分新加坡人变得贪图逸乐,凡事只照顾自己,把家庭、父母、子女都看得淡薄,等等,这些都冲击着新加坡的道德价值。为此,时任新加坡总统的黄金辉曾经提出,新加坡需要把基本的共同价值观念归入国家,这些共同的价值观念将使新加坡人团结一致,同呼吸,共命运。

在这种背景下,新加坡领导人将儒家文化作为了重要价值标准。李光耀指出:"儒教并不是一种宗教,而是一套实际和理性的原则,目的是维护世俗人生的秩序和进展。"[①]这一时期,李光耀邀请新儒家的代表人物到新加坡讲学,请他们帮助中小学开设儒家伦理课程并制定教学大纲,提高年轻一代的社会和国家意识,真正使年轻一代成为好公民。在这种背景下,1991 年 10 月,新加坡政府在小学中设立了"公民与道德教育"课程,将社会所推崇的价值观归结为 14 个方面 35 个德目,诸如仁、孝,家庭和谐、礼、责任等等。1992 年,新加坡为小学生编写了《好公民》教材,其目的就是向学生灌输适合新加坡的东方价值观,训练学生的道德判断能力;教导学生处世待人须为他人着想的道理,使学生明确身为公民的责任。这些实践都表明,新加坡政府在树立共同价值观上作出了很多努力。

然而,新加坡是一个多元种族、宗教和语言的国家,新加坡政府在推进共同价值观的过程中,最初曾强调儒家伦理的地位,曾引起过其他种族的忧虑,当时在新加坡国立大学任教的贝淡宁(Daniel A. Bell)曾经讲述的一件事印证了这一问题。在他讲授到最后一次中国政治思想课程之前,一个学生塞了一封署名为 X 的信到办公室,信中指责贝淡宁不友好,是一个种族主义者,理由在于他赞扬中国思想家,诋毁新加坡少数族群在文化上的贡献。[②]贝淡宁所讲的事从一个方面反映了在多民族国家中过多地强调儒家伦理,在一些其他族群人员看来是对他们的歧视。实际上,20 世纪 90 年代公共价值观出台时,新加坡政府也清楚地认识到了,他们认识到儒家价值观是华族传统思想的重要组成部分,但不能等同于所有其他各族的价值观。在此,《共同价值观白皮书》强调,政府从未有意图通过制定共同价值观来把儒家思想强加在新加坡人身上,它也绝不允许占人口大多数的种族向少数种族

①　新加坡《联合早报》编:《李光耀四十年政论选》,现代出版社,1994 年,第 412 页。
②　参见[加拿大]贝淡宁:《超越自由民主》,李万全译,上海三联书店,2009 年,第 196 页。

施加压力。即使是华族本身,也不能把共同价值观视为儒家思想的代名词。在新的时代,共同价值观应该吸收各族文化,特别是儒家文化中的合理部分,同时也要吸收其他民族价值观中的合理成分,以使这种价值观得到更多民族的认同和接受。正是基于这样一种认识,1991 年 1 月 15 日,新加坡国会通过了政府提出的"共同价值观"。其内容包括:国家至上,社会为先;家庭为根,社会为本;社会关怀,尊重个人;协商共识,避免冲突;种族和谐,宗教宽容。

共同价值观的提出,一方面,为不同民族的文化价值认同提供了一个共同的价值准则。凭借这一准则,可以有效地推进不同族群共同身份——新加坡人的认同,这对于新加坡的国家建构无疑是重要的。另一方面,共同价值观的提出又承认了各个族群或宗教所具有的不同的价值观的地位。不可否认,这一共同价值观主要依据了儒家伦理,但它所采用的共同价值观的表述,表明了没有任何一项宗教价值,如回教,基督教、道教或佛教能成为人们认同的基础,但它们依然可以根据自己所认同的文化价值观,这些不同的价值观以丰富的、具体的事例来解释抽象的共同价值观。华人必须依靠儒家思想、道家学说和中国民间传统价值观来相辅相成。马来人和印度人也必须分别依靠马来的风俗习惯、回教,以及印度的风俗习惯和兴都教作为补充。显然,这种共同价值观通过对不同族群认同的同时,又通过共同的价值观的建立,引导族群成员超越族群局限,而走向公民认同。

五、树立法治权威:以共同规范调整公民关系

新加坡是一个多元文化的国家,法律确立了法律面前人人平等的原则,但并不意味着以同质化否定掉少数民族的地位,相反,宪法和法律确立了不同种族的平等地位以及对少数民族权利的保护。以新加坡"集选区制度"而言,这种制度在形式上违反了平等原则,少数民族在参与国家政治生活时受到特殊对待。不过这是一种积极的歧视,是对过去的歧视所造成的后果的一种补偿。宪法规定,政府有责任"照顾新加坡种族和宗教少数的利益",承认"马来人的特殊地位",保证马来人在国会中有代表。新加坡宪法也特别重视宗教信仰的保护。1969 年,新加坡设立了总统保护少数民族权利委员会,其主要职能是就国会或政府提交的任何影响新加坡的种族或宗教社区的利益的事务形成报告,并就部长的禁令进行审议和提出建议。1991 年,通过了维护宗教和谐法，创立了总统宗教和谐会议，授权部长限制那些利用宗教实现政治目的并威胁宗教和谐的人的自由。

新加坡通过宪法和法律保护少数民族的权利，实际上也是通过法律将民族关系纳入法治当中，体现了法律在国家政治生活中的重要权威，同时也从一个方面将法律作为共同规范，保障了国家的认同和公民的义务。

新加坡宪法确保法律面前人人平等原则。法院严谨地将这一原则付诸实施，不论是内阁部长、普通人民、富贵名人、贫穷市民，不论种族、肤色、语言，也不论是外国人或新加坡公民，都一律受到法院依法庭程序平等的审理，也都同样享有诉讼及辩护的权利。任何刑事被告面对法律的制裁，不能也无法用金钱买通受害人以达成庭外和解。

新加坡宪法明确规定了公民的基本自由权利，既公民的生命及人身自由非依法不得剥夺；高等法院或其法官受到某人非法拘留之指控时，应调查此指控，除非确认拘留合法，否则应谕令将拘留者移送法院并释放之；公民被逮捕时，应尽快将其被逮捕原因告知本人，准其选辩护人，并由其辩护人为其辩护，等等。宪法也规定了公民的平等保护权，言论、集会和结社的自由，宗教自由的权利等。

新加坡宪法和法律保护和承认公民的权利和自由。但这里的"自由"和西方自由主义国家宪法和法律中所保护的"自由"在含义上有着很大区别。对此，曾在英国留学多年的李光耀深有体会。他指出，在西方，随心所欲的个人权利大为扩张，已到了以破坏社会秩序为代价的地步。相反，东方社会的主要目标是拥有一个秩序良好的社会。只有在这样的社会中，公民才能更好地享受自由。因此，自由只能存在于一个有秩序的社会中，而不会出现于相互冲突和无政府的自然状态中。然而，任何社会秩序都需要一定的法律体现，秩序和法律也就构成了一对矛盾。据此，有些人认为，法律先于秩序。李光耀对此持有不同看法。在他看来，在一个稳定的社会里，只有在秩序已经确立、条规能够施行的时候，才有可能依照预先确定的法律条规，制定国民与国民之间、国民与国家之间的人际关系原则。反之，仅仅注重法律而秩序不能发挥有效的作用，则法律也将不能发挥它应有的效力。因此，为了维护社会秩序，法律不能不严厉。只有严厉的法律，大多人的利益才能得到保障，公民社会才有希望。在此，人民行动党政府就曾明确指出，法律体系必须给予大多数奉公守法的人最大的保护，给予犯罪分子严厉的法律惩罚。律政部长贾古玛教授指出,政府不会因为法律顾问倾向于维护大多数奉公守法的人而感到抱歉。因为政府不容许一小撮罪犯、流氓和少年罪犯危害大多数人。邓小平1992年在南方谈话中评价新加坡的法律状况时指出:"新加坡的社会秩序算是好的,他们管得严。我们应当借鉴他们的经验,而且比他们管得更好。"①

六、小结

公民认同与族群身份认同是当代多民族国家政治生活中一个棘手的问题。从公民认同的角度看,所需要的是公民国家主义。在这里,公民把国家作为了他的归属。公民认同具有至高无尚的地位。这也就意味着族群归属和认同从属于公民认同,甚至在某种条件下,导致以公民认同否定掉族群认同。因此,公民认同本身含有现代国家同质化的倾向。然而,众所周知,公民认同从来都不是抽象的。正如麦克尔·曼(Mann M)指出的,每个国家的统治阶级如何处理公民权利问题都与该国特定的历史条件、文化背景和政治环境密切相关。② 具体到公民认同上,其实际内容是由一个国家的统治阶级以及这一国家具有统治地位的文化状况决定的。现代国家塑造公民认同,本质上是由这一国家的主流的价值决定的,并按照这一价值进行裁减。对于那些弱小的族群来说,国家的这种同化行为实际上是对弱小民族的一种歧视。在此条件下,必将导致弱小民族在此问题上的族群意识的剧增与族群动员。对于发展中国家而言,采取强制性的同化必将带来政治上的动荡。尤其进入21世纪以来,随着全球化的发展,弱小民族在激烈的竞争中,其利益不断受到挑战和挤压,由此导致各种原教旨主义和极端主义以维护族群利益为名,向国家认同发起挑战。

对于发展中国家,现代国家建构始终是这些国家的一个重要的政治任务。而国家建构的关键就是在全社会建立起一种超越种族的国家认同。然而,新加坡没有机械地套用很多国家的经验,而是在承认和包容多元、尊重

① 转引自吕元礼:《新加坡为什么能,和谐社会是怎样构成的》(下卷),江西出版集团,江西人民出版社,2007年,第142页。

② Mann,Mruling Class Strategies and Citizenship,pp. 125 – 144 in Bulmer, M., and rees, A.（eds）*Citizenship Today*,London:UCLPress,1996. See Keith Faulks, *Political Sociology*, p. 105. Translated by Qi Chen, Chinese Version,Huaxia Publishing Hourse,2009

各个不同民族的身份与认同中，通过求同存异而实现公民的认同。新加坡的这种做法无疑开辟了一种实现公民认同的重要途径。

当代西方学者安东尼·史密斯（Anthony D. Smith）谈到现代多民族国家问题时指出，在现代世界中，任何一个国家的成功都依赖于族裔认同和公民认同的两种要素之间的平衡。"当这种共生关系趋于完美时，当公民与族裔两种成分之间不存在缝隙时，文化和公民权就会彼此相互加强，国家的作用得到充分实现。"①在此方面，新加坡在多元文化环境中，通过对族群文化的承认和彼此宽容和适应，在共性的寻求中获得了公民认同的基础。与西方多元文化主义侧重于自由主义的观点不同，这种注重从和谐族际关系中构建公民身份的尝试，无疑适合了东方现代国家发展的需要。在走向现代化过程中，新加坡正是通过这种基于和谐关系基础上的公民认同建设，为各民族共同参与新加坡的建设创造了良好的社会环境基础，从而带来了国家经济上的腾飞。

第五节　印度尼西亚的世俗主义国家认同建构

印尼是世界上伊斯兰教信徒最多的国家——约两亿，占本国总人口的88.2%、世界伊斯兰教信徒的12.9%。②然而，印尼的建国者们并没有立伊斯兰教为国教，尽管大多数建国者都是伊斯兰教信徒。那么为什么印尼没有选择伊斯兰教为国家主导意识形态？多元、异质的印尼又是怎样实现国家整合的？本书就苏加诺、苏哈托时期的印尼世俗国家整合进行相关分析。

一、世俗主义概念厘定

世俗主义（secularism）亦称现世主义或非宗教主义，是一种与神权统治或教权统治相对立的政治学说。③ 19 世纪 40 年代，英国的乔治·雅各·霍

---

① ［英］安东尼·D. 史密斯：《全球化时代的民族与民族主义》，中央编译出版社，1992 年，第118 页。

② *Mapping the Global Muslim Population: A Report of the Size and Distribution of the World's Muslim Population*, Washington, DC: the New Form on Religion and Public Life, 2009, p. 28.

③ 杨灏城：《从埃及伊斯兰教信徒兄弟会看伊斯兰原教旨主义与世俗主义的关系》，《西亚非洲》，1998 年第 5 期，第 33 ~ 40 页。

利约克(George Jacob Holyoake)首次使用了世俗主义一词,用以指代一种功利主义的社会伦理,强调科学和理性的作用,认为人应该追求今世的幸福与权利,不必隐忍等待来世补偿。基于此,霍利约克认为,国家应在宗教事务上消除偏私,容忍所有的宗教和哲学教条。① 随着历史的发展,越来越多的学者开始关注世俗主义的意识形态特征,特别是其在政治领域的影响。

政治领域中的世俗主义大致分为两种形式:一是政权还俗主义(laicism),它源于法语中的政教分离(laicit6)概念,认为宗教的观念、行为和制度已经失去了其政治意义,处于政治竞争的门槛之下。② 宗教与政治相混合被认为是非理性的和危险的。若要实现现代化,政教就必须分开;民主化的推行等同于世俗化。二是犹太－基督教的世俗主义,这种世俗主义并不主张完全将宗教排除在公共领域之外,因为它认为,宗教与世俗之间的界限不可能是十分清晰的、完全绝对的。基于此,这一派的观点认为世俗主义就是社会脱离了宗教制度和神权象征的统治。

教俗不分、二世并重的伊斯兰世界,原无世俗主义的说法,直至19世纪末20世纪初,伴随着现代民族国家的建立与西方文化的深刻影响,阿拉伯世界才逐渐出现世俗主义思潮。在伊斯兰世界中,主张政教合一、坚持以伊斯兰教经典治国的思潮被称为"伊斯兰主义";推崇西方政治模式,主张政教分开,淡化伊斯兰宗教对政治影响的思潮被视为"世俗主义"。因此,对于现代伊斯兰民族国家来说,世俗主义指的是完全接受西方文化以及西方国家制度,认为民主化即世俗化,要求宗教与政治分开,宗教不得干涉政治事务。与原始意义上的世俗主义相比,伊斯兰世界的世俗主义隐含更多政治含义和西化倾向。

印尼虽然没有像土耳其那样在宪法中明确规定政教分离,但在实际的政治生活中,印尼禁止宗教干预政治,属于事实上政教分离的世俗国家。印尼伊斯兰教信徒尽管占人口的绝对多数,但伊斯兰教并没被立为国教。印尼宪法第十一章第二款规定:国家保证每个居民有信仰各自宗教的自由以及根据宗教和信仰举行其宗教仪式的自由。此外,印尼宪法明确规定:"潘

---

① Mahmood Monshipouri, *Islamism, Secularism, and Human Rights in the Middle East*, Lynne Rienner Publishers, 1998, pp. 10 – 11.

② 刘义:《全球化、公共宗教及世俗主义》,上海人民出版社,2013年,第22页。

查希拉"（又称"建国五基"，即信仰神道、人道主义、民族主义、民主政治和社会公正）为立国基础。"潘查希拉"规定"信仰神道"，但没有具体规定必须信仰哪个神，印尼人民可以自由选择宗教信仰（共产主义、无神论除外），这一规定更加明确了印尼世俗国家的性质。独立后的印尼一直实行宗教信仰自由政策。苏加诺和苏哈托都认为，伊斯兰教如果被政治化，就可能成为政治不稳定的因素，因而严厉压制伊斯兰教的政治作用。虽然苏哈托执政后期放宽了伊斯兰教政策，加大了宗教教育力度，提高了伊斯兰教法庭的地位，允许伊斯兰女信徒戴面纱等，但是这些政策都没有超出伊斯兰教作为个人事务的范畴，并没有违背"世俗主义"原则。

二、印尼世俗国家形成的原因

伊斯兰教信徒占人口绝大多数的印尼走上世俗国家的道路，表面上看起来似乎有些不可思议。然而，当我们把目光聚焦到印尼的传统文化、彼时的国内形势以及所处的国际背景时，这种貌似偶然的世俗之路就不禁显现出其背后的必然性来。

（一）印尼政治文化因素

首先，东南亚素以多民族、多文化、多宗教著称，作为东南亚典型代表的印尼更是多种文化的大熔炉，各种文化在这里沟通、交融、升华，形成了印尼社会别样的文化特质。伊斯兰教虽是印尼信仰人数最多的宗教，但也只是众多宗教中的一元。在伊斯兰教传入印尼之前，该地区已经在原始宗教、佛教和印度教的影响之下了。因此，伊斯兰教传播到印尼后，融合了大量原始宗教和印度教思想，具有很强的包容性与浓厚的印尼地方色彩。其次，伊斯兰教传入印尼不像传入西亚地区那样依靠"圣战"，而是经过商人、通婚、学术交流等和平方式进行的。伊斯兰教传播方式的和平性与多样性决定了印尼的伊斯兰教没有那么强势与激进，"不像中东的伊斯兰教兄弟国家那样具有典型的伊斯兰特征"[①]。再次，从时间跨度上看，从伊斯兰教传入苏门答腊至印尼主要岛屿，伊斯兰化的完成历经了几个世纪。在这漫长的传教过程中，伊斯兰教与各地传统宗教文化融合程度不一，渗透强度不同，对当地影

---

① ［新西兰］尼古拉斯·塔林主编：剑桥东南亚史（第 2 卷），中译本，陈明华等译，云南人民出版社，2003 年，第 432 页。

响有深有浅。在苏门答腊北部、马来半岛等地,伊斯兰教的影响更大些,但是在内地,伊斯兰教的影响则比较有限。所以即便同是伊斯兰教信徒,其信仰程度也不一样——有虔诚伊斯兰教信徒"桑特里"(santri),亦有名义伊斯兰教信徒"阿班甘"(abangan)。"桑特里"是虔诚认真地履行伊斯兰教义务的伊斯兰教信徒;"阿班甘"对伊斯兰教教义较为冷漠,不严格遵循"五功",甚至有多重信仰。名义上伊斯兰教信徒的多数优势使印尼全国上下弥漫着温和、宽容的宗教气息。最后,作为印尼文化主体的爪哇文化主张对各种宗教的容忍与宽容,强调人的自身和谐,倡导人与人之间和睦相处,注重内心的宁静、和谐与平衡。和谐的爪哇文化连同多元的宗教部族文化、温和包容的东南亚伊斯兰文化,构成了印尼推行世俗化的文化根基。

(二)印尼政治现实因素

印尼社会的世俗化始于西方殖民者的入侵和随之而来的殖民统治。荷兰在印尼实行间接统治,其二元结构的政府使印尼人开始有机会接触西方管理体制。拿破仑战争期间,英国对爪哇进行了短时间的控制,斯坦福·莱佛士朝着经济自由主义和更直接、理性的行政体制进行了改革。① 印尼重归荷兰后,荷兰人保留了莱佛士的许多改革内容,这使印尼人对理性化的行政经验、世俗化和规范化的法律制度与自由经济政策有了更深层次的认识。殖民后期,随着世俗化教育的逐步兴起、农村和城市的不断变迁,人们对传统权威的认识逐渐模糊,宗教在印尼人生活中的地位开始衰落。

如前所述,印尼的民族成分与宗教成分相当复杂,因此印尼不可避免地存在着激烈的民族矛盾和宗教斗争:不仅有伊斯兰教信徒与基督徒的冲突,印尼土著人和华人的冲突,而且伊斯兰教信徒内部派别、不同民族也有很多冲突,如爪哇印尼人和外岛印尼人的冲突。宗教矛盾与民族矛盾的复杂交织,使印尼的国家建构异常困难。在这种状况下,只有强调和谐、宽容、平衡、融合的精神才能保证国家统一和民族团结,突出某一民族或某一宗教必然导致印尼社会的分裂。

如果说印尼温和的政治文化为世俗化提供了意识形态上的可能性,那么世俗民族主义取得领导地位则为印尼世俗化带来了现实性的保障。在印

----

① [美]加布里埃尔·A.阿尔蒙德等:《发展中地区的政治》,任晓晋译,上海人民出版社,2012年,第81页。

尼，能否建立世俗国家，在某种程度上是由当时世俗民族主义和伊斯兰民族主义两大派系的实力对比决定的。世俗民族主义和伊斯兰民族主义是印尼抗荷斗争中的两股主导力量，前者受西方民族主义和中东世俗民族主义影响比较大，后者虽然也受到西方民族主义的启蒙，但是受中东伊斯兰民族主义的影响更大一些。在反殖斗争中，二者既冲突又合作，最终世俗民族主义者取得领导地位。世俗民族主义的领导者苏加诺曾说："我们的国家是全体印尼人民的国家，如果国家以伊斯兰教为基础，一些非伊斯兰教的地区，如巴厘岛、弗洛勒斯岛、卡伊群岛和苏拉威西将退出，西伊里安也不会成为印尼国土的一部分。"①因此，世俗民族主义者不主张立伊斯兰教为国教，而是主张在印尼推行世俗化，实行政教分离和自由民主制。

（三）国际背景因素

第二次世界大战前，印尼一直是荷兰的殖民地，称荷属东印度。二战后，印尼人民要求摆脱殖民枷锁，而荷、英、美三国为了各自的利益却在印尼展开角逐。② 印尼像所有后殖民国家一样内外交困——外有强敌，各帝国势力围攻环伺；内有民族国家建构重任，族群、宗教、边界等敏感问题不断出现。如何摆脱内忧外患，走上发展之路，是摆在印尼建国者面前的严峻课题。印尼建国者们对西方国家有着矛盾的情结：一方面，西方长期的殖民统治给印尼带来了巨大创伤；另一方面，西方发达的政治经济文化又不断驱使印尼向西方学习。一边是"世俗化的西方民主国家"及其高度发达的物质文明，一边是"宗教化的东方伊斯兰国家"和其停滞、落后的经济文化，二者之间巨大的反差让印尼建国者不由自主地倾向于世俗化、贬低宗教的政权。加之周边国家及中国民族革命如火如荼地开展及俄国十月革命的巨大成功，都给印尼民族以启示和鼓舞，尤其是土耳其世俗国家的建立和凯末尔主义的成功，更是让印尼找到了模仿的榜样。"世俗主义、民族主义、民主和自由思想是这一时期整个世界的主导思想，所以印尼人民更多地接受了这类主张，更加认同民族的、世俗的印尼，而不是伊斯兰教的印尼。"③

---

① Herbert Feith. *The Decline of Constitutional Democracy in Indonesia*, Cornell University, Press. Ithaca. N. Y., 1962. p. 281.

② 黎家勇：《冷战时期的国际关系》，江西出版集团，2008 年，第 112 页。

③ 范若兰：《伊斯兰教与东南亚现代化进程》，中国社会科学出版社，2009 年，第 129 页。

三、世俗主义基础上的国家整合

"比起英国殖民统治的新加坡和马来西亚等区域,殖民者在印尼并没有遗留下一套完整制度作为国家统治的规则,没有有效的规范制度,族群政治造成国家无法整合的现象反而进一步呈现出'想象共同体'的困境。[1] 印尼的国家整合——把各地处于分散、分离、分裂的多元利益群体和社会政治力量统合进统一的政治体系,实现政治系统良性有序运转,这的确是比较棘手的难题。国家整合涉及范围极广,因篇幅有限,下文主要从政教分离角度分析阐述印尼的国家整合措施。

（一）增加认同,确立"潘查希拉"为国家意识形态

国家意识形态是由国家建构并推行的核心价值观念体系和行为规范原则,是凝聚国家各个组成部分的强有力的黏合剂。"潘查希拉"是印尼统合各民族、各宗教的有力黏合剂,其基本内容包括:①信仰神道:主张宗教平等,奉行宗教信仰自由政策;②人道主义:主张人人平等,不分民族、种族、肤色、信仰、性别及社会地位,国内及国际各民族之间应互爱、尊重、和平共处;③民族主义:所有居住在印尼的各民族应团结起来,为建立统一的印尼民族国家而奋斗;④民主政治:主张实行以代议制及协商思想为主导的民主政治;⑤社会公正:实现全印度尼西亚的社会主义,以社会正义为理想,提高人民生活水平,缩小贫富差距,创造经济上的富足平等。[2] 苏加诺把"潘查希拉"视为"独立印尼的哲学基础……可以在那上面建立起永恒的独立的印尼大厦"。[3] 苏哈托取得国家政权后,对"潘查希拉"进行了新的解释,把"潘查希拉"定位为自我约束、自我控制的个人哲学。[4] 苏哈托不仅告诉人们什么是"潘查希拉"的"唯一正确解释",而且还通过法律和行政手段强制人们按照"唯一正确解释"的精神和要求去做。通过对"潘查希拉"进行重新解释,地方政府对中央集权的严重抱怨,基督徒对过度伊斯兰化的不满,本土印尼

---

[1]　R. William Liddle, *Ethinicity, Party, and National Integration: An Indonesian Case Study*, New Haven: Yale University Press, 1970, p. 98.

[2]　[美]鲁恂·W·派伊,：《东南亚国家的政治体系论》,李伟成译,五南图书公司,1991 年。

[3]　[印尼]苏加诺:《苏加诺演讲集》,世界知识出版社,1956 年,第 7～21 页。

[4]　[印尼]苏哈托:《苏哈托自传——我的思绪、言论和行动》,居三元译,世界知识出版社,1991 年,第 330～375 页。

人对日益拉大的经济差距的牢骚，都不可能公然地表达出来。因为一旦表达出来，他们有可能会因为超越了所允许的讨论范围而遭到官方的指控。根据国家宣传，军队可以依照自己的判断力来镇压它所认为与"潘查希拉"民主相违背的个体或群体行为。① 苏哈托对"潘查希拉"的重新解释，在一定程度上促进了印尼的稳定与发展，同时也因为过度压制社会声音而为自己的下台埋下了伏笔。

(二)政党整合，培育新的精英集团

独立之初的印尼实行议会民主制，复杂的政党构成与多元利益诉求导致内阁频繁更迭，国家无法正常运转。1956 年，苏加诺中止了议会制，开始实行"有领导的民主"。"有领导的民主"体制在一定程度上削弱了印尼国内的右派势力，团结了左派共产党，增强了印尼共产党的实力。但随着形势的发展，印尼陆军和共产党逐渐形成了两股尖锐对立的力量。当苏加诺无力平衡这两股力量的时候，一场空前的危机不可避免地到来了。

"930"事件后，苏哈托在残酷镇压印尼共产党的同时，采取以发展经济为重点的一系列措施转移社会注意力，整合力量，弥合分歧，逐步稳定了局势，开始了"新秩序时期"。为了缓和旧秩序时期意识形态间的尖锐对立，苏哈托取缔了印尼共产党，并促使伊斯兰教非政治化，严格控制其对政治的影响。1973 年，苏哈托政府推行"简化政党"政策，将印尼伊斯兰教师联合会、印尼伊斯兰教信徒党等伊斯兰政党合并为建设团结党，并利用其中派系之争削弱了伊斯兰组织的政治势力。同时，苏哈托将印尼民族党、印尼基督教党等民族主义政党合并为印尼民主党。② 这次合并的主要目的是限制政治党派的动员能力，进一步牵制并控制政党实力的扩大。苏哈托通过精简政党运动，使由军人和职业团体组织构成的专业集团党成为印尼第一大党。通过专业集团党和军队两大支柱，苏哈托牢牢控制了印尼的政治、经济大权。稳定的党、政、军联盟增强了印尼政府的能力，为印尼国家整合提供了坚实的基础。

(三)加强中央集权，控制地方分离势力

印尼的地方分离主义运动既有地方利益背景，也有深厚的思想渊源，特

---

① ［英］米歇尔·E·布朗：《亚太地区政府政策和民族关系》，张红梅译，东方出版社，第 290 页。
② 房宁等：《东亚政治发展研究报告》，社会科学文献出版社，2011 年，第 185 页。

别是与印尼两大思潮密切相关:一是伊斯兰建国思潮。一些保守的伊斯兰极端主义分子试图在印尼实行严格的伊斯兰教法,建立伊斯兰国家。二是联邦制建国思潮。1950年印尼政府赶走荷兰殖民者后,宣布废除联邦制,实行单一制国家结构形式。改联邦制为单一制,在一定程度上强化了印尼的中央政权,也因此引起了一些地方势力的不满。

面对各地政府的分离运动,除了暴力镇压外,印尼政府采取了一系列措施加强对各省的控制和管理。在军事方面,印尼中央政府通过军队异地调动和更换指挥官等措施进行军队重组,逐渐实现军队的统一化和非地方化。① 在行政机构改革方面,印尼政府通过军队的"双重职能"(军队不仅是军事力量,也是重要的政治社会力量)实现了对印尼各级政府的全方位控制,军人合法地出现在政党和国家机构当中,专业集团的核心成员便是以军人为主。该集团对应各级政府组织有一整套组织机构,处于最上层的是监督委员会,由军人和部分文官组成;在省、县设有执行委员会和评估委员会,委员会由驻军指挥官控制。② 此外,政府公务员只允许加入专业集团而不能成为其他政党党员。这样,印尼政府通过控制军队和专业集团,进而达到了控制各级政府的目的。在经济方面,印尼中央政府取消了地方特权,将外岛地区的贸易税收权归为国有,进行统一分配管理。③ 印尼政府通过上述措施改变了建国初期印尼各地分散、分离、各自为政的地方局面和政治态势,建立了强大的中央集权政府,把印尼各地方紧密地联合在了国家共同体内。

客观地说,苏加诺、苏哈托时期的世俗国家整合在一定程度上取得了巨大的成功。"潘查希拉"的确立统合了各宗教、各民族的力量,缓解了可能因宗教矛盾而导致的分裂与纷争;市场经济政策统一了海岛印尼地理分散、彼此隔离的国家大市场,极大地促进了经济的发展;印尼语的推行与世俗化教育的普及极大地增强了印尼人的国家认同感。尽管苏哈托政权在经济危机的风暴中倒塌了,但是几十年的国家整合成果为印尼的民主化转型期及后续的制度整合注入了强劲的动力并奠定了一定的精神和物质基础。

---

① Hasan Saleh, *Mengapa Aceh Bergolak*, Jakasta: Pustaka Utama Grafiti, 1992, p. 136.
② 唐慧等:《印度尼西亚概论》,世界图书出版公司,2012年,第294~295页。
③ 张洁:《民族分离与国家认同》,社会科学文献出版社,2012年,第77页。

四、印尼国家认同建构的启示

综观苏加诺、苏哈托时期印尼国家整合的全过程,有连续多年的经济高速增长,亦有愈拉愈大的贫富差距鸿沟;有民族融合的甜蜜时期,亦有流血不断的民族冲突;有短命的自由民主时期,亦有长期的威权统治……宗教与世俗、民主与专制、分化与聚合、集权与自治,各种矛盾在这里碰撞、升华,谱写了印尼国家建构的宏大史书。掩卷长思,印尼国家整合带给后发多民族国家很多思考与启示。

(一)国家意识形态的选择

国家意识形态是一种为社会成员思想和行为定向的"价值体系",它具有建构价值认同、论证政治合法性、约束社会成员行为、维护社会秩序等重要功能。① 因此,选择何种国家意识形态对一个国家,尤其是新生国家起着至关重要的作用。印尼的国家意识形态——"潘查希拉"给了我们一个很好的指引。"潘查希拉"的五项原则是"信仰神道""人道主义""民族主义""民主政治"和"社会公正",体现了国家意识形态必须具有独立性或中立性的要求。在一定意义上说,"民主""公正""人道""法治"等原则都是所有公民同等需要的,国家只有依靠这些普遍性的口号与原则才能凝聚国民的忠诚,才能代表不同民族、不同阶级、不同文化的人民。"潘查希拉"很巧妙地做到了这一点,正如格尔茨所说:"潘查希拉"利用传统的印度尼西亚的调和理论,其目的是要把印尼内部的伊斯兰教与基督教、绅士与农民、民族主义与共产主义、商业与农业、爪哇人与印尼外岛集团的政治利益包容起来,"在这个模式中,不同的趋势强调原则的不同方面,这就必须在行政与政党斗争的每一个层面找到暂时妥协……对五项原则的崇拜的确在一段时间内提供了一个灵活的意识形态背景。②

(二)政府政策与民族关系

分析民族矛盾、民族问题的时候,多数学者倾向于从历史记忆、经济发展、群体间仇恨、现代化发展等因素中找原因③,很少有学者从政府政策的角

---

① 张文彦、魏建国:《国家意识形态认同探析》,《理论月刊》,2010 年第 12 期。

② [美]克利福德·格尔茨:《文化的解释》,韩莉译,译林出版社,1999 年,第 269 页。

③ Michael E. Brown, *The International Dimensions of Internal Conflict*, Cambridge, Mass.: MIT Press, 1996, pp. 12 – 26.

度分析问题。其实,政府政策在解决多民族国家的民族问题时起着至关重要的作用,政府政策可以推动国家走向暴力冲突或者稳定之路。而在民族问题能否得到公正的处理方面,政府政策起着决定性的作用。具体而言,国家的总体政策和具体政策对民族关系都有很大的影响。总体政策包括国家基本结构和宏观经济政策①,前者如联邦制和单一制的建制之争,印尼在建国初期,就因为改联邦制为集权的单一制引发了民族地区的不满和骚乱;后者如财政、税收政策导致的爪哇和外岛资源分配不公更是持续地引爆了地方叛乱,亚齐就是典型的例子。具体政策包括旨在改变某一群体命运的公民政策、公民权利、宗教政策等,如苏哈托政府对印尼华人实行的"民族同化"政策,强行剥夺其平等的公民权,使印尼华人沦为二等公民。政治上的弱势地位和经济上的强者身份,使伊斯兰教信徒对华人态度越发排斥和歧视。可以说,正是苏哈托的强制同化政策加剧了民族矛盾和宗教冲突,最终引发了震惊世界的"印尼五月骚乱"。当然,政府政策并不是决定民族关系的所有因素,但是其重要性在现实政治中确实被严重低估,不同的政策可能导致截然不同的民族关系,这一点值得我们深思。

(三)威权主义在国家整合中的作用

从 1968 年正式就任总统到 1998 年被迫下台,苏哈托在位的 30 年间,印尼政治稳定,经济快速发展,国家地位稳步提高。这一切成果的取得与新秩序时期的威权统治密不可分。一些学者不赞成威权统治能促进经济发展的论断。事实上,也并不是所有威权国家都能促进经济的快速发展。但是在某些国家和地区,比如说韩国、新加坡、智利等国,其经济高速发展确实发生在威权主义时期。应该说,在某些特殊情形下,高度集权确实有可能加快国家整合、促进国家发展。比如,当一个国家在经过长期的分裂之后,或在发展的目标上存在严重冲突时,又或者精英集团对社会的终极目标缺乏统一认识时,专断的决策对国家发展很有可能是有利的。② 在多民族的后发国家,过早实行西方的民主制,可能会带来政局动荡。如在印尼苏加诺的议会民主制时期,在社会矛盾尖锐频发的背景下,为了防止内战而导致国家分裂,脆弱的新生政权需要一个强大的力量来保护,以免被内部的政治冲突所

---

① [英]米歇尔·E.布朗:《亚太地区政府政策和民族关系》,张红梅译,东方出版社,第290页。
② [美]鲁恂·W.派伊:《政治发展面面观》,任晓译,天津人民出版社,2009年,第90页。

颠覆。威权主义在一定的历史时期内,尤其是在国家建构的前期是非常有利于国家整合的。但是这种强制整合不会持续太久,因为多数威权统治的合法性来源于经济发展,一旦经济发展停滞,绩效合法性消失,威权统治就会岌岌可危,国家就会处于动荡混乱之中。所以,威权主义对于国家整合是把双刃剑,如想趋利避害,必须把握好政治转型的时机,克服路径依赖和既得利益的干扰。

第三章　多民族国家的民主建构与政治整合

当代学界持一种观点,认为现代国家是民族国家,也是民主国家。从逻辑上讲,民族国家之"民"被认为是"公民",因而民族国家同时也是"民主"国家。而从实践上看,现代民族国家已经不是单一民族国家,而是由多民族构成的"民族国家"。在一个由多民族组成的多民族国家,多民族的"民族国家"与民主之间是否存在着直接的因果关系?进而言之,民主能否实现和推进多民族国家的政治整合?也就成了当代多民族国家政治整合的内容。

第一节　多民族国家与民主关系的复杂性

市场经济的发展,全球化对多民族国家的渗透,民主化浪潮对多民族国家的影响,多民族国家应该采取怎样的一种价值与制度选择,构成了诸多多民族国家所面临的问题。在此,不少多民族国家在民主化浪潮影响下曾经选择了族际政治民主化道路。什么是族际政治民主化? 中国学者王建娥曾经对此做过一个描述说明,即"在族际关系中贯彻民主平等原则,用政治手段消除民族歧视和不平等,杜绝任何强迫少数民族遵从主流民族认同和习俗的行为,通过制度设计和建构,保证各民族对国家权力的共享。所有这些,构成了族际政治民主化的基本内涵"[①]。作者也进一步解释了族际政治民主的含义,认为族际政治民主是"国家政治民主的一部分,是在多民族国家内族裔和文化多样性存在的特定环境中产生的一种特殊形式的民主政治,是多民族国家为实现各民族之间和睦相处,进而维护国家统一和社会和谐做出的一种制度安排。族际政治民主的重要特征,是在承认构成多民族

---

① 王建娥:《族际政治民主化:多民族国家建设和谐社会的重要课题》,郝时远:《解读民族问题的理论思考》(下),社会科学文献出版社,2009 年,第 243～244 页。

国家的所有民族都是国家权力主体、拥有平等政治权利的前提下，针对多民族存在的情况进行的、特殊的政治设计，制定一套符合多民族社会特殊要求的法律、制度和政治程序"①。现在族际政治民主化已成为多民族国家化解族际矛盾的制度选择。

与上述观点不同的是，有的学者对多民族国家推进民主提出了怀疑。林茨指出："在由多民族、多种语言、多种宗教和多元文化社会组成的国家之中，人口越多，政治就越复杂，这是因为就民主问题达成一致意见将越困难。"②同时也不乏有人提出否定的观点，认为多民族国家如果推进民主，容易导致国家的分裂。也就是在多民族国家中，民主和多民族之间的关系往往存在着一定的张力，甚至多民族国家不易建立竞争性民主。如马德普教授和柴宝勇博士合写的论文《多民族国家与民主的张力》则含有这种观点。不过在这篇论文中，作者主要集中在对国家层面的民主分析上，基本没有涉及族际政治民主问题。而加拿大学者贝淡宁提出："不那么民主的国家中的政治精英可能会出现比较容易抵制当代人要求制定损害处于弱势的少数群体的利益的政策的压力。"③另一些学者结合中欧国家的经历，认为："在民族矛盾较为尖锐的中东欧国家，民族冲突与民主的转轨相互纠缠、难解难分。民族冲突引发了民主转轨，却不利于转轨的推进；民主转轨激化了民族冲突，却有利于创建少数民族政党通过选举进入议会，进而参加政府的体制环境，缓解民族冲突。而动荡乃至战争更多地起于民族冲突，而非民主转轨。"④

上述学者对民主与族际政治整合、族际政治民主与国家的政治民主关系各抒己见，都从不同方面揭示了国家宏观层面的民主与族际政治民主中所含有的矛盾。本书试图从复杂性角度对多民族国家与民主问题作一探讨。

---

① 王建娥：《族际政治民主化：多民族国家建设和谐社会的重要课题》，郝时远：《解读民族问题的理论思考》（下），社会科学文献出版社，2009年，第244页。
② ［美］胡安·林茨等：《民主转型与巩固的问题：南欧、南美和后共产主义欧洲》，孙龙等译，浙江人民出版社，2008年，第30页。
③ ［加拿大］贝淡宁：《超越自由民主》，李万全译，上海三联书店，2009年，第185页。
④ 高歌：《中东欧国家的民族冲突、民主转轨与政治稳定》，见《第七届中俄社会发展比较论坛：多民族国家民主政治建设过程中的政治稳定问题学术研讨会论文汇编》，2009年10月23—26日，第205页。

一、族际政治民主与国家的政治民主之间相悖

族际政治民主是国家政治民主的一部分。但从历史事实看,国家的政治民主与族际政治的趋向是相矛盾的。也就是国家在政治上的是民主的,而对不同的差异文化采取了文化同化方式。这种状况出现于近代民族国家的历史发展进程中。近代民族国家发端于西欧中世纪后期,兴盛于18—19世纪,此后逐渐扩展到全球。近代民族国家产生缘于市场经济的推动。由于这一巨大的经济力量作用,西欧国家实现了从封闭的农业社会向工业社会的转变,同时也推动了原来由分散的、互不联系的且以族群为基础的地方性社会向政治一体化的转变,它的直接结果就是一个高于国内各种不同组织,其中也包括各个不同族群的政治共同体,即民族(nation)或民族国家的产生。

民族国家的本质特征就是主权的建立。主权的存在意味着一个国家拥有的独立自主处理其内外事务的最高权力。对内,它具有政治统治权力,即通过立法、行政、司法、军事、经济、文化等手段来保障和实现国家的一体性。对外,是指国家的独立自主性和领土的完整性,并以军事、法律、外交、经济等方式加以保障和实现。显然,民族国家首先是一个高于国内各个组织,其中也包括高于族群之上的主权组织,其统治权力可以渗透到国内的各个方面。国内的不同族群自然要受其管辖,不同族群组织自身的规则和习惯最终要合于国家最高主权的要求。

民族国家的发展经历了从王权国家向公民国家或"人民"国家转化的过程。因为,民族国家的民族是公民的结合体,因而人民是国家的主人。这种"人民"的国家体现在个人经过"契约"而形成"人民意志"或"公共意志"。这种"公共意志"作为一般性的意志超越了任何"差异"群体的意志。在此,任何"差异文化"最后都要服从于这种共同的意志;这种理论上的预设决定了现代国家以一种"一致性"帝国①面目凌驾于多元文化之上,而任何族群的多元文化最后都削足适履地适应于一种预设的规则下。从现代法治的角度看,现代民族国家的公民性决定了公民身份的普遍性。也就是公民不问出身、财产、教育、种族等差别,在法律上都享有平等的权利。近代民族国家的

---

① [加拿大]詹姆斯·塔利:《陌生的多样性》,黄俊龙译,上海世纪出版集团,2005年,第59页。

这一政治解放过程是历史的巨大进步，但它将不同差异文化与群体都置于一个预设的条件下。从民主政治运行的机制上说，民主政治是多数人的统治。多数人意见的表达需要共同的语言才能得到理解，多数人的意志具有至高无上的权威，而在多数人统治的前提下，少数人群体，特别是有不同文化背景的族群只能接受多数族群的意志和要求。民族国家的上述理论和实践也产生了 19 世纪密尔提出的民主和多民族状况非兼容定律。①

在这种定律下，同质性的多数人实行统治，而少数族群成了"被同化""被征服"，甚至是"被屠杀"的对象。在此，北美大陆上的加拿大和美国在国家政治生活中采取了民主政治的形式，诸如建立宪法，保护人权和公民权，权力分立，民主选举，等等。然而同时在族际政治上则通过"盎格鲁－撒克逊遵从""熔炉"政策等使那些弱小的族群融合进主流民族的民主政治之中。而另一方面，那些弱小的印第安族群却惨遭驱赶、杀戮。

民主与对待少数族群的强制同化模式的存在根本在于处于民主政治一方的"人民"或大多数人在经济上和政治上都占有优势地位，并以征服者身份出现在弱小民族面前的巨人。在这种条件下，民主政治不过成了这些优势的民族对待其他弱小族群的工具。对优势民族自己的民主和对弱小族群的强制构成了这种模式的基础。二战以后，随着民族独立和联合国人权保障法的建立，这种以多数的民主同化少数族群、以民主的"暴政"对待少数族群的行径受到各方面的抵制和批判。但民主与多民族国家如何兼容依然作为问题存在于中外学术界中。

二、多数人民主与对少数民族的强制

与第一个问题联系，引申出第二个方面问题，即民主政治转变为对另一个民族的政治暴力，试图通过一个民族的集体力量对竞争中的对手采取暴力强制，以获得政治整合。现代民主政治的运行不少是在多元分化的社会中进行的。在多个少数民族并存的社会中，不同民族之间或以人口众多占有优势，或以控制财富占有优势，或以拥有丰富资源占有优势，不同力量之

---

① 密尔指出："在一个由不同的民族构成的国家，自由制度简直是不可能的。在一个缺乏共同感情，特别是语言不同的人民中，不可能存在实行代议制政府所必要的统一的舆论。"［英］约翰·S. 密尔：《代议制政府》，汪暄译，商务印书馆，2007 年，第 222 页。

间各以力抵力。在社会分化不断撕裂着社会的条件下,民主中的多数原则也就成了某个民族获得政治上优势的工具。在民主选举中,相互竞争的民族或族群为了获得多数选票,以民族主义为动员旗帜,竭尽全力许诺本族群成员,并在获得胜利后兑现许诺。而这种政治行为本身在凝聚和团结了本民族成员的同时也造成了对对手的伤害和剥夺。因此,民主选举的胜利并没有巩固政治整合,而是造成了国内民族矛盾的升级。

民主应该是民族或族群彼此之间的妥协和协商机制,从理论上说,有了这一机制,有助于国内不同民族或族群之间通过对话协商,解决问题,实现不同民族的共存。然而,在民族主义笼罩下的民主政治却成了一个民族或族群采用暴力手段压迫和剥夺另一个民族或族群的手段。在此方面表现形式复杂多样,大致分来有这样几种:一是民主选举中获得胜利的民族或族群为了缓和本民族内部出现的财富不均状况或是为了增进本民族的财富基础,不惜对控制财富的少数族群实施政治暴力。华裔学者蔡爱眉指出,在非西方世界中,"市场和民主的全球扩展是集体仇恨和种族暴乱的一个首要的、使之恶化的原因。在世界上存在着主导市场的少数族群的许多社会里,市场和民主并非相得益彰。由于市场和民主在这样的社会施惠于不同的族群,对自由市场民主的追求便造成了极不稳定的、极易摩擦起火的状态"[1]。二是运用政治上权威给自己的民族或族群以政治特权,试图通过控制政权为本民族利益服务,换得本民族的认同而对少数族群加大排斥和打压。如20世纪马来西亚、印度尼西亚等国家曾对华人进行公开的歧视,引起民族或族群间的暴力冲突。三是利用民主政治获胜之机树立本民族的宗教和文化的权威,试图通过本民族的文化霸权凝聚本民族,增强本民族的认同,同时,对竞争对手采取文化压制。如斯里兰卡1956年大选时,班达拉奈克为了赢得占人口多数的僧伽罗民族的支持,他提出了"只要僧伽罗"的口号。在民主的"多数原则"支持下,班达拉奈克果然在选举中大获全胜。其后,斯里兰卡政府立即通过了"只要僧伽罗"的相关法案以兑现承诺。这个法案伤害了国内另一个主要民族泰米尔人的民族感情,同时也煽动起了僧伽罗人的民族主义烈火,成为新的民族冲突的导火索。

---

[1] [美]蔡爱眉:《起火的世界》,刘怀昭译,中国大百科全书出版社,2005年,第11页。

三、先有国家的政治民主后有族际政治民主

这种状况主要发生在西方采取多元文化主义政策的国家。近代国家的民主政治的建设是一个长期缓慢的过程，其间经历了反复和曲折。经历这一过程后，西方发达国家建立了完备的民主政治制度。由于这一制度的作用，西方国家的主体民族在民主政治的基础上获得了高度的政治认同。同时由于这种民主制度的软实力作用，也逐渐影响了这些国家内部的异质民族，使这些民族在自己的文化中不同程度地认同了这些民主国家的宪法和基本政治行为，从而在基本线上达成了某种共识。如在当今采取多元文化主义政策的加拿大、澳大利亚、新西兰、荷兰、英国等国家都是具有上百年国家政治民主建设的历史。凭借牢固的民主政治基础，这些国家通过多元文化主义政策建立了族际政治民主。即使不同族群之间发生族群冲突，由于国家层面的民主政治传统和文化影响，不同族群之间的矛盾也能够在民主的制度中得到解决。以加拿大为例，这一国家经过了上百年的不流血的革命，不仅从英国的统治下获得了主权，而且也建立了较为完善的民主制度。正是在这一历史过程中，当该国面临魁北克分离主义运动挑战时，对分离主义运动不是通过强制性镇压，而是通过族际民主的方式化解了危机。20 世纪 60 年代，加拿大的这一地区通过了一个被称之为"宁静革命"的社会改革运动，成功地提高了法裔魁北克人的身份和地位，法裔民族主义意识进一步高涨并进而提出获得更大的国家权力的要求。这就使得加拿大国家面临着魁北克民族主义者制造独立的政治危机。面对法裔魁北克人不断高涨的民族认同和独立意识，加拿大政府一方面通过多元文化主义政策来维护加拿大各个族群的团结，另一方面联邦政府也加强了对魁北克的经济、政治和文化上的全面支持。这不仅使越来越多的魁北克人认识到留在联邦内部的诸多利益，同时也加强了外来移民和其他族群对联邦的认同感。正如 2007 年，加拿大联邦政府总结道，加拿大多元文化主义致力于种族和族群的和谐以及跨文化的相互理解，反对隔离、仇恨、歧视和暴力。[①] 因此，对魁北克问题的协调方式不仅体现了加拿大政府对国家宪法的尊重以及对多元化族群意

---

① 《加拿大是如何化解魁北克问题危机的》，http://www.oxbridgeedu.org/detail/canada/32889.shtml，2009-11-30。

愿的平等认同,而且也体现了宪政民主的价值。正是在宪政民主的制度基础上,在社会成员都获得了对自己的公民身份认同的文化与制度氛围中,多元文化主义政策才能发挥应有的作用。

四、结盟民主与族际政治民主和谐共存

民主原始意义上的解释是人民的统治。但从近代历史发展状况看,人民是具体的,当作为个体的集合时,这里的个体是公民。也就是人民是具有一定数量且享有公民权利的人的集合。因此,这种民主政治本质上是公民政治;从群体的角度看,人民从来又是分为不同集团的,其中包括一定族群、一定的语言或宗教群体的存在。这些具有不同背景的族群或群体相互制约、相互补充时,他们之间则可能在政治上相互妥协或承认,从而联合起来。如斯堪的纳维亚半岛的国家和低地国家。在这些国家中,同质的文化并没有形成,社会的多元不仅仅包括组织的多元,同时,还有文化的多元。这些问题一直影响着这些国家的政治生活。与英美模式和大陆模式比较,像荷兰、瑞士这些国家,在文化上具有很强的多元特点,"社会按照宗教、意识形态、语言、文化、民族或种族划分,且界限清晰,形成了拥有各自的政党、利益集团和传播媒介的、实际上彼此分离的亚社会,这使多数民主模式缺少了必需的弹性"①。也正是在这种状况下,这些国家产生了联盟民主。其具体特征是:①在广泛的联合内阁中分享行政权,②行政权力与立法权平衡,③多党制,④比例代表制,⑤利益集团的合作主义,⑥联邦制、地方分权的政府,⑦强势的两院制,⑧刚性宪法,⑨司法审查,⑩独立的中央银行。②

结盟民主在瑞士等西欧或北欧一些国家中取得了一定的实效。如瑞士就是这方面的代表。在这一国家中,不仅存在四种语言,而且存在两大宗教:新教和天主教,在历史上经常发生暴力冲突。然而,1959 年,瑞士创立了比例代表制,即"代表不同的亚文化的 4 个主要政党的代表通常被吸纳进行政机关——联邦委员会或是联邦参议院"③。通过比例代表制,瑞士没有像巴尔干半岛那样陷入剧烈冲突,而是在这种制度基础上形成了实用主义、共

---

① Arend Lijphart, *Patterns of Democracy*, *Government Forms and Performance in Thirty-Six Countries*, New Haven: Yale University Press, 1999, p. 32.

② Ibid., pp. 33 – 41.

③ Ibid., p. 106.

同意识和民族友谊文化，瑞士成了一个稳定的、团结的多民族国家。瑞士的例子显示，结盟民主之所以在这样的国家中获得成功，一是国家内部的民主已经相当完善，二是国家层面的政治民主、族际政治民主已经和谐地结合在一起，三是发达工业社会状况为这两种民主的运行提供了物质基础，四是民主的政治文化已经深入人心。

五、建立在多元文化对立基础上的结盟民主

在发展中国家中，联盟民主也得到了一定的运用。但这些国家由于人口众多，资源紧张，种族繁多，文化多元，利益分化，贫富对立，内部是一个多极的社会。在这种社会中，各种力量相互较量，其中一些具有优势的集团或民族势均力敌。在这种条件下，对立的双方或多方为了共存和发展，只能彼此做出某些妥协。但这种国家在宏观政治层面的政治民主与族际政治层面的民主并没有有机结合起来，甚至国家层面的政治民主之下是彼此对立，甚至是相互芥蒂很深的种族或民族。西方学者丹尼斯·奥斯丁（Dennis Austin）指出：不少多元文化国家面临社会撕裂的危险。"他们的民主政治带有着暴力的创伤，如印度、墨西哥、尼日利亚、黎巴嫩。其他的一些国家也刚刚从长期的冲突中产生出来。"[①]以印度为例，印度是亚洲最大的发展中国家之一，而且也是一个典型的多种族、多民族、多宗教、多语言、多政党的民主国家。西方学者利弗哈特曾把印度视为采取了"结盟民主"的国家。在这一国家中，印度继承了英国的政治遗产，建立了议会民主制。在这一框架内，国内一些有影响的民族或种族通过他们各自的政党或代表进入政治舞台进行对话，如查兰·辛格谈到国大党在议会中的代表时指出，他是中等种姓的代表。他的党是中等种姓的党。"被选进联邦和邦议会的各派议员中也确实不乏种姓代表，使种姓组织的影响扩展到议会内。"[②]在一定时期内对缓和印度多元化，包括种族或民族的矛盾起到了一定的作用。但毕竟印度的民主面临着社会内部多元性、分裂性和传统性的挑战。在种族问题上，种族分离主义困扰着印度。20世纪60年代中期，印度东北部地区的那加人和米佐人

---

① Michael O'Neill and Dennis Austin, edtied, *Democracy and Cultural Diersity*, Oxford University Press, 2000, p. 5.

② 林承节：《独立后的印度史》，北京大学出版社，2000年，第502页。

先后掀起了反叛浪潮;70年代末,该地区的特里普里人和阿萨姆人又爆发了种族暴乱;80年代初期,西北部地区旁遮普邦锡克人的暴力冲突愈演愈烈;目前,印控克什米尔地区和印度东北部地区,一些种族或部落分离主义的武装斗争仍在继续。在教派冲突方面,印度是多宗教的国家,几乎存在着世界上所有的宗教。"在过去的几十年中,印度教徒与伊斯兰教徒、锡克教徒、佛教徒和基督教徒之间都发生过规模不同的暴力冲突,但最为严重的是印度教徒与伊斯兰教信徒之间的冲突。"①此外,在种姓以及社会内部,各种暴力冲突同样延绵不断。这些说明,在印度这样一个高度多元文化的国家,社会内部的断裂与政治上的民主结合在一起。2009年,我在澳大利亚参加国际会议时,碰到一个印度学者,他向我介绍说,在印度这样一个多元文化国家,靠中央集权来整合社会难以奏效,相反,民主政治,特别是像利夫哈特提出的结盟民主在整合社会方面倒发挥了不小的作用。

六、威权—民主与同化

民主有不同的形式,走向也存在着不同。在当今世界上不少国家仿效西方国家建立了自由主义的民主形式。前面涉及的民主多为西方式民主。这种民主主要以竞选为核心,因而可以说是一种竞争性的民主或多元民主。除此之外,还存在威权—民主政治。在这种形式的民主中,一方面,仿效西方国家,在政治生活中建立了议会、选举、多党等民主形式;另一方面,某一个政党或政党领袖、政府首脑、军队统帅,也就是政治生活中的实权人物控制着政治安排并对议会、政党或选举构成了重要影响。即将政治生活中的民主完全置于实权人物的控制和影响下,民主成了政治实权人物的工具。借用这些民主的形式,这些实权人物一方面寻求其合法性支持,以扩大自己的统治基础;另一方面由于有强大的政治优势,其中特别是某个政党的优势和行政权力优势的结合。澳大利亚学者约翰·芬斯顿指出:"大多数东南亚国家拥有强大的行政体制。在马来西亚、新加坡,以及共产党国家越南和老挝,政府、执政党和行政部门很少发生冲突。"②又讲:"在东南亚,行政机构权

---

① 孙士海等:《列国志:印度》,社会科学文献出版社,2003年,第143页。
② [澳大利亚]约翰·芬斯顿:《东南亚政府与政治》,张锡镇译,北京大学出版社,2007年,第372页。

力强大,而立法机构,即议会,则权力弱小。在缅甸和文莱不存在立法机构。在其他国家,立法机构几乎不能履行它们应有的职能,诸如通过法律、控制预算,以及对行政的监督等。"①

威权民主下,由于以行政权或政党权威控制了国家的实权,从而使这些国家有了有效推动经济的力量,同时也使这些国家为了实现经济上的发展和国内的政治稳定所要的政治整合资源。由于这些国家都是在二战后反对殖民主义统治中独立出来的。在争取民族解放的斗争中,不同的民族联合起来一致对外;而国家独立后,联合的力量内部产生了不同的利益集团,不同民族的矛盾上升为国内的主要矛盾,对新生的政权以及政治稳定构成了重要影响。在国内种族或民族矛盾影响下,就是处于统治或强大影响力的民族内部也产生了裂痕和矛盾。在这种条件下,那些控制政权的民族往往运用民主的形式加强自身的团结,同时对那些弱势的,或具有竞争力的民族展开强制性同化,甚至种族清洗。在印度尼西亚,从苏加诺开始,就致力于共同的文化建立。在独立之初,他在《潘查希拉的诞生》的演说中,对一种以共同的民族文化的民族主义作了淋漓尽致的阐释,提出要把印度尼西亚民族主义作为国家的首要原则。② 此后的苏哈托更强调了印尼文化的统一性。在这种对统一文化的追求中,两代政治领袖在对自身内部存在的多元文化问题上更强调了"同化论"。这里伴随着两种手法的运用:一种是排华手段。在独立后印度尼西亚的历史上,华人几度受到排斥和打压。另一方面,印度尼西亚的领导人又通过铁的手腕压制"多数群体的文化表现"。印度尼西亚有 1.8 亿伊斯兰信徒,比任何其他国家都多。但苏哈托总统在位的 34 年(1965—1998)间,建立了"建国五原则"这一适中的意识形态,运用政治权力成功压制了伊斯兰在政治方面的表现,控制住了国家的种族与宗教冲突,创造了政治稳定与经济发展的大好局面。

七、威权民主与族际民主

威权民主对后发国家的国家建构发挥了重要作用,毕竟经过威权在国

---

① [澳大利亚]约翰·芬斯顿:《东南亚政府与政治》,张锡镇译,北京大学出版社,2007 年,第 373 页。

② Clive J. Christle, *Southeast Asia in the Twentieth Century*, L. B. Tauris Publishers, London&New York,1988. p.135.

家中的积极作用的发挥,这些国家在经济上取得了骄人的成就,政治上保证了政治稳定和基本的民主秩序的建立,文化上确立了一定的共同价值。进入 20 世纪 90 年代以后,这些国家的威权政治中的民主成分不断扩大,立法权力、政党政治得到相当的发展,但行政权力的绝对性受到了一定的限制。不过与西方国家相比,这些国家依然坚持了社会和国家的优先地位,确立了政府或政治领导人在国家中的权威地位。依托权威的地位和社会与国家的优先地位,这些国家在民族关系上承认了多元文化存在的合法性,在法律上对不同的民族文化权利予以保护,在政治上建立了比例代表制,少数族群在政治上有了对话平台并在国家的政府部门中有了平等的担任公职的机会。在文化上,推进了民族和谐与平等计划。不过有一点值得注意,这些国家的族际政治民主往往是在政治领袖通过平衡的手法对多数民族或族群给予了一定的压制,从而获得了国家的政治稳定的情况下实现的。在新加坡,一方面这一城市国家建立了"托管式民主"。所谓的托管式民主,正如新加坡前总理吴作栋解释的:"政府像人民的信托人,一旦在选举中受委托以负责看管人民的长期福利时,它就以独立的判断力来决定人民的长远利益,并以此作为它的政治行动的根据。实际上,新加坡政府的政策从来就不是由民意调查或人民投票来决定的。因此在执行正确的长期政策时,有时难免会产生'良药苦口'的反应。但是,正因为新加坡采取了这种'托管式民主'模式,它才能成功地推行一些虽不讨好但有利于经济发展的政策。"①同时正是通过这种民主,新加坡建立了人民行动党的领导地位以及政治领袖的统治地位。凭借这种地位和这种"不那么民主"有效地压制了多数人的愿望和要求,维护了国家的稳定和族际和谐。另一方面,新加坡推进了族群和谐政策。其中一个重要体现就是,"如果领导人认为多数群体的文化与国家的目标相冲突的话,他们并不那么受到多数群体文化的制约(与民主国家相比)"②。新加坡是多族群、多文化、多宗教、多语言的国家,同时它又是华人多的国家,华人的地位和文化很容易使政权将儒家文化作为国家的基本价值,也容易将汉语作为官方语言。然而新加坡领导人并没有偏向于华人一方,而是采取了

---

① ［新加坡］《联合早报》,1995 年 9 月 18 日,转引自李文主编:《东亚:宪政与民主》,中国社会科学出版社,2005 年,第 115 页。

② ［加拿大］贝淡宁:《超越自由民主》,李万全译,上海三联书店,2009 年,第 175 页。

一条中间道路。新加坡领导人清醒地认识到，新加坡自然资源缺乏，生存环境受外来因素影响很大，尽管新加坡华人在数量上占优势，但放在与两大邻邦的环境中考察，依然属于弱势族群。新加坡如果采取过激行为对待国内第二大民族马来西亚族群，不仅带来的是两个国家之间的冲突，而且也将导致印度尼西亚穆斯林的不满。自然资源的缺乏和邻邦战略地理位置的影响，决定了新加坡在对待国内民族问题上不能采取像邻邦那样的过激方式，而只能走一条中间道路。早在新加坡还是马来西亚的一个州时，李光耀就把各民族的平等作为新马联盟的一个重要原则。1954 年，人民行动党举行成立大会时，李光耀在宣布党纲时就把"培养民族团结、自重、自给自足的精神"作为其中的重要内容。① 临近 21 世纪，李光耀在回忆建国之初的困难时，更加明确地阐述了民族和谐的重要地位。他指出："…… 我们的人民……虽然分成几个族群，但是，我相信只要政策公平、不偏不倚，尤其是事业和其他苦难由大家平等分摊，而不是主要落在少数族群头上，他们就会和平共处，确保多种语言、多种文化、多种宗教组成的社会团结一致是尤为重要的。"②

八、小结

从上述族际政治整合与民主之间的复杂关系看，民主作为一种趋势确实反映着人类的发展需求。一些国家在族际政治整合中，将民主作为制度选择确实也收到了良好的效果。然而族际政治整合中的民主机制采用，以及族际政治整合与国家层面的民主政治之间存在着复杂的关系与情况，彼此之间可能是相互支持关系，也可能产生矛盾或反对关系。从总体情况看，随着民主化的发展和影响，民主政治与民主机制越来越多地成为实现族际政治整合的重要途径，族际政治整合中的各个层面的组织安排越来越需要从民主政治建设的高度来把握。然而不能不看到，族际政治整合中的民主机制的选择和建设是一个复杂的工程，它既需要历史的积淀，也需要现实的摸索；既需要理念上的战略设计，也需要在实践中总结经验；既需要制度层

---

① ［新加坡］冯清莲：《新加坡人民行动党：它的历史、组织和领导》，苏婉蓉译，上海人民出版社，1975 年，第 3 页。

② ［新加坡］李光耀：《经济腾飞路——李光耀会议录》，外交出版社，2001 年，第 7～8 页。

面的努力,也需要基础层面的改善;既需要国家政治民主的发展,也需要各个族群自身利益的民主政治的发展。在这些因素与关系的配合中,社会自身的变革和发展、国家层面制度的变革与发展,基本价值观念的确立构成了族际政治民主建设的重要因素。而将这种因素合理联系起来,并使其具有自觉发展方向的,当然涉及族际政治整合的理念与机制的合理配合。简单地认为多民族国家不宜推行民主,或不考虑一个国家多元文化存在的状况而主观臆断地推进民主进程,或以单向度的、形而上学的思维方式认识多民族国家的民主政治建设,忽视多民族国家与民主政治建设之间的复杂关系,对多民族国家的政治发展、政治稳定与民主建设都是不利的。

第二节 民主选择的悖论

在对当代多民族国家问题的研究上,不少学者或是从多民族国家整体角度认识,或是以发达国家的理论或经验为切入点。发展中国家在政治转型、民主巩固、国家建设的过程中,族际冲突日益凸显,多民族发展中国家成了一个不可忽视的重点。从国外研究状况看,对多民族国家问题研究的著作大多散见于各种专题性或国别研究中。在国内,还没有见到以多民族发展中国家为单独篇名的著作。不过,笔者在从事多民族发展中国家研究中,收集到很多涉及多民族国家研究方面的著作,这其中有不少涉及多民族发展中国家。[①]

在对多民族发展中国家民主政治问题的研究上,已有不少成果问世,左宏愿2015年发表在《民族研究》上的论文《选举民主与族群冲突:断裂型多族群国家的民主化困境》,从选举角度讨论了多民族国家的民主;也有从民主化进程认识多民族国家族际冲突的,如佟德志教授发表在《民族研究》2015年第5期上的《民主化进程中的族际冲突》。这些研究间接地涉及一个问题:究竟民主是促进了多民族国家的政治整合,还是使多民族国家政治整

---

① 比较具有代表性的著作可参见[美]乔尔·S. 米格代尔:《社会中的国家:国家与社会如何相互改变和相互构成》,李扬、郭一聪译,江苏人民出版社,2013年;[美]戴维·瓦尔德纳:《国家构建与后发展》,刘娟凤、包钢升译,吉林出版集团,2011年;William Ascher and Natalia Mirovitskaya, *Development Strategies, Identities, and Conflict in Asia*, Palgrave, Macmillan, 2013; Ted Robert Gurr, *Ethnic Conflict in World Polities*, Westview Press, 2002.

合失败了？在此问题上仁者见仁，智者见智。鲁道夫·卢美尔指出，一个国家越是民主，它们之间发生国外暴力的可能性就越小；而且，一个国家越民主，其国家在体制内部发生冲突的可能性也越小。民主是非暴力的普遍解决办法。① 夏里尔·斯特劳辛通过对东欧国家的研究发现，民主政治有助于缓解族际冲突。② 爱德蒙德·J.克勒在分析非洲国家的认同、公民身份和政治冲突时指出，嫁接在非洲国家的资方的自由民主制促进了全国的政治整合。③ 中国学者秦晖以印度和南非为例，指出："所谓民族矛盾严重的国家不能搞民主，一搞就会分裂的谬说，它证明恰恰相反：'左右多元'的民主体制有利于多民族国家巩固和国家认同，代议制条件的真正的'阶级斗争'不但是温和的，而且恰恰有利于淡化民主矛盾，消除民族隔阂。"④ 与上述观点不同的是，民主制度与多民族不能兼容。美籍华裔学者蔡爱眉指出："在市场中加入民主的成分酿造的是动荡、纷争和种族仇恨的大火。"⑤ 新加坡学者郑永年认为，民主难以整合民族国家。⑥ 上述不同观点都反映出，在多民族发展中国家中存在民主与政治整合⑦的悖论，本书试就此问题作一探讨。

一、当代民主政治与多民族国家政治整合关系的理论探讨

自 19 世纪密尔的民主与多民族不兼容理论问世以来一直为不少人所乐道。但在当代，随着更多的多民族国家实现政治转型，建立了民主政治，密尔定律越来越多地受到民主巩固、共识民主和向心性民主等理论的挑战。

林茨等人在论证民主巩固问题时指出，当代不少民族-国家已经不是传统意义上的同质性民族-国家，而是一种"多元文化的，甚至是多个民族的国

---

① See Rudolph Rummel, Democracy, Power, Genocide, and Mass Murder, *Jouanal ofConflict Resolution*, Vol. 39, No, 1.

② See Sherrill Stroschein, *Ethnic, Struggle, Coexistence, and Democraatization in Eastern Europe*, Cambride: Cam-bridge University Press, 2012, p. 3.

③ See EdmondJ. Keller, *Identity, Citizenship, and Political Conflict in Africa*, Indiana Univerity Press, 2014, p. 4.

④ 秦晖:《南非启示录》，江苏文艺出版社，2013 年，第 586 页。

⑤ ［美］蔡爱华:《起火的世界：输出自由市场民主酿成种族仇恨和全球动荡》，刘怀昭译，中国大百科全书出版社，2005 年，第 132 页。

⑥ ［新加坡］郑永年:《地缘政治变迁重塑政治秩序》，新加坡《联合早报》，2014 年 10 月 28 日。

⑦ 人们对政治整合有不同的解释，在笔者看来，政治整合是指在一定的政治体系中，一定的权威将不同的部分组织起来，形成一种相互联系的共存的状态和过程，可以说，政治整合就是多元一体的过程和状态。

家"①,也即是"国家－民族",国家不过是外壳,但构成是多元文化的、多民族的。② 在这种情况下,多民族国家与民主如何"超越相互冲突的逻辑"? 林茨认为,关键在政治制度设计。具体途径为:一是"建立以非多数票、非公民投票为基础的多样性制度"③。"将多民族、多文化社会和国家之中民族或者少数民族的集体权利与得到国家充分保护的个人权利结合起来,可能是将民主和非民族－国家政策结构起来时冲突最少的一种方式。"④二是建立多民族联邦制度。即首先在国家层面上进行选举,以便形成一个合法的框架,然后再考虑如何以民主的方式进行分权。如果这一顺序颠倒过来,先进行区域性竞选,容易助长区域性民族主义,导致一族的统治而不是民主。通过上述两个方面,林茨认为,多民族国家推进民主是可能的,实现政治整合也是可能的。

如果说林茨试图通过国家建构,其中特别是国家性(stateness)⑤的建构来实现多民族国家的政治整合,那么利普哈特则更多从一种制度的改革上探讨了多民族国家的政治整合。长期以来,人们在对民主政治的研究上一直坚持一种多数人统治的观点。在这种理论中,民主之"民"更多集中在"多数"且具有同质性的民族身上,因而民主实际上不过是多数人民族的"民主"。然而,今天世界上的不少国家,如瑞士、比利时、荷兰、印度、新南非所推行的民主恰恰是两个或多个民族群体参与其中并分享权力的民主。早在20世纪70年代,利普哈特提出了"协和民主"理论。20多年之后,他又进一步发展了"共识民主"理论。前后两个理论存在差异,但都回答了在一个高度多元异质的社会中,如何推进民主、实现民主的问题。在《民主模式》

---

① [美]胡安·J.林茨等:《民主转型与巩固的问题:南欧、南美和后共产主义欧洲》,孙龙等译,浙江人民出版社,2008年,第31页。

② 同上,第36页。

③ 同上,第34页。

④ 同上,第35页。

⑤ 林茨指出:"在许多国家非民主政体的转型同时伴随着深刻的分歧:哪些在事实上构成了政治体(或者政治共同体),哪些民众或者民众们(大众或者大众们)应该成为这个政治共同体的成员。关于政治共同体的地理边界的分歧的出现,以及关于谁在这个国家拥有公民权利的分歧的出现,我们称之为'国家性'问题。"([美]胡安·J·林茨:《民主转型与巩固的问题:南欧、南美和后共产主义欧洲》,孙龙等译,第16页)从林茨对国家性的解释中可以看出,国家性主要指国家对主权范围内事务的一种治理能力。笔者认为,国家性就是国家不同于任何社会组织特有的属性,主要通过国家的主权性、法治、官僚制、政治认同、官方语言等诸多因素表现出来。

(1999年)中利普哈特提出,多数民主和共识民主两种民主模式。多数民主
又称威斯敏斯特模式,其原则就是多数者统治,实施零和博弈,即多数获胜,
败者服从。这种模式在英国、新西兰和英国的大多数殖民地国家实施过。
而在高度异质性的社会,特别是发展中国家,多数人统治容易带来多数人民
族群体对少数人民族群体的压迫和民族冲突。通过对36个国家的数据统计
和分析,他认为,与多数民主模式比较,共识民主模式在经济绩效和控制暴
力等政府效能指标上表现得相当不错,而在妇女代表权、贫富分化和民主满
意度等"民主品质"指标上表现更佳。① 在他看来,共识民主应该取代多数民
主。基于这种认识,他对共识民主的基本机制进行了设计,涉及8个方面:①
超大型联合内阁,②行政与立法机关的平衡,③多党制,④选举的比例性,⑤
联邦制和地方分权,⑥两院制议会,⑦受司法审查保护的刚性宪法,⑧多个
问题维度。

　　与协和民主不同,霍洛维茨(Donald Horowitz)同样关注在一个深度分裂
的社会中的民主问题。在他看来,不少非洲、亚洲和东欧国家出现的民主在
实际运行中效果不佳,问题不少,甚至失败,而失败的主要原因在于"族群冲
突"②。他指出,民主涉及包容和排斥、介入权力与包容相关的特权以及伴随
排斥而来的族际障碍。在族群分裂的国家中,族群认同提供了明确的界限,
由此决定了谁被包容进来和谁被排除出去。在族群政治中,包容影响到物
质的和非物质的物品的分配,这里包含了不同族群的声望和归属于一个团
体的认同。在分裂性社会中,自然影响到政府的包容和政府的排斥,也就是
哪些族群可以包容进来,哪些族群被排除出去的问题。由此也就涉及如何
对待那些对立的族群,这种状况不能不影响到多民族国家的民主政治建构
和这些国家的政治整合。在霍洛维茨看来,族群冲突可能带来多数人的统
治和对少数人族群的排斥,并进而威胁到民主化,甚至导致威权主义的死灰
复燃。尽管存在这些问题,霍洛维茨依然主张通过一种向心的和跨族性民
主解决多民族国家与民主的对接问题。如他指出的:"在一个分裂的社会
中,族群结盟(Ethnic Affliation)提供了安全、信任、相互帮助感,并保护不被

---

　　① ［美］阿伦·利普哈特:《民主的模式,36个国家的政府形式和政府绩效》,陈琦译,北京大学
出版社,2006年。

　　② Donald L. Horowitz, Democracy in Divived Societies, See Editedby Larry Diamond and Marc F.
Plattner, *Nationalism*, *Ethnic Conflict*, *and Democracy*, The Johns Hopkins University Press, 1994, p. 35.

多数人一方忽视。"①由此一种向心性民主(centripetalism)成为多民族国家,特别是发展中国家实现政治整合的关键制度选择,其基本内容为:①政党和候选人跨族投票,既可以促进合作,也可以获得族群支持;②选举激励,鼓励候选人在有关分立性问题上用语要缓和,并拓宽政策观点;③提供多民族博弈舞台,如议会和行政论坛,不同团体的代表共聚一起寻求选举上的互惠支持;④发展向心的、多民族政党或政党联合,以便形成跨族诉求,为选民提供一种复杂多样的政策选择。

如果说,上述学者的论述主要是以西方价值来认识多民族发展中国家的政治民主和政治整合,近些年来,也出现了不少学者从发展中国家的实际经验中探讨多民族国家与民主之间的复杂关系,比较有代表的学者为贝淡宁(Daniel A. Bell)、布朗(David Brown)等。贝淡宁和布朗在亚洲国家民主与多元文化关系问题上提出了"非自由民主"理论。在他们看来,亚洲的政治发展与西方的政治发展在文化、价值和制度设计上存在很大的不同,西方注重了个人和基于个人基础上的形式的平等,而亚洲强调了社群主义、等级和权威。在社会与国家的关系上,西方学者把国家与社会关系视为一种零和博弈,这种零和博弈往往导致一种强社会(市民社会)与弱国家,而亚洲学者注重国家主导社会。贝淡宁、布朗通过研究认为,在西方国家中,民主化的出现源于市民社会团体和利益集团自主的需要,而在东南亚国家中,国家在诸多社会方面起着统治和教育作用。基于这种考虑,贝淡宁等人认为,"在亚洲的政治生活中,政府有理由干预社会生活,尽管不是在所有方面,为的是维护和创造一种和谐和平衡的政体……法律更多是作为一种调节技术,以使公民适合于明智和道德的官僚精英制定的国家计划,而不是作为保护个人权利的机制"②。也就是说,东南亚国家的民主政治的选择不是基于市民社会的自主要求,而是国家的一种策略。

从上述学者对多民族国家政治整合的论述来看,民主政治是可以运用到多民族国家,其中也包括多民族发展中国家的,看来密尔定律不是什么金科玉律,不可动摇。

---

① Donald L. Horowitz, Democracy in Divived Societies, See Editedby Larry Diamond and Marc F. Plattner, *Nationalism*, *Ethnic Conflict*, *and Democracy*, The Johns Hopkins University Press, 1994, p. 49.

② Daniel A. Bell, *Toward Illiberal Democracy in Pacific Asia*, At. Martin's Press, 1995, pp. 15 – 16.

二、民主政治对政治整合的积极作用

多民族发展中国家自独立伊始就有一些国家采取了民主政治，经过艰难曲折的过程，进入 20 世纪 80 年代以来，采取这一体制的国家的数量有了很大的增长。如菲律宾、印度尼西亚、泰国、缅甸、巴基斯坦都是这一时期的代表。就是那些看似与民主政治无缘的国家，如南非、卢旺达、尼日利亚也告别了已往的种族或部落之间的敌视，建立了民主政治。在宗教派别对立严重的中东国家，在部落严重的非洲，"民主转型"更是屡见不鲜。这就产生了一个问题，说民主与多民族不兼容，为什么不少多民族发展中国家建立了民主政治？民主政治能够促进多民族发展中国家的政治整合吗？

第一，民主政治的发展强化了公民与国家之间的法律连接。现代国家作为民族国家本质上首先是公民国家，宪法中设计出来的公民权利与义务代表了一种公共纽带，它将公民从原来隶属的阶级的、等级的、种族的、财产的等诸多差异中解放出来，获得选举权和被选举权。公民凭借选举上的权利选举那些能够代表自己的政党或地区代表，进入议会或政府中表达自己的利益和要求；也可以通过宪法和法律赋予的权利，如集会、结社、新闻、对话等诸多途径参与政治和公共事务，影响国家的公共政策和公共物品的分配。公民从切身的感受中认识到自己的权利和整个国家的政策、政治制度、公共物品的获得是密切联系在一起的。以往这些利益的获得往往通过地方的酋长、王公、地主、地方的或家族的寡头赋予，现在随着民主政治的发展，他们的利益和权利通过民主政治得以实现，公民与国家越来越紧密地联系在一起，国家不再外在于己，而与自己息息相关。不仅如此，随着民主政治的发展，一个法治的社会，正解构着地方的、民族的或宗教的权威，所有公民都被纳入法治，受法律保护，同时又承担起对国家和社会应尽的法律义务。法律作为连接社会的纽带，传统的或魅力性的政治整合让位给了现代的法治的政治整合。

第二，民主政治的发展树立了人民主权的权威。民主政治的推进宣示了民意在国家中的地位，民意代表了一种国家的意志，更代表着一种主权者的意志。在现代国家中，立法机关承担着表达民意的重要职能，集中体现为立法机关通过确立宪法和法律，宣示了国家权力在国内的统治地位，各个民族可以保存其宗教、语言、习俗、教规和语言，但最终要以宪法为最高依据。

如就官方语言而言,印度不同地方有不同地方的语言,但宪法确定了英语的官方语言地位。印度尼西亚多数人口信仰伊斯兰教,完全有可能像巴基斯坦和伊朗一样建立神权统治,但印尼宪法将世俗化作为国家的重要原则。如摩根索所言:"主权是指最高的立法和执法权威。换言之,主权在国家领土范围内是至高无上的,当各种立法力量争执不下时,这种最高权威负有责任作具有约束力的最终决定;当实施法律出现危机。比如爆发革命或内战时,它也负有在领土范围内实施法律的最终责任。"①不可否认,在民主政治中,无论采取总统制还是议会内阁制,"单一体"体现的宪法和法律的表达权力归于议会,是多民族发展中国家政治整合的定心石。不仅如此,民意机关的这种表达,也是一定的民族文化或文化主权的宣示。宪法也是一定价值和文化的集中体现。从形式上看,宪法是一种国家的根本大法,但宪法所坚持的价值、意识形态和官方语言都是一定民族文化的体现。从功能上看,通过宪法形式影响和引导社会中的不同民族群体的认同,使其朝着民族建构的方向发展,民主政治的这种主权宣示,使多民族发展中国家的政治整合有了核心。

第三,民主政治的发展为不同民族群体通过合法的渠道表达利益要求提供了舞台。民族群体之间的矛盾缩小到一定的机制中。通过一定的沟通和交流,而不是通过大规模的社会暴力冲突解决彼此的利益。"民主,就其基本性质而言,是一种为权力而竞争的制度化了体制。没有竞争和冲突,就没有民主政治"②,同时,民主又是一种对话与合作的机制。利普哈特在对"多数原则的民主"和"合作式民主"的区分中指出,多数民主只是一种类型,还有一种合作式民主。在他看来,在多元程度高的社会中,通过广泛的权利分享来达成彼此对立的社会集团之间的妥协和共识,这也就是"共识民主"。不论在议会制国家还是在总统制国家,议会都承担着使不同党派、不同群体,其中也包括不同民族群体代表表达自己利益要求的机制,在这种机制中,不同的利益要求通过表达,在对立中寻求共识,通过重叠共识,使其成为一种抑制、影响和引导差异的力量。它通过正和博弈的向心力量克服了多

① ［美］汉斯·摩根索:《国家间政治:权力斗争与和平》,徐昕等译,北京大学出版社,2006年,第355页。

② 刘军宁编:《民主与民主化》,商务印书馆,1999年,第122页。

元社会的离心力。比起凭借强制、控制和规训为特点的威权政治来，民主政治在政治整合上有着更多的优势。

尽管多民族发展中国家内部存在着占优势地位的阶级或民族群体，但在一个由不同集团相互依赖、相互合作的时代，不论议会还是政府都不可能被一个集团控制。民主政治的发展就是要承认这种状况，并将这种状况纳入一定的体制，合理和正确地利用它，以达到整合的目的。在此，一些发展中国家，如塞浦路斯、肯尼亚、尼日利亚、南非、印度尼西亚、印度、菲律宾等国家采取了权力分享制。权力分享制存在不同形式，可以是正式的，也可以是非正式的。正式的权力分享主要通过法律的形式，明确规定议会或政府中不同政党和团体的比例。非正式的权力分享主要是在日常事务中包容不同政党或团体代表，不一定与法律规定完全对应。[①] 这种非正式的权力分享表现范围广泛，它可以通过一些象征的符号或行为在议会席位或政府内阁组成中表现出来，也可以在各个不同政党自发性的联合中表现出来。如马来西亚议会，包括马来西亚民族统一组织（巫统）、马来西亚华人联合会、马来西亚印度国大党等。在菲律宾的政府设置中，总统内阁成员的配置要考虑地区的、语言的、种族的和宗教等因素。在布隆迪 2005 年的议会和政府设置中，内阁成员比例为胡图族的代表占 60%，图西族代表为 40%。此外，联合内阁中有 30% 来自妇女。在政府的安全部门和国防部门中，不能来源于同一民族群体。立法议会的议席同样也按照一定的比例，主要在胡图族、图西族中分配。[②] 不同民族的代表在共同的政治舞台上通过协商和对话表达自己的要求，权力的共享带来了不同民族群体、派别的共荣。

最后，规范了权力运行。在传统的政治社会中，无论是国家还是地方的政治权力往往被传统的政治文化、复杂的私人关系所捆绑，政治权力的家族化、部落化、庇护化几乎成为这些国家的通病。转型前，不少国家政治长期不稳，不同派别为获得权力争斗不已，大多和非程序、无责任、效率低下、政治腐败联系在一起。民主政治的发展冲击了这些权力形成的土壤，血的教训也使不同的派别、政党、民族或宗教群体、政党精英认识到，通过竞争、开

① Benjamin Reilly, *Democracy and Diversity：Political Engineering in the Asia-Pacific*, Oxford University Press, 2006, p. 147.

② See A llison McCulloch, *Power – Sharing and Political S tability in Deeply Dividied Societies*, Routledge, 2014, p. 55。

放、能力、法制、和平方式获得政治权力,通过和平的、协商的方式表达和解决不同民族群体之间的分歧,可以有效地抑制政局上的不稳定,从而使政治整合在一个和平有序的环境中运行。在此,转型后的多民族发展中国家都不断完善了权力的运行机制,将权力关进笼子,将责任落实到为政者,从而更好地巩固了多民族发展中国家的政治整合。

由于民主政治的这些优势,使今天的不少多民族发展中国家最终选择了民主政治。尽管实现民主政治以后的国家并不能杜绝族际冲突,但毕竟对一些国家的发展和稳定起到了一定的作用。显然,那种认为多民族发展中国家一搞民主政治就失败的认识过于简单。

三、民主政治的脆弱性对政治整合的不利影响

尽管一些多民族发展中国家选择了民主政治作为政治整合的重要机制,但依然面临一定的风险。一些西方学者通过对 1989 年到 2002 年世界上发生的 116 起武装冲突的调查数据进行整理发现:在过去 13 年间世界上发生的这些冲突中,其中有 7 起是传统国家间的冲突,其余 109 起冲突几乎都与民主化有关。[1] 西方记者和作家凯普兰指出:“在撒哈拉非洲,民主政治削弱了许多地方的制度和服务,竞争性民主带来了混乱。”[2]利普哈特也指出,部分第三波民主化国家倒退的主要原因在于这些国家存在严重的族群冲突。族群分裂不仅让这些国家的民主转型付出了高昂的代价,而且也使转型之后的民主政治始终无法正常运行。[3]郑永年在《地缘政治变迁重塑政治秩序》一文中指出:“民主难以整合民族国家。”[4]

首先,民主政治中的多民族认同解构着国家的凝聚力。现代民主政治从形式上看是公民政治,特别强调公民选举权利的运用。然而,发展中国家的这种公民和公民选举和发达国家的公民和公民选举存在着很大的不同。在发达国家中,公民同样也有自己的民族归属或宗教群体。但在社会一体化、政治一体化的强势影响下,公民已经在社会分工、市场化的作用下被“原

---

①③　参见熊易寒:《民主化与族群冲突的管理》,《比较政治发展学术月刊》,2013 年第 8 期,第25 页。

②　Andrew Reynolds, *Designing Democracy in a Dangerous World*, ECPR Oxford University Press, 2011, p. 2.

④　[新加坡]郑永年:《地缘政治变迁重塑政治秩序》,新加坡《联合早报》,2014 年 10 月 28 日。

子化"了，他们越来越多地和地缘、利益集团等跨族性集团联系在一起。在这种情况下，公民的选举更容易就不同政党提出的带有全国性的问题或政策进行投票，原生性的民族或宗教因素降到了次要地位上。尽管近些年来，西欧国家、美国和加拿大出现了民族分裂主义，但在全国性的议会或总统选举中，公民投票更多考虑的是个人权利、集团利益等，公民对国家的认同依然高于了对民族或宗教群体的认同。因此，在发达国家中，民主传统深厚，即使采取了多元文化主义政策，民主政治的优势也可以发挥更好的政治整合作用。

但在发展中国家，尽管宪法确立了公民的政治权利，民主也体现出"人民当家做主"的特点，但公民状况打上了自己本民族的烙印。从历史上看，这些国家鲜有公民身份发展的历史。独立后的公民身份建构不是社会本身发展的结果，而是出于国家管理的需要。非洲学者指出，公民身份概念在非洲主要是政治的，重点用来固定殖民时代划分的边界和便于对边界内人员的控制。① 在亚洲，历史上盛行的是族人观念，公民身份是国家独立后降临其身的。在中东国家中，人们更多地把自己视为教民或臣民。格尔茨（H. Geertz）在谈到新兴国家的人民时指出，那里的人的"自我意识仍在很大程度上为血缘、种族、语言、地域、宗教或是传统这些显见的现实所制约……放弃这些具体而熟悉的识别方式，而拥护一种概括的承诺，将自己置于高高在上的、在某种程度上陌生的公民分类秩序，要冒失去自主和个性的风险；既可能通过被吸收进一个文化上无差别的群体中，可能更糟糕的是，被某个能够以自己性格的旗帜来浸染这个秩序的民族、种族或语言团体统治"②。

现代化的发展冲击着多民族发展中国家的传统秩序。市场的作用和现代文化的影响强化公民身份认同，但在现实中，他们更"倾向于生活在他们城镇区域中属于自己的族群的排他性领域。他们在收入、职业、语言、种姓、宗教和社会阶层上分化了，但他们在习俗、行为模式、价值和生活标准上保持着同质性"③。非洲专家马姆达尼（Mamdani）指出："公民权利是按照团体

① Edmond J. Keller, *Identity, Citizenship, and Political Conflict in Africa*, Indiana University Press, 2014, p. 6.

② ［美］克利福德·格尔茨：《文化的解释》，韩莉译，译林出版社，1999年，第306～307页。

③ Harshad R. Trivedi, Toward a General Theory of Urbanization and Social Change, *In Social Structure and Change*, ed. A. M. Shah, SAGE Publication, Vol. 3, 1996, p. 257.

而不是按照个人来定义的,身份是排外的,而不是包容的。"①在印度,"个人被作为国家公民来看待,由于公民能力而赋予他们以权利。这显然意味着不考虑种姓和共同体成员身份,所有人作为公民在法律上都是一样的。但这种选择不过是形式。尽管所有人作为公民都享有政治和民事方面的权利,但对少数民族人口有着特殊的关注,尤其是他们文化的命运和可能面临着被同化到多数人中的压力,印度有意选择的道路就是承认个人既是国家公民,又是特定文化共同体中的成员"②。

这种对所属族群的归属感影响到公民选举权的运用。战后的伊拉克按照美式民主进行竞选,然而什叶派把选票投给什叶派,逊尼派投票投给逊尼派。由于什叶派人口占大多数,什叶派掌权,因而引起了非什叶派的不满。在新南非,民主选举国家领导人已作为规则写入宪法,所有的公民不分种族都有了公平机会和平等的选举权利。但那些处在贫困中的人,其投票并不出于对候选提出的执政方针进行理性的评估,而是出于政府的援助。南非学者泰列伯兰奇(S. Terreblanche)在《迷失在转型中》一书中介绍了南非选举期间流行的说法,"如果他们投票反对非国大,他们的救助就会被收回"③。

上述的状况说明,多民族发展中国家中的公民为宗教、族群、地区和阶级集团利益所困。④ 就阶级分裂而言,在发展中国家,由于多种所有制的存在决定了发展中国家存在着多种不同的阶级集团。由于发展水平和职业划分的限制,加剧了这些国家的贫富分化。少数人富和多数人贫困形成对比,加人了阶级集团的裂度。在多民族发展中国家,阶级分野与宗教、族群、部落或家族身份纠缠在一起,利益的不可分割强化了宗教群体、族群或部落、家族的地位。社会内部多元竞争对于那些贫穷的国家而言,极易将族群中深藏的对抗本性凸显出来。在此基础上政党再推波助澜,更使族群的认同高度自觉化和组织化,使民族或宗教认同强于对国家的认同。多民族发展中国家一旦进入竞争性的民主境地,各个民族或宗教群体各为其主,国家凝

---

①　Edmond J. Keller, *Identity*, *Citizenship*, *and Political Conflict in Africa*, Indiana University Press, 2014, p. 23.

②　Will Kymlicka and Baogang He, ed., *Multiculturalism in Asia*, Oxford University Press, 2005, p. 289.

③　[南非]S. 泰列伯兰奇:《迷失在转型中:1986年以来南非的求索之路》,童志雄译,民主与建设出版社,2015年,第82页。

④　参见包刚升:《民主崩溃的政治学》,商务印书馆,2015年,第72~99页。

聚力下降,甚至导致政治整合的失败。

其次,民主政治中的零和博弈使政治整合充满不稳定性。多民族发展中国家受西方影响,不少国家采取了竞争性民主。然而在这样一种条件下建立的民主政治本质上不过是一种对抗性政治。也就是政体中的两个或多个政党之间对立,一个政党或政府上台,也就意味着一个反对党对其攻击的开始,因而新上任的政府上来就面临着被赶下去的风险。面对如此状况,新政府或执政党一旦掌权,便利用权力隐蔽地或公开地为本家族、族群、同盟者和政党牟利,以换取这些力量的支持。非洲学者提到,选民或支持者看重的是那些拥有资源的人。在这些国家中,"政治合法性一直趋向于吹捧那些为追随者提供了利益的领导者。这一习惯与任何政体没有关系,即使在民主政治下,人们也希望政治家们为他们的支持者消费需要提供便利。非洲晴雨调查表显示,2005 年到 2006 年期间,在十个非洲国家中,75%的受访者'经常'或'总是'希望他们的政治家提供'礼品'。而贫穷的老百姓更寄希望于族群或地方中的豪强或与自己同一个族群的候选人,给他们提供庇护和利益。以钱养势,以势争权,以权谋钱"①。几乎成为很多发展中国家民主的通行逻辑,在这一逻辑下,民主政治就面临着变异和腐败的问题。

在发展中国家,由于不少人还不能从它所归属的种族的、部落的或宗教的群体中解放出来,他们往往把自己的认同置于国家之先,或干脆就没有什么国家的意识。在这种背景下,当他们进入到竞争性选举中时,为了保证本族代表获得更多的选票,不惜采用各种手段打压或分化异己的部落或族群。英国学者理查德·雷德(Richard J. Reid)在分析非洲政治时指出:"非洲大陆上更为常见的是政治党派倾向于区域性、种族性或宗教性,他们的领导人更关心推进这个部分利益,而不是作为整体的'民族'的利益";当某个有民族群体支持的政党选举胜利后,往往把国家权力视为自己的私有物。由此也就带来了"国家成了竞争群体要去争夺的一种奖赏,结果就是赢者排除所有其他人来支配它;国家不再是一种中性的、非政治的实体。"②在肯尼亚,国内不仅存在着多个部族,而且地区民族主义也十分强势。20 世纪 90 年代初,

---

① Leonardo R. Arriola, *Multiethnic Coalitions in Africa*, *Business Financing of Oppsition of Election Campaigns*, Cambridge University Press,2013,p. 13.

② [英]理查德·雷德:《现代非洲史》,王毅等译,上海人民出版社,2014 年,第 326~327 页。

肯尼亚大选前，以执政党为代表的卡伦津族和以反对党为代表的非卡伦津族之间力量的变化，使执政的莫伊政府一方面偏袒其所代表的部族的种种违法行为，另一方面又以"国家"的名义指责非卡伦津族和一些部落制造"混乱"。尽管肯尼亚的这种对立冲突很难分出伯仲，但选举中的卡伦津族人和非卡伦津族人的冲突是基本的。双方斗争背后的逻辑带有部落斗争和零和博弈的特点。^① 类似的这种状况在非洲不少国家，如扎伊尔（刚果）、赞比亚、贝宁、尼日利亚等国家表现尤其突出，由此也使这些国家政局动荡不安。

在多民族发展中国家，更能体现胜者为王败者为寇的行为规则。由于国家是选举获胜的一方的私有物，而在竞选中一旦落选，往往也就容易成为获胜一方打击和迫害的对象。卢旺达的教训正说明了这一特点。殖民地时代，图西族曾经是殖民者所依靠的力量，利用背后德国殖民主人的支持，图西族对胡图族采取了种种打压行为，给胡图族心理上留下了种种仇恨。独立后，占人口多数的胡图族在代议制政体下成了国家主体民族。经过选举而获胜的胡图族对图西族政治上挤压和排斥，两族之间的对立从未间断过。20 世纪90 年代，在非洲统一组织的协调下，胡图族和图西族结束内战，建立联合政府，组建了具有广泛基础的卢旺达政府和议会。但在国家权力的分配和资源的分配上缺乏有效的法律和制度保证。1994 年 4 月，随着总统哈比亚利马纳遭遇不幸，酝酿已久的两族冲突爆发，胡图族开始了对图西族的仇杀。

民主选举时期也是政府空位时期。西方民主政治制度的特点是强调多元，以制衡政府，但经过几百年的发展，西方国家在议会和政府的关系上已经形成了较为完善的机制。但在多民族发展中国家，民主政治多是"进口"来的。民主化进程的突然出现往往带来了政府统治的空位。我们知道，发展中国家本身缺乏民主传统。对于那些有着部落、教派或家族历史记忆和情感深厚的议员候选人，在思想上对民主一无所知，在行为上没有从事民主政治的经验。当他们进入议会中或政府中时，原生的部落的或宗教情感更容易使他们把议会或政府当作实现他们所在的部落、家族或宗教集团利益的工具，而对公共事务却不屑一顾。一旦他们成功当选进入议会时，议会也就成为他们实现"私利的战场"。议会或政府对一些民族群体日后的发展至关重要，因而当发展中国家突然从威权政治转变为民主政治时，或是过几年

---

① 参见李安山：《非洲民族主义研究》，中国国际广播出版社，2004 年，第 347～348 页。

一届的政府或议会进行选举时，各个不同的民族群体都在组织自己的政党或寻求自己的代表。而即将退出舞台的政府或国家领导人物也无心关注国家的局势。这样一个时期也正是政府统治弱化或统治空隙时期，它为一些长期受到压制或潜在敌对的族群或集团提供了扩展力量、东山再起的机会。2004 年 6 月，阿富汗举行了有史以来的首次选举，卡尔扎伊当选总统，此后在其组织下建立了包括各派力量在内的联合内阁。新政府虽然建立了，但统治区域不出首都和周边地区，之外地区要么由地方军阀武装割据，要么被塔利班武装控制。加之政府内部的个别官员与地方军阀暗中勾结，致使卡尔扎伊政府兑现选举承诺的能力不佳。同样在当代中东不少国家，不少极端组织利用政府权力交替或缺位时机扩充实力，招兵买马，发展武装，扩大地盘，为日后这些国家陷入战争留下了后患。

　　在当代多民族发展中国家政治转型过程中，不少民主政体的建立并非基于内部发展的需要，而是迫于外部国际势力影响和干预而建立了民主政治。1990 年上半年，肯尼亚出现政治动荡，在西方压力下，1991 年肯尼亚国民议会修改宪法，允许反对党存在，从而使亲美的反对派有了合法身份。作为欧洲最有影响的法国，同样也不惜手段，干预和影响非洲国家的民主化进程。1990 年，法国总理罗卡尔曾指出，法国将"不惜一切支持非洲民主化进程"①。总统密特朗发表讲话，提出法国的援助要和民主化挂钩。这种外来干预下的民主政治选择不仅使这些国家主权受到了威胁，而且所推行的民主化与国内的多民族状况不对接，加之有亲西方国家的反对力量在议会中兴风作浪，从而也就使这些国家的危机重重。而那些通过国外势力获得"合法"身份的反对力量或民族群体为了回报支持他们的外国势力、牺牲国家利益而成为这些国家的附庸。

　　最后，民主政治带来的"公地危机"影响着多民族发展中国家的政治整合。美国学者布莱恩·卡普兰（Bryan Caplan）在《理性选民的神话：为何民主制度选择不良政策》一书中指出，理性选民有着各自的"偏见"，有的喜欢高福利的"偏见"，政客就打"高福利"的牌。结果西方国家一个接一个地陷入高福利引发的债务危机中。卡普兰提出的这些问题同样可以解释多民族发

---

　　① 转引自张树华：《民主化悖论：冷战后世界政治的困境与教训》，中国社会科学出版社，2015年，第 262 页。

展中国家出现的危机。在这些国家中,选民往往为各种族群、宗教、语言和地方集团所捆绑,这些选民集团的"集体偏好"往往成为政客可以利用的资源。未上台前,他们迎合选民的要求。但这种选举也就成为一个国家分裂的开始。20 世纪 90 年代,肯尼亚向多元民主转型,某些精英利用民主程序进行民族动员。他们在埃尔贡山地区制造了新的"民族符号",曾经的萨鲍特人与苏吉苏人之间的矛盾被讲萨尔鲍特语的居民的内部冲突所取代。土地和资源的稀缺使精英们打着"本土和独立的"幌子"索取""外来人"的土地。他们借用历史叙事为土地的最终所有权提供合法性,否认其他萨鲍特语族人的土地诉求。① 政治精英们的私利导致了国家内部社会分裂。也有的政治精英为了获得选民的支持,不惜夸下海口,允诺一旦当政,将解决诸多的民众的福利。但由于发展中国家经济条件本来就落后,难以实现其当选时的承诺,因而当政后不惜举债或通过提高税收比例来满足对选民的承诺。今天不少非洲国家债台高筑,与此有着直接的关系。② 一旦当政后受自身经济条件限制而难以兑现承诺,或不惜举债,或通过提高税收比例来满足选民的承诺,由此势必带来国内经济的畸形发展,最终导致新一轮的政治整合危机。

四、小结

在多民族发展中国家,通过民主途径实现政治整合存在种种悖论。从这些悖论中可以看到一个特点,即在那些社会一体化、政治一体化得到发展,且社会内部的不同民族群体求"合"的因素大于或重于族群的或文化群体离心力量的国家中,民主或有利于政治整合,这可以通过以下几点来体现:

(1)从政治精英角度看,政治精英是一个国家区别于普通民众,是由在文化、能力和政治上有着较强影响的一些人组成的,他们一般受到了比较好的教育。他们分散在一个国家的不同领域中,且有着不同的影响。其中,政治精英的情况比较复杂:有追求民族团结倾向的政治精英群,有主张妥协合作倾向的政治精英群,有极端对抗倾向的精英群。不同倾向的精英群体,其政治价值和认识对多民族发展中国家的民主政治和政治整合有着不同的影

---

① 参见[加拿大]雅克·贝特朗:《民主化与少数民族:冲突还是和解》,赵彩燕等译《国外社会科学动态》,2015 年第 8 期。

② 参见[英]理查德·雷德:《现代非洲史》,王毅等译,上海人民出版社,2014 年,第 373 页。

响。尤其在发展中国家，国家建构更多地是由政治精英主导的。如果他们有着强烈的民主意识，并努力通过民主的方式解决和认识国内存在的矛盾，并在执政后能够适时地推进国内的宪法和法治建设，则实现民主的可能性就会更大。印度的民主实践与国大党的一批精英人士拥有强烈的民主价值有关。在黑、白对立的南非，同样也存在着一批拥有民主价值的政治精英。由于有了这样一些人士的努力，才影响了这些国家的民主政治建设。反之，如果政治精英更多地受传统的、封建观念所困，津津乐道于特权、身份，甚至排挤和屠杀对手，民主则难以成行。巴基斯坦就属于这种状况。

（2）从整个普通民众和民族群体的角度看，随着社会中的大多数成员逐渐接受民主的价值和体制，希望通过民主的方式，而不是压制的方式解决国内问题；当不同的民族群体或宗教群体也认识到并积极支持发展民主时，多民族发展中国家的民主才有利于政治整合的发展。此时，民主有利于不同民族群体和平共存在，民主和多民族群体不再是对立的关系。观察印度和南非的民主化可以看到，经过多年的民主价值的影响，各个不同的族群已经接受民主的价值。反之，当社会多数成员依然倾向于等级、身份、特权，不同民族群体成员更倚重于部落认同、家长制、庇护关系时，国家认同缺位，政治整合也难以长久。今天的中东阿拉伯地区，"虽然有着共同语言、宗教以及泛阿拉伯思想，但是它们之间并不团结，尤其是在它们巩固了自己的领土主权以后"①。

（3）从政治领袖角度看。多民族发展中国家进程中，政治领袖起着重要的作用。领袖如有较高的民主认同，且努力为其奋斗，对民主的发展影响极大。南非的黑、白两大种族受够零和博弈带来的苦难，人心思合，两大种族的领袖曼德拉和德克勒克努力按照民主的价值影响他们所代表的政党，并说服极端的力量，从而使南非实现了和平转型。南斯拉夫则相反，铁托以其特有的人格魅力将境内不同民族组成了联邦共和国，但疏于科学的民主体制安排。随着铁托的逝去和东欧民主化浪潮的袭来，本来没有任何黏合力的国家很快分崩离析。马丁·麦格总结南斯拉夫教训时提出一句话："一旦强大的中央政府的黏合力消除，潜藏的族群仇恨就会以排山倒海之势卷土

---

① ［美］亚历山大·温特：《国际政治的社会理论》，秦亚青译，上海世纪出版集团，2008年，第345页。

重来"①,即是对南斯拉夫的总结。

多民族发展中国家的民主发展需要多个方面的共同合力。增进民主的力量后,政治整合的基础才能巩固。有了这样一个中心力量的引力作用,才能有效地削弱和抑制民主化进程中的离心力,民主才能发挥更好的整合作用。从这种意义上说,简单地判定多民族国家不易行民主,把民主视为是多民族国家政治整合失败的罪魁祸首是错误的。

第三节　东南亚国家的协商治理与民主建设

在过去的30年里,东南亚一些国家相继实现民主转型,进入民主巩固时期。对于这些民主政治上的年轻国家来说,在民主发展的这样一个不确定时期,通过怎样的一种途径保证民主有序而健康的进行? 学界多从经济的、文化的、政治的和历史的角度探讨了发展民主和巩固民主的途径。上述探讨各有合理之处,但如果从民主建设的角度分析,在民主巩固和发展时期,经济的、文化的、历史的以及精英选择的诸多方面是如何转变为民主体制并对民主发展构成影响的? 民主作为一种国家的管理形式既有社会经济和文化等方面的作用,也有着社会行动者之间的合力作用。这种合力是如何形成并作用于民主发展的? 本书试图从协商治理的角度对这一问题作一分析。

一、协商民主与协商治理的联系与定位

在当代政治学理论中,人们接触更多的是协商民主理论,协商治理理论最近几年才受到人们的关注。这就产生了一个问题,即协商治理究竟是对协商民主的一种加工,还是彼此对立的? 它们之间有怎样的一种联系?

从20世纪90年代以来协商民主理论走强,人们对什么是协商民主的概念作了不同的解释。西方学者米勒认为,当一种民主体制的决策是通过公开讨论——每个参与者能够自由表达,同样愿意倾听并考虑相反的观点——作出的,那么这种民主体制就是协商的。② 而在瓦拉德斯看来,多元文化民

---

① ［美］马丁·N.麦格:《族群社会学》,祖力亚提·司马义译,华夏出版社,2007页,第524页。

② David Miller, *Is Deliberative Democracy Unfair to Disadvantaged Groups? Democracy a Public Deliberatives*, Edited by Maurizio passerin D`entreves, Manchester University, 2002, p. 201.

主面临的最大危险就是公民的分裂与对立，"协商民主是一种具有巨大潜能的民主治理形式，它能够有效回应文化间对话和多元文化社会认知的某些核心问题。它尤其强调对于公共利益的责任、促进政治话语的相互理解、辨别所在政治意愿，以及支持那些重视所有人需求与利益的具有集体约束力的政策"①。从上述两个学者对协商民主的解释看，协商民主可以从三个方面定位：其一，协商民主是一种决策形式。它是对以往多数人决定的规则的一种补充。传统的民主政治是建立在多数人决定基础上的。但在一个多元社会中，多数人的决定成为一种政治力量，很可能是对少数人或边缘群体的一种忽视或侵犯，从而导致多数人与少数人之间的矛盾和冲突。这种状况在不少东亚多民族国家中即有表现，那些人数占优势的民族在选举获胜后，往往凭借其政治优势剥夺富有的少数人族群。因此，民主政治中的多数人决定存在着产生不公正和矛盾的可能性。而采取协商民主的方式，可以将那些处于少数人地位或弱势地位的群体包括进来，通过与他们的对话协商获得最大的共识，从而扩大民主政治基础，在更大程度上实现公正。其二，协商民主是一种组织形态。也即是协商民主体现了民主政治中的平等原则，具有不同利益诉求的行动者成为民主政治的平等参与者。在民主协商中，各个参与者根据共同的规则和一定的程序最终达成共识。其三，协商民主是一种治理形式。治理（governance）一名词，最初来源于拉丁文和古希腊语，原意是控制、引导和操纵，意味着对船只的驾驶和对公共事务的管理。长期以来治理和统治（government）交替使用，并且主要用于与国家公共事务相关的管理活动和政治活动中。② 在当代，该词在多个领域得到广泛运用，如联合国组织和欧盟发表的与政策相关的咨询意见中，针对各种治理问题作了研究。欧盟不仅向其他组织推广"治理"概念，而且把欧洲治理改革作为21世纪的战略目标。在国家层面上，不少国家在其行政或公共部门的改革中大量将治理作为其中的重要内容。什么是治理？人们也有不同的看法。有的从治理的功能上认识，认为治理就是行使政治权力、管理国家事务。③ 也有的人从过程角度界定，认为治理包括传统、机构和流程。这些决

---

① Jorge M. Valadez, *Deliberative Democracy, Political Legitimacy, and Self Democracy in Multicultural Societies*, USA Westview Press, 2001, p. 30.

② 俞可平：《从统治到治理》，《学习时报》，2001年1月21日。

③ 王鼎：《英国政府管理现代化：分权、民主与服务》，中国经济出版社，2008年，第90页。

定了如何行使权力、公民如何发表意见、如何决策市民关心的问题。① 但不少学者更多基于多元利益和对话协商的角度解释治理一词。国外学者克赫（Beate Koch）认为，所谓的治理就是"将不同公民的偏好意愿转化为有效的政策选择的方法手段，以及将多元社会利益转化为统一行动，并实现社会主体的服从"②。亚瑟·本茨（Arthur Benz）等人认为："治理是制度之外的政治和决策，或者说是'没有政府的治理'。"③彼德（Guy Peters）认为，治理是在多元行动者合作基础上，为实现管理社会的一种运行过程。④ 笔者认为，治理不同于运用政治权力管理国家事务的政治治理，治理也不仅仅是一个机构和流程，所谓的治理就是多元行动者通过协商与合作，对共同事务采取共同行动的过程，其本质是权威部门与社会不同行动者之间的合作共治。在其内容上，它有三个重要方面内容：①公共行为体与非公共行为体之间的合作，②在政策确定、管理和实施上开展互动，③以对话、谈判建立起来的共同规则作为行动基础。

协商治理作为协商民主的一种治理形式，其间存在着一定的联系：协商民主为协商治理提供了广阔的舞台，有了这一舞台，不同的行动者才能在这一舞台上进行对话和协商。而在竞争性的民主政治中，这种协商治理的活动范围受到一定限制；此外，协商民主表现出来的对话精神恰恰是协商治理的重要前提；而从协商治理方面看，协商治理的发展又在拓宽着协商民主的范围，推动着协商民主的进步和发展。然而，需要指出的是，协商治理又不仅仅产生于协商民主，或存在于那些民主政治发展比较成熟的国家中。⑤ 事实上，在民主政治发展比较年轻或发展不足的国家中，一些统治集团也会由于统治的需要在不同程度上采取一些协商治理的方式，如当代东南亚一些较为温和的威权主义国家、半民主国家和民主转型中的国家。一方面，这些

① 王鼎：《英国政府管理现代化：分权、民主与服务》，中国经济出版社，2008 年，第 90 页。

② Beate Kouch, Rainer Eising, *The Transformation of Governance in the European Union*, London: Routledge, 1999, p. 14.

③ Arthur Benz and Yannis Papadopoulos, ed., *Governance and Democracy: Comparing Naional, European and International Experiences*, Routledge, 2006, p. 3.

④ See Arthur Benz and Yannis Papadopoulos, ed., *Governance and Democracy: Comparing Naional, European and International Experiences*, Routledge, 2006, p. 37.

⑤ 当代协商民主出现于 20 世纪 80 年代后工业时代的西方国家，它作为西方竞争性民主的一种修正，笔者认为，这种协商民主是作为一种成熟形态的民主的一种修正。即在原来西方竞争性民主基础上，通过对更多群体的开放，对话协商，以弥补西方民主政治中存在着问题和矛盾。

国家已经有了某些民主的因素，或已经建立了某种形式的民主。这里说的民主主要是指政府权力源于公民的选举，有了一定的分权，政府的权力受到了一定的监督，公民的集会与结社具有了较大的自由等。另一方面，在社会政治生活中，无论是政府首脑或国家元首依然在国家中占有重要地位，社会政治生活中的庇护关系仍然作为一种潜规则发挥着重要的作用。在这样一个民主发展的不确定时期，来自不同行动者的协商治理对这些国家的民主政治建设发挥了重要作用。

二、协商治理兴起的社会与政治基础

自 20 世纪 80 年代以来，东南亚国家伴随政治民主化的发展，在公共治理上发生了不同程度的转变。这种转变有其一定的社会与政治基础。

（一）中产阶级的兴起为协商治理提供了强大的动力

二战前，多数东南亚国家都曾受到殖民主义的统治和支配。二战后，相继独立的国家依然处在十分贫穷的状态下，农村中的农民和城市中的下层民众构成了人口的多数，他们生活在饥寒交迫之中，而且绝大多数人为文盲；他们构成了社会中的一端。生活在另一端的是那些在殖民地时代的既得利益者，以及在国家独立过程中在军队和政府中占有一定地位的少数精英和特权阶层。这两极集团形同水火，为社会的动荡埋下了种子。早在古希腊时代，亚里士多德就曾经指出，在一个城邦中，无论平民还是精英，两个阶级单独掌权都很危险，容易引发政治动荡。① 具体到东南亚国家，贫穷的大多数往往成了改变目前社会不公平的暴力革命力量，他们试图通过这种极端的方式改变社会制度，重新分配权利与利益；而那些少数特权阶层和政治精英为维护他们获得的权力与特权，竭力排挤其他力量，分享他们已经获得的权力与利益。在这两个极端力量之间不存在一个中产阶级横亘其间，即使存在，也力量弱小难以发挥应有的平衡作用。东南亚国家的这种社会断裂严重影响着社会的政治稳定。面对这种严重的状况，独立后的东南亚国家的政治精英们意识到了这种对立的根本在于经济发展的落后。为改变这种状况，他们选择了依靠威权政治发展经济的道路。经过艰难发展，逐步实现了国家经济上的繁荣，出现了亚洲"四小龙"等国家，同时伴随这一发展

---

① 参见［古希腊］亚里士多德：《政治学》，吴寿彭译，商务印书馆，1982 年，第 205～211 页。

产生了中产阶级。

中产阶级相对于小农、小生产者和大资产者而言,传统政治学比较偏向于从财产占有角度分析中产阶级,认为这一阶级由于拥有一定数量的财产,有恒产则有恒心,故而他们在政治上趋于保守,恪守中庸。他们是一个社会保持稳定与和谐的中坚力量。然而在现代社会中,中产阶级不仅占有一定的物质财产,重要的是他们拥有一定的智力资源。因而现代理论认为,中产阶级更多拥有的是"组织资本"(管理权力)和"文化资本"(专业技术)。他们生活富裕、经济收入丰厚,生活较为优越,受文化教育水平比较高。在东南亚国家中,中产阶级主要由为精英阶层提供服务的人组成,包括公职人员、公务人员、商人、士兵、教士、学者、医生、律师等。到 20 世纪 80 年代中后期,新加坡有 74%、马来西亚有 75% 的人认为他们属于"中产阶级";泰国和印度尼西亚发展变化得比较慢,但这两个国家的中产阶级在人口中的比例也在上升,在国家政治生活中占据越来越重要的地位。这一阶级的发展对上述国家的政治发展带来了重要影响。一般说来,中产阶级在改变社会现有体制上易于选择温和的方式,不会轻易铤而走险。在与政府的矛盾和冲突中,由这一阶级发动运动的领导人和参与者不主张采取暴力的方式,而更多选择了谈判与对话。这种文明的方式为日后协商治理的发展奠定了良好的基础。亨廷顿指出:"一种认同性的、不太充满暴力的转型为巩固民主比冲突和暴力为巩固民主提供一个更好的基础。"[1]也就是说,在民主转型过程中,非暴力的因素越多,对民主的巩固也就越有益。而构成非暴力活动的重要方式就是谈判、对话与协商。

(二)多民族的多元文化促进了协商治理

东南亚国家多是多民族国家,"出自不同系统的形形色色的民族互相并立,几乎每一个国家都是不同的民族国家,语言、风俗习惯、宗教各不相同"[2]。加上独特的地理环境,更使生活在这里的文化丰富多彩,几乎每个国家都是多族群、多语言、多宗教的共同体。由于民族的多样化以及文化认同的多样性,这些国家的国家认同传统始终就非常薄弱。二战以后,东南亚国

---

① ［美］塞缪尔·亨廷顿:《第三波——20 世纪后期民主化浪潮》,刘军宁译,上海三联书店,1998 年,第 330 页。

② ［日］梅棹忠夫:《文明的生态史观》,王子今译,上海三联书店,1988 年,第 160 页。

家的各个民族在反抗外来干涉侵略中联合起来。但独立之后，随着中央政权向少数民族地区的扩张以及各族之间交往的扩大，一系列矛盾由此产生。为了使国家摆脱经济落后的局面和内部分裂的局限，东南亚国家在强行加强中央集权同时，也对少数民族采取了同化主义和种种不公正政策，更使少数民族与国家之间、少数民族与主导民族之间的矛盾加深，民族间暴力活动日益频繁，民族分离主义应运而生。然而随着现代化的发展和多元文化之间依存程度的提高，通过强制手段消除文化差异已难以奏效，民族间走向彼此承认只能通过更为包容性的方式。在这种条件下，东南亚国家选择了民族和谐政策。如在马来西亚，进入 20 世纪 90 年代以来，总理马哈蒂尔在谈到"2020 年宏愿"时，将"族群和谐"视为国家取得成就的关键。他呼吁马来西亚人民要"远离冲突和纷争"①，各个民族都把自己视为马来西亚人。在新加坡，"求同存异，协商共识"被写入 1991 年政府提交给国会的《共同价值白皮书》。在印度尼西亚，瓦希德政府继承了苏哈托时期提出的"建国五原则（潘查希拉）"，提出"潘查希拉是一系列原则，它将永存，它是我们努力追求的国家信念，我将用生命保卫潘查希拉……"②

（三）东南亚国家的民主制度的建立为协商治理的发展扩展了空间

东南亚国家的政治是介于极权政治与民主政治之间的政治。一方面，殖民主义时代的总督统治与这些国家历史上存在过的王权政治构成了这些国家的历史传统。另一方面，在西方政治的影响下，这些国家建立了议会制度、政党制度和选举制度。在这种政治框架内，大众阶层有一定的参与，存在着一定的协商与咨询。澳大利亚华裔学者何包钢教授指出，历史上，在亚洲的一些威权主义政治中，"一直存在着协商政治"，"广场法庭和宗教机构通过咨询和协商方式寻求他们的政治统治合法化，这样的例子很多"。③ 但由于独立后不久这些国家所建立的民主体制难以解决国家出现的政治动荡，这些国家又倒向了权威主义。李承晚政府时期的韩国，政治动荡不断，

---

① 参见孔建勋等著：《多民族国家的民族政策与族群态度》，中国社会科学出版社，2010 年，第102 页。

② Douglas E. Ramage, *Politics in Indonisia: Democracy, Islan and the Ideology of Tolerance*, Routledge, 1995, p. 45.

③ Baogang He, *Authoritatian Deliberation: The Deliberative Turn in Chinese Political Development.* 该文收录在天津师范大学政治文化与政治文明建设研究院、中国政法大学政治与公共管理学院：《第三届西方政治思想暑期高级研讨班阅读材料汇编》，2012 年 7 月。

使刚刚建立起来的民主政治转向军事独裁统治;1945—1950 年 5 年间,印度尼西亚三易内阁,使政权逐渐集中到总统手中。这些事例证明了战后西方民主制度在东南亚国家的失败。但初期建立起来的民主制度为民众争取自己的权利,也为协商治理保留一定的余地。民主化转型过程中,一方面,历史记忆与血的教训使民众懂得,通过民主方式解决官民矛盾比起通过暴力的方式解决问题更有效;另一方面,从政府方面而言,在强大的民主压力下,完全依靠镇压和强制方式处理国内矛盾越来越难以奏效。亨廷顿指出:"在 1974 年到 1990 年间的民主化转型中约有一半是政府中的民主改革派,强大到足以发起并在很大程度上控制政权变迁的过程。这样,政府就没有什么必要来诉诸暴力。而反对派也几乎没有机会来使用暴力。"①在社会压力下,民主转型后的国家逐步破除了种种对公民个人以及社会团体的自由限制,韩国、菲律宾、印度尼西亚等国家都从宪法和法律上对人权和公民权以及实现机制给予了明确规定。这不仅意味着公民以及公民团体享有了法律保护的权利,也决定了国家要在相应的机制上做出安排,为公民参与政治、表达其利益提供制度保证,公民或公民团体在政治生活中成了合作共治的"行动者"。随着政治不再是一个人或几个人决定所有人的命运,而是不同集团之间的搏弈,协商治理在民主巩固时期有了更大的用武之地。

(四)整体高于个人的集体主义精神为东南亚协商治理提供了价值指导

从形式上看,转型后建立起来的民主在很大程度上恢复了独立初期的民主政治,诸如民主选举、多党政治、议会政治、三权分立、法治等。但就精神实质而言,东南亚民主依然带有东方注重集体优先的精神。如果说西方民主是一种建立在个人主义基础上的自由主义民主政治,而东南亚的民主则是一种以集体主义与以和谐为导向的民主。在这种民主政治中,政府不是"恶"的象征,而是公众利益的监护人,扮演着重要的角色。"当个人的权利与自由与集体的权利发生冲突时,亚洲政治体制不可能扩展个人权利和自由"②,集体的利益始终处在重要地位上。新加坡国会 1991 年通过的《共同价值白皮书》把"国家至上"和"社会为先"放在首位。印度尼西亚在苏哈托下台之

① [美]塞缪尔·亨廷顿:《第三波——20 世纪后期民主化浪潮》,刘军宁译,上海三联书店,1988 年,第 237 页。

② See DanielA. Bell,ed.,*Toward Illiberal Democracy in Pacific Asia*,Macmilian Press LTD. p. 16.

后,建国五项原则依然被保留下来。在泰国,虽然这一国家实现了宪政制度,但"民族、宗教、国王"仍然构成了民主政治的最高准则。由此来看,受集体主义精神影响,东南亚国家的"政治改革主要是国家用来服务于增强社会成员对国家目标承担义务这一种策略"①,它的"'共识民主'色彩远比多数民主的色彩鲜明得多,它们的'共同特征不是对抗性决策,而是达成共识这个要素'"②。

三、协商治理的主体和主要方式

现代意义上的治理具有多元性、合作性、非正式制度、非暴力性、互惠性、网络等特征,其中对话和协商成了主要方式。③ 因此,治理又是协商治理。

(一)多元行动者是协商治理的主体

在威权主义时代,即使存在着一定的治理,但参与其中的主要是一些精英,如政界的精英与一定的专家等。最为典型的是印度尼西亚苏加诺和苏哈托控制下的专业集团,他们中不少人是两苏控制下的人民协商会议的骨干,所谓的协商不过是对苏加诺和苏哈托提出的大政方针表决而已。遇到协商过程中出现的不同意见,苏哈托往往以"协商协商"为由,迫使代表在乏味的讨论中不得不通过他所提出的决议。因此,威权主义之下的协商治理是基于不平等基础上的"协商",权威与其他行动者之间的关系是一种统治与服从关系,这就极大地影响了协商治理的空间和公正性。民主转型后,随着公民社会的发展和民主宪政的确立,多元行动者的治理观念成了主流。也就是说,所谓的"治理包括了各类的行动者,如公－私合作伙伴、志愿者协会、私人业务领域等等"④。这里主要有两个方面:一是制度内层面,即表现为随着多党政治和族群政治在政治生活中合法地位的确立,在议会的舞台上不仅出现了两个或两个以上的政党,而且也出现了少数民族的代表。这些来自不同方面的代表就他们所代表的群体的利益展开讨论和对话,并在

---

① See Daniel A. Bell, ed., *Toward Illiberal Democracy in Pacific Asia*, Macmilian Press LTD. p16.

② [美]阿伦·利普哈特:《民主的模式》,陈崎译,北京大学出版社,2006 年,第 226 页。

③ 澳大利亚学者德里泽克谈到治理网络时指出:治理网络"通过协商而相互作用"。See John S. Dryzek, *Foundations and Frontiers of Deliberative Governance*, Oxford, 2010, p. 121.

④ Arthur Benz and Yannis Papadopoulos, ed., *Governance and Democracy：Comparing Naional*, *European and International Experiences*, Routledge, 2006, p. 37.

此基础上形成了一定的"共识",以影响议会的决议和利益的分配。然而不能不看到,这种协商同样存在着排斥某些行动者的方面。何包钢指出:"今天的民主政治有很多协商决策的空间,它们是不民主的。如他们排除了那些受影响的人和他们的代表,如闭门司法会议和听证会、高级法院的决定、专家会议、许多协商性公共论坛等等都在此范围内。"①何包钢的这一观点反映了今天一些民主国家的现实。从更深原因上看,当代所谓的"民主国家"均采取了多党竞争制度,伴随执政党选举的胜利,反对党处于在野地位。美国政治学家黎安友指出,美国版本的民主更加注重的是"对个体权利的强调","对政治中冲突和对抗表达的宽容,以及我们对政治过程可以被个体和集团合法地用来试图强迫政府为他们的自私利益服务的肯定"。这种以"对抗"为特点的美式的或西方式民主意味着一部分人当政,其他力量或被边缘化,或暂时被(如反对党)搁置。今天的东南亚民主虽然带有东南亚的特色,如强调了和谐或非对抗,但所采取的民主政治中也不乏"对抗"性因素存在,如泰国民主政治中"红衫军"与"黄衫军"的恶斗即为佐证。由于在政治舞台上存在着行动者事实上的不平等,决定了经过民主程序产生出来的"集体结果"的公正性也就不得而知了。而且这种政策一旦实施,必将带来矛盾和冲突。因此,在政治舞台上允许多元的行动者存在的同时,在社会层面上也必须允许和承认多元行动者的存在。这就走向了第二个方面,即体制外的协商治理。从 20 世纪 80 年代以来,东南亚国家的各种非政府组织获得了巨大发展,如民间组织、非营利组织、社会中介组织、各种协会、社区组织、新闻媒体、各种自发组织起来的运动和论坛,凡此种种构成了影响公共政策和实施的重要因素。这些行动者具有了不同程度的自主性、组织性、自愿性。它们的存在和壮大不仅标志着国家之外的自由结社的诞生,改变了威权主义时代一元化的国家主宰的、自上而下的、控制/服从的治理结构,而且行动者表现出来温和、理性与注重谈判协商的取向为协商治理提供了一种主观机制。美国政治学家达尔指出,发达的经济促进了社会资源和政治技能的流动性分布,在此基础上产生出来的多元利益集团为实现自己的利益和认同。为

---

① Baogang He, *Authoritatian Deliberation : The Deliberative Turn in Chinese Political Development*. 该文收录在天津师范大学政治文化与政治文明建设研究院、中国政法大学政治与公共管理学院:《第三届西方政治思想暑期高级研讨班阅读材料汇编》,2012 年 7 月。

了使它们之间的这种竞争白热化并通过压力和强制来解决，就需要通过某种程度的谈判协商来解决。①

(二)对话与沟通是协商治理的主要方式

在威权主义时代，公共生活的管理主要是在政府主导和控制下进行的，命令、强制或暴力构成了政治统治中的规则，即使政治生活中存在着某些协商，也主要是工具性的，即用来论证威权统治的合法性，如在印度尼西亚冠之以"人民协商会议"中的"协商"，更多是被用来论证苏加诺和苏哈托的设想的；处在威权统治下的民众或以顺民心态接受威权政治所作的安排，或以极端的方式进行抗争，但依然保留在非常小的范围内。在政府命令面前，民众或是以臣民的方式俯首顺从，或以暴力抗争。实现民主转型以来，治理发生了新转变，这里可以从两个层面加以分析：一是从宏观的国家管理层面考察。20 世纪 80 年代以来，随着民主观点深入人心，②完全依靠镇压的政府越来越不符合时代潮流，依仗强制方式对待社会的要求越来越引起人们的厌倦和抵制。在这一潮流面前，政权如何建设不仅是一个政体问题，也是国家的管理问题。面对这样一个战略性的问题，可以有四种不同的选择方案③：精英之间的妥协的协议式，大众与精英之间基于妥协的改革，精英之间基于强制的强加，以及大众与精英之间基于强制的革命。在上述四种模式中，后两种采取的是对抗方式，在这种方式中，一方可能胜利，但由于它的激进性，胜利后带来的政治体制和管理体制由于是建立在管理主体与客体之间非对称基础上，往往易于埋下社会动荡的祸根，而统治式的管理导致的权力集中不仅进一步加强了被统治者的怨恨，也对统治集团内部成员带来了不利影响。不仅如此，在这种治理中，由于一方统治地位的权力带来了唯意志主义和单向度人的权威人格发展。在此基础上的管理只能是以管代理(即秩序)，人治高于法治。而前两种方式是建立在对话和妥协基础上的。这种方式不仅在印度尼西亚、菲律宾、韩国等民主转型中得到体现，而且也在新加

---

① ［美］罗伯特·达尔：《多头政体》，谭君久译，商务印书馆，2003 年，第 88 页。

② 二战后，"一种世界性的民主精神应运而生。即使是那些显然反民主的国家也常常用民主的价值来证明其行动的正当性。反民主的公共论点作为一种概念已经几乎完全在世界上多数国家的公共辩论中消失了"。参见［美］塞缪尔·亨廷顿：《第三波——20 世纪后期民主化浪潮》，刘军宁译，上海三联书店，1998 年，第 55 页。

③ Terry Lynn Karl and Philippe Schmitter, Models of Transition in Latin America, Southern and Eastern Europe, International Social Science Jourmel, Vol. 43, 1991, p. 275.

坡和马来西亚等国家政治的自我调整中得到了反映。在这种协商与妥协中,谈判的双方力求实现彼此承认,并寻求建立用来约束双方的协议和制度。它的核心内容是"一个双方同意不再互相伤害、加强保障,彼此自主性或关键利益的妥协。它通常包含着放弃使用武力、不与外人(军队或群众)共谋,而且承诺将协商当作今后解决纠纷的手段"①。显然,这样一种治理是依规而治,依法而理,即先有规矩然后再治理。当然,这种协商治理不是没有问题的,但为日后民主巩固时期的协商治理建立了基本框架。

从微观层面上说,协商治理大量发生在公民社会之中,民主化建设为各种非政治组织参与社会与政治管理提供了空间,大大提升了官民共治和公民组织的合作能力。在印度尼西亚,在形成多元民主体制后,一个以媒体和市民组织联合的第三种政治力量兴起,他们参与政治,影响政府的决策,甚至与政府联合共同处理国内的一些重大问题。如在反腐败问题上,1998 年,印尼成立了反贪污的非政府组织——反贪观察委员会。这个委员会由一些律师、经济学家等社会名流组成。他们主要收集一些高级官员贪污的证据,并向社会公布。如果有必要向国家反贪委员会提出诉讼。菲律宾政府在政府和非政府组织的对话基础上为贫民建立了融资体系。这是一种新的土地交易制度。具体做法是,贫困社区以组织形式与地主交涉,在居住土地达成交易的情况下,以该土地为担保,同时,从政府获得长期低利率融资。在泰国,2003 年开展了政府、"开发僧"与农民三位一体的"一村一品"村落振兴运动。在其中,"开发僧"积累资金,成立互助组,采取后支付方式为村民提供肥料,培训互助组成员等,政府扶植和"开发僧"协同组合等。东南亚民主化以后类似的各种官民结合或民间合作性组织获得了巨大发展,他们各有自己的网络。菲律宾政府发展了与商界、劳工界和非政府组织的"战略联盟"。新加坡政府在合作主义思想指导下发展了半官方、半民间性的民众联络所、居民委员会和人民协会等组织,使这些非政府组织经常把最下层的群众和社会利益集团的利益要求反映到政府决策层,而政府在做出重大决策前,这些非政府组织为政府提供咨询和信息服务,积极影响政府的政策制定。马来西亚政府提出了公共部门不再控制和指导,而是与私人部门之间建立合

---

① [美]吉列尔莫·奥唐奈等:《威权统治的转型》,景威等译,新星出版社,2012 年,第 52 页。

作关系。① 印度尼西亚在苏哈托下台后,公民社会团体或非政府组织迅速增多,由450个非政府组织成立的国家环境论坛成了影响政府环境政策和管理环境的重要力量。上述国家中,非政府组织与政府之间的双向合作网络的主要作用有:①在政府授权的范围内进行决策,②参与政府决策过程,③公开争论信息,④指导公众意见,⑤监督官员,⑥市场政策调查,⑦监督政策落实,⑧反映社情民意。凡此种种,从多个方面形成了官民合作治理的环境。

四、协商治理在民主巩固中的价值

东南亚国家在民主巩固时期,民主制度设计中的价值与规则、民主的实践有很大一部分是在协商方式中进行的,协商治理在其中扮演了重要的角色。

（一）官民的民主"共识"为民主建设提供了基础

自近代法国启蒙思想家卢梭提出公意思想与人民主权理论以来,公意思想已经深入人心并转变为宪政制度。然而现实政治实践说明,在一个充满了利益与阶级对立的社会中,民意中的"民"从来分为不同集团,而假借民意,实则树立一人或一部分人意志与权威在威权主义国家有案可查:印度尼西亚的"人民协商会议"是在"人民协商"外衣下苏加诺、苏哈托意志的扩展,而人民协商会议不过成了威权者手中的工具。新加坡的国会更多地为总理领导下的人民行动党控制,国会成为政府总理的"橡皮图章"。马来西亚议会在"马来西亚就是马来人的国家"政治原则下成了马来民族用来对付其他少数民族的工具。民主转型后的民意机构重新树立了"共识"在民主政治中的权威。然而,这里的"共识"已经不同于卢梭提出的共识。如果说卢梭提出的"共识"以"绝对同一"为核心带有强烈的同质性特点,那么东南亚国家的"共识"则强调了包容性,其核心价值是"多元的统一"或"和谐"。在东南亚国家民主实现民主转型的三十余年中,尽管各种社会运动和抗争运动不断,但不论在民间还是精英层面,都把谈判、协商作为解决社会问题的重要途径。从民间看,在东南亚民主化过程中,参与其中的中产阶级不少人已经接受了一定的教育,其中特别是大学生和具有大学学历的中产阶级普遍接

---

① See Ian Marsh ed, *Democratisation*, *Governance and Regionalism in East and Southeast Asia*: *A ComparativeStudy*, Routledge, 2006, p. 139.

受了自由民主的价值观念。在解决社会问题时更多诉诸法治和制度途径，那些生活在与大陆分离的岛屿和封闭的山地上的民族也开始通过谈判方式解决他们和中央政府之间的利益划分；而处在现代化进程中的政府和社会精英集团在巨大的经济压力和民主化面前也不希望通过暴力解决矛盾和冲突。这就使官与民之间在寻求民主方式解决矛盾和问题上达成了最低限度的共识，这其中不能不看到协商治理的重要价值。

（二）协商治理构成了民主政治合法性的重要途径

在现代政治中，政治合法性的获得有两种：一种是授权意义上的合法性，主要表现为公民通过一定的民主程序产生政府，这种合法性意味着政治权力来源的正当性和政治体系的合法性。在此，东南亚国家选举制度解决了权力的转移不再通过权权相授或暴力争取。权为民所授构成了一个信条，已经在东亚国家的民主转型中建立起来。而民众授权的主要方式就是选举，在选举上，一定的选举规则和程序设计和实施本身就凝聚着谈判与协商的因素；另一种是政策与治理意义上的合法性，主要表现为一项政策和治理来源于利益相关方的认可与接受。澳大利亚学者德里泽克从协商治理的角度对合法性进行了解释，指出："合法性可以以多种方式获得，并不完全通过民主政治的方式。但在民主政治中，有机会参与到协商活动中的行动者精心接受集体决策，这个前提极其重要，这是合法性的核心，是合法性表达的开端。"①在这里，合法性与科学和民主决策密切联系在一起。处在民主建设时期的东亚国家从政权意义上已经解决了合法性问题，但在大量的国家建设任务和外部多元行动者的冲击面前，政府在决策上能否与利益当事人进行沟通和协商，其政策能否得到民众的支持，同样影响到政治合法性。尽管在一个多元社会中，任何决策不可能做到照顾各方面的利益，但是尽可能照顾大多数人利益，展开对话协商也就成为政策与治理合法性的关键环节。在此，东亚国家的政府在治理中不同程度地吸收和接纳了公民社会或非政府组织参与，在一些公共事务上实行官民结合，合作共治，不仅奠定了政策与治理的合法性基础，也有效地巩固了民主政治。

（三）解决或缓和国家建设中出现的问题

东南亚国家多是发展中国家，在发展经济的同时，加强民主建设是当代

---

① See John S. Dryzek, *Foundations and Frontiers of Deliberative Governance*, Oxford, 2010, p. 143.

东南亚国家建设的重要内容,但既然是民主建设,就意味着目前东南亚国家的民主依然是一个不成熟的民主。一方面,这些国家已经建立了"竞争性的政治体制"①,诸如民主选举、多党制度、议会制度、分权制度等。另一方面,由于传统文化和社会发展水平问题,这些国家在民主建设上还存在诸多的问题,诸如选举中的舞弊和贿选、多党之间的对抗、执政党内的私人化、庇护关系对政府组织中的渗透、裙带关系、等级秩序影响,凡此种种都阻碍着民主建设的健康发展。要解决这些问题,发展经济、提高人民的文化水平是一个方面,但一个国家的民主建设需要多元行动者的共同努力。而要完成这一工程,需要各方的合作和协商,在沟通中,双方就实际关心的问题交换意见,达成一致,这正是成熟民主的关键。德里泽克指出:"协商思想的核心是一种成熟的民主质量观念。因为体系的协商能力越强,它的民主质量也就越高。"②

值得注意的是,威权主义政治在对国家的统治和管理上始终在刚柔两种手段之间徘徊,或是采取暴力与强制对待反对派,或是以"好政府"形象出现于民众面前。民主转型后的东亚国家送走了威权政治,却又迎来了"对抗性"政体的发展。如何避免威权主义时代的刚柔二元对立? 如何避免民主制本身可能带来的对抗局面? 协商治理为摆脱这种困境提供了一个机制。在这一机制中,参与其中的各个方面通过对话化解矛盾,最后实现在大多数人都能接受的规则基础上的合作共赢。

(四)弥合社会内部的深度差异

与世界上大多数国家一样,东南亚国家是多元文化③国家,不同民族文

① [美]塞缪尔·亨廷顿:《东亚民主政体的进步与局限》,见刘军宁编:《民主与民主化》,商务印书馆,1999 年,第 273~274 页。

② John S. Dryzek, *Foundations and Frontiers of Deliberative Governance*, Oxford, 2010, p. 143.

③ 学界对多元文化有不同的解释。从国际政治意义上讲,多元文化主要指世界文化的多样性;从价值意义上讲,多元文化主要指不同的价值存在,以后现代主义为代表。从社会组织形式意义上讲,多元文化指多种文化组织形式,如阿布杜莱指出:"文化多样性是指拥有不同文化特征的群体得以共存的一些稳定的社会组织形式。"参见联合国教科文组织编:《世界文化报告:文化的多样性、冲突与多元共存》,关世杰等译,北京大学出版社,2002 年,第 106 页。从族群政治意义上讲,多元文化指多族群共存,如约翰·莱克斯(John Rex)指出:"多元文化在经验上是一种人口结构状况,它涉及一种社会(可能是民族国家,也可能不是,但也可能包括一个帝国)拥有两个或更多的族群,每一个族群都拥有自己的文化特质,甚至这些文化特质与其他族群的文化特质重叠,然而这种特性足以构成一个不同的文化认同的共同体。"See John Rex, ed. *Governance in Multicultural Socie-ties*, Ashgate Publishing Limited, England, 2004, p. 4. 本书所用的多元文化主要指族群意义上的多元文化。

化的存在有益于文化的创新,但"文化的差异却加剧分裂和冲突"①,从而使东亚国家在民族国家建设未完成的条件下,就面临着国内多种族、多语言、多文化的挑战。在全球化不断加深影响的今天,东南亚国家的这种多元文化局面与国际上的多元文化交相辉映,更使东南亚国家深受文化差异之累。不仅如此,由于东南亚国家又是发展中国家,发展中出现贫富悬殊现象更是不可避免。如果说,经济上的差距可以通过发展经济和国家的政策调控加以缓和,而文化上的差异涉及不同民族之间的相互承认和接纳,属于民族整合和融合问题,不是一时可以解决的,它需要一个长期的过程。为了缓和这种差异,东南亚一些国家试图用强制同化的方式实现民族同质化,但事与愿违,它所带来的只能是少数民族民族意识的强化和民族矛盾的加深。面对社会内部的这种深度差异,民主转型后的东南亚国家力求通过政治上的和公民社会之间的协商对话缓和社会内部的差异,弥补彼此之间的隔阂,建立一个相互宽容和承认的和谐的社会。在新加坡,政府建立了用来保护少数民族权益的"少数民族团体权益委员会""宗教和谐总统委员会",人民代表深入社区访问制度以及建立了带有跨族群、跨帮派的社团组织,加强了政府与不同文化之间的对话和协商。在马来西亚这样一个半民主的国家中,"马来的精英与非马来人(主要是华人)团体之间的不平等联合"构成了这一国家的重要特征。② 面对经济全球化和华人强大的经济实力,20 世纪 90 年代以来,马来西亚政府缓和了 70 年代以来提出的"马来人优先"的政策,力主民族平等与和谐。总理马哈蒂尔提出,不同族群,特别是马来人和华人"不要再分彼此,而要互相容忍和接纳"③。这些政策或主张为政府政策的转向提供了指南。而从现实经济发展看,随着马来西亚现代化的发展,不同经济之间互补性的加强,马来人和华人之间的分野逐渐淡化,两个民族之间的合作领域也日益增多。1992 年,马来工商总会和马华工商联合理事会设立有关机构,为进行华巫经济合作拟定了广泛的原则和指南,确定了联营的优先领域,收集潜在的联营计划的各种资讯,编定合作计划书及进行登记,并解

---

　　① [美]塞缪尔·亨廷顿:《我们是谁? ——美国国家特性面临的挑战》,程克雄译,新华出版社,1998 年,第 136 页。

　　② See DanielA. Bell, ed., *Toward Illiberal Democracy in Pacific Asia*, Macmilian Press LTD. p. 88.

　　③ [马来西亚]《南洋商报》(1995 年 8 月 31 日)转引自:韦红:《东南亚五国民族问题》,民族出版社,2003 年,第 134 页。

决华巫合作中出现的种种问题。

协商治理除了上述的积极作用外,在培养公民意识与公民文化、缓和国内矛盾、维护政治稳定、促进民族和谐与社会发展方面确实都有很多值得挖掘的价值。尽管东南亚国家的协商治理在民主巩固上具有重要价值。但要看到,由于东南亚国家缺乏民主传统,民主政治的起步和发展主要是在最近几十年。更重要的是,由于亚洲国家多是在原生文化基础上建立的,传统文化中存在的裙带关系、家族本位、庇护关系、权威崇拜、贪污腐败依然具有市场,并深入到治理机制中,表现为不少公民组织或非政府组织与裙带关系、庇护关系联结在一起,和"关系资本主义""家族资本主义"相互配合,即有可能培养起一个又一个强大的利益集团,严重影响着协商治理中的"公共性"、合作的信誉程度以及民主政治的可持续发展。西方学者克拉克指出："在亚洲,民主与政策扭曲之间的关系远比政策改革之间的关系紧密。"①就民主政治巩固而言,民主化的发展并没有改变东南亚工商业与政府之间的庇护关系的性质,日益滋长的腐败和工商业的胡作非为严重影响着协商治理的效果。20 世纪 90 年代,亚洲不少国家出现的投机取巧和公然的犯罪不仅暴露出这些国家的金融监管能力的下降,也暴露出庇护关系和腐败的联合效应给协商治理带来的危害。因此,整治社会、完善法制同样是东南亚国家要完成的重要任务。尽管东南亚的协商治理存在很多问题,但其价值依然是值得肯定的。

五、小结

东南亚国家的民主化转型为发展中国家的民主建设提供了一定的启发。

首先,民主建设的途径问题。民主化转型是一个不确定的时期。民主的发展面临着诸多艰巨的任务。民主政治朝什么方向发展？怎样发展？各个国家有自己的国情,在内无经验外有威胁的条件下,需要各方面的探索。任何不经慎思的行为都可能给民主政治的发展带来不利的影响。如人们所知,民主政治的建立是与利益分配联系在一起的。而所有利益的获得都不可避免地带来竞争,并将这种竞争的结果带到制度中。从威权政治转变为

---

① [美]詹姆斯·F.霍利菲尔德：《通往民主之路：民主转型的政治经济学》,何志平等译,社会科学文献出版社,2012 年,第 209 页。

民主政治并不是自发形成的,而是利益方博弈的结果。博弈中各方的偏好要达到一个合理的聚合并为日后的政治稳定奠定良好的基础,需要各方的思考、学习和对话,并在此基础上达成一个包容性的"共识",实现合作共治。在此环节中,对话协商是一个重要方面。而从实践环节看,合作共治同样不可忽视,它将设计出来的规则和计划运用于实践并进行检验,暴露问题,再进行协调和完善,在实现公共治理的同时,推进民主的发展。从这一意义上讲,协商治理是增量民主和完善民主不可或缺的环节。

第二,从政体与治理的角度看。政体涉及一系列的权力安排,特别涉及国家重大利益的安排,具有宏观性、根本性、全局性和正式制度性特点。一定的政体建立后要保持稳定,变动起来需要谋划。而治理涉及很多具体政策与实施手段的设计与运作,具有多样性、局部性、灵活性。因此,一个国家可以在政制既定的条件下,增加和改善协商治理,从具体政策实施中,灵活地协调各方面利益,将社会矛盾控制在更小的范围内。后发国家处在国际与国内竞争复杂因素的影响中,政策实施中存在很多不确定因素,加之风险社会影响,更使这些民主体制尚未健全的国家面临着巨大的压力。在这种情况下,如果不采用国家和社会协商共治机制,社会生活中的很多矛盾得不到妥善解决,微观领域中的很多事件就会汇集成燎原之势,并对政体构成冲击。因此在民主建设中,采取协商治理机制可以有效地弥补制度设计中存在的漏洞和缺陷。

第三,合作性思维有益于民主的健康发展。从思维方式看,民主政治不仅需要竞争,同时也需要合作。但在西方民主中,往往以"对抗式"民主为特点。在这种民主中,非此即彼的二元对立思维不仅在选举时把对手视为敌人,将对方打败,而且对方执政后出现的任何一点瑕疵,都将给予扩大,攻其一点,不及其余,以使对手支持率下降,从而达到自己东山再起、掌握政权的目的。当然,这种对抗不是没有协商,而是以"对抗为主,协商为辅"①。而协商治理的精神侧重于在对立的双方中寻求一种合作、和谐和协调。这种思维方式在实际的治理中将转变为公民心理和为政伦理,对民主政治的可持续发展是有益的。

---

① 王治河等著:《第二次启蒙》,北京大学出版社,2011 年,第 274 页。

第四节　埃及的民主选择与政治整合困境

一、埃及政治整合分析

2010 年年底,在北非和西亚的阿拉伯国家发生了一系列以"民主"和"经济"等为主题的抗议运动,俗称"阿拉伯之春",在强大的抗议示威浪潮中,多位政治强人和独裁者如多米诺骨牌般接二连三地倒下,长袖善舞的穆巴拉克也未能幸免,但穆巴拉克倒台并没有给埃及带来预想的局面,继任者民选总统穆尔西试图以全民总统自居,先是通过修宪扩大总统权力,随即在政府中大力培育宗教派,压制世俗派,埃及政治伊斯兰化倾向抬头,借用埃及共产党总书记沙拉·阿德里的话:"穆尔西上台后,群众发现其独裁、法西斯的本性,他们对资本主义更反动和更寄生的阶层的利益的偏袒以及管理埃及这样规模国家的无能就暴露无遗。"[1]结果在执政不到一周年之后,终因国内政局剧烈动荡,抗议声浪不断,民怨鼎沸,最终被埃及军方解除总统职务。青年反抗(Tamarud)运动在当时征集了 2200 万个带有身份证号码的埃及公民的亲笔签名,希望撤回对穆尔西的信任,其人数足足占了埃及总人口的四分之一,足见其不得人心。[2] 此举在埃及又引发了更大的社会分裂与动荡,埃及似乎又要回到历史的原点:埃及军方出面清场,宣布国家进入紧急状态,实行宵禁,社会秩序才得以简单恢复。

作为中东有重要影响力的大国,埃及的政治之困折射出阿拉伯世界在民主化过程中面临非常复杂的国际与地缘政治背景和文化冲突,这种所谓的"夹生民主"与"夹缝民主"反映出阿拉伯世界在移植西方民主制度方面所面临的普遍困境。时下有很多人在理解民主时,认为民主就是"竞争性选举",有了竞争性选举就有民主,没有竞争性选举就没有民主。其实不然,埃及今天的困局就充分说明:在一个高度异质化、缺乏民主传统和有效的整合机制的国家,简单照抄照搬西方的民主模式可能就会埋下动乱的种子。对于发生在中东国家的那次动荡,学界从各个层面给出了解释,本书从系统论

---

[1] ［埃及］沙拉·阿德里:《穆尔西政权垮台与埃及的未来选择:埃及共产党总书记沙拉·阿德里》,宋丽丹译,载《当代世界与社会主义》,2013 年第 5 期,第 106 页。

[2] 同上,第 107 页。

角度出发将其归因于政治整合之困。

政治整合是针对政治冲突而言的。政治体系的每个成员都有特殊的偏好,常常会因为利益、种族、民族、阶级地位观念、文化的差异表现出一定的冲突特征。美国学者兰尼认为:"政治即冲突,无论何时何地,人们总是为了实现各自的目标而展开各种形态的斗争,人之本性是造成这种现象的根本原因。"①公共选择理论奠基人布坎南毫不避讳地认为,政治体系的本质就是冲突,"政治非常直接地变成冲突的竞技场,其中占主导地位的联盟的成员从不具有联盟成员资格的人们身上获取所希冀的利益"②。不同的社会形态,政治冲突的烈度呈现出较强的差异,民主社会到底是助长抑或抑制了冲突,恐怕很难有定论,而且政治冲突不全具有消极意义。毋庸赘言,民主机制是化解政治冲突的最佳机制,其通过一系列竞争、谈判、协商等非暴力手段为冲突的化解创造一个公共空间,在这样一个空间,各种不同的偏好都能得以充分显示。"任何人都不能够肯定他们的利益最终将占上风,资本家在以民主模式处置的冲突中并不总是取胜……所有的力量都必须反复进行斗争来实现自己的利益……每一个人必须将其利益置于竞争和不确定之下。"③

既然政治冲突无法从根本上消除,政治整合的功能就是运用国家政权的力量将差异化的不同群体与个体纳入体制化的结构中,通过一系列制度化的安排协调矛盾、解决冲突。外国学者从 20 世纪五六十年代开始对政治整合理论持续关注,中国最早使用这一概念的是学者孙立平教授,他在 1990 年发表的论文《异质性社会·政治整合·政治稳定》中使用了这一概念,之后迅速成为学术研究的热点。但对这一概念的理解迄今为止仍莫衷一是,中外学者分别从各自的研究论域对其做出各种各样的解释。④ 本书从系统论角度入手,认为政治整合是以现代国家为主体的政治组织采取各种有效手

---

① ［美］A. 兰尼:《政治学》,胡祖庆译,五南图书出版公司,1990 年,第 6 页。

② ［美］詹姆斯·M. 布坎南等:《原则政治,而非利益政治》,张定淮等译,社会科学文献出版社,2004 年,第 27 页。

③ ［美］埃尔斯特:《宪政与民主》,潘勤等译,生活·读书·新知三联书店,1997 年,第 71 页。

④ 国内学者对于政治整合概念的定义可概括为以下几类:强调要素功能的系统整合说,强调主权一致的权力整合说,强调政党权威的政党整合说,强调国家社会关系的政社整合说,强调政治稳定的秩序整合说。外国学者对政治整合的研究始于 20 世纪五六十年代,分为两个维度,其中有以梅因·温纳为代表的横向整合理论(HorizonalIntergration)与卡尔·多伊奇为代表的纵向整合理论(VerticalIntergration),具体内容不再赘述。

段消除系统"熵"的过程。① 这里需要强调的是：首先，政治整合必须突出现代国家主体性地位，并不排除其他力量的参与，无权力即无整合；其次，政治整合必须从优化系统要素配置入手，追求系统性的稳定，而非简单的"头疼医头，脚疼医脚"；再次，政治整合绝非要消除政治冲突，而是为冲突协商达成提供体系化的通道；最后，政治整合必须实现政治系统与外部环境的良性互动，强调政治系统对外部环境的适应能力和系统对外部环境的能动改造。

二、埃及政治整合困局探源

著名比较政治学者白鲁洵（Lucian·Pye）在研究发展中国家的政治困境时，概括出了著名的"六大危机"说，其核心即整合危机，整合危机则是由认同危机、法统危机、参与危机、贯彻危机和分配危机所致。② 埃及社会面临的危机说到底就是政治整合的危机。埃及政治整合危机主要体现在以下方面：

（一）埃及与美国、阿拉伯世界国家关系整合失范，导致国家自主性缺失

以往学界在谈论政治整合时，普遍重视国内政治整合。在全球化的今天，主权国家在进行国内政治整合时，必须处理好内部与外部复杂的关系，需要充分考量来自区域内外各种力量的渗透与影响，很多国家政治整合失败与未能有效处理好与区域内外大国的关系休戚相关。特殊的地缘政治构成了政治整合的外部环境，有时甚至成为影响政治整合的决定性因素。

作为阿拉伯世界较早实现政权世俗化的国家，埃及必须首先妥善处理与阿拉伯国家的关系，不管是纳赛尔还是萨达特，都曾经高举阿拉伯民族主义的旗帜，自觉承担起为阿拉伯世界收复失地的神圣使命。但屡次中东战争的节节失败使萨达特认识到，承认以色列并修复同其关系更符合埃及的国家利益，此举在其他阿拉伯国家看来是屈辱的"媾和"，埃及因此一度被开除出"阿盟"。穆巴拉克执政后，充分认识回归阿拉伯世界的重大意义，大力改善与阿拉伯国家的关系，最终重回阿拉伯大家庭的怀抱。

以民族复兴责任为己任的穆巴拉克为了使埃及尽快摆脱尴尬的处境，实现富强和民主，最终选择全盘西化，埃及一度保持了较高经济增长速度，

① 之所以选择系统论，一是系统论本身强调整合属性，二是基于不同视角的政治整合概念确实需要整合，也就是对政治整合的"整合"。

② L. W. Pye., *Aspects of Political Development*. Boston：Little Brown & company，1966. pp. 63 – 67.

一跃成为新兴经济体,甚至有机会加入"金砖"国家。但经济高速增长带来的表面繁荣很快磨灭了穆巴拉克继续改革的热情,削弱了精英阶层深化改革的意愿。穆巴拉克政府虽极力表现出在外交上的独立自主性,但时时刻刻都须小心翼翼地维持阿拉伯世界与美、以之间的战略平衡。由于美国对中东事务的主导,政治强人穆巴拉克开始患上了严重的美国依赖症,他以为,只要有美国的支持,穆氏政权便高枕无忧。

在阿拉伯社会内部深刻的变革浪潮下,形势开始变得微妙,曾经亲密无间的埃美关系也开始变得脆弱。继续支持穆巴拉克政权不再符合美国的价值观,有损美国形象,寻求新的代言人更合乎美国利益。有趣的是,得到军方与美国器重的沙菲克却无法通过美国信赖的游戏规则当选,最终当选的是从一开始就不被看好的穆兄会领袖穆尔西,但其执政不到一年也终因内外交困、四面楚歌被"顺理成章"地罢黜。"华盛顿对埃及局势看似出言谨慎,奥巴马用词也小心翼翼,竭力表现中立。"①华府"不选边站""不干涉",无非是默许埃及军方行动,新干涉主义与"巧实力"外交结合得如此巧妙,让人叹为观止。

(二)国家权力整合失范,带来民主运行的虚化

作为埃及政治整合的支柱依靠力量,埃及政治系统内部权力配置出现结构性失衡,分权制衡的原则从来没有真正得以贯彻执行。19世纪中后期以来,埃及也效仿西方进行了　系列的宪政试验。1922年,埃及名义上获得独立,次年以比利时宪法为蓝本,通过了埃及历史上第一部君主立宪制宪法。1952年的"七·二三"埃及独立革命以来陆续颁布了几部宪法,其中以1971年萨达特执政颁布宪法影响最为深远。这部号称埃及历史上的永久宪法,其核心内容效仿美国实施总统制、多党制,建立以自由民主制为核心的资本主义制度,奠定了埃及政治体制的基础。这部宪法在相当长的一段时间内对于维护政治稳定、保障社会团结起到了非常重要的作用。此后在穆巴拉克执政时期,陆续对其进行了一定程度的修改,大大推动了埃及民主化的进程。可是随着穆氏地位的稳固与影响力的不断提升,穆巴拉克开始愈发不受约束,有学者甚至戏称:埃及修宪与其说是推进埃及民主化进程,毋

① 李伟建:《埃及未来局势走向解读》,http://xmwb. xinmin. cn/xmwb/html/2013 – 08/01/content_38_1. htm。

宁说是穆氏为自己"量身打造宪法"，特别紧急状态权的规定就体现了这点，尽管这一权力并非赤裸裸地体现在宪法文本中，"宪法现在奉行的是作为埃及政治结构永久部分的一种技术性临时国家紧急状态，并且将安全措施从宪法监督中隔离开来"①。在许多埃及人看来，这一规定几乎赋予了总统不受限制的权力。

穆巴拉克下台后，其继任者民选总统穆尔西非但没有从中汲取教训，反而仰仗民意变本加厉，先是自我授予总统法令专权，限制司法权力，剥夺法院对议会的制衡权。"其实质性的专权程度甚至超过了穆巴拉克假惺惺的宪法承诺中所构建的权力。"②其政治生命从一开始就注定以悲剧收场。

另外值得注意的就是埃及军方及其特殊的地位，军人当政被看成是埃及政治现代化中的别样传统，军队及军队统帅始终是现代埃及政治生活中的重要力量。埃及现代化进程的启动，与军人统帅息息相关。应该看到，在埃及社会每每陷入社会分裂与全面内战的紧要关头，军方都能力挽狂澜，最后还能还政于民，推进民主政治发展。如 2011 年年初与 2013 年夏先后以坦塔维和塞西为代表的军方，前者通过政治手腕使政治强人穆巴拉克知难而退，后者借助军事政变使民选总统穆尔西立即下台。"军人当政与军队统帅在政治现代化进程中的不同角色，既源自他们对自身利益的认知和维护，又仰赖埃及民众的政治倾向，兼具私心与公意，最终自觉或不自觉地充当了推进政治现代化的有力工具。"③

"军人干政的制度化"也是埃及政治的特色之一。本来军队应该保持国家化或中立化，但埃及军方地位就是特殊。中东问题专家马晓霖认为："作为国家命运的中流砥柱的埃及军方，却控制国家 40% 经济命脉，享受多年的政治话语，但各个私心重重，不是去努力调解政党纷争，为民主转型保驾护航，却依仗民众的朴素信赖剥夺民选政府权力合理化，粗暴地以监国之名发动政变……尽管从维护稳定、结束动荡、恢复秩序和重建经济生活的角度看，军队夺权有其自圆其说的理由，但破纪录的大流血并未见证埃及军队的

---

① Nathan J. Brown, Michele Dunne and Amr Hamzawy, Egypt's Controversial Constitutional Amendments, *Carnegie Endowment for International Peace*, March23 ,2007.

② 和静钧:《谁动了埃及宪法的奶酪》, http://www. changjiangtimes. com/2012/11/422698. html.

③ 刘志华:《军人当政:埃及政治现代化中的别样传统》,载《世界知识》,2013 年第 15 期,第 25 页。

脱胎换骨和将军政治的超大智慧。"①

（三）次贷危机下的埃及社会内部分裂加剧，社会整合失范

经济问题是这次西亚、北非持续动荡的最直接动因。2009 年爆发的美国次贷危机也迅速波及阿拉伯世界，中东国家不同程度受到冲击。由于长期以来经济对外部的高度依赖（特别对旅游业与航运业过分仰仗），加之政策失误和不受控制的人口增长，伴随世界粮食价格的日趋高涨，埃及面临着前所未有的经济衰退，失业、贫困和通货膨胀，以及因特权滋生的贪腐和社会贫富差距的过于悬殊化，导致整个政治系统几近崩溃。

据联合国发表的中东国家发展报告称，2005 年，中东国家总体失业率高达 14.4%，远远高于全球同期 6.3% 的平均水平，其中又以高学历的青壮年失业为主。2005 年，埃及贫困率高达 41%，这些人日均生活消费不足 2 美元。与此同时，持续的高通货膨胀率导致物价上涨，2003 年以来，埃及通货膨胀率就已超过了国际设定的 2% 的警戒线，而 2008 年、2009 年的通货膨胀率则分别高达 18.3% 和 11.8%，已经严重超出其社会可能承受的程度。②

与之相对应的是埃及社会贫富分化严重，严重的社会不公正和不平等导致的贫富分化引发了民众对于国家与政府的合法性的质疑。开罗大学的社会学家阿明在 2011 年 2 月 1 日出版的《埃及新闻报》上撰文指出："埃及全国 8500 万人口可分为三个阶层，第一个富裕阶层占人口总数的 20%，但他们拥有的财富却占社会财富总量的 55%；第二个阶层是中产阶层，这一阶层 20% 的人口占有了 27% 的社会财富；而剩下 60% 的人口构成了第二个低收入和贫困阶层，他们拥有的财富仅占 18%。"③埃及社会的分裂空前加剧，尽管埃及人大多属于伊斯兰教逊尼派，但在政治精英集团内部，世俗派与宗教派之间、穷人与富人之间的裂痕已经难以弥合。

另一个引发埃及民众强烈不满的就是严重的腐败，以执政 31 年之久的穆巴拉克为例，其家族的财产估计有 20 亿至 700 亿美元不等，开罗美利坚大学政治经济学教授萨米尔·索里曼说："穆巴拉克家人的腐败不是盗窃预算，而是把政治资本转移到私营资本中，使得这种腐败往往更加具有很强的

---

① 马晓霖：《喋血埃及，也许大家都错了》，http://bjyouth.ynet.com/3.1/1308/17/8210978.html。
② 李伟：《现代埃及：历程以及多重因素》，载《三联生活周刊》，2011 年第 29 期，第 78 页。
③ 《埃及社会贫富分化严重，两成富人拥有五成社会财富》，http://www.guancha.cn/54194/2011_02_17_54201.shtml。

隐蔽性。"①可以设想，对于已经多年浸淫在所谓民主氛围中的埃及人来说，持续容忍这样的政府确实是一件不容易做到的事情。

（四）多元文化背景导致埃及文化认同分裂

文化构成了政治发生的背景，提供了一种解释人的动机和行为的框架，离开了文化背景，任何一个具体动作就像演员在没有布景和道具的舞台上表演一样，其意义是无法确定的。② 埃及现行的民主制度主要是移植了西方现代自由民主制度的经验，这套政治制度是以西方的基督新教文化为前提的，基督教文化在"人性哲学上所宣扬的个人自由救赎行善等思想，为现代民主政治的发端奠定了伦理基础。新教伦理与资本主义精神的融合并借助欧洲中世纪的文艺复兴和宗教改革运动将基督文明成功推向了世俗化"③。这种以基督教伦理为范本的民主模式在遭遇伊斯兰文明所倡导的禁欲、强调等级与集体规范价值时能有多大适用性，本身就值得怀疑。西方的自由与民主制度遭遇伊斯兰文化土壤，水土不服就不足为奇了。

埃及乃至整个中东国家政治整合的困境根源于伊斯兰文化和基督新教文化的剧烈冲突中，近现代以来，伴随着全球化的猛烈狂潮，中东国家一直在东方与西方、伊斯兰文化与新教文化之间徘徊、游弋。阿拉伯世界在强势西方文化的渗透下，其挫折感与日俱增。其中原因很复杂，但很重要的一点是西方世界的崛起伴随着对整个阿拉伯世界的压迫、掠夺和征服为前提的，西方世界的崛起史可以说是一部阿拉伯世界乃至整个第三世界的屈辱史。工业革命以来，阿拉伯世界被边缘化的倾向越来越严重，社会结构越发畸形化，很多穆斯林精英阶层对自身文化的怀疑与日俱增。

三、埃及政治整合的前景展望

作为曾经的世界文明中心和阿拉伯世界之首的埃及，遭遇今天的政治困局确实应该说是一件让所有埃及人痛心的事情，分析并总结埃及今天政治困局形成的深层次原因，着力于政治整合使之尽快摆脱目前的窘境，埃及的政治前景还是可以预期的。为此，埃及政府应做到以下几点：

---

① 安维华：《埃及政治变局与经济因素》，载《北京教育》，2011 年第 4 期，第 7 页。
② 李路曲：《文化的冲突与认同的建构》，载《学术界》，2012 年第 9 期，第 99 页。
③ 胡薇薇，周一萱：《中东国家政治秩序失范与重构问题研究》，载《陕西行政学院学报》，2013 年第 2 期，第 55 页。

（一）重建更加平衡的外交战略，摆脱对美国的过度依赖

在穆巴拉克执政早期，应该说非常注重平衡的外交战略，积极谋求与美苏等大国的多边关系。为了摆脱在萨达特时期因与以"媾和"而在阿拉伯世界陷入的孤立，埃及积极寻求在美国与阿拉伯世界的战略平衡，但长期执政造成的惰性使得这一战略最终无疾而终。继任者穆尔西的执政堪称失败，但对埃及未来外交战略的思考非常值得肯定。穆尔西总统的新闻发言人亚西尔·阿里指出："穆尔西正试图为埃及外交政策打上独立和开放的标志，埃及外交将会更加积极，更加具有活力……埃及处理外交关系的准则是以保证埃及利益为目的的平衡外交。""埃及并不是要和所有国家竞争，也不寻求与他国同盟，但我们在追寻埃及应当享有的真正的角色。因为不论就地理、人口而言，埃及都应该有一个大国的影响力。这才是重新定位埃及地区角色与国家安全的真正含义。"[①]

在国际政治体系的中，外交战略选择最终要依赖综合国力，尽管埃美实力相差悬殊，但作为地缘政治大国，埃及也有自己独特的筹码，那就是埃及对于美国中东战略至关重要的意义，"能源、以色列、巴以问题构成美国中东战略的核心"，埃及恰恰成为美国中东"三位一体"战略的支点。埃及扼守整个能源运输的咽喉动脉，同时埃以关系对阿拉伯国家具有示范意义，美国当年极力促成埃以签署和平条约就是希望埃及带好头。开罗曾经也是阿拉伯世界义化之都，埃及在公众舆论、义化生活方面对整个阿拉伯地区的影响是巨大的。"一个对美国友好、温和、现代、世俗政府统治的埃及，将对本地区产生重要而有影响的榜样作用。同样，一个对美国在本地区政策有敌意的埃及，将产生巨大的消极影响。"[②]美国在反恐、巴以等问题的解决上需要埃及的支持与协作。由此看来，埃及只要做好自己的事情，就能在外交上赢得更多的主动，赢得定位平衡外交战略的主动权。

（二）制定更具包容性的宪法，有效整合国家权力

1.制定政治路线图

对于发展中国家而言，民主转型由于涉及不同政治力量的重新洗牌，过

---

①　《埃及向东："穆尔西主义"成型》，http://www.dfdaily.com/html/51/2012/8/28/851651.shtml。

②　Abdel MoneimS aid Alyand Robert H. Pelletreteeau，"US？EgyptianRelations，" *Middle East Policy*，2001，Vol8，No2.

程绝不可能都是一帆风顺的,把出现某种程度的回潮不妨看成是黎明前的黑暗。尽管埃及的民主转型遭遇较大的挫折,但客观地看,政治强人穆巴拉克的倒台是埃及具有里程碑式的事件。从最现实的角度看,埃及当下最重要的任务是首先稳固政权、恢复秩序、发展经济并解决民众的生活困难。这一切若没有稳得住的权力,在时下这样一个分裂甚至有陷入内乱的危险的国家想当然地实施竞争性选举,只能使局面更糟。另外,还必须理性看待埃及军方在特殊历史时期的使命与责任。得到军方支持的临时总统必须站在埃及国家利益而非狭隘的集团利益的高度制定新的政治路线图,促进民族和解,并提出"还政于民"的具体时间表,尽量避免"超宪法原则"的频繁使用,使埃及政治尽快重回正轨。

2. 制定一部更具包容性并能保证有效实施的宪法

卢梭曾言:"最强者也不能总强大得永远做主人,除非他能把力量转化为权利和服从的义务。"①卢梭在这里所言的"法"是强调法的"公意"属性。卢梭认为,要想获得国家的长治久安,必须寻求制定一部具有更强的"公意"属性的宪法。尽管卢梭的公意理论带有很强的理想化色彩,但这一理论为今天我们理解并寻求法治提供了一种新的思维,那就是法律必须体现更多的共识,包容更多的差异。从长远来看,埃及未来的政治稳定与繁荣最终还需要靠一部能够团结并包容不同政治力量、得到切实遵守的宪法来保障。后发展国家政治发展经验教训揭示出这样一个普遍规律:在异质化非常高、社会矛盾比较尖锐的国家,民主实施效果普遍不佳,甚至更糟糕。对于后发展国家而言,由某种力量主导的政治格局建立一个具有追求共识、包容差异的宪法,以此整合不同的政治力量最终获得国家建设成功不失为一种现实选择。

"宪法的生命在于执行",包容性的宪法必须着力规范较强集团的力量,避免某一种权力过大伤害到其他团体或个人的权益,力求避免强势集团假借某种名义对其他团体或个人权益的恣意践踏。这些"国家的最高统治者往往会利用宪法所赋予的种种权力谋取私利,这种宪法体制上的弊端和宪法文化上的缺陷,使得非洲的宪法建设步履维艰"②。因此,为避免类似情况

---

① [法]卢梭:《社会契约论》,何兆武译,北京:商务印书馆,2003年,第55页。
② 贺鉴:《北非国家社会主义宪法述评》,《当代世界与社会主义》,2010年第4期,第68页。

的再次发生,构建更加平衡的权力结构,注重权力制约和监督的制度建设,防止某种权力的独大而导致整个权力结构失衡具有深远意义。

(三)以民生问题为着力点,加强社会整合

"穆尔西被罢黜后,埃及本应得到一个重建合理政治秩序的机会,但现在看来,做到这一点并不容易。那些虽不是穆兄会及其政府制造的,但毕竟也没能有效解决的社会问题——失调的经济、老朽的基础设施、运转不灵的公共医疗系统与政府服务等——已经存在多年,并可能将继续引发社会动乱。"①

绝大多数埃及民众投身于这场运动,其主要目的是希望改变自身困窘艰难的生存状况,他们对于新政权的主要期待就是改善自己的生活。经济问题应该成为埃及当前最紧迫的任务。在两年多的政治转型过程中,由于各利益相关方和各大政治力量均把主要精力和资源用于政治博弈,埃及的经济发展在政治变革后反而呈现急剧下滑的态势,居高不下的通货膨胀率、失业率和贫困率粉碎了一些人通过政治变革改善民生的梦想,人们终于明白,民主并不能自动带来面包和工作。

着眼未来,对于过渡政府而言,那就要在如何包容差异、达成共识的一系列制度安排方面下大力气,尽快带领埃及以各种有效方式发展经济,恢复秩序,改善民生,取信于民。特别要注意解决好穆兄会的地位与"融入"问题。从目前状况看,埃及社会的分裂正在加剧,特别对于得到军方支持的临时政府必须摒弃前嫌,采取更加包容的政策,积极搭建宗教派与世俗派平等对话的平台,妥善处理各种矛盾,最终实现政治和解,切忌用高压甚至暴力手段获得暂时的稳定。必须把保障并发展公民权放在突出位置,尽快摆脱目前非正常的国家状态,这才是未来埃及政治发展的题中之义。

(四)着眼于伊斯兰文化内源现代性的挖潜,建设"内源现代性"国家

关于现代性的理解具有较强的西方话语权特征,通常指"启蒙时代以来的'新的'世界体系生成的时代。一种持续进步的、合目的性的、不可逆转的发展的时间观念"②,长期以来,许多中外学者讨论现代性问题时只有一种视野,他们理解的现代性只是西方的现代性,认为只有这种现代性才具有普遍

① 邹珊:《埃及过渡政府的挑战与任务》,《三联生活周刊》,2013 年第 31 期,第 46 页。
② [法]福柯:《福柯集》,杜小真编选,上海远东出版社,2003 年,第 534 页。

意义和推广价值。① 现代化的过程无非就是一系列"西化"的过程，很多国家在这种思维引领下，纷纷效仿起了西方，结果成功者寥寥无几，陷入了政权分崩离析、民不聊生的困难境地却不在少数。事实证明：现代性并非唯一，其往往带有很强的多元色彩，以色列著名现代化研究学者艾森斯塔特（S·Eisenstadt）就是多元现代性的强力支持者，"现代性并非只有一种模式，而存在着多元的现代性"②，人是文化动物，现代性的寻求必须到文化深处寻求基因，"任何真正的发展都应该是内源发展，以一个民族的文化为基础，以文明方案为目标和以人类本身为中心"③。

埃及历史与现实告诉我们，离开伊斯兰文化的土壤，简单照搬外国的政治民主而不注意创造性转化，可能就会沦为"失败国家"。用德国诗人海涅的经典名言"播下的是龙种，收获的是跳蚤"来形容埃及政治现实是再恰当不过了。此轮中东国家的持续政治动荡充分说明，一味"西化"可能会把国家引入歧途，自由民主式发展道路并非解决中东国家政治发展的"灵丹妙药"。作为中东政治大国的埃及，还必须立足于本民族的历史文化土壤，不断反思、借鉴、吸收不同文化民族语国家建设的先进经验，萃取、提炼属于自己的现代性，全盘西化或者单纯为求文化自保而作茧自缚都是不足取的。在全球化的今天，更不能狭隘地认为伊斯兰世界今天的处境单纯是西方文化侵略的结果，把整个伊斯兰世界面临的困境一股脑地归因于全球化。伊斯兰文化也一度有过成为世界中心文化的辉煌经历，曾经的基督徒们也曾遭遇过今天伊斯兰教信徒普遍感受过的类似的屈辱。后来经过文艺复兴、宗教改革、思想启蒙等一系列洗心革面的改革，才获得今天的优势地位。美国今天的地位虽已开始衰落，其文化的影响力也出现了一定程度的下降，但任何文明自身的繁荣发展不能简单期许别国文明的衰落。埃及必须从开发"内源现代性"入手，立足于本民族的精神家园，采取更加包容的心态，恢复学习能力与创新精神，不断反思自身文化取向与定位，吸取各种文明的有益经验，努力寻求一条属于自己国家现代性建设的路径。

---

① 郭定平：《多元现代性视野下的中国现代化道路分析》，《学习与实践》，2011 年第 6 期，第45 页。

② 参见［以］S. N. 艾森斯塔特：《迈向二十一世纪的轴心》，《二十一世纪》，2000 年第 2 期，第57 页。

③ 联合国教科文组织编：《内源发展战略》，社会科学文献出版社，1988 年，第 19 页。

四、小结

在全球化的今天,对于那些异质化程度非常高的后发展多民族国家,能否通过切实可行的整合机制在冲突中求和谐,在分化中求统一,避免政治发展进程的大起大落,必须充分重视政治整合的作用。注意选择改革合适的时机与切入点,必须注重改革的前瞻性与顶层设计,着眼于从本民族历史文化传统中挖掘现代性因素并注意创造性转化,探索属于自己的现代国家建设道路,绝不可盲目照搬照抄,一味靠西方"输入现代性"推行经济和政治改革,而忽视"内源现代性"资源的开发与挖掘,那样很难实现国家的长治久安。对于那些民众普遍信教的国家而言,政教分离是处理政治与宗教关系的不二法则。作为世俗公共事务管理者的政府,如果幻想沿用某种抽象的宗教原则和教义作为整合社会的主导思想而忽视对民众现实生活的关注,不注重执政方式的重新变革与转型,并希冀用宗教运作模式解决现实政治问题,注定要归于失败。

另外值得注意的是,对于后发展国家而言,必须站在全球化高度,注重国家建设与公民权利建设,实现国家权力与公民权利的双向互动,做到国家建设与公民权建设的有机统一,切忌将公民权简单地等同于政治权利,应深入挖掘公民权建设的内涵,厘清公民经济权利、政治权利与社会权利的逻辑层次,以推进国家现代化建设。

第五节　南斯拉夫族际政治民主化的失败

政治一体化是现代国家稳定与发展的前提与基础。但多民族国家由于存在复杂、多样的民族构成,而民族的异质性与国家的统一性之间的张力导致国家内部民族之间以及民族与国家之间充斥着诸多矛盾和冲突。这些矛盾和冲突致使多民族国家面临政治分化、破碎甚至分裂的危险,威胁着国家的统一、领土完整和主权独立。因此,多民族国家基于民族构成多样性的现实,推进多民族群体的政治整合,进而实现政治一体化就显得非常重要。可以说,政治整合是多民族国家最基本的维持机制。

如何实现政治整合?学界提出了不同的理论主张,其中一种比较有影响力的整合方式理论是"族际政治民主化"。族际政治民主是基于国家多民族构成的特定环境而提出的一种特殊的民主政治。由于民主意味着在此制度中的所有符合条件的公民都可以享有平等的决策参与权,所以族际政治民主的要义也是给予各民族平等的政治权力,让各民族共同参与国家的决策和管理,保证各民族在本民族事务中拥有自主权,在国家公共事务中拥有发言和决定权。[①] "族际政治民主化"作为一种政治整合方式,其根本的特征在于以民族作为凝聚公民的政治单位,强调各个民族共享国家公共权力,是一种民族分权意义上的民主。

在多民族国家中,尊重和保障少数民族的权益,是国家正义的应有之义。但是如果把国家民主的主体落到各个民族单位时,最终的发展结果就是"族主"。而如果离开了国家有效控制的"族主",必将成为挑战国家统一的力量。

南斯拉夫联邦共和国所采取的"民族共和国"制度正是"族际政治民主化"理论的集中体现。南斯拉夫联邦共和国在民族利己主义和民族分离主义浪潮中走向解体的原因正是在于其过度强调民族分权,"非集权化、非国家化、非官僚化、权力分散化"的治国原则严重削弱了国家的凝聚力和整合能力,给国家带来了毁灭性的后果。

一、社会主义自治制度之下的集分失衡

族际政治民主化理念强调了民族间的民主与分权,但可能忽视了集中。任何利益集团都是有自利倾向的,而它们的自利性可能成为国家衰落的重要因素,如曼瑟·奥尔森(Mancur Olson)在"国家的兴衰"中指出的大量的分利集团的存在可能会成为一个国家衰落的必要充分条件。多民族国家中民族单位也是某种分利集团,如果没有权利义务的平衡,那么最终也会损害国家的整体利益。当然,民族平等的政治权利是必要的,但是不能把政治权利等同于政治权力,不能混淆两者的本质区别。借用物理学、天文学的向心力与离心力原理,恒星有强大的向心力,而行星也有一定的离心力,行星能够规律地、长期地围绕着恒星运转的前提是向心力要大于离心力。相同道理,多民族国家能够实现政治整合的前提也是要保持国家对于民族单位、社会

---

① 参见王建娥:《族际政治民主化:多民族国家建设和谐社会的重要课题》,《民族研究》,2006年第5期,第1~11页。

成员强大的吸引力和号召力。族际政治民主强调族际分权,但过分的分权就会导致国家力量的弱化和凝聚力的不足,使中心与边缘的力量对比失衡。同时自治的本质是由己性和排他性,自治的道路对于民族自身的发展和多民族国家内部与民族达成和解是有利的,但是自治能否发挥出抑制冲突、促进整合的功能,关键在于民族与多民族国家之间的分权与集中之间是否平衡。当任何一方走向极端化时,自治存续的基础和条件就会丧失,民族冲突和国家分裂就会接踵而至。

如果说南斯拉夫王国时期民族矛盾和冲突日益激烈是源于中央过度集权以及对非塞族的权益的漠视,那么南斯拉夫联邦共和国走向解体的原因正好相反,自治社会主义制度过度强调民族分权和弱化中央权威。"非集权化、非国家化、非官僚化、权力分散化"的治国原则漠视了国家统一性的建构,严重削弱了国家的凝聚力和整合能力,导致国家在集分失衡中走向解体。

(一)民族联邦制与"多中心国家主义"的国家结构

南斯拉夫联邦共和国成立之后,鉴于自身特殊的多民族国情,在吸取王国分裂的教训以及借鉴苏联的经验基础上,确立了民族联邦制的结构形式。

当今世界中,有许多国家采取联邦制的结构形式。但是绝大多数联邦制国家是以地域为划分单元标准的,即以历史上形成的行政区划为各组成单位,而且公民可以在不同的组成单位中自由流动。而南斯拉夫联邦是以民族为单元划分标准的,各组成共和国都有清晰的民族界定。因此,南斯拉夫联邦制是民族联邦制。

对于联邦制,列宁将其视为是一个"过渡形式",强调最终的目的还是要实现国家的完全一体化和凝聚化。"联邦制是各民族劳动者走向完全统一的过渡形式……既然承认联邦制是走向完全统一的过渡形式,那就必须力求达到愈来愈紧密的联邦制同盟。"①

南斯拉夫非但没有力求越来越紧密的联邦制同盟,反而不断使其松散化,甚至出现国家邦联化的倾向。

各民族共和国被给予国家的称谓,逐渐拥有自己的宪法和除国防、外交之外的所有国家必需的管理职能。20 世纪 50 年代,联邦政府的一些经济管理职能下放,表现在撤销了联邦中的计委、农业部、工业部等经济管理机构;

---

① 《列宁全集》(第 31 卷),人民出版社,1958 年,第 126 页。

60年代,联邦政府又将扩大再生产的决策权完全下放给各民族共和国;70年代,通过宪法修正案的形式进一步将大部分政治、经济权力下放到各共和国。同时"协商一致原则"的确立,使联邦中央在没有各共和国同意的情况下无权对任何重大问题作出决策。可以说,联邦中央已无决策权,仅仅扮演着各民族共和国的无力的"协调者"角色。

民族联邦制的确立为六个主体民族划分了各自共和国的地域,从而使它们拥有了自己的"领地范围",具有了一定的"国家形态"。同时,联邦权力的日益下放,又使民族共和国的权力日益强大,联邦中央政府日益涣散乏力,最终南斯拉夫形成了"多中心国家主义"的政治局面。在这种局面下,联邦中央对民族地方的驾驭能力和凝聚能力日趋减弱。面对各共和国与自治省各自为政的局面,联邦中央也因实力不足而陷入束手无策的窘境。

(二)弱化的联邦中央与"无舵手8人划艇"的政府局面

(1)联邦议会:"协商一致"原则。联邦议会为联邦最高的权力机关,由联邦院和共和国及自治省院两院组成。两院中各共和国和自治省都有平等的代表权。联邦议会在审议时,采取的决策原则是"协商一致"原则。即在讨论涉及各共和国和自治省的利益问题时,要采取一致通过的原则。每个共和国在协商时都可以使用否决权,而只要有一个共和国或自治省使用了否决权,那么决议就不能通过,而要继续协商,直到各共和国和自治省的代表团达成一致协议为止。在这个决策原则中,如果协商一直无果,联邦政府可以采取临时措施,但是在采取临时措施后的半年内仍要继续协商,以达成一致协议。

"协商一致"原则导致的结果是国家最高国家权力机关决策权的失灵。联邦中央很难对于重大问题及时作出决定,而每一共和国和自治省却可以从自身利益出发,决定是否行使否决权,从而将决策权控制在自己手中,形成联邦中央受到各个民族共和国的控制的局面。

(2)联邦政府:集体元首制。南斯拉夫联邦实行集体元首制。从20世纪70年代初开始,铁托鉴于自身年老体衰和国内民族问题日益加剧的情况,为了实现南斯拉夫的政治稳定,设立了共和国主席团作为集体元首。1974年,宪法规定联邦主席团由9名成员组成,铁托为联邦共和国终身总统并兼任联邦主席团主席,另外8名成员由每个共和国和自治省各选出一人,轮流担任联邦主席团副主席一职,一年一换。铁托去世后,联邦主席团由8人组成,轮流担任主席。主席团实行"集体工作,集体负责"的原则。

虽然这种制度的设计初衷在于保持政治的稳定,但是负面效果却是导致联邦政府决策的效能低下。因为当遇到涉及各共和国和自治省的重大利益问题时,往往都议而不决,决而不能行。因此,在铁托去世后,南斯拉夫的领导集体就被形象地称为"无舵手 8 人划艇"。8 人各行其是、各怀鬼胎,最终只能导致国家这艘大船被民族分离主义的风浪拍翻于海底。

(三)松散的南共联盟与"联邦化"的政党制度

南斯拉夫共产党成立于 1920 年,1952 年南共六大决定将党的名称改为南斯拉夫共产主义联盟,简称南共联盟。① 南斯拉夫共产党作为唯一全南斯拉夫的政党带领各族人民共同奋战,成为反法西斯的坚强核心,在南斯拉夫联邦共和国建立后,也成了凝聚各个民族的核心。南共联盟作为唯一的执政党,对国家和社会生活的正常运转负有重大的责任。

在自治社会主义的探索与建设背景中,随着联邦中央逐渐下放权力,南共联盟也改变了自身对权力的垄断局面和对国家的领导方式,主动放弃党的政治领导地位,倡导仅仅发挥党在思想上的引导作用。如卡德尔指出:"共产主义者联盟作为工人阶级政治思想上的先锋队,代表着工人阶级和全体劳动人民一整套具体的思想和政治利益,因而也是自治利益民主多元主义的一个组成部分,而不是某种凌驾于自治利益之上的超越自治利益的政治力量。"②

因此,南共联盟逐步推行党的领导的非集中化和权力分散化。表现在:第一,权力退出与下放。1952 年南共联盟"六大"以后,南共联盟开始放弃在国家社会生活中的控制和领导作用而代之以引导作用。如解散了在各级行政组织和社会文化机构中的党组织,只保留在经济企业和行政区域中的基础党组织。1964 年"九大"上,共盟"九大"章程删去了下级部门应该服从上级机关的规定,只是笼统地要求党的所有组织都必须遵守共盟的纲领、章程、政策和决定。第二,领导机构的过度民主化。"九大"决定共盟不再设立中央委员会,在联邦一级只设南共联盟中央主席团,主席团委员由各共和国共盟选派同等人数的成员、各自治省共盟选派相应人数的成员组成。后来

① 南共为了把自己与苏联共产党区别开来,改名为"南斯拉夫共产主义者联盟"。
② [南]卡德尔:《民主与社会主义》,邱应觉、周兴宝等译,人民出版社,1981 年,第 178 页。

又实行主席团主席"轮流坐庄"制。此后，虽然恢复了中央委员会，但是中央委员会委员的产生不是由党代表大会选举产生，而是由各共和国、自治省共盟组织根据分配的名额在各自的代表大会上选举产生，再由南共联盟全国代表大会加以确认。同时共盟中央机关的领导机构也由各共和国、自治省派出的人员组成。南共联盟还规定，全国代表大会必须在各共和国、自治省共盟代表大会以后召开，各共和国、自治省共盟先在自己的代表大会上制定自己的政策并作出决议。

南共联盟权力的收缩，导致其对国家、社会不再有控制和领导能力，决策机制上的绝对非集中化，又将南共联盟中央变成了各共和国、自治省党组织的协商机构。这样，共盟中央不再是全党统一的领导核心，各共和国、自治省的共盟组织成为真正的党内的权力中心，国内形成了 8 个共和国、自治省，8 个党的局面，中央对地方党组织的约束力日益减弱，各共和国、自治省共盟处于同床异梦的状态。

因此，到 20 世纪 80 年代后期，当民族间的危机日益凸显和严重时，南共联盟却束手无策、无能为力。在 1990 年 1 月举行的南共联盟十四大上，斯洛文尼亚共盟要求把南共联盟改成"各共和国独立政党的联盟"。会议经过激烈的争论后无果而终。会后，各共和国共盟纷纷改名，成为独立的政党，南共联盟作为统一的执政党不复存在。南共联盟的瓦解让南斯拉夫社会主义联邦共和国失去了最为核心的凝聚力，南联邦的分崩离析变得无可挽回。

二、民族"身份之墙"之下不断弱化的国家认同

多民族国家保持自身的存在，不仅需要主权和强制力的"硬件"，更依赖于公民对国家情感寄托的"软件"。公民对国家的认同是国家共同体形成和稳定存续的重要基础。但是在多民族国家中，民族认同对于国家认同有潜在的威胁。如果有不同的民族背景的成员对国家的认同高于对民族的认同，那么这个国家就是整合的；但是如果这个国家中民族认同高于国家认同，或者两者相悖发展，那么这个国家在或长或短的时间内必定会出现民族与国家的冲突。

族际政治民主化整合理念其内在的逻辑是将民族单位分离为一个个的区块，把民族作为各种权力分享、制度安排以及政策考量的基本单元，在划定边界的基础上实现民族的政治联合，从而实现国家的政治整合。但是基

于自立基础上的政治联合,可能产生的结果是国家权力的分享者以本民族的诉求为中心,强化本民族的存在和利益,从而导致民族认同的不断张扬与对国家情感的降低。而且民主有效运转的一个重要因素就是公民的国家归属感和忠诚感,但是族际政治民主化却日益偏离这种要求。民族边界的人为固化与强化同时也不符合民族的自然同化趋势,"如果国家强制少数民族同化,不仅直接影响到政策的合法性,效果上也可能适得其反。但如果国家人为地固化少数民族身份,让族群边界始终成为分离民族群体的'身份之墙',显然既不利于国家整合,也不符合一些少数民族正在,甚至已经与主体民族高度融合的社会现实,特别是它可能为那些在一定程度上自愿放弃某些族群特征、试图融入主流社会的少数民族个体成员设置了制度上的障碍"①。因此,这种固化民族边界的做法可能短时间内能够达到不同民族间的政治和解,但是不宜长期实现妥协并强化国家建设。

多民族国家中国家认同建构的重点应该是提高社会成员的公民身份意识,增强公民与国家的直接联系,提高公民对国家的依赖程度。但是南斯拉夫联邦共和国在国家认同建构上却反其道而行之,其基于民族单位的国家认同建构方式加速了国家分裂的步伐。

(一)盲目乐观的态度与国家认同建构的缺失

在追求民族解放和争取国家独立的反法西斯战争中,南共联盟对于民族问题的复杂性和重要性持有客观的认识。认识到要想打败法西斯、重建南斯拉夫,就一定要缓解民族矛盾、消除民族隔阂和历史积怨,建立各民族的反法西斯的统一战线。因此,南共在反法西斯的战争中坚持"兄弟团结与统一"的精神,建立了广泛的抗敌救国民族统一战线。国家解放后,新建国家继续实行的统一、平等的政治安排也使历史上长期存在的民族问题在战后一段时间得到了有效缓解。

建国后随之发生了南苏"共产党情报局"事件。此事件虽然给南斯拉夫造成了很大的国际困扰,但同时外部巨大的高压也激发了南斯拉夫各民族的民族自尊心和爱国主义情怀。各民族为了维护国家的尊严和保卫胜利成果实现了内部空前的团结,原有的民族矛盾得到了进一步的缓解。

这种情况之下,南共领导人的头脑开始发热和盲目乐观起来,认为民族

---

① 关凯:《族群政治》,中央民族大学出版社,2007年,第144页。

问题得到了永久性的解决，民族问题在南斯拉夫将不再存在，并且将民族问题解决的原因归结为两个原因：第一，资产阶级被消灭后，民族问题产生的社会基础就不复存在。"由于阶级利益想复活民族主义和民族不平等的资产阶级已被消灭，就有了完全解决民族问题的社会基础。"①第二，联邦制和民族自治制度的实施从体制上彻底解决了民族纠纷和民族问题。

因此，南共公开宣称南斯拉夫是解决民族问题的"最好的范例"，而且放松了对于民族问题的管理和对于国家认同的建构。从建国到 1964 年将近 20 年的时间里，在南共议事中和国家的变革过程中基本不涉及民族问题的讨论和评估；在 1953 年还通过修宪，将联邦议会中的民族院予以取消。

正如南斯拉夫历史学家杜尚·比兰吉奇指出的："（南共）天真地以为革命满可以一劳永逸地、完完全全地解决民族问题，社会关系的各个方面不会再有什么问题了。这种信念正是南共最大的'错误'。"②这种信念导致当随着国家政治经济形势日益复杂化、民族问题卷土重来时，由于南共中央的无计可施，最终使南斯拉夫葬送于民族分离运动中。

（二）联邦的弱稳固性与国家认同的不足

联邦的弱稳固性源于民族自决权和自由退出联邦的权利。1946 年 1 月南联邦通过的新宪法第一条就宣布："南斯拉夫联邦人民共和国是共和国形式的联邦人民国家，是享有平等权利的各主权民族的公众集体，各民族根据民族自决的权利可以自愿地参加联邦或退出联邦。"③

民族自决权利与自由退出联邦的权利使联邦的聚合成为一种临时性的、可以随时解散的政治体。各民族共和国自愿留在联邦的前提是自身利益得到满足，以及得到公平和平等的对待。如若其有一项需求得不到满足就会考虑脱离联邦。但是一个国家的发展不可能是平均的和时时兼顾各方利益的，那么联邦的分裂也就势在必行。各民族共和国以自身的利益为基础作为评判去留的依据，这导致联邦的极其不稳定性。同时这也致使南斯拉夫认同的基础是各个民族，强化了民族的自我意识和自我认同性，而对于

---

① ［南］杜尚·比兰吉奇：《南斯拉夫社会主义联邦共和国史纲》，天津人民出版社，1985 年，第 65 页。

② 同上，第 215 页。

③ 《南斯拉夫联邦人民共和国宪法》（1946 年 1 月 31 日），见《南斯拉夫新根本法》，世界知识出版社，1956 年，第 59 页。

国家只是将其看作临时居所,以及利益实现的工具,从而降低了对于国家的归属感和心理认同。

民族自决权和自由退出联邦的权利也为民族分离活动提供了法律依据。20 世纪 80 年代末,不论是斯洛文尼亚、克罗地亚共和国带头掀起脱离联邦的民族独立活动,还是后来的波黑、马其顿共和国的效仿,都是将宪法规定的民族自决权和自由退邦权作为本民族独立的合法依据。

联邦的弱稳固性还源于各民族共和国不受限制的自主、自治权力。1963 年宪法(这部宪法也被称为"自治的宪章")规定:"各级议会是社会政治共同体职权范围内的最高权力机关和社会自治机关。它们在各自所辖的地域内行使广泛的自治权。联邦与共和国之间不是上下级关系,而是较大的自治单位与其内部较小的自治单位之间的关系。联邦机关不能向共和国机关直接发号施令,而是指导和协调共和国机关的活动。"①

南斯拉夫宪法赋予各民族共和国强大的自治权力,而建立了一个带有邦联性质的联邦中央。孱弱的联邦既没有抗衡各共和国的力量,也没有强大的凝聚力,民众体会不到国家的作用,反倒只是生活在各共和国的影响之下。对于民众来说,可以没有国家却不能没有共和国。因此,没有形成人民对国家的依附感,自然也就难以形成强大的国家认同感。宪法给予各共和国强大的权力,使其有能力与中央抗衡和脱离中央,但是中央却软弱无力,只能听由各共和国的来去自由。

(三)政治精英民族化与国家认同的弱化

民族集团内部的成员不是铁板一块的,在民族政治生活中,不同的个体承担的角色是不同的。民族政治精英由于掌握着众多的政治、社会资源,有着强大的民族动员能力,因而在国家的政治整合中发挥着巨大的或是凝聚力或是破坏力的作用。民族政治精英发挥何种作用取决于其国家认同度。而他们的国家认同度又取决于其对国家的依赖程度,或者说国家对他们的控制程度。

南斯拉夫在对待民族政治精英的问题上,采取的是强化政治精英民族身份的体制和举措。表现在:

第一,南联邦中央领导由地方选派。不论是联邦立法机关还是行政机

---

① 郝时远:《南斯拉夫联邦解体中的民族危机》,四川民族出版社,1993 年,第 26 页。

关,其领导的产生都是采取轮流任职的方法。联邦议会主席和各院主席由各个共和国和自治省的代表成员轮流担任;联邦总理、部长等职位由各个共和国的成员轮流担任;联邦主席团8名成员由每个共和国和自治省各选出一人组成,并且每人轮流担任主席一职。而各共和国和自治省选取联邦中央干部的重要标准之一是要为本地区谋取利益:"如果有谁参加了联邦政府而不为本地区利益斗争,就不是好干部,就要撤换他。"[1]

第二,南共联盟成为民族主义的代言人。在非集中化和分散化的方针引领下,南共联盟在干部体制上也逐渐放弃了对下层党组织的干部任免权。不仅如此,即使在共盟中央,最高领导层也是由地方选派和组成的。中央主席团委员由各共和国共盟选派同等人数的成员、各自治省共盟选派相应人数的成员组成。主席团主席由各共和国和自治省的委员轮流担任。

第三,联邦中央和南共联盟中央对于干部任免权的下放导致的结果是政治精英只从本民族的利益出发来考虑问题和决策,全然不顾国家的整体利益和长远发展。同时,南斯拉夫联邦中央和南共联盟中央的软弱无力,不仅使其完全丧失了对这些精英的控制和约束,而且出现了民族政治精英驾驭国家和南共联盟的局面。政治精英的民族化导致国家认同中坚力量坍塌,国家分裂只是时间和时机的问题了。

三、民族分权的绝对平等与相互仇视

"认同是值得认同,不是不得不认同。"[2]多民族国家能否赢得各民族的国家认同从根本上取决于国家能够给其带来什么。只有当各个民族能从国家中得到利益保障和尊重时,它们才会认同于国家。也即多民族国家政治整合能否成功,从根本上取决于各个民族的利益和需要能否得到满足,各民族在国家的利益分配过程中是否得到公平合理的对待。

族际政治民主化整合方式所提出的创造出能够使各个民族进入国家公共权力结构的制度渠道,其目的主要在于创造一种民族间平等的分配社会资源的政治结构,使各个民族能够共享国家政治、经济、文化资源。社会资

---

① 戚德刚:《原南斯拉夫在处理民族问题上的十大教训》,《国际经济评论》,2004年第3期,第57页。

② 徐贲:《通往尊严的公共生活——全球正义和公民认同》,新星出版社,2009年,第6页。

源的共享是正当的,但是强调社会资源的平等分配要有个适度原则,当平等走向绝对化时导致的结果是过犹不及。

在民族间利益分配中,南斯拉夫日益呈现绝对化和极端化的倾向,而这再次引爆了民族间历史上的积怨、纵容了民族利己主义和民族分离主义,导致国家整合的失败。

（一）倡导民族平等及其绝对化

铁托指出:"民族问题必须在民族平等的原则上,在自愿联合并享有分立权的基础上解决。"①可以看出,南斯拉夫的民族平等和民族利益的实现是建立在民族分权的基础上的,并且不管民族大小均实行民族分权的绝对平等。

在政治上形成多个权力中心并存的局面。为了照顾和维护各个民族的政治权益,保证其不受到任何侵害,南斯拉夫给予六个民族共和国和两个民族自治省绝对的自治权和分立权。在涉及关系各民族利益的重大问题时,所坚持的决定原则既不是联邦中央说了算,也不是少数服从多数,而是坚持协商一致和一票否决的原则。这样,整个联邦国家实际上形成了多个并立的权力中心,几个主要民族各自为政。

在经济上,形成多个封闭的市场体系格局。为了照顾各民族的经济利益差异,南斯拉夫下放经济权力,给予各民族共和国和自治省独立的经济控制权。但是这造成各民族共和国和自治省为了各自的利益,只关注于本地经济的发展,完全不顾国家整体的经济建设。每个共和国都想摆脱对别的民族共和国的依赖,因而都埋头全面发展自己,以期实现自给自足。这样产生的结果是全国各个系统都被切割化和封闭化,甚至出现基建标准件在全国都不一致的现象。民族平等的经济政策导致南斯拉夫市场被分割为八个各自割据和相互封闭的经济体系。

在文化上形成多个沟通不畅的民族语区结构。为了保证各个民族都平等地使用本民族的语言和促进本民族文化的更好发展,南斯拉夫在宪法上尊重各民族的语言。宪法规定:"在国际交往中,采用各大民族语言平等的原则;联邦法律、各种条例和文件,用大民族语言的有效文本通过。在各共

---

① ［南］铁托:《我们联邦的民族关系》,《铁托选集(1961—1973 年)》,人民出版社,1982 年,第89 页。

和国的大中小学里,都用本民族的语言进行教学。"①在尊重各民族语言的过程中却没有促进不同语言间的相互交流与学习,导致各族的民众间因语言的不同而无法相互沟通,从而进一步强化了各自的陌生感和疏离感。

(二)反对民族主义及其偏颇化

以铁托为首的南共对于民族主义是非常警惕和反对的,铁托曾多次说过,民族主义和社会主义是水火不相容的。但是南共对于民族主义的反对只侧重于对大民族沙文主义的遏制,认为只有削弱大民族的影响,才能安抚其他民族,实现各民族和平共存。为了防止塞尔维亚大民族主义的复苏,防止王国时期的覆辙重蹈,南共提出了"弱塞则南强"的思想理念,即塞尔维亚被削弱,南斯拉夫才能强大。

在"弱塞则南强"理念的指导下,南共推行了一系列制约塞尔维亚的政策和措施。表现在以下两点:

第一,联邦单元组成上塞尔维亚被三分。划分联邦结构组成上,六个民族共和国内部,只是在塞尔维亚共和国内设立了两个自治单位:匈牙利族聚集的伏伊伏丁那自治省和阿尔巴尼亚族聚居的科索沃—梅托希亚自治省。两个自治省在面积上占去了塞尔维亚共和国的1/3,在联邦中和在共和国中的权力也逐渐增强。1968年宪法修正案第七条赋予两个自治省"准联邦单位"的地位,虽然它们仍受塞尔维亚管辖,但是其相对独立性得到了很大的提高。1974年宪法给予两个自治省更大的权限,让其成为与各共和国一样的"联邦单位",拥有自身宪法制定权、按照民族对等原则参与联邦机构(数额上略少于共和国)、轮流担任联邦主要领导职务等权力。在塞尔维亚共和国内部,共和国与两个自治省在议会中也实行协商一致的原则,塞尔维亚重大问题的决定也必须同自治省协商,如它们不同意,则决议不能通过。但是,两个自治省在自己议会中通过法律和决议时却不需要经过塞尔维亚共和国议会的批准。可以看出,塞尔维亚在地域和权力上都被压制着。

第二,联邦的权力分配对塞尔维亚不公。为了防止地域最大、人口最多的塞尔维亚主导和控制国家的事务,在党机关、政府机关以及议会中的领导人配备中采取各民族无论大小一律平等的原则。也就是说,"500多万人口的塞尔维亚和60万人口的黑山或近200万人口的斯洛文尼亚参加联邦领导

---

① 郝时远:《南斯拉夫联邦解体中的民族危机》,四川民族出版社,1993年,第125页。

机构的代表名额完全一样"①。这种貌似绝对平等的做法实际上对于塞尔维亚来说是极为不公正的。

塞尔维亚对于受到的遏制和不公正待遇深感不满,但是在铁托时期由于铁托的威望而没有公开表示。在铁托去世后,压抑已久的塞尔维亚的民族主义情绪迅速膨胀。

（三）推行民族互助及其失效

南斯拉夫各民族间由于历史和地理的原因,在经济发展水平上存在着南北差距,即经济发展上呈现出三个不同的层次:位于北方的斯洛文尼亚、克罗地亚等地经济发展较为发达;位于南方的波黑、黑山、马其顿等地经济发展相对落后;位于中间的塞尔维亚处于发展的中间水平。但不同民族间经济水平的明显差异长期存在,对于民族间的团结和国家的凝聚无疑是不利的。因此,南共提出联邦和发达地区从精神和物质上支援落后地区的政策。

对于落后民族的帮助,南斯拉夫联邦主要采取的措施是:第一,为落后地区制定优惠政策,如它们可以优先使用外国贷款;第二,为落后地区设立"援助不发达地区基金",即从各共和国和自治省的社会总产值中抽取1.97%上交联邦政府,联邦政府用这笔资金给落后地区的经济建设发放期限很长的低息贷款;第三,从社会总资产中抽取部分资金,无偿补助落后地区的文教卫生事业。

但是这些措施并没有取得预期的效果,发达民族、地区与不发达民族、地区之间的人均社会生产总值之间的差距在日益扩大。之所以出现这种状况,是因为联邦政府的援助政策本身存在很多问题。首先,这些政策属于单纯的输血,在资金投放和使用上缺乏效益,没有形成发展落后地区的全面的、长远的规划。其次,单纯强调无偿援助,而没有促进各民族间经济往来的互利和互补的关系形成。

因此,随着国内20世纪80年代经济的日益不景气,南北之间的矛盾也不断尖锐化。北方指责对南方的援助拖了自己发展的后腿,南方则抱怨自己成了北方的原料产地和商品市场,受到内部的剪刀差剥削。民族援助政策不但没有形成良好、和谐的民族关系,反而导致民族之间互相埋怨和仇视,加速了南斯拉夫联邦的解体。

---

① 郝时远:《南斯拉夫联邦解体中的民族危机》,四川民族出版社,1993年,第159页。

当然,南斯拉夫走向解体的命运也离不开国外势力的推波助澜。可以说,世界上任何地方的民族问题无论多么复杂,其背后始终存在着大国地缘政治的影子。南斯拉夫也不例外。在南斯拉夫危机刚发生的时候(1991年7月),希腊《论坛报》评论就指出,南斯拉夫危机的原因"应该从华盛顿、柏林、伦敦、巴黎和罗马去寻找"①。民族分离主义运动为强国,特别是西方国家干涉别国内政提供了借口,同时,民族分离主义分子也希望诉诸他国干涉,以达到"挟洋自重",实现其独立的目的。

第六节　乌克兰的"民主"苦果:政治整合的教训

2013年年底,持续发酵的乌克兰危机搅动着世界地缘政治的版图,主要当事国乌克兰无疑成了这次事件的最大受害者,先是克里米亚宣布独立加入俄罗斯联邦,后是东南部一些主要城市分离主义由隐性逐渐向显性发展,地缘政治大国乌克兰正面临陷入碎片化的危险境地。对此问题,学界有着众多的解读,本书以国家建构为视角,以国家建构的两大议程为主线,分析乌克兰政治危机背后错综复杂的各种要素。按照学者徐勇的观点,后发多民族国家发展必须解决两大政治议题:民族国家与民主国家建设,如果说"民族-国家"建构的核心是主权原则,那么,"民主-国家"的构建则是人权原则。② 前者涉及如何处理多民族之间的关系,消解国家认同与民族认同冲突,抑制民族分离主义运动,保证国家主权统一和领土完整,建设国家认同的问题;后者涉及如何建设现代国家制度体系,强化对政治权力的监督和约束,保证和发展不同民族成员各项权利,其核心是保障和发展人权问题。处于各种力量博弈前沿的乌克兰为什么突然失去对自己命运的掌控力,确实是值得很多国家深思的一个理论和现实问题。

一、后发多民族国家建设的两大议程

(一)民族-国家建设

"民族-国家"通常被认为是"两种不同的结构和原则的融合,一种是政

---

① 关凯:《族群政治》,中央民族大学出版社,2007年,第128页。
② 徐勇:《回归国家与现代国家的构建》,《东南学术》,2006年第4期。

治的和领土的,另一种是历史的和文化的"①,体现了具有民族的文化属性和国家的政治属性的统一。人类社会共同体在发展演变过程中,经历了氏族、部落、民族、国家等从血缘到地缘的一系列变迁过程。可是不管共同体如何变迁,根源于人类社会性的某种对归宿的探寻并不会随着共同体范围的扩大而烟消云散,相反还会经常得到强化。这种认识就是识别"我者""他者",即对"自己人"或"同类"产生认同,将其他民族的成员视为"他人"或"异类"而产生鄙夷或进行排斥。② 这种观念内生于每个人的内心深处。对于个体来说,其存在的意义总是和特定群体有关,这一特定的群体必然和个体存在着文化上的关联,这种联系事关个人的权益。意大利的民族主义思想家马志尼曾言,个人一旦离开民族,"既没有姓名、标志、声音,也没有权利";"他是一个没有旗帜的兵,没有能力对其余人类尽他的义务"。③ 从这个意义上说,民族是人的类生活本质的必然产物和表现。摩尔根在《古代社会》一书中阐述国家起源的组织形态的变迁时指出,民族问题是在氏族、胞族和部落的基础上形成的。"人是类存在物",是天生的社会动物,人的发展离不开一定的群体,居于特定群体中的人在长期的历史发展中会演化出一套属于自己的生产与生活方式,也会形成某种特定的群体意识。这种基于共同的想象,经历岁月变迁沉淀为连接民族群体内不同个体命运共同体的纽带,这种对于特定人群共同体所谓的认知就是"民族意识"。这种意识一旦形成,就会内化为群体成员的集体意识,并将在很长一段时间内成为维系群体成员关系的精神纽带。

除了民族的文化属性外,特定民族总是附着一定的政治诉求。也就是共同体的规模多大、包含多少个具有近似属性的群体单元,共同体的权力怎么安排等,都具有很强的政治属性。

毫无疑问,今天的人类还处于民族的时代。"民族仍然是人类在生存和发展过程形成的最基本的群体形式。民族国家仍是最普遍的国家形式,民族问题深刻地影响着整个世界。"④即使在一些发达国家,虽然业已形成了一

① 《布莱克维尔政治学百科全书》,中国政法大学出版社,1992 年,第 490 页。

② [美]菲利克斯·格罗斯:《公民与国家——民族、部族和族属身份》,王建娥、魏强译,新华出版社,2003 年,第 6 页。

③ 参见周平:《论民族的两种基本类型》,《云南行政学院学报》,2010 年第 1 期。

④ 林尚立:《现代国家认同建构的政治逻辑》,《中国社会科学》,2013 年第 8 期,第 28 页。

系列系统的、成熟的处理民族问题的理论和政策，使得民族问题在很多国家暂时还不构成显性问题。但即使这样，仍有很多发达国家也同样受民族问题困扰。相对于发达国家而言，后发多民族国家面临的民族问题更加复杂。许多国家饱受民族问题之苦，甚至有的国家因为处理民族问题制度和政策的失当而陷入分崩离析的境地，彻底沦为"失败国家"。

毋庸置疑，国家作为人类社会的管理方式和机制，而且是迄今为止所创造的最为有效的政治形式，这种政治形式和民族群体的结合就构成了现代国家的基本单元——民族国家。按照最理想的形态，如果每个民族都建立属于自己的国家，那么全世界将会有三千多个民族实体，而截至目前，世界上的主权国家还不到两百个，不论是从理论角度还是从现实角度来看，都缺乏可操作性。虽然民族共同体具有相对稳定性，可从历史发展的纵向维度看，不同族群的边界因为战争、跨族经济与文化交往总是处于相对渗透之中，不同民族之间、同一民族内部呈现出复杂的运动过程，集中表现为大的民族不断裂解与若干小民族的再聚合过程。现代国家的意义就是通过主权将民族的聚散运动固定在法律秩序的框架下，生活在同一政治共同体中的不同族群共同服从于国家统一的意志，作为政治概念的公民国家强调的一致性与作为文化概念的民族要求的多样性的矛盾由此产生。因此，作为现代民族国家建设的一项重要任务就是如何实现政治民族和文化民族的有机统一，在保证民族文化多样性的前提下尽可能抑制其政治上的离散倾向，协调民族自治权和国家主权的关系。

（二）民主国家建设

如果说民族国家建设的主题是如何处理不同民族之间的关系，协调民族认同和国家认同中的关系，那么民主国家（democracy state）建设就是如何按照主权在民的原则构造国家制度，"现代国家认同的建构，必须从民主建构开始"①。民主的原则意味着人民是真正的主权者，国家必须从全体人民的利益出发，构建一套完善的现代国家制度体系，把保障个体权利、维护公共利益、促进人和社会的整体发展放到至上的位置。建设现代民主国家，就必须把民主作为现代国家建构的逻辑起点。要构建一个现代化的民主国家，就必须建构一个有效的国家制度体系，要建立有效的制度体系，就必须

---

① 林尚立：《现代国家认同建构的政治逻辑》，《中国社会科学》，2013 年第 8 期，第 28 页。

牢牢地守住民主的根本,即国家权力来自人民,人民是国家的主人。只有守住了这个根本,现代国家制度体系才能得到确立与巩固。在这里,民主不仅体现为一种价值,更重要的是基于这种价值所形成和运行的一套国家制度。这种国家制度首先要保障人民的权利,也要去规范国家的权力,使公共权力成为维护和保障人民权利的基础性力量。从工具层面来看,这样的国家制度必须既拥有保障人民权利的功能,同时又拥有国家保障个体权利、维护公共利益、促进人与社会整体发展的功能。

同时需要指出,民主制度的现实合理性构成现代国家构建的又一重要维度,各个国家政治制度的选择与构建不是恣意的,必须与特定国家的社会结构、历史文化,宗教民族状况相契合,国家制度的设计必须能够给特定的历史、文化民族和宗教信仰维系和发展提供动力和保障。从这个意义上而言,现代国家建设的形式又是多种多样的。民主制度能够极大地增进公民的自由、发展和幸福,这是检验国家制度建设优劣的标准。国家政治制度的好坏,归根结底取决于民众对现实制度的体悟。虽然每个人对自由、幸福和发展的感悟是千差万别的,但国家制度能够给予人多大的自由和发展空间,决定了国家能够在多大程度上得到其民众的认同。查尔斯·泰勒指出:"如果得不到他人的承认,或者只是得到他人扭曲的承认,也会对我们的认同构成显著的影响。"[1]因此,国家认同的建构又不是单向度的,国家保障民众的基本权利,民众认同自己的国家,二者是紧密联系、互为条件的。从这个意义上而言,民族建构与民主建构呈现出共生性。

二、乌克兰现代国家建构

（一）乌克兰民族国家建设存在的问题

作为苏联的加盟共和国,乌克兰在苏联解体后于 1991 年 8 月 24 日获得独立,开始了独立建设现代国家的进程。历史上处于"文明断裂层"地带的乌克兰不断遭到周边国家的瓜分或兼并,立陶宛帝国、波兰、奥匈帝国、沙皇俄国等都让这个国家的历史记忆变得模糊而残缺。多宗教相互渗透、冷战前哨以及后冷战的政治遗产使得这个国家一直处于碎片化状态。以现有格局看,西部地区主要受西方基督教文化影响比较大,而东部地区主要受东正

---

① ［加］查尔斯·泰勒:《承认政治》,董之林、陈燕谷译,《天涯》,1997 年第 6 期。

教文化影响。不同制度和意识形态长期在这一地区之间博弈，结果使得乌克兰东西两部分长期处于相对隔离状态，经济上的差异也比较大：西部以农业为主，经济发展水平较低；东部相对富庶，几乎所有重要工业区分布于东南部地区。从族群分布看，乌克兰族人主要集中于西部地区；东部地区则俄罗斯人相对集中。政治倾向上，东部亲近俄罗斯；西部亲近西方。类似潜在的分裂与对立一直伴随着乌克兰历史进程的始终。

1. 转型并没有使得已存在的民族、宗教等裂痕得到有效消弭，反而加剧了这种撕裂

社会转型是一种由传统的社会发展模式向现代的社会发展模式转变的历史图景，主要体现在三个方面：经济领域由非市场经济模式向市场经济模式的转型，政治领域由专制集权政治制度向现代民主政治制度的转型，文化领域由过去封闭、单一、僵化的传统文化向当今开放的、多元的批判性的文化的转型。① 伴随着苏东的剧变，此前赖以维系共同体的国家权威出现了突然的断裂，由于长期的历史积怨，乌克兰族和俄罗斯族之间的羸弱的纽带也因为断裂式的转型变得不复存在。独立以后的乌克兰，民主积养先天不足，转型后国家的权威也因为奉行的离心式民主而进一步被弱化，自由民主要求的竞争性选举犹如打开了潘多拉魔盒，进一步加剧了这些分裂。政治精英们沉湎于狭隘的个人利益和党派利益不能自拔，使得先前的碎片化进一步显现。竞争式的自由选举制度更加剧了各种分裂。

2. 乌克兰并入沙俄版图以后，一直存在的民族同化政策加重了这些积怨

命运多舛的乌克兰民族在历史上遭受蒙古人、波兰人、立陶宛人，沙皇和苏联不同民族的奴役和统治，其中沙俄二百年左右的统治对乌克兰意义最为深远。1648 年，当时的乌克兰爆发了反对波兰的起义，为了打败强大的波兰人，当时的统治者哥萨克首领波格丹·赫麦尔尼茨基承认了沙皇的统治权。后来的历史证明，这种引狼入室的短期行为带来的后果就是乌克兰大片领土被堂而皇之地划入沙俄。即便如此，沙俄变本加厉，从此开始在乌克兰全面推行俄罗斯化的殖民政策和民族宗教同化政策，按照俄罗斯的社会模式、价值观念和语言文化重新构建乌社会结构，确立俄语的官方地位，把乌克兰语贬为"乡巴佬"语言，禁止乌克兰文书籍和教科书的出版，禁止在

---

① 李钢：《论社会转型的本质与意义》，《求实》，2001 年第 1 期。

学校教授乌克兰语和任何形式的乌克兰语演出,甚至要求信奉天主教的乌克兰人改信东正教。强制乌克兰人抛弃自己的母语和文化传统。① 十月革命以后,以斯大林为首的统治集团继续奉行"统一而不可分割的俄罗斯"和大俄罗斯沙文主义立场,使得乌克兰族的利益越来越被边缘化。为了报复,发生在 1933—1934 年的乌克兰大饥荒事件到今天为止仍旧是乌克兰族为打压俄罗斯族经常提及的话题,独立以后作为主体民族的乌克兰族始终弥漫的强烈民族主义情绪,无疑更是加剧了两大族群的冲突与对立。

3. 乌国内民族主义对一些历史事件和人物的刻画与歪曲

除了语言宗教方面的较大差异,乌克兰境内的乌克兰族和俄罗斯族对很多历史事件和历史人物的评价也会因为自身的处境、民族认同的差异而有所不同,有时甚至出现截然相反的观点。西部以乌族为主体的民众长期生活在波兰和奥匈帝国版图内,许多民众对历史上俄罗斯对乌克兰的统治存在这样的看法,他们甚至会把这种统治认定为殖民统治。"在西乌克兰,人们把'二战'期间曾与纳粹德国合作的民族主义者舒赫维奇、班杰拉分子视为民族英雄,一些地区竖立着舒赫维奇、班杰拉分子等人的雕像和纪念碑,一些街道甚至以班杰拉和前车臣武装头目杜达耶夫的名字命名。"②可是在东部和南部地区那些较早并入俄罗斯帝国版图的民众,他们的很多记忆与沙皇帝国和苏联紧密联系在一起,对俄罗斯的认同度较高。在南部敖德萨和西姆费罗波利市,女皇叶卡捷琳娜二世纪念碑被重新修建;人们还为在二战中死于乌克兰民族主义者之手的和平居民竖立纪念碑。2009 年 9 月 8 日,顿涅茨克民众甚至为曾经解放乌克兰、后被乌克兰民族主义者和乌克兰起义军杀害的苏联杰出统帅 H. 瓦图京将军建立了纪念碑。③类似这些举动无形中加大了两大族群的对立。更具讽刺意味的是,赫鲁晓夫曾经为纪念俄乌合并 300 年,以"友谊的象征"划归乌克兰管辖的克里米亚半岛,成为今天俄乌冲突的直接导火索。

4. 俄语的官方地位问题

前文提及,由于两大族群在历史上长期存在的"剪不断、理还乱"错综复杂的历史纠葛和渊源,官方语言问题也困扰着这个国家,语言问题既是一个

---

① 参见沈莉华:《乌克兰东西部纷争的历史根源》,《贵州社会科学》,2013 年第 10 期。
②③ 参见上文 140 页。

文化问题,也是一个政治问题。"摧毁语言就是摧毁一个民族的生活。"转型后的乌克兰事实上推行的是一种去俄罗斯化的民族同化政策,试图消除沙皇和苏联时期俄罗斯化带来的影响。"政府在许多地方强行推行乌克兰语,逐渐减少对俄语教育的支持,以及限制俄语媒体在乌克兰的播出政策。"①"在'颜色革命'之后,乌克兰政府要求人们必须学习乌克兰语。现在学校同教师都订有合同,要求教师用乌克兰语讲课,否则可能被解聘。"②类似这些举措引起了许多居住在东部和南部的俄罗斯族裔的强烈不满。表1显示自乌克兰独立以来教授乌克兰语与俄罗斯母语的中学比例。这也从另外一个层面反映出曾经居于优势地位的俄罗斯族对于自身语言被边缘化的忧虑与不满。克里米亚危机爆发以后的2014年2月23日,乌克兰议会甚至通过一项法律,取消《国家语言政策基本原则法》,俄语因而丧失了在乌克兰近半数行政区域内的地区官方语言地位。这无异于火上浇油。在当月25日,俄联邦委员会(议会上院)主席马特维延科发表演说指出:"取消该法是一个严重错误,损害了乌克兰几百万俄语居民的合法利益,削弱了乌克兰的国家完整。"

表1　乌克兰中学中俄罗斯语和乌克兰语学校的比重(%)

年份	1991	1996	1997	1998	1999	2000	2001	2002	2001年族群比例%
乌克兰语学校	45	60	62.7	65	67.5	70.3	72.5	73.8	77.8
俄罗斯语学校	77.8	54	39.2	36.5	34.4	31.8	28.9	26.6	17.3

　　数据来源:转引自俄罗斯国际人文政策政治研究所乌克兰分所根据乌克兰科学与教育部数据研究得出的成果。③

　　从以上的分析我们不难发现,就独立后的乌克兰而言,在民族建构问题上没有拿出切实可行的措施强化国家认同,相反甚至是出台了一些基于狭隘的民主认同的政策措施激化这些矛盾,使得民族隔阂并没有因为乌克兰获得独立而缩小反而是加剧了这种分裂。不管是政治家还是普通民众,认同自己的民族胜过这个国家,使得国家已经呈现出高度的碎片化,这也为今天乌克兰的政治乱局埋下了伏笔。

　　①②　张弘:《社会转型中的国家认同》,《俄罗斯中东欧研究》,2010年第6期。
　　③　http://www.igpi.ru/info/people/malink/1111152776.html.

（二）乌克兰民主国家建设存在的问题

"8·19"事件后,乌克兰领导人和叶利钦以及当时白俄罗斯的领导人签署协议,同意退出俄联邦,按照三权分立的原则建立独立的民族国家,效仿发达国家初步完成了民主的转型,走上了一条资本主义的自由民主发展道路。相对于政治体制的转型,社会体制的转型就复杂得多,如果社会体制不能得到有效的建立,转型后民主体制往往呈现出很强的"夹生性"。建立一种崭新的体制往往比推翻一种旧体制需要更长的时间。发生在2004年的"颜色革命"为乌克兰敲响了警钟。可是通过竞争式选举上台的政治家未见有脱胎换骨的变化,往往局限于狭隘的地区和民族利益不能自拔,民众满怀一腔政治热情,对"广场革命"心怀无限眷恋,甚至听信于某些谣言丧失了起码的理性判断,终归不是民主国家应该具有的格调。总是希望借助于外部某种强大的力量增加自己权力和谈判的筹码,稀里糊涂让国家成为外部力量博弈的棋子,忘记了小国生存的最高智慧应该是小心翼翼寻求平衡而不是贸然倒向任何一方。

基辛格一针见血地指出了乌克兰当前的问题所在。乌克兰经济长期萎靡不振,贪污腐败严重,一些民众就把药方寄托于"加入欧盟",不惜把政府拉下台。然而,加入欧盟之举无异于迎合了乌克兰西部选民的要求,这必然引起东南部选民与退无可退的俄罗斯的强烈反对,"向东还是向西"已经成为整个乌克兰外交战略的命门。

实际上,"向东、向西,并不是乌克兰持续对抗的根本分歧点,真正的愤怒来自底层百姓对高层腐败的不满"①。民主政治的最大生命力在于通过一系列公开的、透明的竞争和行之有效的自我更新机制和监督制约机制保证对权力的不断防范和清除政治肌体自身的癌变倾向,维护政治体系的健康。如果这些功能几近丧失,民主制度则徒具形式。表面上看乌克兰虽然实现了民主转型,但整个转型过程充满了各种肮脏的交易,甚至变成了寡头私分国家财产的内部交易。转型以后,政治家们忘记了曾经的承诺,沉湎于狭隘的党派和个人利益不能自拔,把攫取政治权力当成最高的目标,蝇营狗苟,忽视权力合法性与正当性的重塑,导致腐败盛行,民众的实际生活并没有从实质上得到多大的改善。

---

① http://news.sina.com.cn/w/sd/2013 - 12 - 27/120329098246.shtml.

以政治之癌——腐败为例，频繁爆发的贪腐严重危及乌克兰民主制度的威信和合法性，民众对政府的信任度几近丧失。乌克兰前总统尤先科曾经在 2005 年 2 月议会上指出："源自高层的腐败曾一直是乌克兰的头号问题。"每届政府要员从总统到总理几乎都会被卷入严重的腐败案中，曾担任乌克兰总理的拉扎连科的腐败案和乌克兰著名记者格奥尔基·贡加泽突然遇害案就是明证。2004 年的"颜色革命"，当时的亚努科维奇成功联合季莫申科将总统库奇马赶下台，等到其执政以后，曾经的政治盟友季莫申科最终还是被亚努科维奇投入监狱，理由很简单，就是腐败。

2011 年 6 月 8 日，亚努科维奇在国家反腐败委员会会议开幕时信誓旦旦地表示："由于腐败行为，乌克兰社会每年损失近 25 亿美元，而且 10% ~ 15% 的政府采购款被官员贪污进自己的口袋。腐败在乌已成为一种官场模式，严重影响了国家经济发展并威胁到国家安全。具有讽刺意味的是，高举反腐大旗、掌权多年的前民选总统亚努科维奇，在因乌克兰危机一发不可收拾而仓皇遁逃后，愤怒的民众冲入其别墅看到的却是，年薪 10 万美元的总统居住在占地 140 公顷（约为 1.4 平方千米，相当于大半个摩纳哥国土面积）的豪华别墅里。可就是这样一个总统，在出逃俄罗斯寻求保护时仍旧宣称自己是乌克兰的合法总统。

普京当着众多记者的面讲了一段愤慨而又意味深长的话："在我看来，这种变化在很久以前就有预兆了。从乌克兰独立的第一天起，普通的乌克兰公民，普通的乌克兰汉子就必须忍受尼古拉·克罗沃夫的统治。克拉夫丘克、库奇马、尤先科、亚努科维奇依次上台，人民始终被折磨，生活没有发生任何改变，或者说基本没有发生任何好的改变。贪污腐败达到了如此的程度，以至于我们在俄罗斯做梦都想不到。财富集中和社会分化问题，在俄罗斯已经达到超出容忍标准的程度，在俄罗斯已经导致了尖锐矛盾，但在乌克兰，这些问题是俄罗斯的平方，或者立方……"①普京的愤怒不全是站在俄罗斯的立场上，为了俄罗斯的战略利益，俄以天然气为杠杆，甚至将整个天然气业务交由季莫申科公司经营，可是普通乌克兰民众根本没享受到低价天然气的好处，到头来的结果是大量财富流入私人腰包，民众怨声载道。透明国际在 2011 年度报告中声称，腐败是威胁乌克兰民主发展的主要问题之

---

① http://www.guancha.cn/europe/2014_03_05_210916.shtml#.

一。而乌克兰公民认为,日常生活中和政府机构内的腐败是乌克兰面临的最关键问题之一。① 从透明国际组织发布乌克兰的廉洁指数开始,乌克兰的廉洁指数一路走低。表2清晰地反映出这种趋势。

表2　透明国际有乌克兰数据记录以来廉洁指数排名②

年份	1998	1999	2000	2001	2002	2003	2004	2005	2006	2007	2008	2009	2010	2011	2012	2013
排名	69	75	87	83	85	106	122	32	99	118	134	146	134	153	144	144
样本库总数	85	99	90	91	102	133	145	158	163	179	180	180	178	183	174	177
相对位置	81	76	97	91	83	80	84	20	61	66	74	81	75	84	83	81

数据来源:根据透明国际官网:http://cpi. transparency. org/cpi 整理。

由此看来,转型后的乌克兰虽然建立了议会总统制政体结构,但总统的权力明显大于其他两种权力,甚至经常有僭越法定权力的一些特权,使得权力制衡的宪政原则徒有虚名。民众的基本权力很难得到有效的保障,独立后的乌克兰实际上已经沦为被少数几个利益集团所俘获,成为其争权夺利的工具性国家,彻底丧失了国家的自主性。

三、从国家建构视角对乌克兰国家建设的理性审视

(一)在全球化背景下重视外交战略及其调整

在全球化背景下,每个国家的发展不可避免地受制于全球力量,特别是地缘政治大国的影响,作为地缘政治大国博弈的前沿哨所,历史上的乌克兰始终没有摆脱外交大国的配角角色,特殊的地缘位置使得乌克兰长期以来一直是大国博弈的角力场。即使在后冷战时期,这种状况也没有发生实质性的改变。两极格局解体以后,伴随着以美国为首的北约东扩战略的层层

---

① Taras Kuzio and Daniel Hamilton, "Open Ukraine – Changing Course towards a European Future", Washington, DC: Center for Transatlantic Relations, 2011.

② 透明国际官网:http://cpi. transparency. org/cpi,鉴于透明国际发布的全球清廉指数排名录入的国家总数与往年有些许出入,另外也便于观察其廉政状况,我们作了一些简单的数据加工,采用百分比的形式试图反映出如果采样100个样本国家,其廉政状况的排名顺序,排名越靠前,廉洁指数也高,腐败程度越低。另外,透明国际按年度发布调查报告,并没有纵向按国别排列的数据库,作者对数据进行了一定的加工处理。

紧逼,俄罗斯战略纵深面临着退无可退的境地。在这种背景下,任何对形势的误判都可能导致灾难性的结果。对于在大国夹缝中求生存的小国而言,并非没有一点主动权,往往大国力量的均势也常常为小国的生存提供了某种安全屏障,甚至有时也可以成为小国寻求发展的战略机遇期。问题的关键在于小国如何在地缘大国之间寻求微妙的战略平衡而不是贸然倒向任何一方,这应该说是当今小国生存的最高智慧。可是乌克兰的政治家好像对此置若罔闻,总是希望借助于某种外部力量置竞争对手于死地。美国政治学家亨廷顿在文明冲突论中认为,乌克兰正好跨越了西方天主教文明与东正教文明的断层线,对于这样一个有着复杂历史和文化的国家,如果想保持统一,不论是"脱俄入欧"还是"脱欧入俄"都不是明智的选择。正如基辛格博士所说,乌克兰需要成为东西方的桥梁才能免于灭亡。"乌克兰三百多年前的历史教训就是把投靠一个强大势力盲目当作解决眼下问题的出路,而不考虑长远后果。然而几百年后,乌克兰人却义无反顾地重温历史教训,再次跳进国家内乱的大火坑,国家又成为美国和欧盟与俄罗斯争夺利益的大舞台。"①所以说,外交战略事关一个国家发展的前途命运,切不可等闲视之。

(二)妥善处理民族关系,强化国家认同

现代国家除了需要领土、居民和主权等一般条件外,更重要的是需要以国家认同为基础的心理条件。如何处理国家认同与民族认同之间的关系一直是多民族国家最难处理的问题。近现代以来,随着民族主义思潮的高涨和民族意识的普遍觉醒,多民族国家不同程度地出现了认同危机(Identity Crisis)问题。主要表现为少数民族要求自治甚至自觉的民族认同与多民族国家要求的国家统一性国家认同之间的张力愈加显现。

就民族认同与国家认同的关系而言,前者是以"认同－分界"为逻辑前提的,对某一族群的成员属性认同或接纳就意味着你失去了成为另一成员的机会。约翰·内森指出,认同的逻辑就是将自己的群体确认为是规范的、积极的,其他群体的差异则认为是消极的,将自己的生活世界称为文明,而将他者的生活世界称为野蛮。② 曼纽尔·卡斯特将认同分为排斥性认同和

---

① http://news. ifeng. com/mil/forum/duanping/detail _2014 _03/07/34544615 _0. shtml? _from_ralated.

② [德]约翰·内森:《历史思考的新途径》,蔡甲福、来炯译,上海人民出版社,2005 年,第140 页。

规划性认同。从某种意义上讲，民族认同可以理解成是一种"排斥性认同"或者"抗拒性认同"，而族际认同和国家认同则是一种"规划性认同"或者"建设性认同"①。曼纽尔对认同的分类和规划性认同的提出大大丰富了我们对认同的理解，使得调和各种认同之间的张力成为可能。

随着人类社会各种联系交往的日益密切，不同民族活动的边界经常呈现出高度的渗透性，"你中有我、我中有你"民族之间的边界呈现出一种高度流动性的特征。因此，不同民族在处理族际关系时，仅有排斥性认同是远远不够的，需要将局限于较小范围的民族认同推而广之，于是就产生了族际认同。如果说民族认同是通过分界、通过"排斥他者"来强化认同的话，族际认同则是通过"异中求同"来达成的。对于多民族国家而言，既需要对各民族赖以维系的文化特征、语言文字、历史传统、集体记忆等给予承认，又要对其他民族类似文化信息基于平等地保护。这种保护，首要的前提就是对于自身所处的国家的承认，国家承认并保护各个民族特殊的族体属性，不同的民族承认并效忠于自己的国家。

在已有的国际体系下，国家认同具有绝对的至上性与优越性，任何一个民族无权把分裂国家作为自己行动的出发点和归宿，更不能将建立单一民族国家作为自己最高的政治诉求。当然这里强调国家认同的至上性并非掌握核心治权，民族可以对其他民族的权利作出恣意性的安排，罔顾其他民族的权利。要想获得积极意义上的国家认同，国家既需要从建构公民身份角度赋予全体公民平等的公民身份，凭借政治权力为公民权利的发展与保护搭建坚实的屋顶，同时也需要从文化角度对各个公民特殊的文化身份与活动给予积极的承认与保护。就是尽可能地"将国民对各自族体的忠诚，转变为对民族国家的忠诚"。②

（三）选择适合自身民主发展的道路

2013 年 3 月 25 日，习近平总书记上任以来首次出访俄罗斯，在莫斯科国际关系学院演讲时提及鞋子理论："鞋子合不合脚，只有穿着它的人才能体会得到，旁人的话都是白说。"③习总书记的话坚持马克思主义的实践论标

---

① ［美］曼纽尔·卡斯特在《认同的力量》一书中将认同分为"合法性认同""抗拒性认同""规划性认同"三种。

② 宁骚：《民族与国家》，北京大学出版社，1995 年，第 205 页。

③ 习近平：2013 年 3 月 24 日在莫斯科国际关系学院谈国家发展道路时的演讲。

准,用质朴平实的话语阐述各国应如何选择自己的发展道路,也就是各国选择道路的实践标准和适用性问题。

在 2008 年以后,以美国为首的发达资本主义国家陷入了普遍性的经济危机,在大西洋的另一头,欧债危机也愈演愈烈,至今仍没显出有太多好转的迹象。这场危机带给整个世界政治经济版图的冲击是前所未有的。与此相应,以中国为首的一些新兴经济体国家,经济发展整体依然强劲,在整个世界舞台的话语权持续走强,人们纷纷开始反思西方的民主政治到底怎么了。就连弗朗西斯·福山也发出了这样的疑问:"民主是问题,还是解决方案?"著名《经济学人》杂志撰文《民主制怎么了》①也发出类似的感叹。对于此问题我们必须强调,这首先也不是民主的问题,而是民主模式的选择问题。青年学者包刚升在《民主崩溃的政治学》一文中提出:"高度的选民政治分裂与离心型民主政体的结合倾向于导致民主政体的崩溃。"②对乌克兰而言,族群对立、宗教多元,经济发展的极其不平衡,采取竞争式的自由民主政体无形中加剧了各种异质性力量的对立,加大了政治冲突的烈度。

在民主已经成为世界性潮流的今天,任何国家的政治发展都要顺应民主化的潮流而动,不能想当然地认为西式民主出问题了,我们就要敬而远之,甚至因噎废食。"法国政治学者托克维勒曾言:有两种人最能伤害民主,一种是反民主的人;另一种是民主的激进论者"。在此意义上而言,我们不能简单以为民主制度有了问题就否定民主本身的价值,更不能简单地将民主制度置换为竞争性选举,如果缺乏法治的强力支撑,民主权利的行使可能将国家带入万劫不复的危险境地。民主制度除了规范国家权力、防止专断独裁者滥用权力的同时,也需要对一些后发国家存在的民粹主义进行有效的规制。泰国的街头政治、乌克兰的广场政治(Euromaidan)就是民粹主义过度弥散的结果。当民众对政府不满时,就天真地认为走上街头抗议游行示威,问题就会迎刃而解。这种举措在短期内对于对付一些腐败势力可能有效,但从长远来看其意义十分有限。弄不好甚至可能成为一些外部势力介入本国事务的契机,甚至沦为其争权夺利的角斗场。民主不仅要驯化独裁,

---

① http://www.economist.com/news/essays/21596796-democracy-was-most-successful-political-ide-a-20th-century-why-has-it-run-trouble-and-what-can-be-do.

② 包刚升:《民主崩溃的政治学——选民分裂、政治制度与民主崩溃》,《公共行政评论》,2013年第 5 期,第 175 页。

还要驯化民粹,这是后发国家政治发展必须认真对待的问题。

(四)提升复杂背景下政府能力

随着整个互联网从 Web1.0 时代到 Web2.0 时代的迈进,诸如 Facebook、Twitter、YouTube 等新型网络社交媒体在政治动员中发挥的作用越发明显,网络社交媒体带来了一种新的政治文化:那就是去中心化,政府权威被大大地消解,个人的主动性在不断增强,个人的意义被放大,相对于传统媒体,使信息传递和接受的门槛大大降低,民众从被动的接收者转变为主动的内容提供者。早在 2004 年乌克兰发生"颜色革命"时期,新媒体的力量就充分显现出来,有西方学者认为,"颜色革命"就是"历史上第一次线上大规模组织起来的运动"①。从"阿拉伯之春"开始,新媒体在社会变革方面的作用就引起了很多学者的广泛关注。利用所谓内嵌于互联网的自由、社群、平等、利他主义和民主等价值,大大提升了民众所谓的民主化期待。很多社交媒体与海外的非政府组织保持非常紧密的联系,很善于利用一些民众对政府的不满,通过提供多元化的信息影响人们的视听,很多不明真相的群众很容易被调动起来,加入到抗议政府的队伍中来。有时新型社交媒体通过一些选择性的报道甚至可以起到对一个国家的政权进行颠覆的目的。以至西方一些学者甚至认为,社交网络就可以颠覆一个威权国家的时代似乎已经到来了。②"Euromaidan"的广场革命现在已经成了许多国家国内反对势力与境外干涉势力借助新的网络技术平台谋取利益屡试不爽的手段,2004 年,发生在乌克兰的"颜色革命"充分说明了这点。对于这场革命的起因,美国国家安全顾问兹比格涅夫·布热津斯基(Zbigniew. Brzezinski)的话更具有说服力:"乌克兰一旦变成一个真正的欧洲民主国家,俄罗斯就不得不效仿。乌克兰的使命是超越乌克兰……这是形成横贯大陆的欧洲的一个先决条件。"③

面对新媒体时代到来所带来的新的政治动员方式的变化,迫切要求每个国家政府不断完善和发展新的政府能力。对于政府能力的重要性,在很早以前就引起了学界的关注,亨廷顿在成名作《变化社会中的政治秩序》开篇中指出:"各国之间最重要的政治分野,不在于它们政府的形式,而在于政

① McFaul. M:*Transitions from post Communism*,*Journal of Democracy*,2005,16(3):p.5

② 胡泳、李娜:《社交网络与乌克兰抗议运动》,《新闻记者》,2014 年第 6 期。

③ Yulia Mstovaya and Zerkalo Nedeli,"Interview with Zbigniew Brzezinski:'Europe from Cabo De Roca to Kamchatka'",*Mirror weekly*,Decernber 3 - 9,2005.

府的有效程度。"①在亨廷顿看来，政府能力就集中表现为政治体系的"适应性、复杂性、自主性、适应性和内聚力"②。阿尔蒙德认为，政府的能力就是"政治体系适应环境挑战的程度的能力"。格申克隆在《用历史眼光看待经济落后》一书中认为，一国经济越落后，工业化起步越晚，中央政府在其工业化过程中应发挥的作用就越大。刘易斯也指出：即使西方发达国家"如果没有高瞻远瞩的政府的积极推动，没有一个国家能够在经济上取得进展"③。西方学者托马斯·格林(Thomas Hill Green)的观点可能更具有启发性，格林指出，对于后发国家而言，应该用政府干预式的自由替代自由放任式的自由，"政府(国家)权力的增加并不意味着对个人自由的损耗，政府(国家)行使更多更大的权力，为全体成员谋取更多更好的利益，促进全体社会成员所拥有的能力和力量的发挥，社会中存在的自由才能够大增长，每个成员才会越来越自由"④。不管怎么样，提升后发国家政府能力而不是像自由资本主义那样弱化政府功能恐怕是今后很长时间都必须坚持的基本导向。

（五）建设现代民主国家的权利开放顺序

在民主已成为世界潮流的今天，维持民主和反对民主的成本都空前增加，各个国家在选择未来政治发展道路时，必须基于这样一个共识：民主的基本价值必须得到捍卫。捍卫民主的基本价值并不意味着民主制度形式仅仅具有一种或几种形式。各个国家丰富的历史遗产和文化背景以及现实条件都是设计民主制度要考量的必不可少的条件。

随着当年"8·19"事件的爆发，激进的政治变革使得当时乌克兰的政治精英们对于未来政治设计缺乏足够的准备和思想资源，三百多年以来缺乏出类拔萃、富有政治智慧的政治家一直是乌克兰政治悲剧的命门。每每在紧要关头，政治人物的短期投机行为使得乌克兰的前途雪上加霜，在强大的西方政治话语权与和平演变阴谋下，善良的民众认为，走西方的自由民主道路，国家从此就迈向康庄大道。考察西方发达国家民主建设史，整个西方发达国家在迈向现代化的今天，其民主政治的发展轨迹呈现出这样一个清晰

① ［美］塞缪尔·亨廷顿：《变化社会中的政治秩序》，生活·读书·新知三联书店，1989年，第1页。

② 同上，第17~21页。

③ ［美］刘易斯：《经济增长理论》，周师铭译，商务印书馆，1983年，第463页。

④ 何汝壁、伊承哲：《西方政治思想史》，甘肃人民出版社，1989年，第531页。

的轨迹,按照 T. H 马歇尔的研究,18 世纪公民身份要素仅包含公民权利(civil right);到了 19 世纪,增添了政治权利这一层;到了 20 世纪,又增添了社会权利这一层,从而在今天形成了三大权利要素的有机统一。这一发现揭示出西方民主制度演进的基本规律,可是这一发现常常被许多人忽视。很多研究西方民主的学者和政治精英不知道是真没注意还是选择性地忽视了这一规律,在民众的经济(民事)权利和社会权利尚没有得到充分发展的时候就简单地认为放开政治权利,所有问题就会迎刃而解,这种割裂权力与权利共生性导致的结果可能是灾难性的。国家首先需要能够稳得住的权力作支撑,这种稳得住的权力同时需要切实保障公民基本权利的实现。缺少了任何一方,民主政治体系都难以为继。

后发国家在其迈向政治现代化过程中需要充分借鉴发达国家的先进经验,相对于发达国家而言,其发展的时空被大大压缩,在此情况下欲建成高质量的民主政治,是不是也应该考虑这一独特的规律呢?

四、小结

乌克兰政治之所以有今天的困局,是一系列复杂因素共同作用的结果。今天的乌克兰几乎遭遇了后发国家所能遇到的所有棘手问题:大国地缘博弈的前哨,复杂的历史恩怨夹杂族群对立和宗教认同的差异,激进转型的政治遗产,激烈的党派竞争政治造成彼此之间互相倾轧,政府能力严重不足,政治腐败盛行,地区、贫富差距过于悬殊,造成社会严重撕裂,虽然建立起民主政体的基本框架结构,但却没有形成足够的民主共识,国家认同极度孱弱。"颜色革命"的政治遗产使得民众过于迷信广场政治,政治精英们缺乏政治远见,沉湎于狭隘集团利益不能自拔等等一系列错综复杂的矛盾困扰着这个脆弱的国家。

但诸多的问题并不意味着必然产生今天的困境,曾经的中国甚至遇到过比乌克兰更加复杂和困难的局面,中国共产党领导下的中国人民经过很长时间的艰难探索,终于找到了一条适合自己发展的道路,从此开创了现代化建设的新局面。对于当下乌克兰而言,如何才能更加有效地完成国家建构,探索一条适合自己的发展道路,恐怕还需要相当长的一段时间。

第四章　多民族国家治理之道与政治整合

自近代以来,陆续产生的多民族在一定的疆界内形成了由主权和一定数量国民组成的"现代国家"。但真正的"现代"国家有更加复杂的内容。现代国家治理体系和治理能力构成了其中的重要内容。建立现代国家治理体系、提升现代国家治理能力同样是多民族国家实现政治整合又一个专门的内容。

第一节　族际政治文明视域中的"我们"与"他们"关系

在当代多民族国家中,一方面,不同民族群体之间以及民族群体与国家之间存在着各种矛盾和冲突;另一方面,不同民族之间、不同民族与国家之间又形成了某种共存关系。各个国家为了保证后者在国家政治生活中发挥重要作用,在管理上进行了艰难的探索和努力,在此方面,多民族发展中国家①族际政治文明的变革及其对治理的影响尤其值得分析和研究。

一、族际政治文明的内涵

什么是文明?人们对此有不同的认识。不过,就其基本含义而言,都表明一种与"野蛮""蒙昧"相对立的"进步状态"或"过程"。在这里,"野蛮"指"不文明、没有开化"之意,"蒙昧"意为"没有文化、不懂事理"。因此,当人们把文明视为是一种进步状态时,它赞赏人的理性、智慧、道德、合作、互助、自我约束等精神,主张超越落后、封闭和无文化。可见,文明的本质体现了

---

① 所谓的发展中国家,就是指"亚洲、非洲和拉丁美洲那些在历史上曾是殖民地、半殖民地或附属国,后来摆脱了了殖民主义统治、获得了民族独立和国家主权、目前在经济和社会发展处于较低发展阶段的民族和国家"。见彭刚:《发展中国家的定义、构成与分类》,《教学与研究》,2004 年第 9 期。

一种积极向上的社会品质。恩格斯对文明解释是："文明是实践的事情,也是一种社会品质"①,深刻揭示了文明的这种取向。展开而言,说文明是"实践的事情",在于文明是人类改造物质世界和精神世界的活动,是人类的一种不断进步的实践;认为文明是"社会品质",表明了文明只能是社会的,它来源于社会各个不同层面群体的实践,而且只有社会成员之间的合力作用才能发展和传承文明。鉴于此,笔者认为,文明就是人类社会不断超越自我局限,实现精神和物质上进步的过程。

文明的发展离不开人与自然、人与人的交往。要保证这种交往正常发展下去,就需要一定的价值、规范和权威。从价值角度看,人类的社会生活总是在一定的伦理价值和思想观念基础上结合到一起的。凭借这种精神的力量使人超越了自利性、蒙昧性和野蛮性而实现了人们之间的合作和共存。从规范的角度看,通过正式的或非正式的制度,将人的行为纳入一定的秩序中,而不为个人或集团的任性而驱使。从权威的角度看,一定的权威是一定的强制性的力量,它可以有效地克服社会内部的自利与蒙昧行为。从上述几个方面看,都反映了其中所蕴含的政治文明因素。基于此,所谓的政治文明,中国学者虞崇胜指出:"就是人类社会政治生活的进步状态。从静态的角度看,它是人类社会政治进程中取得的全部进步政治成果;从动态的角度看,它是人类社会政治进化发展的具体过程。"②而就政治文明的基本内容,有的学者将其归结到"民主政治"。许耀桐指出:"所谓的政治文明,是人类社会自产生以来,以民主政治为根本要求的、包括政治思想、政治制度和政治行为等方面的积极成果的形成及其不断发展而呈现出的进步状态。"③如果按照这样一种认识,在漫长的人类政治史中,非民主政治不在政治文明之列。然而,事实并非如此简单。产生于罗马帝制时代的民法体系,不仅对市场经济的发展影响巨大,而且也铸就了法治国家的发展。"和合"文化形成于春秋诸侯当政时代,然而其中的"和而不同"思想在今天中国的政治文明建设中依然是一个有价值的思想。显然,民主政治固然是政治文明的重要内容,但人类在其他政治实践中积累起来的那些积极的因素同样是政治文

---

① 《马克思恩格斯全集》(第1卷),人民出版社,1956年,第666页。
② 虞崇胜:《政治文明论》,武汉大学出版社,2003年,第123页。
③ 许耀桐:《政治文明:理论与实践发展分析》,中央编译出版社,2006年,第5页。

明的重要组成部分。从这些因素中，可以看到所谓政治文明的"进步状态"，本质在于承认"人"的存在和发展，承认"我"与"他"都具有同等的尊严和价值，不同的人、不同的群体逐渐超越自我的某种狭隘性，而不断向一种更为包容的、开放的社会秩序进步的过程和状态。具体到对民族群体的态度上，就是要承认其他民族与自己同样都有存在的权利。当今世界上的一些民族主义者提出所谓的"津巴布韦属于津巴布韦人""印度尼西亚属于印度尼西亚人""乌兹别克斯坦属于乌兹别克人"等排外性极强的口号，本身带有着狭隘的民族主义，很难说有什么文明精神。有鉴于此，什么是政治文明，就是人以承认人的存在和发展为重要内容，超越自我的狭隘性，不断进入一种更为开放的、包容多元的政治秩序的进步过程和状态。具体到族际政治文明上，笔者认为，就是指以民族和谐共存为基础，以尊重多元和包容差异为主要政治机制的一种进步过程和状态。

首先，从族际政治存在的基础看，一个重要标志就是各个民族和平共存。当不同民族的利益和文化得到承认和保护，各个民族群体之间能够相互合作，共同发展时，不仅各个民族的文化和事业得到了发展和进步，而且在各个民族的良性互动中，不同民族之间形成了积极的、合作性的"共有文化"①，共同推进了包括各个民族群体在内的整个国家的发展和进步，族际政治文明也在各个民族良性的共有文化的不断积累中得到不断的滋养。

其次，从族际政治的制度保证看，族际政治文明表明了各个不同民族群体都在宪法和法律下活动，都要以遵守宪法和法律作为自己的最高认同。同时，作为宪法和法律又要真正反映不同民族群体的权利要求，并通过各种实体法保护和调节不同民族群体之间的关系。从这种意义上说，族际政治文明的一个重要体现就是族际政治的法治化。

再次，从族际政治实现机制上看，文明是一种进步，这种进步本身就意味着发明、发现。具体到族际政治上也意味着族际政治机制的创新和发展。在不同民族权利意识不断增强的时代，族际政治实践的一个重要环节就是逐渐改变传统的治理机制而进入一个更能容纳他者的机制，只有在这种机

---

① 共同文化和共有文化有着区别。前者主要基于一定的共同利益和要求而产生的为各方面共同认同的文化，具有一定的积极价值，构成了不同民族群体联系起来的纽带。而共有文化是一种中性词，表现的是不同民族群体对对方的一种认识和判断，可以是消极的，也可以是积极的。

制中,各个民族群体的权利得到合理的运用,所生活的地区民族群体享有了一定的自治权。不同民族群体就是产生了矛盾,甚至冲突,最终也能够通过对话妥善地解决彼此之间的分歧。

二、"我们"与"他们"关系的变革

文明涉及协调人际关系,同样族际政治文明中也涉及民族群体之间的关系。问题是如何判定这种关系,这一问题自然集中在了"我"与"他"的关系上。在不同世界观的主导下,人们对"我"与"他"的关系认识存在很大的不同,自然涉及处理方式的差异。弗洛伊德在《论文明》中从"从自然中获得财富"和"处理人际关系"两个方面来解读文明的含义,前者涉及文明与获得财富的关系,后者涉及人际关系。在对二者的区分上,他的认识依然没有离开主、客二分模式。在这种模式中,征服自然构成了文明的一个因素,这种模式必将影响到如何认识自己之外的他人。由于受其第一个前提的影响,他推出了第二个关系是以统治和服从关系作为基本特点。而这种特点并不是弗洛伊德的发明,在希腊和罗马时代就已经确立。

在古希腊语中,城邦公民与"野蛮人"是对立的。在希腊人看来,所谓的野蛮人是说不为希腊人理解语言的外邦人。在希腊人看来,希腊语是逻辑、哲学和政治的基础,是最文明的体现,野蛮人不能融入希腊人的社会。西方学者欧利比德斯认为,"野蛮人"一词有三种用法:"①无法被理解;②外国的,非希腊的,表述的是国籍的概念;③外国的,隐含了下等的意思。"[①]第三种意义实际上涉及类似于今天民族政治或人类学中提到的"他者"。然而在古代和此后的相当时期中,"野蛮人"很大程度上成了另一个民族群体的代名词,以它作为文明人的镜子。在罗马时代,"文明(civilization)"的词根是civil,源于拉丁文的 civis,意指市民、公民,专指与"野蛮人"相区别的罗马人。因此,"文明"又可以是"文明人"和"野蛮人"的对立。这种以对立的观点看待"我们"之外的人,在西方一直源远流长。在欧洲中世纪,"野蛮人"指非基督教人士。在文艺复兴时代,土耳其人在欧洲人眼中就是"野蛮人"。他们是欧洲的"他者"。与"野蛮"联系在一起的是"蒙昧"也即"未开化"。"未开化"的人在近代北美殖民者眼里是美洲土著人。文明与野蛮的对立,到亨廷

---

① [英]马克·B.索尔特:《国际关系中的野蛮与文明》,新华出版社,2004 年,第 24 页。

顿发表其"文明冲突"时发展到极致。他在回答"我们是谁"这样一个基本问题时指出："人们用祖先、宗教、语言、历史、价值、习俗和体制来界定自己。他们认同部落、种族集团、宗教社团、民族，以及最广泛层次上的认同文明。人们不仅使用政治来促进他们的利益，而且还用它来界定自己的认同。我们只有在了解了我们不是谁，并且常常只有在了解了我们反对谁，才了解我们是谁。"①这种二元对立的观点正点明了西方国家一贯的殖民主义特点。这种"我们"与"他者"，"文明"与"野蛮"的认识，如果从国际关系的角度看，欧美文明代表着"我们"和"文明"，在此之外的文明属于"他者"或"野蛮"的领域，自然要受到前者的征服或驯化。如果从民族政治的角度看，文明代表着"我们"或优势的民族群体，凭借其优势而对"他者"实施统治。正如亨廷顿所说，"用政治"来促进他们的利益，而且还要以政治来确立自己的认同。在这里，"我们"和"他者"构成了一种排斥关系，打着"文明"的旗号，而对"野蛮"进行驯化和征服。因为在他看来，"他者"是文明的威胁，挡了"文明"的财路。这样一种认识转移到对国内民族关系的处理上，自然表现为同化主义或排外主义。

为了论证"文明"和"野蛮"的对立，文明的"我们"往往从自我的立场去衡量之外的"他者"，将其简单地归入"野蛮"的一方。在此问题上，英国学者克莱夫·贝尔以前殖民地国家为例，指出："无论产权观念，坦诚、清洁、信仰上帝和来世以及永恒的正义，还是豪侠仗义、作风正派、崇尚爱国主义、遵守自然法则等等，一概不能算文明社会区别于野蛮社会的特征。"②他曾举例说，如就"你的"和"我的"区分而言，原始部落在此方面有着很明确的认识。白人进入北美前，那里的印第安人几乎从来不知盗窃为何物。如在一些原始的部落中，他们对本部落的认识慷慨大方，对陌生人热情好客等。因此以主客二分的观点区分"文明"和"野蛮"，大量存在的是一种对内或对外的殖民主义情结。在主客两分的观点大行其道时，作为人类文明发展中的另一种超越种族中心主义的人类的"我们"思想在西方斯多葛主义思想中发展起来。这种思想将所有的人都视为世界公民，而不分归属。而在中国和印度古代思想中，已存在着不分你我的"我们"的观念。印度名著《潘查坦特拉》

---

① ［美］塞缪尔·亨廷顿：《文明的冲突与世界秩序的重建》，新华出版社，1998年，第6页。
② ［英］克莱夫·贝尔：《文明》，商务印书馆，1990年，第17页。

曾说,只有心胸狭窄的小人才会考虑谁是自己人和谁是外人。中国的观念中早有世界主义的思想,正所谓"四海之内皆兄弟"①。源于古代世界主义和东方观念的天下一家的思想质疑了"我们""你们"的划分,在文明发展进程中具有着重要价值。

不过多民族发展中国家独立后的发展,特别是在现代化发展进程中,依然受到了西方"我们"和"他们"二元对立观点的影响。不过在社群主义传统的作用下,各个族群长期在一起共存的历史决定了各个民族群体之间共存一体,相互依赖的格局依然是主流。尤其随着现代化发展和不同民族群体之间交往关系的扩大,一种包容多元的"我们"的观念和实践在不少国家已经发展起来。在这种观念影响下,不同族群都是一个国家中的成员,或说都是"我们"。彼此之间在地位上是平等的,其间的关系是一种相互承认的关系。比如,在印尼,建国五原则②(潘查希拉)没有将占统治地位的伊斯兰教作为国教,体现了世俗精神,而是将"神道"置于其中,使伊斯兰教信徒和其他宗教信徒处于平等地位,大家都是印尼的成员,都是"我们"。

三、走向复合治理

文明意味着一种发明和创造,没有发明也就没有进步和发展,文明正是在不断发明中进步的。文明的秩序也是在不断对旧有的秩序改造中发展的。伴随着一种以"我们"和"他们"关系为核心的新的文明观的建立,国家治理也在发生新变化。

众所周知。发展中国家独立后的相当时期主要是以威权主义为基本特点的。这一时期的国家管理是以单向度的统治为基本取向的。在这种取向中,所谓的统治更多强调了中央权威的单向度行为,表现为权力更多地集中在中央和少数一些人手中,政策也主要由几个主要政治精英作出。国家权力对社会的渗透和干预,对国内少数民族的同化,构成了其中的重要内容。历史地看,这些措施对发展中国家的政治稳定和经济发展起过一定的作用。但随着现代化的展开,不同民族群体之间交往和利益上的分化,民族群体权

---

① 《论语》(颜明第十二·五)。

② 建国五原则(潘查希拉):民族主义、国际主义(或人道主义)、民主(协商制)、社会正义和信仰神道。

利意识与多元化发展，传统的治理方式难以适应新的形势，在此方面，发展中国家开始了由统治向治理的转变。在这种转变中，治理在回应社会提出的不同要求中，中央政府不再是唯一的管理主体，不同集团和民族群体开始通过更多的途径参与到政治生活中来，一种新的治理机制开始建立起来。

第一，协商治理。当代多民族发展中国家经过一定时期发展后，一些国家开始逐渐建立了自己的族际沟通和表达机制。在印尼威权政治中，人民协商会议即为典型代表。民主化转型后，协商政治在其政治生活中依然发挥着重要作用；在新加坡和马来西亚等国的政治建设中，在处理不同族群纷争等方面，力求通过谈判解决相互之间的分歧。其基本宗旨是："一个双方同意不再互相伤害、加强保障，彼此自主性或关键利益的妥协。它通常包含着放弃使用武力、不与外人（军队或群众）共谋，而且承诺将协商当作今后解决纠纷的手段。"[①]

第二，包容吸纳。在政党或政府机构人员的构成上，努力将不同民族群体代表吸纳到政党组织和政府中来。在马来西亚，作为以马来人为基础的国民阵线努力将包括马来民族、华人民族群体和印度民族群体的政党吸收进来，共同组成了一种带有联合性的政党组织。马来西亚实行的是议会内阁制，国民阵线有效地将民族问题纳入政党和议会机制，维护了马来西亚的稳定和统一。在新加坡，人民行动党长期处在执政地位上。该党力求代表所有人。尤其在选举和议会的构成上，力求包括马来民族、印度民族和其他民族群体的代表。1987年通过的《新加坡共和国法案》和《议会选举法案》，推进了集选区制度，即由三名议员组成的小组当中必须有一名议员是马来人，或是印度人，或者来自其他少数民族。与之不同的是，这种吸纳性机制在菲律宾也获得了发展。1986年政治转型后，菲律宾开始寻求通过民主方式解决民族问题。政府开始通过民主方式寻求解决南部伊斯兰教信徒的自治问题，建立了商讨组织。尽管商讨效果并不理想，但毕竟有了一个好的开端。1996年，菲政府与伊斯兰教信徒代表签署协议，决定建立菲律宾南部和平与发展委员会。在泰国，虽然在制度上没有明确宣布建立民族自治制度，但在地方政府和议会人员的构成上吸收了不少地方伊斯兰教信徒。20世纪80年代，在泰南的北大年、也拉、陶公伊斯兰教信徒三府的573名行政负责

---

① ［美］吉列尔莫·奥唐奈等：《威权统治的转型》，新星出版社，2012年，第52页。

人中,170 名(30%)是当地人,三府的国会议员候选人 70% 以上是伊斯兰教信徒,当选者半数以上是伊斯兰教信徒;府一级议会议员绝大多数是伊斯兰教信徒,更不用说一些市议会的议长和议员了。①

第三,倾中执政。即无论政党或政府尽可能代表更多民族群体的利益,而不倾向于某一个民族。在此方面,东南亚一些国家的政府明确地认识到,在多民族国家中,多数人民主带来的只能是多数人民族对少数人民族的一种排斥,增加的是国家分裂。多民族国家政府在制定政策上要从大局出发。正确面对人民的选择。李光耀谈到新加坡官方语言选择时指出,国家建构与多数人的统治是不相符的。以中文为新加坡官方语言政策是多数华人的意愿。但人民的选择并不考虑"后果",如果采取多数民主原则,必将带来多数人对少数人的歧视和压制,导致国家的分裂。② 加拿大学者贝淡宁指出:在亚洲国家,"政治领导人也必须建构某种共同的国家认同以推进诸如政治稳定性与经济发展这样的目标,但是如果政治领导人认为多数群体的文化与国家的目标相冲突的话,他们并不那么受到多数群体文化的制约(与民主国家相比)"③。在马来西亚,1981 年到 2003 年,总理马哈蒂尔·穆罕默德对公开的宗教活动进行了一定的限制,从而有效地防止了族群的分裂。

第四,集分平衡。多民族发展中国家需要国家权力发挥凝聚作用,但这种凝聚不是排异性的凝聚,而是包容的凝聚,而实现包容凝聚必须要处理好中央权力和民族群体权利的关系。西方对民族群体权利的承认是嫁接在自由主义的个人权利保护基础上的,总体发展方向是"公民化"。而发展中国家在对待民族群体权利上将国家全局利益置于第一位。在全球竞争不断加剧的条件下,求得发展依然是多民族国家的首要任务。在此,有学者认为,"人民的一致性而非多样性"更有重要意义④,在这样的国家中,"次级团体的个性源自于国家。个人积极作为团体的一分子而存在。由于对权威高度集中的强调,任何权威的分散被视为对整体的威胁"⑤。其实,观察今天的发展中国家,平衡中央权力和民族集体权利开始作为一种新的治理方式发展起

---

① 庄礼伟:《亚洲的高度》,广东旅游出版社,1999 年,第 138 页。
② [加拿大]贝淡宁:《超越自由民主》,上海三联书店,第 176 页。
③ 同上,第 175 页。
④ [美]戴维·E. 阿普特:《现代化的政治》,中央编译出版社,2011 年,第 20 页。
⑤ 同上,第 21 页。

来。在印度和印度尼西亚，这是两个高度多元文化的国家，民族、语言和宗教多样化一直影响着这两个国家行政区划的变动。但两国家依然灵活地处理了中央权威与联邦制之间的关系。在新加坡，由于地域有限，无法实现分权性治理，加之政府处于权威地位，对民族事务的处理主要在机构设置和政策规定上处理与马来人和其他族群的关系；在泰国，南部有马来人聚居，且争取自治的运动搞了多年，但泰国政府一直没有下放自治权；而是在政府机构的设置中安排了马来人，通过政策给予马来人一定的特殊照顾。也有的国家两者兼有，既下放权力，也利用政策调整的手段。从当代世界不少发展中国家的实践看，采取哪种方式，取决于国情。总之，平衡中央权力和民族集体权利之间的关系已经构成了一种新的机制。

第五，包容性发展。多民族发展中国家是在各种复杂的国内和国际因素中建立起来的。面对来自国内和国外的种种压力，决定了多民族发展中国家必须把经济发展作为整个国家建设的首要选择。然而，经济发展绝非是单一的发展，也绝非某一个民族的发展，而是各个民族的共同发展和整个国家整体实力发展的结合。发展中国家独立后的一个时期内，由于把经济发展置于优先地位，但在后来发展中，这种优先发展战略逐渐暴露出局限性，突出表现为不同民族之间，特别是优势民族群体和弱势民族群体之间经济和其他方面的分化越发严重起来。这种状况不能不使发展中国家民族之间、民族与国家矛盾叠起。面对层出不穷的问题，各个国家力求摆脱困境，一种包容性发展的理念和实践开始在多民族发展中国家中建立起来，具体而言：①打破民族群体界限，按照共同的经济关系和共同地域关系求发展。在此方面，民族和解后的新南非即为代表。在共同的经济关系中，白人中有穷人，黑人中也有富人。在共同的经济关系中，"不仅南非的'富黑人'认为现在比过去好，就是'穷黑人'也这么认为，因为他们至少已经没有基本公民权利被剥夺的问题"①。黑人和白人在一起工作，打破了因为民族群体而贫富的状况。②照顾弱势民族。即国家从全局出发，为发展慢的弱势民族群体提供政策帮助，缩小民族群体之间的差别。从表面上看，这种政策带有民族歧视性，但它为发展慢的民族群体获得实力、实现共同发展提供了条件。在新加坡，宪法规定："政府应该承认新加坡本土人民马来人的特殊地位，政

---

① 秦辉：《南非的启示》，江苏文艺出版社，2013年，第553页。

府应以这种态度行使职能,因而保护、保障、支持、照顾、促进马来人在政治、教育、宗教、经济、社会和文化方面的利益和马来语言,应是政府的职责。"①在马来西亚,进入20世纪90年代后,政府调整政策,缓和马、华之间关系,使马来西亚成了"基尼系数下降、不平等得以改善的国家"②。促进包容性增长。亚洲开发银行高级经济学家贾扬特、梅农等学者指出,片面地追求经济增长并不会自动地带来社会政治的进步,相反社会的不公平只能导致社会和政治的动荡,甚至暴力冲突。取代这种片面的经济增长的是包容性增长,它的意义是"参与和利益分享。没有利益分享的参与会造成增长不公,而没有参与的利益分享则难以取得理想的福利目标"③。在此方面,"中国是包容性增长的忠实支持者和追随者,包容性增长表现为对科学发展和社会和谐的不断追求"④。泰国政府在20世纪80年代以后加强了对泰南马来民族群体的投资和扶贫力度,多数人民族群体与当地穆斯林之间关系得到有效改善。在印度、柬埔寨、印度尼西亚和菲律宾等国家,政府也"将包容性增长战略作为其政策的框架的一部分"⑤。其主要内容就是优先发展农村和落后地区,缩小社会内部发展上的不平等,特别是民族之间的不平等。防止社会内部的不公平带来社会凝聚力的下降和政治不稳定。

第六,民族镶嵌。增强不同民族之间的接触和理解。以新加坡组屋制度为例。1965年独立后,新加坡政府改变了殖民地当局留下的"分族而居"的局面,实行各个民族大的杂居、混居的组屋制度。按照这一制度,华人在每一个社区的人口不得超过87%;马来人在每一个社区的人口不得超过22%,在每幢公寓中不得超过25%;印度人和其他民族在每一社区中不得超过10%,在每幢公寓中不得超过13%。⑥新加坡前总理李光耀评价这一制度时指出:"尽管重新安置人口可能出现极大的混乱,但政府当时还是决定不让居民有选择的机会,如果他们要住进组屋就必须抽签。英国人在殖民地时期把不同种族分隔开来,这种情况不利于新加坡的建国工作。这种政策开

---

① 许心礼:《新加坡》,上海辞书出版社,1983年,第8页。
② [美]哈瑞尔达·考利:《2050年的亚洲》,人民出版社,2012年,第57页。
③ 同上,第54页。
④ 同上,第65页。
⑤ 同上,第67页。
⑥ John S. T. Quan. *In Search of Singapore's National Vaues*. Singapore:Times Academic Press,1990, p.51.

始时虽不受欢迎,因为不同种族的居民必须在同样的环境中互相迁就,包括容忍烹煮食物所散发的气味,但人民必须学会宽容和尊重他人。"①新加坡组屋制度体现出的不同民族群体镶嵌精神,有利于不同民族相互理解和包容。

第七,价值引导。多民族发展中国家要有效保证族际政治文明的健康发展,社会需要一定的共同价值和文化的引导。但这种共同价值不是抽象的、否定多元价值的价值。新加坡作为移民国家,其主要人口由四大族群组成。② 其中华人占人口多数。面对国际国内的复杂环境,政府从来未给华人以任何特权,以避免华人的"沙文主义"带来的民族矛盾。新加坡《联合早报》也指出:"尽管华人占人口的多数,他们没有使马来人或印度人沦为'二等公民'。"③新加坡前总理李光耀指出:"我们必须尽力建立一个基于平等原则的模范的、多元种族的社会……"④以民族平等为原则,新加坡政府努力使新加坡不是华人的新加坡,而是各个民族共同的新加坡。为了使各个不同民族群体和谐共存而不是各自独立发展,新加坡于1991年通过了《共同价值白皮书》,以促进一种以国家和社会为先的价值成为不同民族群体的共同价值。在此价值中,既保证国家和社会为先的地位,也承认不同民族群体的文化和价值具有重要地位。也就是"共同价值"中明确提出的:"种族和谐,宗教宽容。"在马来西亚,绝大多数马来人信仰伊斯兰教。但独立后的马来西亚政府,并没有将伊斯兰教定为国教,而是采取了包容的世俗价值准则。马来西亚具有强烈的族群分界的特点,其中,马来人在政治上具有特殊地位。20世纪90年代,时任马来西亚总理马哈蒂尔在"2020年宏愿"中明确提出将"族群和谐"视为是国家取得成就的关键。他呼吁马来西亚人民要"远离冲突和纷争"⑤,各个民族都把自己视为是马来西亚人。在政治上,马哈蒂尔反对西方基于自私自利的个人主义和自由主义民主,主张"族群团结

---

① John S. T. Quan. *In Search of Singapore's National Vaues*. Singapore：Times Academic Press,1990,p. 51.

② 主要民族群体有:：华人(汉族)占人口的74.2%,马来族(13.3%)、印度裔(9.1%)和欧亚裔/混血(3.4%)。大多数新加坡华裔祖先源自中国南方,尤其是福建、广东和海南省,其中4成是闽南人。

③ 韦红:《东南亚五国民族问题》,民族出版社,2006年,第149页。

④ [英]亚历克斯·乔西:《李光耀》,上海人民出版社,1976年,第265页。

⑤ 孔建勋等:《多民族国家的民族政策与族群态度》,中国社会科学出版社,2010年,第102页。

与国族团结相一致"①。

第二节　族际合作治理与政治整合

在对多民族国家②的研究上,一些学者分析了族际冲突形成的原因和实现族际政治整合的途径。尤其在对政治整合途径,如控制、吸纳、认同调控、民族政治参与、民族自治、协商民主、同盟民主,跨族选举等问题的讨论中,间接地涉及族际合作治理方面的问题。而从实践层面看,不少多民族发展中国家在自身的治理体系和治理机制中建立了"族际合作治理"类的机制。③本部分围绕"族际合作治理"为中心议题作一分析。

一、多民族发展中国家族际合作形成的基础

在发展中国家,不同民族群体在长期的历史发展中形成了自己的经济和文化生活,并在此基础上形成了各自的认同。不过,随着这些群体进入到一个新的政治共同体或法律之下,尤其随着现代化的进程的发展,在国家和市场交换体系的影响下,不同民族间发展了不同形式的合作关系。

(一)从国族文化的培育和族际相互承认上看,不少新生的国家鉴于历史教训,独立后努力弥合历史上殖民主义者带来的民族心灵上的创伤,建立了民族平等原则

不仅从法律上承认了这些民族群体的地位和权利,而且努力塑造一种政治价值,积极影响各个民族群体超越各自认同而走向对国家的认同。20

---

① SusanJ. Henders. *Demmocratization and Identity*;*Regimes and Ethnicity in East and Southeast Asia*. Lexigton Books,2004,p. 244.

② 这里的多民族发展中国家既相对于发达国家的多民族国家,也相对于发展中国家的单一民族国家。所指的是发展中国家的多民族国家。

③ 涉及带有族际合作特点的机制和理念在不少国家的治理体系和一些学者的著作中得到体现。如新加坡的"少数民族团体权益委员会""宗教和谐总统委员会""人民协会制度",马来西亚的"民族政党联盟";印尼的"建国五原则",印度的"二级联系网络""合作联邦制""合作社"。非洲博茨瓦纳的"酋长会议"、索马里的"参与程序",南非的"种族和解委员会""合作决策""参与民主"、尼日利亚的"联邦上诉法院内伊斯兰教法审判庭"、卢旺达的"社区发展委员会"等。此外还有不少人提出了人们熟悉的"联邦制""民族区域自治"等制度设计。一些学者在总结发展中国家的实践基础上提到的"协和民主""大联合内阁""比例代表制""聚合式民主""权力分享""合作式权力转移""跨族联盟""跨族投票""交互增强性制度""社会支持网络"等理论,这些机制都含有大量的"族际合作治理"内容。

世纪50年代，印度尼西亚苏加诺提出的"建国五原则"、新加坡20世纪90年代提出的"共同价值"、马来西亚的"2020年愿景"都在不同程度上为民族之间的合作奠定了思想基础。其目的就是使不同民族群体超越各自的局限，在共同理想和共同目标的实现中，培养共同的感情，这些构成了这些国家族际合作治理的基本内容。

从社会生活层面上看，在今天的东南亚国家，不同民族在保留了自己本民族特点的同时，都不同程度地吸收了其他文化的因素，各民族之间相互适应和学习，形成了一种不同文化之间相互渗透的局面。如在缅甸的"克伦人即基督徒"，获得了"赋予的身份认同"，而不是"自我身份认同"①。在马来西亚、印度尼西亚的当地原生民族中，其宗教信仰不仅是本地的，而且也吸收了不少外来民族的宗教因素。在东南半岛上的国家，柬埔寨、老挝、泰国的多数人民族都有着共有的宗教文明，凭借共有的宗教文明，增强了民族内部的同质性建构，也促进了不同民族之间的黏合性。

在政策层面上，国家统一和民族团结占有首要地位。在新加坡这样一个华人占统治地位的国家，在语言问题上，李光耀压制了华人把华语作为官方语言的要求，确立了英语的官方语言地位。在谈及原因时，李光耀指出：如果那样，"我们会饿死，我们会有种族动乱。我们会分裂"②。加拿大学者贝淡宁谈到东亚国家与民族群体关系时指出：在东亚国家，"政治精英可以轻而易举地压制多数群体的民族主义。虽然政治领导人也许必须建构某种共同的国家身份认同以推进诸如政治稳定性与经济发展这样的目标，但是如果政治领导人认为多数群体的文化与国家的目标相冲突的话，他们并不那么受到多数群体文化的制约（与民主国家相比）"③。贝淡宁对东南亚等国家的评价，从一个方面折射出，多民族发达国家在民族国家建构上带有民族主义的特点。而对于刚刚独立的东南亚国家更注重了"国家主义"，即国家在多民族群体之上。而不管其中那个民族人口优势如何，只要妨碍了国家统一，就是人口占优势的民族的利益也必须让位于国家和民族团结这样一个大局。

---

① 转引自陈衍德：《多民族共存与民族分离运动——东南亚民族关系的两个侧面》，厦门大学出版社，2009年，第134页。

② 转引自[加拿大]贝淡宁：《超越自由民主》，李万全译，上海三联书店，2009年，第176页。

③ [加拿大]贝淡宁：《超越自由民主》，李万全译，上海三联书店，2009年，第175页。

（二）建立族际合作机制

多民族发展中国家是在反对帝国主义，争取国家独立中诞生的。共同的历史使命使他们摒弃前嫌，建立了政治同盟。并通过一定的协议和组织形式将其固定下来。国家独立后，多民族发展中国家在这些协议和联盟组织基础上，进一步发展出了议会、政府组织和专门的机构，以承担起维护国家统一、领土完整、推进国家经济发展和抵御外部敌对势力威胁的职能。从国家的政权组织形式而言，在当代世界上的多民族发展中国家各种政体中，有两种政体比较有代表性。一种是总统制共和政体，另一种是议会制共和政体。前者以总统为核心组织政府，总统和议会均由民主选举产生；后者由选民选举产生议会，议会中获得多数票的政党或政党联盟产生政府总理，并由其组织政府。在不少发展中国家，建国前仅仅是一个地区，独立后国内经济建设，政治秩序的维护、延续或变革，国家对地方的控制和影响，都需要有一个强有力的中央权威发挥作用。同时，由于经济落后、社会内部经济一体化程度比较低，又使一些民族群体拥有了更多的自立条件。不仅如此，在这些国家中，资本主义的经济要素已经发育起来。面对国内复杂的多元因素。不少多民族国家采取了上述两种形式的混合方式。其中，行政权力和议会是两个重要的因素，而两者比较，行政权力发挥着重要的作用。面对国内存在着多元异质性族群或宗教组织，既要发挥行政权力的集中优势，保证权力及时有效地控制和管理社会多元秩序，实现行政权力对社会的控制、管理和资源的提取，又要通过给予民族群体或地方一定的自治权力和政府组织中的有限开放，实现一定的民族群体的共治。印度尼西亚即是代表。在民族解放中，苏加诺曾以民族主义作为动员各族民众的精神力量。此后上台的苏哈托实施"有领导的民主"，对民族主义思想和民族主义力量实行怀柔和吸纳政策。1973 年，他通过对不同倾向的政党整合，将左右不同倾向的政党分别组合纳入到新政治秩序中。既向民族主义者开放了有限权力，又保证了国家的统一和秩序。在这种机制中，人民协商会议（即人协）作为印尼的最高权力机关，通过一定议席分配，将不同民族和宗教群体纳入苏哈托领导的专业集团。同样，在马来西亚的巫统、新加坡人民行动党主导的政治体制中，两个国家各自力求通过议会或政党吸纳不同民族群体精英、搭建对话平台，以处理和遏制不同民族群体和宗教群体之间的矛盾冲突。在博茨瓦纳的政府内阁成员的组成中，也按照一定的比例吸纳主要民族群体代表担任政府一些部门的官员。

在议会的组织上，通过一定的权力分享和议席安排，将不同民族群体的代表纳入民主机制。也就是在议会的法律、政策和税收分配中，尽可能地听取来自不同民族代表及其政党的意见，以使议会通过的法律、政策和税收尽可能满足不同民族群体的需要，通过民主的方式促进族际合作。在马来西亚，在马来人优先原则基础上形成的国民阵线是一个包括马来民族、华人民族群体和印度民族群体政党的联合性政党组织，在议会中占有主要席位。虽然 1999 年大选中得票率下降，2004 年国民阵线得票率再创新高。马来西亚实行的是议会内阁制，国民阵线这样一个包容性组织有效地将民族问题纳入政党和议会机制，维护了马来西亚的稳定和统一。在非洲的博茨瓦纳两院制议会中，上院均由地方的酋长组成作为重要的咨询机构。而下院按照一定选区和政党获得选票的情况，产生议员。

（三）发展民族间的互助

在不同民族相互依赖加强的条件下，主体民族的发展离不开弱小民族，弱小民族的发展同样也需要与多数强势民族合作。在不少多民族发展中国家采取私有制的条件下，帮助弱小民族的工作主要落在了国家身上。具体而言，国家通过对主体民族征收一定的税、组织一定项目和转移支付、发动和引导民间组织、发展市场网络、鼓励民族之间合作等方式帮助弱小民族群体，维护他们的权利，提升他们的发展能力，缩小他们与发达地区的民族之间的差距。如在泰国，政府通过建立一定的扶贫资金帮助泰国南部的伊斯兰教信徒修建公路、发展教育，推进经济发展。在印度，由不同的种族、等级、阶级、宗教或其他因素相关交叉而组成的"二级联系网络"成了政府之外的一种力量。"不同主体为了发展经济、社区和平以及政治参与而共同努力。"[①]

从国际政治的角度看，在当代世界民族国家体系中，多民族发展中国家不仅受到国际体系中核心国家的挤压和影响，而且也受到周边多元文化因素的影响，这些因素不能不对国家的凝聚力形成了空前的挑战。面对这些挑战，多民族发展中国家一方面反思自我，认识和总结自我在制度设计、权力安排与治理方式等方面存在的问题和不足。另一方面，各个国家为了提高本国的竞争力，进行了族际政治文明建设和国家治理方式和手段上的更

---

① ［英］范达娜·得塞：《发展研究指南》（上册），杨光明等译，商务印书馆，2014 年，第 262 页。

新。比较有代表性的就是在不少国家中,为了维护国家的统一和民族的团结,都在本国的政治制度和治理体系中增加了不少带有族际合作治理特点的机制,如改革传统的多数竞争民主制为"协商民主",包容性民主、跨族投票、比例代表、少数民族事务委员会等等。这些因素与国家治理体系结合在一起,构成国家治理的主要内容。

二、族际合作治理是当代多民族发展中国家治理的重要内容

在汉语中,治理一词由"治"和"理"合在一起。"治"大体上指政治权威通过权力运作实现由"乱"向"治"的转变过程,"理"有"理顺"之意,带有秩序的意义。治理一词由"治"和"理"合成,先"治"而后"理"表明,由治理统帅政治秩序建设是中国文化的重要内容。在西方,治理(governance)一词最初来源于拉丁文和古希腊语,原意是控制、引导和操纵,意味着对船只的驾驶和对公共事务的管理。长期以来,治理和统治(government)交替使用,并且主要用于与国家公共事务相关的管理活动和政治活动中。[1] 中外学者对治理也有不同的解释。[2] 但总体上看,治理是围绕一定的公共利益,国家或

---

① 俞可平:《从统治到治理》,《学习时报》,2001 年 1 月 21 日。

② 什么是治理? 学界有不同解释,国外学者克赫(Beate Koch)认为,治理就是"将不同公民的偏好意愿转化为有效的政策选择的方法手段,以及将多元社会利益转化为统一行动,并实现社会主体的服从"。(See Beate Kouch, Rainor Eising, *The Transformation of Governance in the European nion*, London: Routledge, 1999, p. 14.)彼德(Guy Peters)认为,治理是在多元行动者合作基础上,为实现管理社会的一种运行过程。(See Arthur Benz and Yannis Papadopoulos, ed., *Governance and Democracy: Comparing Naional, European and International Experiences*, Routledge, 2006, p. 37.)联合国组织对治理的含义作了更为全面的定义:"治理是指一套价值、政策和制度的系统,在这套系统中,一个社会通过国家、市民社会和私人部门之间、或者各个主体内部的互动来管理其经济、政治和社会事务。它是一个社会通过其自身组织来制定和实施决策,以达成相互理解、取得共识和采取行动的过程。治理由机制和过程组成,通过这些机制和过程,公民和群体可以表达他们的利益,缩小相互之间的分歧,履行他们的合法权利和义务。规则、制度和实施为个人、组织和企业设定了限制,并为其提供了激励。治理有社会、政治和经济三个维度,可以在家庭、村庄、城市、国家、地区和全球各个人类活动领域运行。"(See UN, *Governance Indicators*: A Users, www. undp. org.)与之不同的是,罗西瑙结合国际形势的变化,提出了"没有政府的治理"的观点。在他看来,在全球化时代,"民族和其他团体开始提出他们的自己的要求,而且其凝聚力也日益增强,经济全球化,影响广泛的社会运动,微电子技术造成的政治空间的收缩,以及由货币危机、环境污染、恐怖主义、毒品贸易、艾滋病等充斥与全球议程和众多其他跨国问题而导致的与日俱增的全球相互依存"。所有的这些因素都使"民族国家政府的法律和它们的条约"遭受了破坏。因此,传统的以一定的中心的"治理"让位给了"没有政府的治理",也就是一种社会的民主自治。(See Beate Kouch, Rainer Eising, *The Transformation of Governance in the European nion*, London: Routledge, 1999, p. 14.)

政府与社会之间共同合作管理社会和国家的活动和过程。

治理与统治各有自己的特点。自国家产生依赖，一定的统治权的存在和必要性，决定了统治的单向性从来是国家实现"秩序"的最后手段。因为，统治是相对于被统治而言的。它表示的是统治主体对被统治者的一种控制和管理，统治一方为主动方，发出命令并要求被统治者按照其命令而行，被统治者为被动方，只能按照统治方的规定而行。在国家依然被各种利益矛盾和冲突纠缠的条件下，同时，也在国家被复杂点的国际环境和安全等不确定性因素影响下，维护和保持政治上的统治职能从来是国家的最基本内容。对于多民族发展中国家而言，在民族建构和国家建构存在着矛盾的条件下，国家政治统治职能依然是必不可少的。尽管统治具有单向性，但在统治的运用和实现上更需要一定的复杂的、多样的治理活动才能实现。甚至在一定条件下，所采取的治理活动比起单向的统治来更有效。随着多民族发展中国家多元化的发展和市民社会的成长，在民族群体或宗教群体意识增长的条件下，治理活动中的现代化要求、专业要求和包容性要求超过以往。国家和社会的互构，政府和社会的多元力量，其中特别是与民族群体或宗教组织之间的相互影响越加复杂多样，这也就决定了一种包括有政府、社会和公民参与其中的治理发展起来。

在现代社会中，治理涉及诸多的方面。在众多的治理中，既有促进竞争的治理，也有发展和巩固合作的治理，特别是后者更符合治理的要旨和内容。人类组成群体，在从自然中获得生存资料过程中，除了群体的竞争、利益的冲突之外，同样也产生了合作的需要。所谓的合作，在中国汉语中指的是"为了共同的目的一起工作或共同完成某项任务"①。在英语中，合作（co-operation）表示的是"为了特定的目的或帮助某人而一起行为或工作"②。上述两种解释大同小异。不过在社会科学的研究中则含义更丰富。阿克赛尔罗德指出，合作"包括诸如劳动与社会分工、专业化、市场交易、合伙和共同经营企业，以及在经济组织、社会团体、政党、政治联盟、各种民间和公益团体中人们的相互协作、交往和协调行动，等等"③。其实上述对合作的解释依

①　中国社会科学院语言研究所词典编辑室编：《现代汉语词典》，商务印书馆，2012 年。

②　《英汉双解剑桥国际英汉词典》，文曲星。

③　［美］罗伯特·阿克赛尔罗德：《合作的复杂性：基于参与者竞争与合作的模型》，梁捷译，上海世纪出版集团，2008 年，第 2 页。

然是表面的。在当代社会中,合作的含义要复杂得多,既有正面的意义,也有负面的含义。国际政治学家基欧汉在区分"合作"与"和谐"的不同含义时指出:"和谐是指一种状态,在这种状态中,行为者的政策(追求自身利益而不考虑其他人)能够自动地促进其他行为者的目标实现。"他认为:"和谐盛行的地方,合作是必要的,甚至还是有害的,如果合作意味着某些个体密谋剥削他者的话。"①也有的学者提出了工具性合作的概念,阿克赛尔罗德提出了基于私利基础上的"合作"和基于社会性基础上的合作,前者不过是工具性的。在这种合作中,私人之间的合作或基于自利性计算,或来源于外部力量作用下的合作。后者基于人的社会性假设,即人有社会性偏好,加入社会,参与到社会中来,与他人结成合作关系。在这种行为中,主体的双方并不是基于功利,而是基于自愿的、自主的一种道德感。在承认和尊重他人,为他人尽义务的同时,也获得了他人的承认和帮助,并由此形成了坚定的、经得起历史考验的友谊和真情。在这种合作中,主体双方合作有一定的利益驱动,但不是唯利是图、理性计算。它所实现的是人的全面发展、人格的完善和人的素质的全面提高。在这种合作中,法律和权威不过是一个外部保证,真正合作建立在主体之间自愿、自律的基础上,因而这种合作具有更高的价值,并对社会的稳定和发展具有积极的意义和价值。基于上述认识,我们可以这样界定合作:不同的人或群体基于共同利益和目标而形成的一种互相支持、承认、帮助的行为、活动和过程。

由于合作从来是在两个主体或更多的主体之间展开的,而且在不同群体相互依赖不断加强、公共性事务不断嵌入各个群体的条件下,群体之间合作的社会性和公共性越来越具有了重要地位,它不仅仅局限在不同的民族群体之间,而且也和国家结合在一起。在此基础上形成了合作治理。中国学者张康之教授指出,合作治理是后工业社会的主要形式。他主要从治理的主体角度对合作治理进行了分析。在他看来,"合作治理"属于后工业社会。在这种社会中,"多元治理主体并不只是针对具体的和可以静态把握的对象而开展合作治理,而是在整个社会的意义上和动态过程中去开展合作治理。在这里治理者与被治理者都是相对的。在某个语境中是治理者,而

---

① [美]罗伯特·基欧汉:《霸权之后:世界政治经济中的合作与纷争》,苏长和译,上海世纪出版集团,2001年,第62页。

在另一种语境中又是被治理者"①。美国学者朱迪·弗里曼描述了合作治理的五个特征：①以解决问题为导向，也即相关各方共享信息，对管制的问题进行审议；②利害关系人与受影响者参与决定过程的所有阶段；③临时性的解决方案，就规则确定过程中进行历史性修正；④超越治理中的公私角色的责任，当事人相互依赖而且彼此负责；⑤灵活、投入的行政机关。② 从两个学者对合作治理的解释可以看到，合作治理是多元的政治主体围绕一定的公共利益和目标而展开的合作性活动或过程。不过，在笔者看来，这种认识仅仅是从治理的主体是两个或多个上展开的。实际上，合作治理不仅是主体的合作治理，而且也包括对主体合作事宜的内容的协调和管理。前者主要涉及合作治理的体系或组织问题。通过这样一个合作治理体系的存在，各方得以达成自己的利益和关切，并在共识的基础上确立共同的行动目标和共同的任务。后者涉及这种治理所面对的基本内容，其中涉及主体合作双方或各方面合作中存在的问题、矛盾和利益冲突，通过发现解决问题、矛盾的办法，增进和巩固公共利益和目标，从而维系、发展和巩固他们的联合。由于这种合作，无论主体还是合作的内容不是一劳永逸的，而是不断变化和产生的，因而合作治理是一个不断发展的动态过程。

在当代社会中，合作治理包含多个领域，其中族际合作治理是其中的一个重要方面。在以往的政治学研究中，人们对政治主体之间的关系探讨主要基于一定的阶级或一定的利益集团的思考。民族政治尚未上升到政治学的重要内容。然而随着多元文化主义的影响，特别是冷战后民族主义的发展和民族群体权利观念的上升，凸显了民族政治的重要地位，自然族际合作治理也变成了重要内容。

何为族际合作治理？笔者认为，就是国家和不同民族群体为了实现共同的利益和目标，建立起来的旨在促进和发展不同民族群体之间，不同民族群体与国家相互支持、相互帮助的过程和制度。在多民族发展中国家，这种活动可能是族群之间的或是在民间层面展开的，但它更多是在有国家参与，并在一定的法律和制度安排下由不同民族群体参与而进行和实现的。由于

---

① 张康之：《合作的社会及其治理》，上海人民出版社，2014年，第156页。
② 参见[美]朱迪·弗里曼：《合作治理与新行政法》，毕洪海等译，商务印书馆，2010年，第35页。

在多民族发展中国家,族际政治是多民族发展中国家的重要的政治活动,族际关系是多民族国家所处理的诸多复杂关系中的重要的关系,这决定了族际合作治理是现代国家治理的一个重要组成部分。族际合作治理有两层含义:其一,从主体角度说,指的是建立了由政府和不同民族群体共同参与的联合体系和工作运行机制;其二,从过程意义上看,指的是围绕共同利益和目标,针对不同民族群体之间、民族群体与国家合作中的共同利益而展开的协调和管理活动。

三、族际合作治理是多民族发展中国家政治整合的重要环节

在全球化时代,多民族发展中国家的利益格局发生了深刻变革,相应地族际关系格局也发生了新的变化。建国时代的多民族状况与当代的多民族状况也有了新的变革。在这样的条件下,多民族国家的政治整合(Political Integration)问题重新成了人们关注的要点。这里需要对政治整合的概念作一简单解释。《布莱克维尔政治学百科全书》中文版中的解释为:“政治整合”又是“政治一体化”,“意指若干个政治单位结合成一个整体。这些政治单位在原则之上不一定是按照地理划定的,但这一术语通常是指机构独立国家的结合,就这种结合所形成的整体而论,这一术语的含义始终不太清楚,其最严格的定义是指两个或更多的国家合并为一个国家”①,卡尔·多伊奇从外部特征上列举了六种政治整合,即地域整合、语言趋同、精英结合、文化整合、社会整合以及政治整合等。迈伦·韦纳在《政治整合与政治发展》②一文中提出,新兴国家政治发展中需要解决的整合问题包括国族认同、领土控制、设置公共冲突管理规范、建立统治者与被统治者之间的关系、围绕共同的目标将分散的个体组织起来等,并在此基础上界定了几种整合类型,一是“国族整合”,主要将确定领土范围内的多样化社会群体整合起来并建立统一的认同,这一过程主要是以国家认同和团结替代地方认同与忠诚的过程;二是“地域整合”,强调以领土为基础的管辖与统治;三是“精英-大众整

---

① [英]戴维·米勒等编:《布莱克维尔政治学百科全书》(修订版),邓正来等译,中国政法大学出版社,2002年,第604页。

② Myron Weiner, *"Political Integration and Political Development"*, Annals of the American Academy of Political and Social Science, Vol. 358, New Nations: *The Problem of Political Development* (Mar. 1965), pp. 52 – 64.

合"，旨在弥合不同阶层社会群体之间的裂痕；四是"价值整合"，意在建立共同体所需的最低限度的价值共识，既包括抽象意义上的普遍价值，如公正、平等、自由等，同时也包括与共同体息息相关的历史记忆、传统、表意符号等，更重要的是在此基础上建立的一整套具体的制度与程序，以解决出现的冲突并实现共同体的目标；五是行为整合，主要指围绕共同的目标将分散的个体行为组织化。

基于上述认识，笔者认为，所谓的政治整合就是一定的政治主体（如政府、政党、宗教权威或军队统帅）通过一定的制度和治理机制，将多元的因素组织起来，形成一个相互适应和配合的体系和过程，主要表现在两个层面：其一，从结构上考察，政治整合是一种秩序性状态，即是在政治生活中，不同的社会成员、不同的集团、特别是不同的民族群体共同建立了能够包容其存在的政治制度框架和实现族际合作治理所需要的权力安排体系；其二，从过程上看，政治整合是一个动态的发展进程。在这一过程中，不同民族群体通过不断克服彼此之间的矛盾，在时间和空间上形成了相互承认和适应的过程和状态。

（一）族际合作治理有益于一定的政治秩序的建构和发展

多民族发展中国家独立后都涉及社会秩序的建构。在人类社会秩序的建构上存在着两种秩序：一类是"自发秩序"，带有很强的原生性、多样性。它是一定的人们在长期的生活和生产实践中积淀形成的，其中最主要的是，以一定的血缘关系或私人关系，如庇护关系、身份认同为内容的秩序。另一类为人们通过一定的理性设计而建立起来的"人为"的秩序。恩格斯在《家庭、私有制和国家起源》中指出："国家是社会在一定发展阶段上的产物；国家是表示：这个社会陷入了不可解决的自我矛盾，分裂为不可调和的对立面而又无力摆脱这些对立面。而为了使这些对立面，这些经济利益互相冲突的阶级，不致在无谓的斗争中把自己和社会消灭，就需要有一种表面上凌驾于社会之上的力量，这种力量应当缓和冲突，把冲突保持在'秩序'的范围以内；这种从社会中产生但又自居于社会之上并且日益同社会脱离的力量，就是国家。"①经过国家建立起来的这种"人造"秩序具有统一性、强制性、稳定性和全局性。作为国家的一种形式，多民族发展中国家面临内部多元利益，

———————

① 《马克思恩格斯选集》（第四卷），人民出版社，1972 年，第 166 页。

其中存在着次级的同质性民族群体,如何也将其纳入一定的政治秩序中呢?

就多民族国家内部而言,尽管建立了现代国家形式,但依然处在各种复杂的环境因素的影响下。从外部环境看,多民族发展中国家无不受到全球化和世界市场的影响,国家自主性不同程度地受到限制和影响;就内部而言,随着民族群体被纳入一定的领土之下,不同民族群体与政权之间形成了复杂的结构关系。在这种条件下,即使多民族发展中国家的统治者或统治集团享有更多的权力,也受到了所制定的宪法、法律和制度的制约。不同的民族群体在宪法和法律制度下获得保护自己的新手段,并得以生存和获得发展。在这种意义上看,多民族国家的“人造”秩序越来越将不同的民族群体纳入一定的政治秩序和法律秩序,共同组成了国家民族,其中族际合作治理构成了其中的一个环节。

首先,从边疆治理上看,多民族发展中国家的政治整合从来是在一定领土空间内的政治整合,边界安全是政治整合的首要前提,边疆宁则国家宁,政治整合则可以获得保证。边疆不保,不仅国家安全、领土完整受到破坏,甚至带来国家的政治合法性危机。在全球化时代,各个国家的边界不再封闭,而是处在与周边国家或一定的国际社会的交往之中。边界人员、不同民族群体之间的相互往来,直接影响着国家安全和整体利益的实现。表面上看,居住在边疆地带的民族群体处在一国的边缘地带,民族群体容易被边缘化,难以享受到与核心地区民族群体同样的各种优越的物质和文化生活条件。但从政治整合的角度看,边疆地带的民族群体对国家的统一、领土完整和安全影响巨大。因为,在边疆地带生活的民族群体如果认同于所处的国家,自然构成了国家安全和领土完整的保护性力量;但也有一些民族群体可能成为国外敌对势力的急先锋或试图通过与境外同宗民族或国家联合,收复失地或谋求带走自己生活的土地而归入到同宗国家。① 全球化时代,发展中国家中,不少民族都有着复杂的跨国背景,由此凸显了族际合作治理的重要性。即国家在维护国家统一的前提下,通过民族区域自治等族际合作治理方式,有效地维护国家的统一和完整。

其次,从政治整合的领导结构上看,多民族国家独立建国是在与当地民

---

① 2013 年乌克兰危机,转年克里米亚举行公投,克里米亚归入俄罗斯。参见《乌克兰变局真相》编写组:《乌克兰变局真相》,新华出版社,2014 年,第 105 页。

族群体、宗教群体领袖谈判,甚至在与原来的殖民主义政府的协商中建立起来的。作为民族群体的领导层能够以国家统一为前提,彼此能够相容,则政治整合能够得到保证,斗则相伤,合则两立。无论作为国家领导层,还是作为民族群体的政治精英,能够包容与合作,才能保证国家的政治稳定和统一。卢旺达经历了血的教训后,最终在国际社会和国内主和力量的影响下而走向和解。南非经过长达半个多世纪种族对抗后,在曼德拉和德克勒克的影响下而走向和解,建立新南非。在多民族发展中国家,一定的包容性领导人团队的形成有着重要地位和作用。乌拉圭的"团队式总统制"①,或是新加坡式的总统和总理的分工合作,尽管这种权力安排是在一些优势的民族群体中展开的,但其象征性意义表明,可在领导集团中实现民族联盟和民族团结,以为其他民族提供一种团结合作的典范。当然需要指出的是,注重领导集团上的族际合作并不等同于在领导层面上搞民族群体小圈子,联合一些民族、排斥一些民族群体。而是通过高层的族际合作治理,带动不同民族群体融入整个国家的政治体系中。在政府内阁成员的组织上,吸纳主要民族群体成员于其中,从而为族际合作治理提供了核心治理体系。在多民族发展中国家的政府机构设置中,同样也建立了专门的族际合作治理机构。在越南、新加坡等国家设立了民族事务部或民族事务委员会,收集族际合作中的信息,及时反馈给政府和相关决策部门,以便制定相应的政策,及时处理民族合作中存在的问题。在中央和地方关系上,通过集、分结合原则体现族际合作治理安排。具体而言,无论在单一制还是联邦制度国家中,在民族地方的官员安排上尽可能选用民族地方人员或由民族地方自主决定其官员,明确其管理权力和职责,从而使族际合作治理本身成为国家治理体系的一个重要组成部分。

最后,在议会和选举安排上。多民族发展中国家的政治整合离不开一定的政体选择,各个国家存在很大的差距。不过大多数国家在政治体制上均设立了民意机关,比较有代表性的就是议会。议会作为政治体制安排中的重要组织,其中有着族际合作治理的内容。这里涉及两个重要方面:

一个是议员的选举。议员是议会中的重要成员,其肩负着代表民意、表

---

① [美]艾伦·李帕特:《当代民主类型与政治——二十一个国家多数模型与共识模型政府》,陈坤森译,台北桂冠图书股份有限公司,1993年,第90页。

达民意,提出议案,监督政府和创建法律等重要的职责。议员一般来源于一定的选区,各个国家划定不同,但它是衡量民族政治状况的重要标准。良好的选区划分既可以保证统治集团的利益,也能够兼顾其他集团,其中包括民族群体的利益诉求。新加坡的集选区制、印度的比例代表制等均表明议会中为不同民族群体保留有专门的代表席位,以体现民族平等与合作原则。在不少亚洲和非洲国家中还发展了被西方学者霍洛维茨称之为"替代性"的投票制。即实行"一个对第一名过关制(first-past-the post)"[①]。按照这种投票法,投票时选民根据自己的偏好将候选人按顺序标示在选票上。如果有候选人获得绝对多数的"第一偏好",则该候选人即可当选;如果没有候选人可以获得绝对多数的"第一偏好",那么获得"第一偏好"票数最少的候选人将被淘汰,并按照被淘汰候选人选票上的"第二偏好"把这些选票分配给其他候选人,依此类推,直到某个候选人达到绝对多数为止。这种制度设置使得政党候选人如果要当选,就得依赖从其竞争对手那里转移而来的第二偏好选票,从而促使候选人跨地区、跨族群去寻求选民的支持。在这种选票汇集过程中,反对力量之间便达成了妥协与和解。这一选举制度打破了族群对立,通过带有交叉性和递进性的投票,"提供了安全、信任、相互帮助感,并保护不受到陌生人一方利益的忽视"[②]。

　　另一个是议会的组织和运行。在多民族发展中国家中,议会的地位和构成各有不同,不少国家设置了两院,即下院或上院,众议院和参议院。在这些议院的组成上,众议院中根据选票多少分配议席。在比例代表制下,除了多数人民族群体占有更多的议席外,少数人民族也占有一定的议席。在参议院中,不少参议院更多为地方代表或民族地方的代表组成,如在非洲的博茨瓦纳的参议院主要由酋长组成。议会的组织设计中力求将不同民族的代表纳入一定的对话中来。一方面在这个平台上,不同民族群体代表表达自己的利益要求,另一方面,通过政党的、不同群体代表的讨论和交流,在广泛共识的基础上形成一定的法律和政策,以对一国之内的公民和利益集团的行为以影响。在这样的一个机构安排中,一方面,不同民族的代表通过与

---

　　① Donald L. Horowitz, *Democratic South Afria? Constitutional Engineering in a Divided Society*, Berkeley: University of California Press, 1991, p. 191.

　　② Donald L. Horowitz, *Democracy in Divived Societies*, See Edited by Larry Diamond and Marc F. Plattner, *Nationalism, Ethnic Conflict, and Democracy*, The Johns Hopkins University Press, 1994, p. 49.

其他代表一起表达自己的利益要求，同时监督和影响政府的公共政策制定，维护民族群体的利益，监督族际合作各项措施的安排和实施；另一方面，通过这样一个政治平台，在"更大的共同利益"基础上，实现了各个民族的联合与合作。

（二）族际合作治理促进了政治整合的动态调整

多民族发展中国家是处在建构中的现代国家，其政治整合也处在不断的发展和建设之中。从现代国家建构的角度看，多民族发展中国家需要将个体从各种传统群体中解放出来，将其纳入统一的法律和制度管辖之下。然而，由于这些国家经济发展的多样性，社会中的相当多的成员还生活在落后的农业经济和手工工厂经济中，由此客观上使社会成员难以从他所隶属的血缘的、种族的、语言的、地方的、宗教的束缚中解放出来。从历史上看，多民族发展中国家的不同民族在独立前各有自己的历史。甚至独立后的民族群体依然与原始的、奴隶的、农奴的或封建制度下形成的机制和习惯有着种种勾连。虽然，这些国家建立了自己的法律和制度，但在多元的文化和利益群体面前很难得到普遍的认同。在这种状况下，采取怎样的方式将不同民族整合起来，需要一定的历史和时间的调适。在此方面，不少国家有过种族或民族隔离，民族歧视或排挤，民族迁移或驱族、移民弱化等政策，这些政策均受到少数民族的抵制或国际社会的谴责。与上述政策不同的是，族际合作治理则成为一种更为文明的治理方式，对多民族国家的政治整合过程起到了积极作用。

1. 时间视角中的政治整合

多民族发展中国家的政治整合是一个漫长的过程。从独立国家的形成看，这些国家可能通过战争、革命或殖民统治者的转移权力而完成。但对于一个国家而言，真正在政治上实现政治上的一体化绝非易事。因为在这一过程中，不同民族群体、不同的政治认同之间还需要一个相互适应①的过程。在此过程中，族际合作治理发挥着重要的作用。因为在合作治理中，参与各方通过双方接触、对话、协商、表达和自我调整等因素，在某些共同事务上达成共识，形成合作。在多民族发展中国家的政治一体化中，协商合作发挥着

①　在笔者看来，所谓的适应，是指一种相互学习、互相包容的过程。适应与僵硬对应。如果说僵硬更多带有不可调整、封闭和排斥的特点，适应则带有开放和调整的含义。

重要的作用：

其一，从时龄①上看：政治制度非一夜能够形成，政治一体化也非一蹴而就，构成其中的族际合作治理也非一劳永逸。作为一种动态的过程，族际合作治理所形成的时间越长，不同民族之间相互交往，治理中不同参与者对话与合作的传统时间越长，意味着彼此之间接触点和面都会伸展到各个方面，并对政治整合中的各个环节的连接构成重要影响。在这样一个过程中，不同民族群体之间良好的"共有文化"和"共有秩序"才能得到培育和成长。今天的新加坡，经过长期不断的族际合作治理，已经在不同民族中培育了很强的国族意识，无论是华人、马来人和印度人都已经超越了自己的族属，而把自己视为新加坡人。新南非建立后，随着族际合作治理的发展，生活在那里的黑人和白人已经从过去的对抗阴影中走出来，在享受一种民主宽松的文化环境中，把自己视为了南非人。

其二，从代龄上看。一体化的进程是在一代又一代人的传递中建立起来的。不同时间的民族群体的领导人和不同民族群体大众，通过一代又一代人的长期接触、交流，将民族合作的传统传递下去，有效地维护了国家的统一和民族团结。在此，中国的实践尤其值得点赞。近代中国积贫积弱，"人民五亿不团圆"，帝国主义、封建主义造成的民族之间的仇恨和不团结，严重地影响着国家的统一。中国共产党成立后，就在自己的纲领和根据地实践中，积极推进民族平等和民族团结工作，通过各种形式加强与少数民族的沟通与合作，使各个民族从帝国主义和国内反动势力的压迫下解放出来，因而赢得了各个民族的认同和支持。新中国建立后，中国共产党同样坚持了民族平等、民族团结和民族区域自治的政策，发展了民族团结和民族互助事业，从而保证了国家的统一和民族的团结。相反，在那些为多党竞争政治所累的国家中，本身民主和法制就不健全，政党之间的对立与国内民族群体之间的对立交互影响，更容易扩大民族群体之间的裂痕。两度军事政变下的苏丹都曾经有过民主制度。但民主没有给这些国家带来联合。相反，根深蒂固的民族猜疑最终导致了国家的分裂。

---

① 指的是一种计量方法，用来描绘"一个组织或程序存在的时间越长，其制度化的层次便越高。一个组织的历史越悠久，在未来任何特定的时间内继续存在下去的可能性就越大。"参见［美］塞缪尔·亨廷顿：《变革社会中的政治秩序》，李盛平译，华夏出版社，1988年，第14页。

其三，是螺旋发展次数。多民族发展中国家的政治整合是在螺旋性发展中进行的。也就是螺旋层次越多，发展的曲折性越高，则进步的频率越低，多民族国家一体化所运行的时间也就越长，甚至每次运动都有可能带来意想不到的结果，甚至要付出更大的代价。我们知道，大多数发展中国家，是在各种复杂文化因素的重叠下开始国家建设历程的。不同制度因素累加在一起，从而使多民族发展中国家在螺旋式发展中前进。面对这种复杂的局面，如果采取传统的零和博弈方式对待异己的力量，都只能加大竞争和对抗，容易使一体化进程出现更多的断裂点。在这样一个高风险环境中，只能走正合博弈的道路，通过各个民族共同面对风险，共同工作才能缩小内部消耗，族际合作治理正可缩小螺旋发展的次数或幅度，促进政治整合的巩固和发展。

2. 从制度化程度看政治整合

多民族发展中国家的政治整合需要一定的制度做保证。什么是制度？人们对其有不同的认识。① 在笔者看来，政治制度是以一定的强制力量为支持的各种规则的总和，用以确定和调整一定国家内部不同机构、不同群体之间的利益和权力关系。多民族发展中国家是在国内存在着各种宗教的、地方的、民族的风俗习惯中建立起来的，由国家建立起来的各项制度能够得到社会的认同和遵守，需要经历一个长期的历史过程。在这样一个进程中，权威和一定的制度形成了不同的关系：一种是以权威为核心，制度围绕权威者的意志而展开；另一种是制度在权威之上，权威服从于制度的约束和安排。两者均构成政治整合的两个关键模式。

在多民族发展中国家独立后的一定时期内，第一种模式对于政治秩序的建立发挥了重要的作用。即使是政治转型后，这种模式并没有完全退出历史舞台，如在印度尼西亚，20 世纪 90 年代末期政治转型后，20 世纪 50 年

---

① 人们可以从规则和组织的意义上进行考察。从规则的意义上看，制度就是用来约束人们行为的规则。丹尼尔·贝尔指出："制度产生于特定的业已建立的行为准则，它可以塑造特定人群的行为。人们或是蓄意遵守这些准则，或是对其保持忠诚，当这些规则遭受违犯时，人们常常会受到某种制裁"。(See Daniel Bell, *The End of Ideology*: *on the Axhaustion of Political Ideas in the Fifties*, Cambridge: Harvard University Press, 1988, p. 51.) 诺斯认为："制度是社会的游戏规则，更规范地说，他们是为决定人们的相互关系而人为设定的一些制约。制度构造了人们在政治、社会或经济方面发生交换的激励结构。"(参见［美］道格拉斯·诺斯：《制度、制度变迁与经济绩效》，航行译，上海三联书店，1994 年，第 3 页。) 兰恩指出，制度同宪法具有相同的理论核心，即它们都是用来指涉人类行为的规则。(See Jan-Erik Lane, *Constitutions and Political Theory*, Manchester: Manchester University Press, 1996, p. 168.)

代建立的"建国五原则"依然得到了国家领导人的承认。笔者认为,政治转型后的国家更加突出了国家治理的公共性,改变了传统的过于强调统治性的特点,但在此方面不是取消了国家的统治性,随着多民族发展中国家政治转型,制度性的建设在多民族发展中国家的政治整合占据了重要位置。在这样一个变革进程中,族际合作治理可以促进制度化进程变得更加平稳和完善。

我们知道,现代化进程是一个不同民族群体被动员起来的进程。在这样一个进程中,不同的政治主体都参与到现代化建设中来,原来封闭和隔离的群体在现代化过程中开始分化,同时新的交往和联系又使这些群体产生了新的需要和某些共同的利益和要求。由此决定了传统的制度逐渐失去了约束力。为了协调人们之间复杂的利益和权力关系,需要建立一种新的制度和规则。而要使建立起来的规则有更大的合法性,并能够得到广泛的认同,自然需要一定的表达程序、民意汇集、共识形成,政策筛选、政策制定、政策实施、资金分配等复杂的程序和过程。由于在这一进程中,都不同程度地涉及民族群体的利益和权利,因而族际合作治理同样构成了其中不可分割的组成部分。

从族际合作治理的内容上看,由于不同民族的利益偏好在发生着变化,合作的内容也在发生着变化,与之相适应的族际合作治理的组织机构、目标和任务也在发生着变革,由此决定了政党或政府在机构设计、权力安排上也要进行一定的调整。以政党为例,在不少发展中国家,独立时期曾经建立了民族主义政党。国家独立后,该政党的目标发生了转移,围绕民族独立时期确立的目标、任务和组织体系相应地就要进行调整。而这样一个过程处处与不少民族的利益偏好纠缠在一起,这就决定应建立一定的族际合作治理机制加以协调。

政治整合的过程也是不同群体的代表或参与者间的博弈过程。各方都在努力获得利益的最大化:从政府一级而言,追求越一致越好。这便于管理公民或民族群体。而合作治理中民族群体更多追求自己的权利和利益,并努力使自己的利益和权利最大化。这种矛盾在中央和地方权力划分上表现尤为突出。如在一些小的国家中,中央可以直接地控制和影响到地方,权力划分的层级比较少,问题较为容易解决,如新加坡、巴布亚新几内亚等这样的城市国家即如此。然而,在一些地域较大的国家中,中央要将权力渗透到地方,特别是渗透到民族聚居的地方去,则较为艰难。一般而言,在一些大国中,由于历史和环境的原因,一些民族群体凭借其环境和条件的优势,直接控制政权,成为国家政权的实际掌控者,而对少数民族的权力和利益要求不屑一顾。然而在复杂的国际和国内环境面前,他们又难以实际操控那些民族地区;而居住在偏远的、环境较差的地方的少数民族群体虽然在某些方面逊色于执政的民族群体,但区位优势又使其拥有着与中央权力讨价还价的资本。这样,当双方相遇并为各自的利益和权力博弈时,极易陷入紧张状态。为了避免这种政治整合失败,在政治体制中建立某种族际合作治理机制,可以降低零和博弈的扩大,通过对话协商解决问题以促进政治整合,而实现这一过程本身需要时间。

3. 从治理能力积累角度看族际合作治理与政治整合关系

当代多民族发展中国家的政治整合与国家治理能力有着很大的关系。政治整合中的"国族整合""地域整合""精英-大众整合""价值整合"、行为整合都离不开国家治理能力。能力在汉语中意为能够胜任某项工作的主观条件。在英语中,能力(ability)表示的是从事某项具体工作的技术,本领或能耐。在笔者看来,能力是指主观见之于客观所具备的条件,也即使主体能够承担和完成某些工作所具备的主、客观条件,如果没有相应的客观条件,即使有一定的资金、设备、技术支持,也难以实现目标。一定的能力总是寄托于一定的主体身上,当寄托于国家时,也就产生了国家治理能力问题。什么是国家治理能力? 所谓国家治理能力,就是运用国家制度管理社会各方面事务的能力,包括改革发展稳定、内政外交国防、治党治国治军等各个方面。在这里自然涉及运用制度协调民族关系的能力,族际合作治理就是其中的一项重要内容,在国家治理能力中占有着重要地位。在多民族发展中国家,各个不同民族有着自己的认同和不同的发展能力,如何使这些具有不同认同和能力的民族群体合作到一起,存在着诸多问题需要解决,这里涉及以下方面:

首先,从族际合作治理主体上看,传统的族际关系治理更多寄托在政府一方,甚至由政府独揽。从基本素质层次看,治理的主体既是一定的观念的主体,也是一定的知识主体。观念和知识的不同,治理的行为和制定的政策水平则不同。在一个普遍将身份与权力视为高于一切,而又缺乏应有的现代知识武装的国家中,强调暴力和行政强制往往构成了治理民族关系的基本手段。在非洲等国家,独立时期的国家尚未建立现代的法治,教育落后,甚至人口中绝大多数为文盲。在这种背景下,即使建立了宪法和法律,但由于缺乏一支受过教育的法官队伍、律师队伍和受过训练的公务员队伍,法律也难以得到执行。官员不为,社会中存在的种种问题不能得到解决,矛盾长期积累。更多的利益获得不是凭借一定的机制和程序,而是依仗身份特权,甚至权力和暴力,在这些国家中,民族问题解决的渠道更多的是军事问题,而不是司法和制度问题。在这种背景下,暴力使一些民族屈服,驱使后者与征服者"合作",但这种合作不会长久,迟早被新的暴力推翻。在研究中,笔者也发现,随着这些国家的现代化发展,教育水平的提高,民主和法治状况的改善,更多的中产阶级的兴起,作为族际合作治理的主体在基本素质上发生了不同程度的变化。在这种背景下,那种单纯依靠暴力和强制的管理方式难以获得认同,通过吸纳少数民族参与和协商的族际合作治理有了雄厚的基础。

其次,从族际合作治理能力的客观条件上看,也发生了程度不同的变化。多民族发展中国家普遍处在贫穷状态。独立初期受财政影响,公共物品提供十分匮乏。为了维护国家安全,国家只能将有限的资金用在国防、外交、政府机构和有限的公共物品上。腐败的存在,政府效率低下严重影响了国家治理能力的发展。在参与全球化和现代化进程中,不少国家经过各个民族的共同奋斗,经济状况有了不同程度的改变,实现族际合作治理的条件也有了巨大的改变,这种状况不能不为族际合作治理能力的提升提供了物质基础。

最后,族际合作治理也是一个学习和借鉴的过程。多民族发展中国家的族际合作治理并不是在封闭中进行的。随着各国之间交往的加强,国际大环境的影响,都从不同方面改变着人们对族际合作治理认识,促进着合作治理能力的提高。随着各国之间交往的加强,彼此之间的相互学习和借鉴,不断丰富了族际合作治理的知识和经验。在这样一个学习过程中,可能会产生误解,但正是在这种学习中,各个国家的族际合作治理能力不同程度地得到了提高和发展,由此也促进了这些国家的政治整合的巩固和完善。就国际和地区组织而言,也都在努力为各国的族际合作治理建设和完善提供各种帮助。这既可以有力地促进各国之间相互尊重主权和民族团结,也可以营造一种国际或地区氛围,有效地抑制族际冲突蔓延,打击各种宗教极端主义、民族分离主义和恐怖主义，这在一定程度上为各国族际合作治理工作的展开营造一个良好的国际空间。以非洲为例。非洲不少国家由于殖民主义时代人为划定的边界，制造了无数部落或民族的分割，也导致了这些国家内部长期的部落纷争。各个国家独立后都曾为边界问题争论不休，甚至大动干戈，然而终究改变不了既定的事实。在这种条件下，非洲联盟联合作出决定，维持目前非洲边界的现状。这不仅对非洲国家由于边界问题而引发的部落冲突起到了抑制作用，而且也间接地促使生活于其中的各个民族只能走合作共赢的道路。

四、小结

综上所述，族际合作治理是多民族发展中国家实现政治整合的重要环节。在过去的研究和认识中，人们更多地将视角落在了政治发展，或具体而言，落在了政治民主化或制度化上。实际上，一定的政治发展当然是必要的。但以一定的"颜色革命"为特定内容的政治发展只能带来国家权力的不断重组和政治上的动荡，甚至导致国家的失败和解体。族际合作治理作为一种减震机制，对多民族发展中国家的政治整合和政治发展是不可或缺的环节，尤其在民族群体权利不断获得发展的时候，更要注重族际合作治理的建设和发展。

第三节　东南亚国家的民族互惠共生发展

在全球化影响下，面对国内存在着多族群的现实，如何选择良好的政治整合路径是当代不少多民族国家面临的现实问题。对此，学界存在不同的研究视角。"市场经济"论者把市场视为实现社会一体化的关键。认为通过市场经济，可以推进市民社会和公民社会的成长，以此推进多民族国家的政治整合。但是发展中国家的经验表明，在市场经济发展中，少数民族往往不是市场经济的强势群体，贫富两极化往往扩大了民族之间的差距和矛盾，加大了社会的裂度，影响着多民族国家内部政治整合的巩固和发展。"民主化"论者则认为，民主化可以促进不同民族群体对国家的参与，促进他们之间的理解和融合。实际上，在一个多文化的社会中，由民主化发展而带来的权力回归社会和政治权力的相对削弱，往往容易带来发展中国家多极社会的扩大,影响着社会一体化进程,甚至出现"起火的世界"。美籍华人蔡爱眉指出:"在非西方世界中,市场和民主的全球扩展是集体仇恨和种族暴乱的一个首要的、使之恶化的原因。"①除上述理论外,近几十年来,随着国家建设与民族建构理论研究的兴起,一些学者将身份认同作为分析政治整合的起点,试图通过协调民族群体身份认同与国家认同的关系,促进政治整合。从上述不同的视角看,学界在对多民族发展中国家政治整合实现的视角认识上各有偏重,本书试图从"共生"这一生态理念出发,对多民族国家政治整合的建构作一探讨。

一、东南亚国家民族共生的现实结构

过群居生活是人类的本性。无论是亚里士多德"人天生是政治(城邦)的动物"的论断,还是荀子的"人能群"的思想都说明,人不仅是生物个体,更重要是"社会"的人,一定群体中的人,在政治社会中,是一个政治人。政治共同体成为人不可逾越的最高界限。在人类政治共同体发展过程中,人们不能不涉及民族国家这一政治共同体。它产生于近代西欧国家,是近代资本主义发展的产物。马克思、恩格斯在谈到近代民族国家时,将它视为"正常国家"。恩格斯在讲到欧洲民族国家时指出:"从中世纪末期以来,历史就在促使欧洲形成为各个大的民族国家。只有这样的国家,才是欧洲占统治地位的资产阶级的正常政治组织。"②列宁在谈到这种"正常"国家时指出:"最能满足现代资本主义"要求的民族国家,"是一切民族运动的趋势(趋向)。最深刻的经济因素推动人们来实现这一点,因此民族国家对于整个西欧,甚至对于整个文明世界,都是资本主义时期典型的正常的国家形式"③。然而,马克思、列宁等对民族国家的论述主要是以西欧国家为根据的。

而在现实中,世界上的不少国家是多民族共居一体的多民族国家。斯大林在谈到东欧国家现实时指出:"当西欧各民族发展成国家的时候,东欧

---

① ［美］蔡爱眉:《起火的世界》,刘怀昭译,中国大百科全书出版社,2005 年,第 11 页。
② 恩格斯:《暴力在历史中的作用》,《马克思恩格斯全集》(第 21 卷),人民出版社,1965 年,第463 页。
③ 列宁:《论民族自决权》,《列宁全集》(第 25 卷),人民出版社,1992 年,第 224～225 页。

却形成了多民族的国家，即由几个民族组成的国家。"①这是一种"特殊的"或非正常的多民族国家。在这样的国家中，"一方是占统治地位的民族，即主要的是或是作为主体民族的民族；另一方则为数量较多，但发展水平相对有限，特别是在经济上较落后的民族。在对外方面，这则是联合抗击外敌需要的产物"②。

如果说在列宁和斯大林对"正常"和"非正常"国家的分析主要是以西欧和东欧国家为事实的。那么二战以后产生的大多数国家多是多民族国家，或属于列宁和斯大林所说的"非正常"国家。这种"非正常国家"不仅构成了我们这个时代世界上的大多数国家的特点，而且国家发展历史表明，一个以国家为外壳内含多个民族的国族国家的到来。国族国家的出现在现代历史发展进程中具有重要意义。首先，"非正常国家"的常态化。多民族的国族国家不单存在于发展中国家，而且也存在发达国家中，不仅移民国家是典型，就是西欧那些传统的"民族国家"也是多族群国家了，今天的德国、法国等国家，哪个国家不存在大量的外来族群。其次，联合国承认。二战以后，随着主权国家体系的建立和完成，这些所谓的"非正常国家"即国族国家已经成为联合的成员国，这不仅得到了国际社会的承认，而且也承担起了遵守联合国宪章的义务，保护人权和公民权，保护少数人群的权利自在这种义务之中。任何一个国族国家都应该在民族平等原则基础上对待国内不同族群，采取传统民族国家时代的那种民族"歧视"和"种族灭绝"的政策都将受到谴责。再次，多元一体。国族国家的基本特点就是多元一体。这里的多元主要指多民族性，即生活在国族国家中的不同民族各有自己的历史、文化和生活区域，各有自己不同的语言、信仰、文化心理和身份。另一方面，国族国家形成了自己的统一体系，主要表现为具有了统一的宪法、法律、政治制度、官方语言与文化系统。在这种多元一体格局中，多元和一体既相互联系又相互存在，这对矛盾影响着多民族的国族国家的政治发展和政治稳定。

国族国家既然是多族群的政治共同体，自然有其各自不同的民族共生

---

① 斯大林：《马克思主义和民族问题》，《斯大林全集》（第 2 卷），人民出版社，1960 年，第301 页。

② 英、法建立"民族国家"以后，"世界的其他国家——如果没有其他的理由——就算只是要自卫，也被迫跟着改变不可"（即建立民族国家）。参见［美］艾凯《世界范围内的反现代化思潮——论文化守成主义》，唐长庚等译，贵州人民出版社，1999 年，第 29 页。

格局,主要有如下三种类型:

第一种,族群地位不平等,族群之间存在着尖锐的矛盾。即各个不同的族群在经济、政治、文化和社会等方面存在着很大的差异。各个不同的族群之间仅仅在形式上实现了共生,即共同存在于一个国家中,但国内强势民族与弱势民族之间存在着尖锐的矛盾,彼此敌视,势不两立,只是由于暂时的条件使它们共存一体。如卢旺达、苏丹、东地汶等,都曾经共处于一个国家中。但历史积怨与现实经济、政治、文化,与社会方面的诸多矛盾,使这些国家长期陷入战争之中,甚至最终走向国家分裂。

第二种,族群关系不完全平等,不同族群能够共生,相互之间存在某种妥协和让步。处于强势族群的统治者基于政治稳定考虑,在一定时期和条件下,对所代表的族群进行自我控制,同时又能以较为开明的方式对待异己的族群。族群之间的不平等与矛盾暂时处在潜伏状态下。但在社会中,不同民族能够相互宽容,并在一定条件下互惠共生。加拿大学者贝淡宁在讲到马来西亚的民族政治时指出,在这样一个伊斯兰教具有重要影响的国家中,统治者马哈蒂尔对宗教活动进行了一定的限制。理由是:"在一个社群分裂的社会中这对保持社会稳定是必要的。"[1]而在"不那么民主的政治体制"下,"少数族群的成员与政治精英更易于达成符合双方利益的协议,并随之压制多数群体的抗议。苏哈托时期的印度尼西亚华人的情况就是一个适用的例子"[2]。国家政权的强制性作用,以及社会内部存在着一定程度的相互包容的情况,决定了这些国家尚能进行政治整合,各个不同民族尚能同处一体。

第三种,族群关系平等,各个族群的社会地位基本平等,尽管在现实社会生活中,不同民族之间、民族内部存在着差别,但不同民族能够相互包容、相互尊重、互助互惠,并建立起比较和谐的族群关系。在这种族群关系基础上建立的国族国家具有了合作共同体的特点,这种状况在中国、新加坡等国家中已经存在。

在上述三种情况中,第二、三种情况在东亚国家比较多见,构成了这些国家进行政治整合的现实基础。

---

① ［加］贝淡宁:《超越自由民主》,李万全译,上海三联书店,2009年,第177页。

② 同上,第1页。

二、民族互惠共生与政治整合基点选择

在当代世界上，多民族发展中国家都经历了社会的变革。同时，由于不同民族之间利益关系格局的变化，多民族国家的政治整合成为了人们的关注点。笔者从国家图书馆了解到，20世纪70年代以来以"政治整合"（political integration）为关键词的英文著作就有1104部，其中涉及多民族发展中国家政治整合问题研究的著作就有六十余部。什么是政治整合？国内外有不同的解释，从多民族国家角度论证解释整合（integration）就有不同的看法。梅因·温纳认为，政治整合就是："将不同政治单位整合进一个共同的拥有施政权威的区域性框架"内的过程。① 国内学者侯万锋认为，政治整合就是"国家把处于分离、分散、分裂状态的多元利益群体和各种社会政治力量统合进一个统一的政治体系，保持和实现政治系统良性有序运转的过程和状态"②。国内外学者对政治整合的界定各有侧重，难以一一列全，但归结起来，政治整合就是实现多民族国家内部多元一体过程。具体而言，就是一定的政治主体运用政治力量将分散的、多元的力量统合进统一政治体系的过程。其基本要点是，多民族国家以求同为基本取向，通过制度和政策力量承认和保护差异，并使其保留在"同"的范围内。

这里的"同"可以是一种制度意义上的同，即表现为统一性。其表现形式就是统一的且具有包容性的国家制度的建立与存在，其具体体现就是经过一定的民主过程而产生的并能包容和保护各民族群体权利的宪法制度和政治制度。另一种意义就是"同质性"的"同"。即作为社会成员在文化与心理上形成了共同的心理和文化特质，其最高表现形式就是对国家的集体高度认同。在这种认同中，一切差异均在否定之列，形成了一种抽象的"同一"的认同。这是一种同化论的表现，无论在近代西方民族国家产生过程中，还是发展中国家民族独立和建国以后的一段时间中，这种追求同质性的认同，无不受到来自国内日益发展的多民族文化的挑战。

多民族发展中国家的政治整合不仅需要将多元的力量整合进统一的制

---

① Myron Weiner, *Political Integration and Political Development*, *Annales of the American Academy of Political and Social Science*, Vol. 158. New(Mar.,1965), pp. 52 – 64.

② 侯万锋：《民族因素与多民族国家的政治整合》，《云南行政学院学报》，2006年第5期。

度框架中,而且也需要在多元的力量之间形成合力,不同的民族群体共同认同自己所属的政治共同体。前者是一种制度的力量,后者是一种人心的力量,两种力量的结合才能最大限度地保证多民族国家政治整合的成功,国家建设与民族建构才能取得最大效果。众所周知,随着全球化的发展和现代化的推进,东亚国家在实现国家的政治整合逐渐从一种排斥性认同转向一种互适性承认。所谓的互适性承认基于交往关系与合作这一现实。这种合作性在于交往的双方彼此相互尊重、相互学习,相互接纳并走向相互合作。这种过程实际就是互惠共生。

所谓的互惠共生,指在相互包容、相互承认中不同群体共同生活在一起。它不同于排斥性"共生"或隔离性"共生"。更不同于生物学意义上的"共栖"。因为这种"共生"是具有消极自由意义的,即"己所不欲,勿施于人"的共生。在多民族国家全国化发展趋势面前,民族与民族之间的隔绝状态已经消除,在长期交往过程中形成的相互渗透局面正逐渐发展起来。在这种背景下,真正的共生不只是和平相处,彼生我生,而是一种"己欲达而达人,己欲利而利人"的互惠、互助共生的共赢局面。日本学者井上达夫指出:"我们所说的'共生',是向异质者开放的社会结合方式。它不是限于内部和睦的共存共荣,而是相互承认不同生活方式的人们之自由活动和参与的机会,积极地建立起相互关系的一种社会结合。"①

以民族互惠共生引领身份认同,发展相互间的共赢已经在当代东亚国家的政治整合中表现出来。马来西亚民族关系格局具有纵向不平等性。马来人在政治上的特殊地位与华人经济上的优势地位,使两大种族之存在着矛盾。但在全球化竞争的局面下,只有互惠共生才能促进国家政治整合和发展逐渐成为马来领导人的思想观点。1994 年 11 月,时任马来西亚总理马哈蒂尔指出:"种族间和谐生活是马来西亚取得卓越成就的关键因素"。他呼吁马来西亚人民"远离冲突与纷争",彼此之间"不要有政治区分,或者种族仇视"②,共同促进"马来西亚民族"的发展。③ 在实践中,马来西亚政府努力在政治、经济与文化等领域推进不同民族合作局面的形成。在印度尼西

---

① ［日］尾关周二:《共生的理想:现代交往与共生、共同的思想》,卞崇道等译,中央编译出版社,1996 年,第 120 页。

② ［马来西亚］《南洋商报》,1994 年 11 月 19 日。

③ 同上,1995 年 8 月 31 日。

亚,这个具有和谐文化传统的国度中,尽管存在着爪哇民族与华人和亚齐族群的矛盾,甚至冲突,在最初由苏加诺建立的"建国五原则(潘查希拉)"中,这一伊斯兰教信徒占人口88%的国家中,伊斯兰教与其他宗教处于平等地位上。重要的是,体现在这些原则中的协调平衡观点成为处理宗教与民族关系的重要准则。20世纪90年代末,印度尼西亚实现民主化转型后,潘查希拉原则依然得到继承。时任总统瓦希德提出:"潘查希拉是一系列原则,它将永存,它是我们努力追求的国家信念,我将用生命保卫潘查希拉⋯⋯"①

民族互惠共生构成了东亚国家在新的形势下进行政治整合的立足点。首先,这一理念与实践为东亚多民族国家民族建构确立了基本方向。众所周知,全球化时代的东亚国家面临着内外多元文化的挑战。多元文化固然可以繁荣一个国家的文化,但它带来的挑战也不可低估。"把多样化放到至尊地位将会葬送共同的价值观","多样性越是凸显,长远的危险就越大"。②亨廷顿指出:"文化共性促进人们之间的合作和凝聚力,而文化的差异区却加剧分裂和冲突。"③虽然上述观点带有保守主义之欠,但对于东亚这样一个内部高度多元化且又处在发展中的国家来说,如何趋利避害,成为不少有识之士关心的问题。在现实道路的选择上,一些学者将西方民族国家建构经验作为典范,试图通过同质化民族建设和身份认同作为建设目标,以此增进集体凝聚力;也有一些有识之士从本国的历史传统文化一贯注重的尚群思想出发,寻求民族共处之道,以此作为政治整合的基础。

其次,从政治整合的共同基础看,无论族群认同还是国家认同都不同程度地存在着矛盾,应该说,这是正常的。然而任何一方走向极端,都会导致政治整合的失效。因为族群身份自我认同容易带来离散的倾向,消解着政治整合中体现出的向心凝聚,而国家认同又容易导致同化主义发展。在东亚国家中,发展是这些国家的首要任务,因而实现整个国家的利益是国家认同的基本要义。要实现这一目的,就需要各个民族共同参与。在市场经济

---

① Douglas E. Ramage, Politics in Indonisia: Democracy, Islan and the Ideology of Tolerance, Routledge,1995,p.45.

② 参见前引薛福康记者报道,载1995年6月7日《光明日报》,第9版。转引自陈云生:《宪法人类学》,北京大学出版社,2005年,第516页。

③ [美]塞缪尔·亨廷顿:《我们是谁?——美国国家特性面临的挑战》,程克雄译,新华出版社,2005年,第10页。

时代,随着利益意识的发展,族群认同都有强化的趋势。忽视民族群体的利益,必将带来民族群体的不满,甚至抵制,最终影响到国家利益。忽视国家利益,国家能力下降,最终又伤及多民族国家内部不同民族的共同利益。相比之下,一个比较中道的方式就是,在民族共生与共同生活家园的基本框架内,不同民族之间互相适应,国家承认民族群体的合理诉求,民族认同国家所代表的整个全局利益,从而使不同的民族群体在国家这一政治共同体中共同生活在一起。

最后,在机制选择意义上看。政治整合问题可以是一种制度设计,也可以是治理技术。通过制度将多元的群体纳入统一的秩序,在此方面,独立后半个多世纪的东亚国家政治发展已经初具规模,且取得了不同的效果。尤其从 20 世纪后期民主化转型后,这些国家都进入了民主巩固时期。进一步完善民主政治构成了这一时期的重要内容。在这种情况下,如果继续沿用西方政治发展就是"政治现代化""民族国家的运转""民主制度的建立"①等等观点,其中含有的"颜色革命"味道不可忽视。对于民主转型后的东亚国家而言,重要的是通过政策和治理机制完善,进一步使宏观制度的内容具体化,使基本秩序不至于架空而是变实,从这种意义上看,调整政策与完善治理有重要意义。因此,发展治理意义上的政治整合就显得十分必要。在此方面,无论是马来西亚"2020 年宏愿"还是新加波的"共同价值"正体现了这种精神。在这两人政治纲领中,各个国家都以"民族共存"为基点,在此基础上协调民族与民族、民族与国家之间的关系,使国家能够得到不同民族群体的认同,而民族也可得到国家的承认和保护。二者有机地共存于一体之中。

三、合作共治与东南亚国家政治整合

以间性认同为理念的民族互惠共生促进合作共治,是当代东亚国家发展政治整合的一种新的取向,这种取向在当代东亚国家合作共治的实践中得到了集中体现。

首先,利益分享。东南亚国家在经济发展过程中一般都走了一条"强有

---

① [美]鲁恂·W.派伊:《政治发展面面观》,任晓等译,天津人民出版社,2009 年,第 52～55 页。

力的'发展型政府'……促进成功的工业计划"①的道路。在实践中，表现为发挥经济官僚机构积极作用，促进官商合作，国家主导制定产业政策等方式。应该看到，在战后东亚国家的经济发展中，选择这一道路是正确的，但问题也随之而来，如政治腐败、分配不公，两极分化，以及由此引发的社会不满、民族群体之间的怨恨和社会抗争运动。在此条件下，东南亚国家政府虽然进行了改革，但从总体上看，这种改革并没有彻底放弃"发展型政府"而去走西方国家完全的市场化道路。而是从东方文化固有的"好政府"文化传统中寻求支持，改善治理主体结构和能力，调整产业政策，努力保证集体一致性和集体富裕，使"政府成为公众利益的监护人"②。在这种治理机制的转变中，国家在对少数民族群体的政策上，一方面努力促进少数民族群体对社会经济的参与，支持国家的发展，使这些民族群体在对社会的积极参与中获得利益与进步；另一方面，政府努力采取积极政策保证少数民族在现代化浪潮中不至于边缘化。在泰南，政府曾只注意主体民族——泰族居住地的发展，而疏于对泰南地区的发展，因而泰南与泰族居住地之间发展的差距悬殊。20世纪80年代以后，泰国政府加强了对这些地方的投资和扶贫力度，改善了主体民族与当地伊斯兰教信徒之间的关系。

值得注意的，在现代化进程中，一些国家，如印度尼西亚、菲律宾等国出现过内部殖民主义、依附性发展等现实，并由此引发了少数民族群体与国家之间的矛盾，甚至冲突，更为甚者影响到了国家统一。如何处理国家利益与民族群体的利益构成了多民族国家进行政治整合的核心问题。众所周知，东南亚国家的发展离不开资源的开发和利用，而不少资源又在民族地区，因此对民族地区资源的利用问题同时又是国家和少数民族关系的问题，处理不当往往引发民族之间的矛盾和冲突。进入21世纪以来，东南亚一些国家采取了分利方式，国家承认少数民族群体对居住地方资源的权利，通过合理的利益分配化解彼此之间的利益冲突，2005年，印度尼西亚处理中央政府与亚齐当地民族之间的矛盾则属此例。亚齐拥有丰富的天然气资源，过去印尼中央政府从亚齐获得了不少资源，而对当地补偿不够。2005年，印尼中央

① ［美］詹姆斯·F.霍利菲尔德等：《通往民主之路》，何志华等译，社会科学文献出版社，2012年，第203页。

② 同上，第218页。

政府和"自由亚齐运动"正式签署了谅解备忘录,其中在经济方面的条款中,规定了亚齐可以自行制定本省利率,拥有对外贷款的权力;亚齐政府对本地区的自然资源拥有管辖权,70%的自然资源的收益归亚齐当地所有。① 2006年7月,印尼国会通过了《亚齐自治法》。该法令规定,亚齐开发石油和天然气收入的70%将由本省支配。而亚齐政府要承认中央的权力,解散自由亚齐运动组织,实行非军事化等。双方和平共存于一个国家之中。

其次,平衡认同与承认之间的关系。多民族国家的政治整合离不开一定的政权建构和民族建构,两者既是进行政治整合的基础,也是政治整合的重要机制。前者涉及政权合法性、政府能力、官僚组织和制度安排,其中每一个因素都与民族群体相关。如在政府机构的人事、议会议席安排、选区的划分、政府要员的资格、公共物品的分配与投放等,有没有民族群体代表,向不向民族地区投资,投资比例多大等问题反映着国家是否承认民族群体权利,同时政府的态度与行为也影响到民族群体对国家的态度和认同程度,而这些因素综合起来都影响着政治整合的成效。就民族建构方面而言,关键涉及多民族国家集体凝聚力,如民族文化的包容还是排斥,语言政策、文化教育政策等是否体现包容精神,影响着民族群体的心理认同。显然,多民族国家中的国家建设与民族建构背后的承认与认同构成了政治整合成效的两个关键因素。否认民族群体、歧视民族群体都属于国家或作为外部表现形式的宪法和法律制度对民族群体差异性否认或扭曲的承认。"承认政治"理论的创立者泰勒认为,民族不平等往往容易带来"扭曲的承认"。"扭曲的承认不仅表现为缺乏应有的尊重,它还能造成可怕的创伤,使受害者背负着致命的自我仇恨。"②现代政治是一个尊严政治。在这一政治中,人的平等与尊严要求国家通过宪法和法律承认各个民族的尊严和权利,承认不同民族群体的权利和文化差异。但正如前面提到的,用权利形式表明对差异的承认,有带来社会"断裂"的可能。因此,现代国家在承认差异和族群权利的同时,也从法律和制度上规定了民族群体对国家认同的义务。在新加坡,宪法和法律明确规定了各个民族的平等地位。不给任何民族以特殊地位和权利,

① 参见张洁:《民族分离与国家认同:关于印尼亚齐问题的个案研究》,社会科学文献出版社,2012年,第174页。

② [加拿大]查里斯·泰勒:《承认的政治》,汪晖:《文化与公共性》,生活·读书·新知三联书店,1998年,第291页。

强调公平竞争；承认民族差别，尊重民族特性，保留民族文化，让各个民族按照自己的愿望和习俗去选择自己的生活。然而，在全球激烈竞争的状况下，各个民族群体的发展不平衡，不免出现了一些民族落后于其他民族的状况。这种局面对于国家的统一是不利的。在此是采取"中立"或"善良的忽略"①态度还是国家积极干预，新加坡政府选择了后者。李光耀曾指出："如果社会上的一部分人落后于其他部分，国家的统一与完整就会受到损害。"②因此，对那些落后的民族群体，政府有责任为这些民族的发展提供保障。在新加坡，马来民族与华人比起来明显落后，为了平衡两个民族的关系，新加坡宪法规定："政府应该承认新加坡本土人民马来人的特殊地位，政府应以这种态度行使职能，因而保护、保障、支持、照顾、促进马来人在政治、教育、宗教、经济、社会和文化方面的利益和马来语言，应是政府的职责。"③为此，新加坡设有"总统咨询委员会"，专门处理马来人及其宗教——伊斯兰教事务。另一方面，新加坡议会在 1991 年推出了《共同价值》，其中将"国家至上""种族和谐"作为其中的重要内容，这体现了新加坡国族认同意识高于了种族和族群之上，既成为了一种道德理念，也成为了一种国民义务。在马来西亚，虽然在其宪法和法律上制定不少马来人优先的条款，但从 20 世纪 90 年代以来，马来西亚高层在此方面开始转变。马来西亚政府反复强调民族平等，并将这种平等原则转变为经济、文化与社会政策。在经济领域中，土著与华人联合经营的局面已经形成，巫华合作开发联合经营在不少项目中得到了发展；在文化领域中，政府走出传统的同化主义政策，允许华人讲自己的民族语言，开办自己的学校。需要指出的是，尽管政府在民族政策上提出了平等合作的政策，但目前马来人优先的原则在宪法和法律等方面依然保留，成为制约民族关系和谐发展的一个重要因素。20 世纪 90 年代以来，印度尼西亚政府对亚齐的政策以及对作为第三民族群体华人的政策反映了在承认和认同、民族认同与国家认同之间的调整。苏哈托倒台后，新政府开始调整政策，时任印尼总统瓦希德在泰国法政大学演讲时说："政府应该尊重少数民

---

① 库卡塔斯主张：国家只是一个"仲裁者"，"其目的仅仅在于提供秩序而使人们能够和平地生活在一起"。参见常士闇主编：《异中求和：当代西方多元文化主义政治思想研究》，人民出版社，2009年，第 439 页。

② ［英］亚历克斯·乔西：《李光耀》，上海人民出版社，1976 年，第 99 页。

③ 许心礼：《新加坡》，上海辞书出版社，1983 年，第 8 页。

族的权利"，"民主意味着接受分歧。接受分歧有时并不容易，但却是有必要的"。① 在对亚齐的问题上，20 世纪 50 年代以来，印尼政府以民主和共同发展为代价来换取一时的政治整合选择，是以不平等的承认为特点的，最终导致亚齐民族的反抗。一位亚齐当地民众曾说："亚齐现在经济上落后，政治上受虐待。我们为什么还想成为如此对待我们的国家的一部分呢?"②这种带有很强民族分离主义倾向的言论反映了印尼中央政府与国家之间的关系已经进入到了一种僵局。而走出僵局的努力正是通过适当的认同与承认之间的调整，使国家免于分裂。2005 年，经过长期战火和自然灾害双重打击下的亚齐和印尼中央政府终于走向和解。就中央政府一方而言，承认了亚齐的自治权利要求，而亚齐放弃独立要求认同了印尼中央政权的合法性。

最后，协商治理，实现民族的与社会的合作共治。多民族国家的政治整合带有它的特殊性。在多民族国家中，存在着具有不同文化背景的民族群体。为这些族群搭建平台，形成族际政治民主机制有利于多民族国家政治整合的实现。这里的族际政治民主是指："多民族国家为实现各民族之间和睦相处、进而维护国家统一和社会和谐作出的一种制度安排。族际政治民主的重要特征，是在承认构成多民族国家的所有民族都是国家权力主体、拥有平等政治权利的前提下，针对多民族存在的情况进行的特殊的政治设计，制定一套符合多民族社会特殊要求的法律、制度和政治程序。"③随着民主化转型的发展，这种族际政治民主已经在东亚一些国家的制度安排中得到体现。在马来西亚，政府部门中开始有不少公职向非马来人开放；在印度尼西亚，2005 年停火后，亚齐民族在议会中有了自己的代表，他们可以组织自己的政党，参与国家的竞选等，反映出当代东亚国家开始将民族共治作为实现政治整合的重要机制。

通过基于共和基础上的民族共治推进多民族国家的政治整合，是实现民族互惠共生的一个重要方面。这里需要明确的是，东南亚的多民族国家

---

① 《泰首相担心印尼局势不稳定》，[新加坡]《联合早报》，2000 年 5 月 11 日，转引自张洁：《民族分离与国家认同：关于印尼亚齐民族问题的个案研究》，社会科学文献出版社，2012 年，第 204 页。

② [美]马克兰·德勒：《新危机对印尼统一构成更严重的考验》，《纽约时报》，1999 年 11 月 20 日。

③ 王建娥：《族际政治民主化：多民族国家建设和谐社会的重要课题》，郝时远：《解读民族问题的理论思考》（下），社会科学文献出版社，2009 年，第 244 页。

首先是作为独立的主权国家而存在的。构成独立的主权国家的一个外部形式不管在现实中发展程度如何，起码在宪法上都确立了公民法律面前人人平等的原则，可以说，从形式上讲，独立后的东亚国家是公民的共同体。国家在宪法和政治制度的建立上首先要承认公民的地位。国家的组织是基于全体公民的一种安排。然而又必须看到，东南亚国家中的公民由于长期历史的原因受到所属族群的影响比较大，在现代政党政治的影响下，这些不同的民族群体均受到政党的影响而日益具有着自己的民族自觉意识。因此，在各自的政治机制的设计上，一方面要考虑作为公民参与政治权利的运用，体现着整个国家的总体意志；另一方面，在具体权力的分配上，必须兼顾不同族群的利益，通过一个包容性的政治机制，使各个民族的愿望和利益通过一定的政治平台上的协商而得到表达和解决，因此，协商治理也就具有了重要地位。在威权主义时代，东南亚国家的政治整合机制就存在协商治理的因素。如印度尼西亚的最高权力机关——人民协商会议即议会。不过由于这一权力机关在苏加诺和苏哈托控制的专业集团影响下，所谓的协商不过是对苏加诺和苏哈托提出的大政方针表决而已。协商过程中如出现不同意见，苏哈托往往以"协商协商"为由，迫使代表在乏味的讨论中通过他的决议。这是一种建立在权威与其他行动者之间统治与服从关系基础上的协商。20世纪80年代以来，东亚国家逐步实现了"民主转型"，随着公民社会的发展和民主宪政的确立，治理的主体发生了变革。"各类行动者，如公－私合作伙伴、志愿者协会、私人业务领域等等"①开始进入协商舞台。随着多党政治和族群政治在政治生活中合法地位的确立，在议会的舞台上，不仅出现了两个或两个以上的政党，而且也出现了少数民族的代表。他们为所代表的群体利益进行讨价还价，同时彼此为了实现各自的利益，不得不进行妥协和让步，在共存与发展的基础上形成"共识"，以此作为议会和政府进行利益与权力分配的依据。

值得一提的是，东南亚国家的政治整合机制从最初建立时就受到了西方国家"对抗"政体因素的影响。但在东南亚特有的"和谐"文化影响下，这种"对抗"与"协商"因素结合起来。尤其从20世纪80年代以来，随着各种

---

① Arthur Benz and Yannis Papadopoulos, ed., *Governance and Democracy: Comparing Naional, European and International Experiences*, Routledge, 2006, p. 3, p. 37.

非政府组织,如非营利组织、社会中介组织,各种协会、社区、新闻媒体等组织的发展,改变了威权主义时代一元化国家整合局面,官民共治和公民组织合作共治有了巨大发展。在印度尼西亚,在形成多元民主体制后,媒体和市民组织联合的第三种政治力量兴起,他们参与政治,影响政府决策。甚至与政府联合共同处理国内的一些重大问题。在菲律宾,在政府和非政府组织的对话基础上为贫民建立了融资体系。这是一种新的土地交易制度,具体做法是,贫困社区以组织形式与地主交涉,在居住土地达成交易的情况下,以该土地为担保,同时,从政府获得长期低利率融资。菲律宾政府发展了与商界、劳工界和非政府组织的"战略联盟"。新加坡政府在合作主义思想指导下发展了半官方、半民间性的民众联络所、居民委员会和人民协会等组织,使这些非政府组织经常把最下层的群众和社会利益集团的利益要求反映到政府决策层,而政府在作出重大决策前,非政府组织为政府提供咨询和信息服务,积极影响政府的政策制定。马来西亚政府提出了公共部门不再对私人部门进行控制和指导,而是与私人部门建立合作关系。[①] 印度尼西亚在苏哈托下台后,公民社会团体或非政府组织迅速成长,由 450 个非政府组织成立的国家环境论坛成为了影响政府环境政策和管理环境的重要力量。

多民族国家政治整合具有一体两面性:多民族的特殊性与国家统一性,这两个方面有机结合影响着政治整合的健康发展。在研究多民族国家政治整合问题上,一些学者将族群权利作为重要依据,展开对政治整合的分析,这种认识容易带来一个问题,即多民族国家的政治整合与政治民主似乎是由民族群体引起,从而得出一个结论,只有通过加强民族群体权利才能实现多民族国家的政治整合。如果坚持这种观点,容易以偏概全,看不到多民族国家政治整合的复杂性。多民族国家政治整合和政治民主建设本质上是由社会问题引起的,民族问题仅是多民族国家诸多社会问题的一个重要部分,但不是全部。多民族国家在实现政治整合上既需要关注民族群体权利问题,即从民族互惠共生这一战略高度设计多民族国家的政治整合,也需要从整个国家公民利益的全局上思考不同群体的互惠共生问题。在全局性的互惠共生中促进民族间的互惠共生是多民族国家实现政治整合的重要途径。

---

① Ian Marsh ed, *Democratisation, Governance and Regionalism in East and Southeast Asia: A Comparative Study*, Routledge, 2006, p. 139.

四、小结

在全球化作用和影响下，东南亚国家的不同民族已经形成了一个相互依赖的整体。纵使构成各个国家中的优势民族具有重要影响地位，但弱势民族群体同样也是一支不可忽视的力量，在现代化进程中，不同民族群体之间的发展速度以及获得的利益存在不同程度的差别，由此引发的矛盾和冲突在所难免。然而，共处一体的各个民族之间以及各个民族与国家之间，只有在互惠共存的战略基点上思考认同与政治整合问题，才能找到不同民族以及民族与国家共存之道。舍弃共存，只求自存，舍弃合作，只求自我认同，多民族国家是很难实现政治整合的可持续性的。另一方面，也必须看到，在对多民族国家的政治整合认识上，将多民族之间的互惠共生视为多民族国家政治整合的基础，多少带有一定的局限性。多民族国家的民族互惠共生需要整个社会形成一个相互合作的局面，从全局角度或公民国家的角度认识不同群体之间的互惠共生，是多民族国家实现互惠共生的社会条件。后者的维护和发展具有着全球意义。

第四节　印度多民族国家的治理

正如印度独立后首任总理、国大党前领导人尼赫鲁（Jawaharlal Nehru）所言："印度的多样性……是极其丰富、显而易见的，它就在表面，如任何人所见。这既与其外表特征相关，也与其特定的思维习惯和特性相关。毫无疑问，所有的这些差异，构成了令人印象深刻的印度"[1]，印度社会是一个异质化程度很高的社会，印度的多民族国家建设历程，就像是一枚硬币总有两面、一把宝剑总有双刃一样，受深度文化多样性与此起彼伏的民族冲突所推动的各项制度变迁，在一定程度上缓解了民族矛盾，却又为潜在的离散埋下伏线。作为比较政治研究中的一个重要案例，国内外学界对印度的研究不一而足，有些观点聚焦于在印度如何实现民主与多样性相融，例如，利普哈

---

[1]　Harihar Bhattacharyya, Multiculturalism, Autonomy for ethno-national groups and the unity of India, in edited by Christopher Sam Raj and Marie Mc Andrew, *Multiculturalism: Public Policy and Problem Areas in Canada and India*, New Delhi: Manak Publications, 2009, p. 180.

特认为,印度的民主属于共识民主,这种民主类型可以兼容多元分裂的异质性社会①;阿图尔·科利等人在《印度民主的成功》中则主要从制度化的过程分析了印度民主制度如何在印度扎根②;而另外一些观点则强调印度民主的脆弱性与社会分裂的危险,还有横亘在印度民主面前无法缓解的广泛贫穷问题,国家在一些具体政策领域的低效治理等。③ 尽管现在印度国内面临许多经济社会问题,政治冲突频发,但仍在民主制度之下维持国家基本的统一,印度多民族国家治理的两面,提供了值得关注的研究问题:在异质化程度很高的社会,如何实现并维持稳定的民主? 在民主制度之下维系着统一和正常运转的印度,缘何仍不能消弭歧异、冲突持续不断,国家仍未实现更深层次的团结? 对于多民族国家治理而言,制度结构及其制度化水平是非常重要的因素,本书将以分析印度的多样性为基础,从民主制与联邦主义这两个最主要的制度特征入手,对印度多民族国家治理的经验与问题进行评析。本书认为,民主制和联邦主义为印度多民族国家的凝聚提供了重要的制度纽带,但是当民族主义政党在多党竞争的民主制度下崛起时,当联邦主义面对地区语言共同体时,又使多民族国家治理陷入整合困境。

一、网状分布的多样性社会

印度在官方表述中并不认为自己是一个多民族国家④,国家认同被置于各个民族和宗教群体之上,尽管印度宪法承认了宗教、语言、种姓和阶级的多样性,却没有对民族作出明确界分,宪法表述中以少数(minority)与多数(majority)来淡化民族名称与民族差异。宪法里被称之为"表列部族"(或"表列部落""指定种族")的少数则主要是指社会发展程度较低的原住民、森林部族、山区部族和其他原始部族等⑤多种群体,并不涵盖印度的其他各

---

① 参见[美]阿伦·利普哈特:《民主的模式:36个国家的政府形式与政府绩效》,陈崎译,北京:北京大学出版社,2006年。
② 参见[美]阿图尔·科利编:《印度民主的成功》,牟效波等译,译林出版社,2013年。
③ See Atul Kohli, *The state and Poverty in India*: *Politics of Reform*, Cambridge: Cambridge University Press, 1987; Atul Kohli, *Democracy and Discontent*: *India's Growing Crisis of Governablity*, Cambridge: Cambridge University Press, 1990.
④ See I. A. Ansari, Minority and the Politics of Constitution Making in India, in D. L. Sheth (eds.), *Minority Identity and the Nation – State*, OxfordUniversity Press, 1999.
⑤ 刘荣:《印度的少数群体分类及其权益保护》,中央民族大学硕士研究生学位论文,2007年。

主要少数民族。但是印度官方表述中称印度是"一个国家、一个民族"，这是从国家民族(state - nation)的角度而言的，客观上讲，印度是一个极具文化多样性色彩的国家，多语言、多宗教、多族群的特征明显，同一个主权国家领土范围内存在两个以上具有不同语言或文化的民族，如果从这个意义上来定义多民族国家，显然印度是一个典型的多民族国家。

在印度，宗教、语言、地区、部落、种姓和社会阶级等诸因素的交错影响下，文化多样性的情况极为复杂。首先是语言的多样。据不完全统计，印度境内使用的语言多达 1632 种[1]，印度宪法附表八中列出了印度的 22 种官方语言，这些语言被称为表列语言(Scheduled Languages)，受到宪法的承认，除梵语外，其他 21 种语言的使用人口数量在百万以上，其中 13 种语言的使用人口数量在千万以上，印度主要语言的使用人口数量及占总人口的比重情况如表 3 所示。而以语言为基础的分离或自治要求一直是印度民族关系中的重要问题之一。

表3　印度主要语言的使用人口数量及占总人口比[2]

表列语言 Scheduled Languages	人口数量	占总人口百分比%
印地语 Hindi	422,048,642	41.03
孟加拉语 Bengali	83,369,769	8.11
泰卢固语 Telugu	74,002,856	7.19
马拉地语 Marathi	71,936,894	6.99
泰米尔语 Tamil	60,793,814	5.91
乌尔都语 Urdu	51,536,111	5.01
古吉拉特语 Gujarati	46,091,617	4.48
埃纳德语 Kannada	37,924,011	3.69
马拉雅拉姆语 Malayalam	33,066,392	3.21

---

[1]　D. D. Basu, *Introduction to the Constitution of India*, New Delhi, Prentice Hall of India, 1997, p. 387.

[2]　Office of The Registrar General & Census Commissioner, India：http://censusindia. gov. in/Census_Data_2001/Census_Data_Online/Language/data_on_language. html. (搜索日期2014 年 1 月 30 日)

续表

表列语言 Scheduled Languages	人口数量	占总人口百分比%
奥里亚语 Oriya	33,017,446	3.21
旁遮普语 Punjabi	29,102,477	2.83
阿萨姆语 Assamese	13,168,484	1.28
迈蒂利语 Maithili	12,179,122	1.18
桑塔利语 Santali	6,469,600	0.63
克什米尔语 Kashmiri	5,527,698	0.54
尼泊尔语 Nepali	2,871,749	0.28
信德语 Sindhi	2,535,485	0.25
孔卡尼语 Konkani	2,489,015	0.24
多格拉语 Dogri	2,282,589	0.22
曼尼普尔语 Manipuri	1,466,705	0.14
博多语 Bodo	1,350,478	0.13
梵语 Sanskrit	14,135	0.01
其他	35,365,239	3.44
总人口	1,028,610,328	100

来源:印度官方人口普查报告(2001)

其次,印度也是一个多宗教的国家,主要宗教包括印度教、伊斯兰教、基督教、锡克教、佛教、犹太教等(印度宗教信仰情况详见图1)。尽管存在诸多宗教信仰,但是在语言多样性基础上加深社会分化状态的宗教因素主要来自于印度教、伊斯兰教和锡克教。比如,旁遮普邦是旁遮普语使用人口聚居的地区,也是锡克教徒的主要聚居邦;克什米尔主要体现了印度教徒与伊斯兰教信徒的冲突;而阿萨姆邦的民族问题不仅存在于印度教徒和伊斯兰教信徒之间,在印度教内部也有印度教阿萨姆人与印度教孟加拉人之间的矛盾。在这种情况下,不同语言与宗教身份之间既有一致又有歧异,呈现出纵横交错的分布。

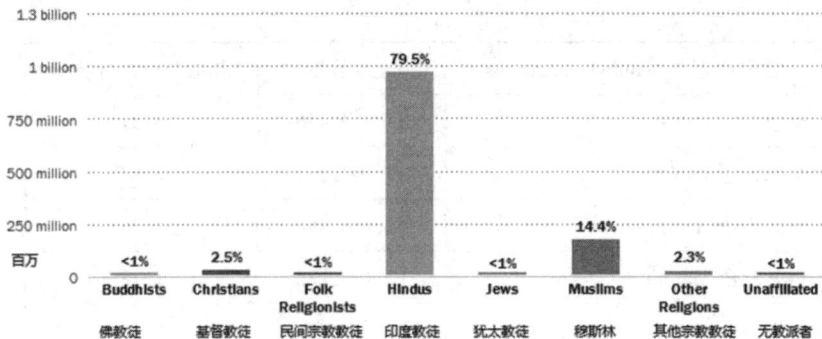

图1 印度宗教信仰情况(2010年数据)①

此外,部落群体和种姓制度也增加了印度的民族多样化程度。宪法附表列出了原住民、森林部族、山区部族和其他原始部族,统称为表列部族,主要分布在印度东北部地区、中部地区和西南部高止山脉的西侧,主要聚居在中央邦、比哈尔邦、马哈拉施特拉邦、奥利萨邦和拉贾斯坦邦等,在那加兰邦、米佐拉姆邦等地也有分布。②虽然印度建国以来通过各种制度和政策对表列部族的权利进行了保障和补偿,但由于这些表列部族地处山区,经济落后,社会发展程度较低,目前仍是印度国内冲突和动荡最频发的地区。种姓制度则体现在社会的纵向结构上,主要是社会地位和经济水平的等级分布。虽然印度宪法已经明文确立了平等原则,对历史上曾受歧视和不公正待遇的表列种姓,在宪法中也有保护性的条款以保障其权利,但是这些制度上的变革并没有使得种姓制度完全消失,长期累积起的种姓等级观念在当今印度的社会现实中依然能够找到踪影,依然"存在一些以种姓为基础的政党,以种姓为基础的教育机构和宿舍,以及以种姓为基础的房屋社区"③,地方民族主义力量也往往将种姓作为政治动员的一种手段,将种姓政治转化为民族主义的动员力量,以扩大其社会基础,在地方机构中谋求更大的权力。

总体上讲,尽管主要的语言民族与地方行政区划基本一致,但是语言与

---

① Global Religious Futures:http://www.globalreligiousfutures.org/countries/india#/? affiliations_religion_id=0&affiliations_year=2010&region_name=All%20Countries&restrictions_year=2012.(搜索日期:2014年1月30日)

② 参见[美]戴维·莱文森编,葛公尚等译,《世界各国的族群》,中央民族大学出版社,2009年。

③ [美]麦伦·维纳:《争取平等的斗争——印度政治中的种姓》,引自阿图尔·科利编:《印度民主的成功》,牟效波等译,译林出版社,2013年,第246页。

宗教、宗教与地区、种姓与语言的差异并没有按照完全重叠的界线分布,而是纵横交错地呈网状分布。一方面,这种分布特点在一定程度上避开了各种差异完全重合的块状分布所带来的高度分裂危险,身份冲突和利益纷争通常在地区范围内,与地区自身的情况密不可分,政府可以通过地方化的方式来进行管理;另一方面,网状多样性呈现出的社会异质程度更为复杂,社会分歧和政治冲突的肇源可能不止一种,印度的很多地方冲突混杂了语言的、宗教的乃至种姓的不同身份基础,这就为进一步的社会整合带来困难。

二、制度整合:民主制与联邦主义

民主在多民族国家中何以成为可能,是政治学中被高度重视的一个命题,当代西方学者利普哈特指出:"政治学上有一个相当确定的命题,此即,欲在一个多元社会里建立并维持稳定的民主政府形态,是相当困难的一件事。社会同质性与政治共识,被视为稳定的民主政体的先决条件,或极有利于民主政体之元素。相反的,多元社会深刻的社会分歧与政治歧异,则是导致民主政体不稳定与瓦解的罪魁祸首。"[①]因此,高度异质化的印度,能够在民主制度之下维持国家的统一和正常运转,这为多民族国家治理的研究提供了一个非常重要的案例。印度多民族国家建设的成效来源于制度的有效性和稳定性,其中民主制和联邦主义是两个关键的变量。宪法设计中体现了对多元的包容与对统一的诉求,提供了基本的共识基础和权利保障;民主制体现了印度人民对民主价值观的共同追求,成为联结多样性的纽带和多元化表达的场域;联邦主义则为印度缓解民族自治和民族分裂问题留下了制度空间和灵活性,是协调差异的制度性基础。

(一)民主制:共存的基本框架

宪法确立了国家的基本政治原则与制度形式,在一国政治中拥有权威地位,规定了政治过程中最基本的程序规则和政治行为所要遵循的基本框架。多民族国家的宪法,作为政治制度的最顶层,一方面,从国家的统一性、整体性出发,首先应该能够在一定程度上为政治系统提供运行规则;另一方面,从国家内部的多样性现实来看,又要求其能够充分体现出对多样性的尊重与承认,并为多民族的共存提供共识基础。因此,宪法不仅为组成多民族

---

① ［美］李帕特:《多元社会的民主》,张慧芝译,桂冠图书股份有限公司(台北),2003 年,第 1 页。

国家的各个民族共同治理国家提供了合法性基础,同时也为超越各个民族自身而形成对国家的认同提供了可能。

从印度的立宪过程来看,在民族解放运动阶段,国大党作为建国主要推动力量发起的政治运动是以超越族群为基础的;在建国初期,国大党奉行建立在承认多样性基础上的印度民族主义和"一个国家一个民族"的政策。印度共和国第一任总理尼赫鲁既尊重印度社会的传统价值,也充分认识到印度的多样性,他"并不反对同化,但是他认为,这种同化并非是强制施加的,而是基于对文化个性的保留,让人们有充分的自由按照其意愿与禀赋生活"①;印度建国后,于1949年11月26日制宪会议通过、1950年1月26日正式颁布的印度共和国宪法,充分显示了对多样性的制度整合。

首先,印度宪法继承了西方多元主义的法律体系,从人权和公民权利的角度设置了公民的无差别对待原则,在宪法序言中声明:国家保护一切公民在经济、社会与政治方面享有公正权;有思想、表达、信念、信仰与崇拜的自由;所有公民在地位和机会面前平等,另外,宪法第十五条也提出:"国家对于公民,不得以宗教、人种、阶级、性别、出生地点,或类此之其他任何理由,而予以差别待遇。"②在此基础上,印度宪法中关于公民政治权利和经济权利的条款陈述都体现了同等对待的无歧视原则,这提供了基本的政治共识和认同基础。

其次,印度宪法回应了文化多样性的问题,承认了语言与宗教的多样性,宪法不仅保护了少数族群的权益,同时还寻求确保属于少数族群中的任何个人不受歧视。比如宪法第二十九条关于少数族群利益的保护问题:"一、在印度领域或其中某地域居住之公民,应有权保留其固有之语言、文学或文化。二、不得因公民之人种、阶级、语言或其他类似理由,拒绝其于国家所设立,或受国家辅助之教育机构内求学之权利"③,其中第一款是对少数族群整体的保护,如果一个少数族群希望保存他们的文化或语言,那么国家就不能把多数人的文化或语言强加给他们,第二款则针对族群中的个人。以

---

① Harihar Bhattacharyya, Multiculturalism, Autonomy for ethno-national groups and the unity of India, in edited by Christopher Sam Raj and Marie Mc Andrew, *Multiculturalism: Public Policy and Problem Areas in Canada and India*, New Delhi: Manak Publications, 2009, p. 181.

②③ 印度宪法,参见高德义主编:《各国宪法民族条款汇编》,"行政院原住民族委员会"(台北),2004年,第201～218页。

语言政策为例,印度语言多样,仅写进宪法中的就有了 15 种,1950 年宪法将印地语定为国语,英语是官方语言,但英语的官方语言地位保持了 15 年,届时将由印地语代替英语成为官方语言,非印地语各邦则表示强烈不满与抵制,因此在此压力之下,1963 年议会通过的《官方语言法》,决定 1965 年之后英语仍继续作为联邦和议会的官方语言使用,直至印地语被全国接受为止,在中央和邦两级政府可同时使用英语和印地语,邦以下地区政府可以使用当地语言,保持非本土民族语言的英语作为官方语言,实际上保证了国内现存其他各种语言的平等地位。

再次,印度宪法中还有特别针对经济社会发展较落后的"表列部族"(或"表列部落""指定种族")的防止不公正和保护原则,体现出了对弱小群体的特别保护,在宪法具体条款的设置上有专门针对促进这些表列部族和弱小阶层的受教育权利与经济利益、保留议席等条款,比如第二百四十三条之二十:"一、各市之议席应保留予指定阶级及指定种族;保留席次占直接选举产生之总席次应相当于该市中指定阶级、种族占全市人口数之比例……四、市府首长之各种职位,应依州立法机关之规定保留予以制定部落、种族及妇女。每一级保留职位数占各级地方政府中之总职位数之比例应相当于该地方政府中指定阶级或种族占该州总人口数之比例。"①这就保证了弱小群体在立法机关与行政机构中的代表性,此类补偿性和保护性的措施纠正了历史上对这些群体的不公正待遇,保障了处于社会经济发展落后地位的表列部族的利益,对于国家的政治整合和一体化起到了积极作用。

此外,议会民主作为印度的基本政治制度,是合法性的基石,也是多样性能够共存的基础。无论是联邦议会、地区议会抑或是部族议会,都需要在民主制的框架内依据选举原则经由有选举权的公民选举产生,任何族群都不出其外;而过去的分离主义者们也可以通过合法的民主形式来参与国家治理,防止他们由于没有参与途径而走向极端。所有对多样性的回应,都是建立在民主制基础上的,而民主本身,也成为对文化差异的一个最好回应。②

---

① 印度宪法,参见高德义主编:《各国宪法民族条款汇编》,"行政院原住民族委员会"(台北),2004 年,第 201～218 页。

② Harihar Bhattacharyya, Multiculturalism, Autonomy for ethno-national groups and the unity of India, in edited by Christopher Sam Raj and Marie Mc Andrew, *Multiculturalism: Public Policy and Problem Areas in Canada and India*, New Delhi: Manak Publications, 2009, p. 188.

(二)联邦主义:差异的协调机制

联邦主义的主要特征是自治和分享治理。在很多学者看来,联邦制是多元文化社会进行冲突防止和管理的有效机制,威尔·金里卡认为,多民族联邦制能够为少数族群的权利提供制度性保障,确保各民族在多民族国家内保持自己独有的文化并享有充分的自治权力,在多民族联邦制下,少数族群所居住地区成为国家结构中的次级行政单位,少数民族在地方邦之中就居于多数,由此,在那些与民族存续息息相关的政治议程中,它们就拥有了决定权力,以确保不被民主政治中的大多数所忽视或压制。① 迈克尔·伯吉斯更是对联邦制不吝美誉:"联邦制的高明精湛之处在于,它拥有无限的能力来化解和消弭国家内部相互竞争乃至政治立场明显冲突着的各种群体之间的矛盾。"②不可否认,如果运用得当,联邦制在容纳多样性上具有明显的优点与活力。

印度宪法规定其为联邦制国家,但无论从宪法的权力配置还是印度建国后的政治实践来看,长期以来,国家权力明显偏向中央层面,在联邦与邦的关系上,联邦中央占据了主导地位。因此,不同于分权型联邦,印度的联邦制具有明显的单一制色彩,比如,根据宪法授权,中央政府可以采取多种手段干预各邦事务,而在邦的建制变迁等方面,中央也有权涉足,另外中央还能够因紧急状态而控制地方,并且有强大的力量使用高压政策和暴力手段处理冲突。联邦主义在印度的运用,体现了尼赫鲁的"多元统一"(unity in diversity)的理念,一方面,权力得到强化的中央政府,在保障国家统一性上发挥着重要作用;另一方面,联邦制也为解决民族自治和分离要求提供了足够的制度灵活性,建国以来威胁到国家稳定性的民族问题大多数都通过建邦分权的方式得到了缓解。

由于印度的民族、语言和宗教多样化程度相当之高,民族和语言问题一直以来都影响着国家行政区划的变动。出于对国家整体性的考虑,国大党领导人在独立初期,就非常谨慎地对待以语言划邦问题。尼赫鲁就因为官方语言问题曾引起的冲突而担心语言邦会威胁印度的国家完整性,并将这

① 参见[加]威尔·金里卡:《多元文化公民权:一种有关少数族群权利的自由主义理论》,杨立峰译,上海译文出版社,2009年,第36页。

② Michael Burgess, Federalism and Federation:A Reappraisal, in M. Burgess and A. Gagnon(eds.), *Comparative Federalism and Federation*, Harversrer, 1993, p.7.

一要求看作是狭隘的地方主义。① 虽然建立语言邦的问题在 1947 年制宪会议时被暂时搁置,但建立泰卢固语言邦的"安得拉运动"与政府僵持不下,最终基于日趋严重的事态和对多样性的肯定,国会同意了建立讲泰卢固语的安得拉邦,从此,多样性的问题就以各地区纷纷建立语言邦的形式摆在联邦政府面前。20 世纪 50 年代中期以后,联邦政府在国内少数民族的强烈要求下,按照种族-语言的原则重新划分了各邦,先后按语言划邦的有安得拉邦(1953 年),古吉拉特邦和马哈拉施特拉邦(1960 年),旁遮普邦和哈里亚那邦(1966 年),曼尼普尔、特里普拉和梅加拉亚邦(1972 年)。重组邦级行政区划时,印度政府遵循四项基本原则:"①中央政府将不予考虑那些有分离主义诉求的民族建立语言邦的要求,反而会采取包括武力在内的各种措施镇压分离活动;②中央政府将不予考虑出于宗教原因提出的建邦要求;③语言邦的建立不能简单因为某一特定语言是某一特定地区的主要语言就无限度地予以同意和做出让步;④中央政府将不予考虑对某一地区的区划予以重组,如果重组,要求仅是这一地区几个主要语言所代表的多个民族中的某一个民族单独提出的。"②到 1967 年为止,印度共有 17 个邦和 9 个中央直辖区,宪法所列的 14 种主要语言中,除梵语外,每一种主要语言和 13 个主要民族都建立了其依托的邦级区划,并且在邦级区划上,语言和民族保持了高度的重合。在自治原则的前提下,各民族能够充分表达并实现其诉求,其身份得到了保护和发展,各邦之间在语言、民族和宗教上的交叉认同关系在一定程度上削弱了分裂主义的基础。

联邦制为印度提供了处理民族关系和进行谈判的制度性基础。印度的几次行政区划调整都是对民族地方与中央权力矛盾的平衡,通过单独成立邦的形式,防止国家分裂,赋予民族地方以邦的自治权力,各民族借由邦议会来实现自我管理。在地方层面上,语言和民族与邦级区划的重叠,使得地方层面的权力不再集中于讲英语的精英阶层手中,转而开放了讲地方语言

---

① Jean Alphonse Bernard, *From Raj to the Republic: A Political History of India* (1953 – 2000), New Delhi: Har – Anand Publishers, 2001, p. 185. 转引自马得汶:《印度建国后邦级区划变动中的两次重组浪潮探析》,《南亚研究季刊》,2010 年第 1 期。

② Paul R Brass, *The New Cambridge History of India*, Ⅳ. 1, Cambridge: Cambridge University, 1990, pp. 149 – 151. 转引自马得汶:《印度建国后邦级区划变动中的两次重组浪潮探析》,《南亚研究季刊》,2010 年第 1 期。

的普通民众向上流动的渠道，邦一级的政治更为平民化，这就提高了民众的政治参与的积极性，也扩大了民主的基础；从整个国家层面来讲，控制了大规模冲突，维持了总体的统一，在一定程度上缓解了由于语言和民族差异而带来的矛盾，实现了有效的治理。正如吉奥迪林德拉·达斯古普塔所说，在印度，一方面，"身份的多重性与可塑性为民主制度提供了一种建设性条件"；另一方面，"制度在回应'不同身份和偏好'的同时可以'创造'它们，即使看上去冷冰冰的联邦体制的宪法设计，也能在包容性的政治文化基础上提升、支持和维持多元文化和地区间的团结"①。

三、整合困境：竞争性诉求的威胁与权力转移的风险

有效的制度为印度多民族国家维持了总体上的统一和发展，但是印度社会内部的离散力量却仍十分活跃，在社会整合和民族融合上的实际效果尚不尽如人意，东北部、西北部地区的分离主义依然困扰着印度。当前，印度国内民族问题存在三种趋势：其一，要求更大的自治权；其二，独立建邦；其三，脱离印度建立主权实体。尽管民主制提供了共存的基本框架，地区民族主义力量的发展壮大以及与族群相关的竞争性诉求成为加深社会裂痕的主要威胁；尽管联邦主义是协调差异缓解冲突的重要机制，却无法直接达成社会团结，当权力从联邦一级开始向地区一级转移时，印度面临的联邦主义危机如何超越语言共同体，进而在更大范围内实现国家整合。

（一）民主制：地区民族主义的崛起

印度社会对宪法的尊重和对民主价值观的认同是维持国家统一最基本的纽带，民主制下的各种程序为各族群有序表达和参与提供了平台。然而，当多样性和多党制以及两级议会制结合在一起，就为国家治理增添了复杂性。

一种情况是，当联邦的执政党和地方的执政党不是同一政党时，会出现政策的脱节。例如，国大党执政时期，印度人民党是西部三个邦和中央辖区德里的执政党，而共产党则在西孟加拉邦获得执政地位，由于政党之间缺乏足够的共识，造成地方和中央在很多政治经济政策上脱节甚至相抵触，难免

---

① ［美］吉奥迪林德拉·达斯古普塔：《印度的联邦设计与多元文化的国家建设》，引自［美］阿图尔·科利编：《印度民主的成功》，牟效波等译，译林出版社，2013年，第85页。

发生矛盾冲突,各地又多以语言民族建邦,于是这些冲突又往往会以民族矛盾的形式出现。另一种情况是,多党制利于小党生存,也易造成分裂,伴随着地区民族主义的崛起,地方性政党力量得到发展。这些地方性政党中的许多都是以地方各族群为基础的,它们争夺地方议会的议席,提出各种竞争性诉求,与中央进行利益博弈,给地方政治带来了不稳定性,也削弱着全国性政党的力量。

影响比较大的印度地方性政党主要有:旁遮普邦的阿卡利党、安德拉邦的泰卢固之乡党、阿萨姆邦的阿萨姆人民联盟、泰米尔纳德邦的全印安纳德拉维达进步同盟等,这些政党在其发展过程中都曾经就地方利益而对中央政府施压。尽管这些地方性政党在其发展过程中不断为各自代表的族群和地方利益争取权益,推动建立了新的地方语言共同体,但从更广泛意义上讲,在解决地方内部的族群冲突方面,一些地方性政党并没有很好地扮演建设性的角色,以自治甚至分离对联邦政府进行威胁是地方性政党经常使用的手法,反而增加了国家治理的不确定因素。如果地方性政党能够扮演中央与地方之间的桥梁,则有助于削弱地方民族主义对国家整合的不利影响。

(二)联邦主义:天平倾斜方向的改变

有观点认为,联邦主义应用于多民族国家可能存在一些弱点,比如,联邦制自身并不能够提供国家所需的"团结",有可能会忽略国家范围的认同。① 印度的联邦制存在一个显而易见的困境:联邦制的包容性和灵活性缓解了民族问题带来的分裂压力,但这种缓解不能带来更深层次的社会团结,也不能完全杜绝那些已建邦族群的进一步分离要求。

长期以来,在带有浓厚单一制色彩的联邦制下,多元化的权力结构与权力天平实际上偏向中央之间存在着对抗关系。联邦政府奉行的政策与联邦制分权本质存在偏差,影响到了各邦的利益,这就引起了各邦的反弹,造成了紧张关系。正如一些学者所批判的,印度的民族政策更倾向于同化,"……是偏向印度教教徒和印地语'语族'的,或者说,这种民族政策是以印度教和印地语'语族'为中心制定的。印度政府的民族政策实质上提高了印度教和印度教教徒(尤其是说印地语的印度教教徒)的地位,而其他宗教信

---

① Helder De Schutter, Federalism as Fairness, *The Journal of Political Philosophy*, Volume19, Number2, 2011, pp. 167 – 189.

徒和'语族'的权益却受到了某种程度的损害"①,这种情况在印度人民党执政期间表现得最为突出。另外,从整个变迁过程来看,印度联邦制的调节作用依赖于地方少数民族运动的压力,是"刺激-反应"的被动适应型模式。这极易造成示范效应,也就是其他未能单独建邦的语言民族也据此要求分离,反而会增加国内的民族矛盾以及助长地区民族主义的发展,联邦分权的办法表面上为印度多民族国家建设提供了足够的包容性,事实上,这种形式上的包容却隐藏着离散倾向,在实际效果上并不利于民族之间的相互交流与融合,整个共同体极易走向松散的联合而缺乏凝聚。

随着经济的发展,印度联邦与邦之间的权力分配也有所变化。在建国初期,国家权力明显向联邦中央倾斜,而在经济发展进入平稳期之后,各邦开始要求更大的自治权力,一些经济实力强的邦要求中央放权,而发展落后的邦也要求中央提供资源和给予更多的自主权,甚至动辄以分离相要挟。比如,阿萨姆联合解放阵线要求阿萨姆邦脱离印度独立出去,而阿萨姆邦内的波多人也有独立建国的要求;西孟加拉邦大吉岭地区的民族主义者要求成立廓尔喀兰邦,安得拉邦内的泰卢固人也有建邦要求。分权原本是联邦主义的题中之义,然而在多民族国家,尤其是以族群为基础的联邦结构中,地方权力的不断扩大极易造成地区与地区之间更大程度的阻隔,更甚者是社会的断裂和国家的分裂。

(三)公民平等:流于形式的危机

诚然,作为一个民主国家的印度,在形式上确立了公民制度,从传统的国家走向了公民国家,超越了族群认同的界限,通过公民身份的纽带建立起新的认同基础,这无论从民主政治建设而言,还是多民族国家的统一上来看,无疑具有重要的意义。然而,在公民国家的形成和运行过程中,公民平等又陷入流于形式的危机。

印度在保护文化多样性上的相关制度和政策,一方面承认了差异,确认和保障了不同部族、宗教以及种姓的权益,另一方面,又意味着使种姓制度、部落制度和家族制度作为一种非正式规范延续了下来,并持续影响着社会和政治生活,这在印度的乡村中表现得尤为突出,也就使得公民平等大打折扣。在保护群体文化的同时,没有打破群体之间的藩篱,跨越种姓、部落和

---

① 熊坤新、严庆:《印度民族问题与民族整合的厘定》,《西北民族研究》,2008 年第 2 期。

家族关系设置的障碍,反而使不同的文化相互隔离,并未能让不同的群体超越界限生活在一起并作为平等的伙伴共同参与政治生活。在现实生活中,更多的还是种姓差别和家族关系等在发挥着作用。以种姓差别的影响为例,尽管政府为了改善低种姓的处境采取了确保这些群体在教育、政府公职人员以及议会中拥有一定数量代表的措施,但是在实际运行中,低种姓在教育机构和公职人员尤其是高层次职位中所占人数比例很低,并且一些低种姓的代表往往容易被权势阶层和家族政治操纵,很难说在多大程度上代表了本种姓的利益。因此,印度宪法中对表列种姓和表列部落的特殊保护,其受益人群在被保护群体中也仍占少数,公民平等更多地还停留在宪法意义上,实现不同族群跨越地区和文化差异、不同种姓跨越阶层的差异交流,成为一个真正的共同体,仍需要政府采取更加具体并且持续推进的政策。

总的来讲,民主制和联邦主义为印度提供了有效的制度整合路径,然而地区民族主义力量崛起、中央－地方权力的不平衡发展,以及流于形式的公民平等,又为治理带来了很大的不确定性。印度的经验表明,多民族国家治理,一方面需要基本的制度框架作为共识基础和协调机制,另一方面,还需要辅之以多种政策手段,通过各种途径,尤其是地区和民族间更广泛的交流来达成更牢固的信任与团结,形成深层次的国家认同,唯此才能实现进一步的社会融合。

第五节　加拿大的多元文化治理

20 世纪 70 年代初,加拿大政府建立了多元文化主义政策。自此,多元文化主义构成了当代加拿大一个重要的政治实践和思想意识形态,对多元文化的管理也构成了加拿大政府的一个重要职能。什么是多元文化主义?加拿大学者奎多·伯拉菲认为:"多元文化主义涉及一个团体或具有不同文化经历的社团的共存。"①克林·坎贝尔认为:"作为一种意识形态,多元文化主义主张加拿大是由许多种族和族群组成的,作为团体他们有介入财富和

---

① GuitoBolaffi&Raffaele Bracalenti(eds.) ,*Dictionary of Race,Ethnicity and Culture*,p. 183.

富裕的平等机会。"①自多元文化主义在加拿大产生以来，无论在加拿大国内还是国外，学者都给予了不同的评价。其中批评者认为，多元文化主义导致了"部落主义"的成长，不利于国家的整合，甚至有学者认为，多元文化主义容易导致国家的分裂。② 然而该政策实行快 40 年了，加拿大既没有分裂，也没有出现大规模的民族冲突。这就产生了一个问题，为什么一个建立了多元文化主义政策并将其视为重要思想文化的国家居然"多"而不散，"分"而能"合"呢？在回答这一问题之前，有必要对这里所说的"分"与"合"作一个简单的界定。就"分"而言，主要指不同族群的族群权利与文化差异，多元文化主义中的"多元"主要基于此；至于"合"则主要指形成共同体或国家，其主要特点是基本的社会秩序与政治秩序的形成与发展。在多元文化管理中，加拿大政府通过运用社会一体化机制、法治、民主管理以及福利政策，将多元文化有效地统合到了国家中，从而实现了多元一体的格局。在此，有必要对加拿大多元文化管理的内在机制作进一步分析。

一、社会一体化与多元文化管理

加拿大作为西方工业发达国家成员，以私人资本为基础的市场经济构成了加拿大经济发展的基础。尤其 20 世纪 80 年代以来，随着英国和美国的市场化改革，马尔罗尼政府在加拿大采取了新自由主义的经济政策，主要特点是，第一，减少国家对经济生活的控制和干预，全面或局部地放松对运输业、电讯业、银行业及金融业的管制；通过新的能源政策加强市场价格机制；第二，建设更为开放的市场导向经济，将原来一批国家拥有的企业和资产转让给私人所有。自 1984—1990 年，政府辖下的资产总值达 5000 万加元的 17 家企业实现了私有化。③ 随着加拿大 - 美国自由贸易协议的签定，加拿大市场自由化有了进一步的发展。

以私人资本占有为主导的贸易自由对社会的一个最重要条件就是基于私有财产权基础上的个人自由权利的确立。因为在一个高度发达的市场经

① C. Campell&Christian, *Parties, Leaders, and Ideologies in Canada*, McGraw - HillRyersonLimited, 1996, p. 250.

② Knowles, V. *Strangers at Our Gates*(Rev. ed.). Toronto: Dundurn Press, p. 203. 注：这里所说的政府是广义的政府，即包含有立法、行政与司法的国家权力机关，或曰表示国家。

③ *Canadian Report*, Vol. 11, No. 3, 1990, p. 2,

济社会中,个人的自由权利以及基于个人自由基础上的自由民主体制,是市场经济得以运行的政治保障,同时也为加拿大多元文化主义存在奠定了基础。

从理论上看,迄今为止,多元文化主义政策主要是奠定在加拿大自由主义基础上的。按照自由主义的宪法和法律,个人自由权利是首要的,也就是说个人是国家的基础。公民身份是国家成员各项成员的基础。所谓公民身份,即1982年加拿大宪法第十五条所规定:"每一个人在法律面前和法律之下一律平等,并且享有平等的法律保护和平等的权益,不受歧视,特别是不受基于种族、民族出身或者种族出身、肤色、宗教、性别、年龄或者身心缺陷的歧视。"可见,宪法排除了个人的种种差别,而将个人置于统一的法律或规范之下。显然,法律面前人人平等的规则确立的是一个"一致性之帝国"①。

不过要指出的是,加拿大这种注重个人权利的特点比起美国来要差不少。因为加拿大的文化主要受到英国保守主义思想影响,同时在法裔加拿大人生活地区,天主教影响下产生的注重等级和精英政治的文化得到不少人的认同。但资本主义的发展,尤其是邻国美国对其文化的影响逐渐改变了这种文化状况。发达的市场经济培育起来的对个人权利的关注充斥着整个社会。这一基础的存在,决定了多元文化主义不能不受到这种价值观和政治制度的影响。

第 ,多元文化主义是加拿大诸多政策中的一种。也就是说,多元义化主义政策仅仅是加拿大整个国家政策的一个部分,而且是自由宪政的一个重要组成部分,作为一个组成部分,多元文化主义当然要受到加拿大宪法和法律的约束。多元文化主义政策只有在符合加拿大的宪法和法律精神时才能存在,对多元族群的权利保护也只有在符合加拿大公民身份的一般要求后才能给予承认。如加拿大是移民国家,作为建国者民族的英国人和法国人入主这一土地后,就通过宪法将他们的语言变成了官方语言,并在公共场合大量采用这种语言。因此,对于来到加拿大的移民来说,最基本的条件就是要会讲英语或法语。而且英语作为一门语言,不仅是一个交流的符号,更重要的是渗透于这种文化符号背后的历史和文化,接受这种语言的过程本身

---

① [加拿大]詹姆斯·塔利:《陌生的多样性:歧义时代的宪政主义》,黄俊龙译,上海世纪出版集团,2005年,第59页。

也在受到这种符号背后的文化的影响。所以当在多元文化环境中提出对不同族群的语言文化尊重,并不具有决定性意义,因为整个社会的文化是在英语和法语中的文化,这里不存在选择性问题。同时,由于英语文化和法语文化在事实上的主流文化地位,决定了英语文化中的自由主义精神和法语文化中的精英主义精神已经渗透到每个人的行为举止中去。生活于加拿大多年的加拿大皇家学院院士李胜生教授指出,加拿大实施多元文化政策已有几十年了,但不能说有多元文化的权利。法语在法律中作为官方语言是有语言权利的,但多元文化政策并没有落实在具体的权利上,只是比较虚和宏观的概念,政策上的实质很少。虽然我们有多元文化政策,但少数民族的语言并没有给少数民族带来好处,你会少数民族语言对工作和收入没有任何帮助,会英、法语才可能有高收入。劳动市场是一个大熔炉,你只有学官方语言才能维持生活,社会并没有支持少数民族语言的环境。个人权利很发达,但少数民族作为集体没有权利,而现实社会中,个人往往被视为群体的一员。①

第二,多元文化主义并不构成加拿大文化与社会的实质。加拿大的文化虽然是由多元文化构成的,但加拿大社会本身完全是在资本主义的自由经济基础上发展起来的,尤其是进入发达社会后,加拿大社会的开放度和流动性更强,市场经济中的通用法则和行为习惯更具有共同的意义和价值。在这种环境中,无论公民具有怎样的文化身份,都得按照市场经济中的法则和管理办事。可以说市场经济就是一个大熔炉,要在这里生存就要按照这里的要求去做,舍此没有别的选择。1975年的一项调查表明,85%的加拿大人同意这个表述:移居加拿大的人负有学习加拿大人生活方式的义务。20年后,肯定这个表的比例则是88%。②

由上述分析看,多元文化主义确实起到了对不同族群文化及权利的保护,但多元文化主义政策仅仅是加拿大自由市场环境中的一个分支。在此基础上,更重要的是高度的社会一体化已经将多元因素牢牢地连接在了一起,多元文化也不例外。不能否认,多元文化主义代表人物金里卡指明了多元文化赋予少数民族权利有"不同化"③的特点,即各个不同族群都可以保持

---

① 刘军:《加拿大的华人移民、种族政策和社会问题:访加拿大皇家学院院士李胜生教授》,《中国社会科学报》,2010年1月7日。

② [美]马丁·N·麦格:《族群社会学》,祖力亚提·司马义译,华夏出版社,2007年,第464页。

③ [澳大利亚]何宝钢:《民主理论:困境和出路》,法律出版社,2008年,第202页。

自身文化而不至于被淹没在主流文化之中。但多元文化的存在本身就使不同族群处于多元文化的相互制衡之中。加拿大是多元文化社会,内部存在来自不同国家和民族的移民群体,这些群体各有自己的组织形式,联合着各自不同的族群。族群之间的相互交往不可避免会产生矛盾,但不同族群由于生存和发展的需要,又都彼此宽容。加拿大地广人稀,资源丰富,工作机会较多,这些条件大大缓解了不同族群之间的紧张压力。同时,各族群彼此之间的相互宽容又意味着彼此之间尽可能的"克制",而不超越法律界限走向大规模的冲突。这种相互制衡的环境恰恰是由英国流传下来的消极自由与分而治之政策在新环境中的运用。它不是破坏了社会一体化,相反它在采取退让的策略中,维护了社会一化。

二、法治与多元文化管理

法治和多元文化主义本身之间存在着一定的张力,也存在着复杂的关系。从宏观上讲,法治的核心就是宪法和法律在社会中的权威,它是一个预设的规范,是一个社会统一的行动准则,从这种意义上说,宪法和法律本身就是一个统一秩序的象征。有了这一象征,社会才有它的认同,国家才有共同的规范,并凭借它将多元的社会连接在一起组成为一个国家。另一方面,多元文化主义重在多元,它确立了不同民族的平等地位和权利。显然,这里暴露出统一和多元之间的矛盾问题。但细观之,又会发现多元文化主义政策建立乃至后来写进宪法和法律,都是在法治基础上的多元文化主义。法治构成了加拿大管理多元文化国家的重要方式,凭借法治的权威,多元文化群体以法律为纽带联合起来。

作为法治基础上的多元文化主义,首要的一个前提就是确立法律在社会与国家政治生活中的权威地位,在这一最高权威领导下,任何领域中的专门法都要按照基本法律的要求而制定。多元文化主义同样如此。多元文化主义政策最初是作为国家政策提出的,而它产生的机制也是在加拿大宪政框架内完成的。按照自由民主宪政的一般机制规则,先是社会不同群体发起运动并提出诉求,之后是政党的政治表达,执政党的讨论,议会讨论,最后才作为规则公布。显然,这一程序完全是规范的。不仅如此,多元文化主义到 20 世纪 80 年代还成为了一项法律,即在 1982 年的宪法中反映出来,成为宪法的一个重要部分。有趣的是,在这部宪法的安排中,第一部分主要涉及的是公民的权利，第二部分涉及少数民族的语言权利，第三部分是土著民族的权利。可见，在1982年的加拿大宪法中，少数民族和土著民族的权利不过是二级权利。宪法中确立的公民身份第一、民族身份第二，构成了社会与政治的一种安排，足见多元文化主义在加拿大法治体系中的地位。确实，在一个多元文化的社会中，法治具有重要的地位和意义。维护大规模的市场经济社会，只能采取法律至上的规则。在此规则下，才有局域的法律和政策。

作为法治的多元文化主义的核心就是对群体权利的规定。对此，多元文化主义在宪法中明确规定了少数民族的各项文化与语言方面的权利。什么是权利？权利就是国家通过法律赋予公民或公民团体的一种可以行为或不可行为的资格条件和能力。有了这种资格，公民或公民团体可以行为或放弃运用这种行为。同时一定的资格的确立也为公民或公民团体和团体之间，公民和国家之间确立了一个刚性的界限。表面上，这种界限的确立使公民和国家、公民群体及公民之间有了各自的界限。一些多元文化主义批评者因此而认为这在个人和社会、个人和团体间设立了障碍。但实际上，这种边界的设立并不是障碍，而是为国家实施对大型社会的管理提供了一个更为广阔的空间。因为国家在管理多元文化群体时所赋予的权利既赋予了这些社群组织以一定的自由和自主空间，同时也赋予了这些组织以一定的边界或义务。当这些群体行使这些权利时，就表达了自己或所在族群的利益要求。而国家给予这些群体以权利，一方面意味着国家延伸了自己的管理权限；另一方面，当这些族群超越了法律限制，滥用这些权利时，国家有权按照法律的要求对其进行必要的纠正。这种无为无不为的策略有效地管理了多元文化社会。

多元文化主义仅仅在政策或宪法上加以规定还远远不够。要将多元文化主义中所规定的权利和管理落到实处，还需要更多的实体法和局域法加以规定。在多元文化主义政策颁布10年以后，加拿大颁布了《加拿大宪法》，从国家大法和具体法角度规定了少数民族的权利，难怪加拿大学者将加拿大的宪法称之为"少数民族主义的宪政"①。按照维护少数民族权利的

---

① 1995年，加拿大学者阿兰·卡恩斯采用了"宪法少数民族主义"来形容1982年宪法，See: Selected by AlanC. Cairns, *Reconfigurations*：*Canadian Citizenship & Constitutional Changes*, McClelland&Stewart Inc., 1995. p.119.

要求,加拿大政府于1986年通过了《就业平等法》,两年后又颁布了《加拿大多元文化主义法》。这些实体法或局域法的建立,无论从少数民族平等权利的落实还是对少数民族的管理而言都是非常必要的。

在多元文化主义规定中,族群权利是核心内容。但仅仅列出权利,远不是法治社会的目标。一个法治社会还需要有保护权利的措施,以及当这些权利受到侵犯时,有机构能够维护这种权利。在解读多元文化主义政策和法律时,人们不难发现,加拿大政府设立了各种保护性机构以及财政支持的途径。这就使多元文化主义所确定的权利不是表面的,而是有国家力量支持和保障的。在一个高度法治的社会中,族群权利从来都是在与不同群体的交往关系中表现出来的。因此由这种交往关系产生出的矛盾甚至侵权行为也是不可避免的。如果对这些侵权行为没有相应的机构进行裁决,不仅会使法律的权威下降,而且容易导致社会失序。因此,追求侵权的责任本身也就是维护权利和法律尊严。对此,加拿大政府在其多元文化管理中,建立了人权委员会和少数民族权利保护机构,这一机构使少数民族权利得到了应有的保护。如土著群体权利在加拿大受到来自强势社会的侵犯时,20世纪初华工受到非人的歧视和驱赶时,在华人团体的不断争取及加拿大司法部门的努力下,这些问题得到了妥善解决。

三、民主体制与多元文化管理

加拿大在对多元文化的管理上逐渐地和自由民主体制联系在一起。二战前,加拿大的政治体制主要体现为英裔加拿大人所乐衷的英国自由民主体制。不过由于英裔人坚守英国的君主立宪制,因此真正在政治上享有权利的主要是英裔人,而大多数其他族群的人被排除在外并受到"盎格鲁－撒克逊"的同化。此外,由于英国对殖民地管理要求的限制,英王及英王的代表即加拿大总督享有很大权力。二战后,特别是1982年宪法颁布前后,加拿大建立了议会君主制,议会内阁在政治生活中获得了实权地位。生活在加拿大的众多族群成员也获得了民主权利。加拿大于1971年通过的多元文化主义政策就是在各个政党参与、议会内部讨论的基础上形成并公布的。

加拿大是多族群组成的共同体,以英裔和法裔加拿大人为主,同时又有很多不同族群的存在,这就导致了他们之间的利益关系错综复杂。如何协调他们之间的关系,分配他们之间的利益,是政治生活中的一个重要问题。

对此,加拿大充分利用了议会民主与协商机制。具体而言,加拿大议会确立了《权利与自由法案》和多元文化主义政策,从法理角度限定了任何一届政府的政策都必须保证加拿大社会全体公民在法律与权利上的平等,不能伤害社会成员的根本利益。给人以深刻印象的例子,是加拿大20世纪60年代开始的土著民族为争取本民族族裔权利而与政府展开长达30年谈判。在这场马拉松式谈判中,双方观点针锋相对,各不相让,但仍然在克制中求同存异,最终双方达成妥协。从这一案例可以看到,政府是强势的一方,军队、警察和暴力组织在其手中,而土著民族的代表是弱势的一方。按常情来看,加拿大弱势族群要取得自己的利益极其困难,但民主政治下的政府和弱势群体之间冲突的解决,依靠的是谈判和说理,而不是以势欺人。同样,从西方文化传统培养起来的契约传统也决定了民主政治的过程是权利双方建立规范,划清政府和群体各自利益和权利的过程,而不单纯是刚柔相济,或曰要不给利,要不打压两个极端。这是公民国家解决民族问题的一种方式,这种方式有效地缓解了国内的民族矛盾。在此方面,最为典型的例子是20世纪80年代米契湖协议的通过,有效地化解了法裔加拿大人和英裔加拿大人之间的危机。

通过民主解决不同族群之间的矛盾,作为最为文明的方式也存在于日常生活矛盾的处理之中。以加拿大新不伦瑞克米拉米奇河入海口的内瓜克案为例,阿卡迪亚人所生活的内瓜克村是少数民族乡位于米拉米奇河入海口,其母语为英语,人口约1400多人,同与其共生一地的伯恩特教区的米克马克社区和塔不森克英语社区相比,在平均收入上,前者居民平均收入为6000美元,低于全省水平,而伯恩特教区的平均收入已高达14000美元。双方在渔业问题上也存在矛盾,但由于长期生活在一起,他们已经建立起了彼此信任的关系,当发生分歧时,伯恩特教区和内瓜克民间团体在内瓜克港务局的带领下,经过谈判,在渔业权的使用上达成妥协,从而使两个民族群体的关系更加巩固。①

加拿大民主政治的核心机构是议会,多数人同意长期以来议会决策的重要原则。这里的"多数人"原则不仅是一个量的问题,而且也是一个质的

---

① 参见张诚一等主编:《包容与和谐:增进少数民族地区发展的相互了解》,民族出版社,2008年。

问题。所谓质的问题就是民族的同质性问题,这一观念来源于密尔。按照密尔的主张,在一个由不同的民族构成的国家,自由制度简直是不可能的。"在一个缺乏共同感情,特别是语言不同的人群中,不可能存在实行代议制政府所必要的统一的舆论。"①由于强调民族的同质性,多数人民主实现的同时也就意味着对少数人权利的放逐或侵犯,这是另一种形式的民族排外。加拿大是由多族群组成的国家,多族群对社会各项事业的参与是加拿大发展的重要源泉。同时也由于不同族群对自身权利的要求,决定了加拿大在社会政治现实的环境下不能不作出调整,实现由多数人的民主向比例代表制的转变。这就使处在弱势地位的少数人族群在议会中都有了自己的代表和表达自己利益要求的平台。尽管有学者认为,少数族群在议会中拥有席位并不能改变他们在加拿大联邦中的少数群体身份②,但应该看到,比例代表制的实行是对多数人民主的一个进步。正是因为有了这一途径,加拿大才能将多元文化纳入法治和民主的轨道,从而有效地降低由多元文化带来的政治上的冲突。

四、福利国家与多元文化管理

二战以后的加拿大不同于战前的加拿大,随着加拿大经济的增长和社会的发展,加拿大进入了富裕社会的行列,这就使加拿大政府有更多的能力解决社会福利问题,同时也有更好的条件解决不同民族之间存在的族群不平等问题,这在加拿大多元文化主义政策中体现得非常充分。

以1971—1972年加拿大所采取的旨在保护和贯彻多元文化主义的政策及措施来看,当时政府建立了如下项目基金:①设立多元文化奖金。用以资助文化交流、青年活动、移民训练计划、多元文化中心以及其他活动。②制定文化发展计划。该项计划用于研究语言与文化发展的关系,研究教育、出版、广播和电视对他们文化发展的作用。在此研究基础上,提出支持非官方语言教学、广播和电视的初步计划。其中重点资助非官方语言教科书和视听教育。③资助出版历史著作。通过资助出版一系列民族史丛书,使人们了解加拿大各民族集团对整个加拿大所起的作用。④进行加拿大的民族研

---

① [英]约翰·S.密尔:《代议制政府》,汪暄译,商务印书馆,2007年,第222页。
② 戴晓东:《全球化背景下的文化安全》,上海人民出版社,2007年,第200页。

究。对有关加拿大各民族发展问题进行详细调查。⑤加强官方语言教学。联邦政府将与各省协商寻找双方都能接受的方式来帮助那些语言知识不够的孩子们在公立学校里学习官方语言。⑥实施联合文化机构计划。拨专款分配给有关文化机构:国家人类学博物馆、国家电影局、国家图书馆、公共档案馆。在 1973—1974 年,联邦政府进一步加大了投资,涉及的项目繁多,以推动多元文化主义向前发展。到 1985 年,加拿大政府在多元文化项目方面的投资达到 2400 万加元左右①;90 年代以后,加拿大政府对多元文化的项目拨款有了更大的提高。据统计,1992—1993 年,该项目所拨资金为 1.18 亿加元,占整个国家预算的 1/1500,虽然 1996—1997 年下降到 1870 万加元,1998—1999 年又有所减少②,但政府的支持对多元文化的保留和发展仍然发挥了重要作用。

在对不同文化群体的文化保护进程中,加拿大的福利国家政策对不同族群生活质量的提高也起到了积极的促进作用。追求生活质量越来越成为不少族群的生活目标,这种追求主要体现在良好的生活条件、卫生保障、教育文化、休闲娱乐等多个方面以及体现在这种福利制度背后的价值的确认。加拿大学者阿米塔奇指出这些价值包括:①对个人的关心,②对人的信任,③对民主的信仰,④平等和公平,⑤社会公正,⑥共同体。③ 将这样的目标和理想具体化为操作规则,表现为加拿大在二战后,特别是 20 世纪 80 年代以来,非常关注的一个问题就是如何将公民作为社会一员的社会利益分配到个别公民手中。这里的利益,既包括物质利益,也包括精神和文化上的利益。在具体行为上,涉及对基本生活的保障主要用来解决贫穷问题,维持社会中一部分人的合理的正常生活。对此,加拿大设立了参议院关于贫穷专门委员会和国家福利协会,这两个组织主要负责对加拿大社会中的贫穷问题进行调查、提供报告,从而为政府制定相应的政策和法律提供信息保障。作为福利国家的一个重要组成部分,加拿大还在教育、儿童照顾、医疗服务等方面提供了专门保障。在不少加拿大人看来,涉及医疗卫生等方面的福利,完全走市场化道路是不行的,医疗保障必须通过社会福利加以解决。

① 参见陈云生:《宪法人类学》,北京大学出版社,2005 年,第 471 页。
② 戴晓东:《加拿大:全球化背景下的文化安全》,上海人民出版社,2007 年,第 176～177 页。
③ 姜芃主编:《加拿大:社会与进步》,中国社会科学出版社,1996 年,第 222 页。

在西方国家政治制度发展的进程中,先后经历了民族国家、民主国家和福利国家建设三个重要阶段。尤其是在最后一个阶段,公民日渐从对物质利益的关注转向对人的文化与尊严的关注。加拿大福利国家的建设有效地缓解了国内各阶级之间的矛盾,进而增进了国家的软实力和公民的归属感。因此,福利国家的建设具有重要的政治意义。有学者认为,多元文化主义的发展会弱化国家认同,事实上现在还难以这样下结论。因为加拿大多元文化主义政策最初就非常明确地提出,政府将帮助所有文化集团人员克服文化障碍,全面参与加拿大社会。① 这里表现出来的价值倾向是显而易见的。事实证明,多元文化主义政策借助于福利国家政策给予的物质支持,既帮助了不同族群的发展,也缓解了不同民族在参与加拿大社会与经济建设中出现的矛盾和差距。

五、一点思考

多元文化的发展是这个时代的一个突出特征,特别是目前世界上多数国家都面临多民族、多语言、多宗教的现实问题,多元文化对多民族国家的政治实践越来越构成了重要影响。加拿大于 20 世纪开风气之先,率先确立了多元文化主义政策和多元文化主义法,自此,加拿大成为西方多元文化主义的重要代表。

但就在加拿大多元文化主义政策产生后,一些批评者认为,加拿大多元文化主义容易导致国家文化基础出现断裂,甚至出现国家分裂。2009 年,加拿大一份研究报告中说,加拿大多元文化主义政策是好的,构想得也比较完善,但强调"多元",缺乏共同价值观念的引导,往往容易导致社会的分裂和"虚假联合"(false association)。② 美国学者尼尔·比松达斯也认为:"文化多元主义除了引导一个已经分裂的国家沿着进一步分裂的道路走下去之外,什么也没有做。"③不能不承认,这种担忧有其理由,但也容易走向极端,似乎只要有"界分"或"多元"国家就要走向分裂。在笔者看来,当今世界是一个利益多元、复杂多样的世界,市场经济的发展,不同文化的交流,多元文化的

---

① 参见陈云生:《宪法人类学》,北京大学出版社,2005 年,第 468 页。

② see Jean Lock Kunz, FromMosaic to Harmony: Multicultural Canada in the 21st Century, PRI Project Cultural Diversity2009, www. policyresearch. gc. ca.

③ [美]马丁·N. 麦格:《族群社会学》,祖力亚提·司马义译,华夏出版社,2007 年,第 465 页。

存在是当今时代每个国家都不能避免的事实。在这种条件下，不少国家顺应潮流，对多元文化的存在采取了较为灵活的态度。多元文化不再是被排斥的对象，而成为宽容和引导的对象，因而国内的民族关系也出现了较好的转变。而持多元文化出现必将陷入对抗甚至分裂观点的人，则放大了多元文化政策推行中存在的问题，简单地将"分"和"裂"连在一起。其实，一个社会的"分"即对一个国家的多民族权利的保护和差异文化的承认并不必然导致分裂，由"分"到"裂"，中间还有很多环节和条件。只要对"分"的消极方面和存在条件给予积极的规范和防范，"分"不一定会带来"裂"反而会使"合"变得更为容易。

历史上有一个故事，讲的是某地发现了一个金矿，很多人前往挖掘，官府抓堵，行政成本很高且效果不好。如果这个故事发生在现代则不同，国家可以叫你挖，但要交费和交税，这样个人可以得到好处，国家也可以得到税收。将这个故事引申到民族政策中，即对待不同文化不同民族同样要采取宽容的态度，由多民族按照自己的意愿管理自己，这样既可以使国家的权力得到延伸，也可以使民族地区的人管理自己更合族情。因此，全球化的发展，商品经济的作用，社会纽带的影响和各种政治力量的控制，如此种种合理的"界分"，只能给各民族带来更为合理的合作和联合。从这种意义上讲，西方国家"分而治之"传统中体现出来的制约与联合的精神充满了管理多元文化社会的智慧。

第六节　苏联共产党族际关系治理

在近代民族国家建构中，后发国家的国家建构往往是通过政党而实现的，在此，苏联共产党在国家建设方面的经验与教训值得总结。

一、苏联共产党：苏联的领导核心

20世纪初，以列宁领导的布尔什维克成功地领导了1917年的十月革命，夺得政权，在世界上建立了第一个社会主义国家。此后，列宁根据民族平等与自决原则建立由15个加盟共和国组成的苏联，苏联共产党也成为唯一的合法政党。苏联这一多民族国家从此生活在一个政党的领导之下。在其执政的七十多年历史中，苏联成功地战胜了来自外国势力的各种干涉，完成了工业化建设。尤其重要的是,苏联共产党领导各族人民粉碎了法西斯的侵略,为第二次世界大战的胜利做出了巨大贡献。战后,苏联综合国力得到巨大提高,一跃成为与美国并驾齐驱的超级大国。

苏联共产党在领导整个苏联的社会主义建设。建立了一支拥有两千多万包括有各行业先进分子的政党组织。这一组织的党员分三类:第一类,不同级别的专职干部。他们多是党的领导机构中领取工资的专职干部,包括党委员会的书记、副书记,各部门负责人及专职干部(称为指导员)。党的委员会按照不同级别进行组织,自上而下从中央到地区再到地方,每一级都由专职官员操持党务。这些领工资的官员常常被称为专职干部。第二类,基层兼职书记。到 1981 年时,共有四十一万四千多个基层党组织。多数以自愿的、无薪的书记为首。第三类,普通党员。他们在各个不同的工作岗位发挥着模范作用,期望全体党员担任无报酬的社会工作,事实上多数党员至少有一项固定的业余工作要做。①

作为最大的执政党,要承担起领导整个联盟的重任,就需要在党内建立起以书记为核心的具有严格等级支持的中央集权的体系,并通过这一体系渗透到全社会,主要体现为:

首先,高度中央集权。在十月革命后新生政权巩固阶段,权力高度集中于党中央,甚至党的总书记手中。这种权力的集中对巩固新生的苏维埃政权是必要的。但斯大林担任党的最高领袖后,独掌权力,此后,苏联领导人虽有所改革,但中央高度集权始终构成了苏联政治体制的基本特点。其基本逻辑是,国家权力高度集中于苏共,苏共的权力集中于中央,中央的权力高度集中于个人。整个国家形成了一个以书记为核心的纵向金字塔结构。实际上处在塔尖上的党的总书记不仅控制了政党,也控制了国家。斯大林曾指出:"党得到多数工人和一般劳动者的信任,它有权代表这个多数来领导政府机关。"而通常所说的党"管理国家或通过苏维埃而管理国家,也常被理解为党直接领导政府,因为政府也是苏维埃的组成部分"②。

其次,控制整个社会。苏联生存和发展的时代是世界垄断资本主义发

①　参见[美]阿尔蒙德主编《当代比较政治学》,朱曾汶等译,商务印书馆,1993 年,第 465～466 页。

②　转引自刘克明·金辉主编:《苏联政治经济体制 70 年》,中国社会科学出版社,1990 年,第 285 页。

展阶段。尤其处在欧洲法西斯主义走强的时代，国家要战胜帝国主义国家的包围，就必须实现"社会组织的国家化以及国家权力向社会的渗透"，而其本质就是任何一个社会组织皆受党和国家的直接或间接控制。社会中的每一个组织"都由一个对口的政府机构加以管理，其领导人的产生往往都不是完全处于团体成员的意愿而是受到苏共或政府的较大影响"，以致"它们的组织也都表现出一种等级制的特点，几乎成为国家权力组织的翻版"。[①]

最后，控制民族地区。苏联建立前，各个加盟共和国都有过独立的历史。苏联建立后，各加盟共和国完全地归属到中央领导下。各个加盟共和国形式上具有联邦制的某些特点，而且也确实得到了来自中央的各种实惠。然而，这些加盟共和国"是一个具有统一意识形态、党国权力一体化的政府一分子，这一政权不仅垄断了重要事件的决策，而且使所有非俄罗斯族人（乌克兰除外）游离于苏共中央书记处、克格勃和军队等部门的主要实权职位之外"[②]，即非俄罗斯人不能分享到任何实质性权力。

二、苏联共产党与族际政治整合

苏联是一个幅员辽阔的多民族国家，内部有一百多个民族，是一个有一百二十种以上语言的国家。其前身是沙皇帝国。在沙皇俄国时代，沙皇运用他的金戈铁马征服了一个又一个的弱小民族，同时对境内的各个民族采用了强制性的同化进程，即所谓的俄罗斯化进程。构成这一进程重要内容的就是运用政治上的强制，在使俄罗斯人移居于非俄罗斯民族，并成为那里的新的主人同时，也从文化上使那些被征服的民族接受俄罗斯的语言、文化和宗教。逐渐地使一些民族失去了自己的民族历史。这一俄罗斯化进程充满了暴力，对于那些被征服民族充满了屈辱与怨恨。布尔什维克（即后来的苏联共产党）建立了新的政权以后，在马克思主义和列宁民族平等学说的影响下，对旧制度时代建立起来的民族政策进行彻底批判，并在此基础上建立了民族平等政策。1917 年 11 月 2 日发布的《俄罗斯各民族人民权利宣言》中明确规定：①俄罗斯各族人民的平等和主权，②俄罗斯各族人民有权就分

---

① 转引自陈晓律：《发展与争霸》，江苏人民出版社，2003 年，第 238 页。

② ［美］胡安·J. 林茨：《民主转型与巩固的问题：南欧、南美和后共产主义欧洲》，孙龙等译，浙江人民出版社，2008 年，第 385 页。

离并组成独立的国家而自由地自决,③消除任何民族及民族-宗教的特权和限制,④居住在俄罗斯领土上的少数民族自由发展。在革命时代,布尔什维克颁布的这一政策极大地鼓舞了那些历史上被征服的民族。这些民族在布尔什维克党的领导下,推翻了当地的封建贵族和资产阶级,建立了各有自己民族特色的苏维埃政权。此后这些不同民族的苏维埃政权集合到了列宁领导的共产党之下,共同组建了苏联。

列宁逝世后,随着国内战争的结束和苏联计划经济的实行,苏联在形式上由多个加盟共和国联盟逐渐朝着单一制国家的构成方向发展。在斯大林时代,苏维埃化成了族际政治整合的重要内容。在此,苏联政府和政党越来越不顾及民族地方文化的特点而强行推进意识形态,并通过媒体宣传俄罗斯族是国家的缔造者,列宁主义是俄罗斯文化和世界文化的最高表现,俄罗斯在社会主义建设中帮助其他落后民族克服了几百年的经济和文化落后状况,应当受到其他民族的"感激和尊重",其宣传的目的就是把各民族共同创造的成就归功于俄罗斯一族,有歧视其他民族之嫌,严重地影响了民族团结,激起了少数民族对大俄罗斯主义的厌恶。苏联领导人为了达到同化非俄罗斯人的目的,强制推行俄语,否定地方民族语言。如1978年,三个外高加索共和国——格鲁吉亚、亚美尼亚和阿塞拜疆的党政领导发起一场运动,主张取消将民族语言设为"国语"。这种做法在格鲁吉亚和亚美尼亚激起了愤怒的反应。对于这些非俄罗斯族的反抗,俄罗斯政府往往采取镇压的方式,其中那些对俄罗斯政府持有不同意见的加盟共和国的党的领导人、知识分子往往被带上"资产阶级民族主义"帽子,被迫害致死。

在实现族际政治整合过程中,苏联政府和政党为了国家的统一和安全,不惜采取强制措施将一切与己对立或"不忠"的民族迁移到中亚和远东地区。如1935年大批来自远东的朝鲜人和华人被迫迁移到哈萨克斯坦地方。1937年,许多库尔德人和突厥人被迫迁移到外高加索各个共和国;1939年至1940年,从新吞并的比萨拉比亚、西乌克兰、西白俄罗斯以及波罗的海沿岸诸国迁走了一些人;1941年,居住在伏尔加河沿岸的日耳曼人因有"间谍"之嫌而大批被迁。从1936年到1956年之间,"有350万人被迫迁离故土"①。

---

① [俄]瓦列里·季什科夫:《苏联及其解体后的族性、民族主义及冲突》,姜德顺等译,中央民族大学出版社,2009年,第75页。

强制迁移本身就是极其伤害民族感情的事情,况且从迁移到安顿乃至后来的生活与生产都是一个极其艰难痛苦的过程。不少迁移者在迁移过程中死去,到了迁徙地受到严格监控。这是对整个民族的惩罚。这些强制性措施埋下了民族对立情绪,成了日后民族矛盾爆发的诱因。

为了保证国家建构的进行,苏联政党教条地照搬马克思主义,将民族问题和阶级问题混淆在一起。早在列宁学说中,列宁就注重从无产阶级的利益角度思考问题,力图通过无产阶级的联合或劳动者联合,实现各个不同民族之间的联系。他曾经指出:"我们希望有一个尽可能大的国家,尽可能紧密的联盟,希望有尽可能多的民族同大俄罗斯人毗邻而居;我们这样希望是为了民主和社会主义利益,是为了尽可能多地吸引不同民族的劳动者来参加无产阶级的斗争。"①实际上这里想用阶级的联合来代替民族的联合。按照这一思想,自然就产生了无产阶级的民族主义和资产阶级的民族主义。凡是拥护布尔什维克政权的,就是无产阶级的民族主义,相反反对这一政权或对这一政权提出任何不同意见的属于"资产阶级的民族主义"。长期以来,苏联就是按照这一种阶级斗争的观点认识和处理民族问题的,结果导致专政。如在对待哥萨克问题上,十月革命后的苏联党和政府将其视为是具有资产阶级成分的民族。实际上,哥萨克是一个独特的社会,其大部分人口都是在俄罗斯南部各地有俄罗斯-乌克兰族源的人。由于民族问题冠上"资产阶级"名称,1919 年和 1924 年间,就有一百多万哥萨克人遭难。对此,斯大林在 1920 年的讲话中提出:苏维埃政权一向友好对待哥萨克,而哥萨克却对苏维埃三心二意。对此,"苏维埃政权不得不对他们采取严厉措施,不得不把犯罪者全部赶出村庄,让彻岑人居住"②。不仅如此,在苏联民族发展的历史上,一个挥之不去的历史记忆就是斯大林时代的"大清洗"。在那个时代中,各民族共和国的党政领导人,几乎都被戴上了"民族主义"帽子,遭灭绝性杀戮。

苏联成立后,苏联党和政府确立了计划经济体制。在此基础上,苏联政权高度集中在共产党中央。高度的集权,同时也就意味着不仅是对各加盟共和国自治权力的剥夺,而且重要的是使加盟共和国的绝大部分资产处在

---

① 《列宁全集》(第 32 卷),人民出版社,1985 年,第 370 页。

② 《斯大林全集》(第 4 卷),人民出版社,1956 年,第 253~354 页。

中央政府控制之下,使加盟共和国无力自主地管理本地区的公共事务。出于计划经济需要,苏联政府又人为地对加盟共和国进行分工,从而使一些加盟共和国生产安排单一,严重地影响了这些地区的经济发展和人民生活水平的提高。不仅如此,不少加盟共和国乃至一些生产企业中的领导人,全部为中央任命,被任命者多为俄罗斯人。而地方非俄罗斯人很难担任重要职位。这样计划经济带来的经济发展上的落后、俄罗斯人和非俄罗斯人之间的差距,使非俄罗斯族人更感到自己是二等公民,心生怨恨,渴望扩大民族自主权。

苏联共产党用高度一致的原则要求党员。这种方式还人为地扩大到对其他民族成员身上。在其执政的 70 多年中,这种对同质性的追求在一定时期内可以奏效,即使存在着民族矛盾,但由于共产党的强大,这种矛盾尚能控制。它换来了一时的稳定,但也埋下了苏联崩溃的种子。

三、苏联共产党的衰落与族际政治整合的歧变

苏联在资本主义链条中获得社会主义革命的成功,一个重要的因素就是苏联建立了一个以马克思列宁主义思想为指导的、具有高度纪律性的政党。凭借这一政治领导核心,苏联战胜了外部帝国主义的武装干涉,集中国力,使一个内部利益复杂、经济发展差距巨大的国家变成了一个超级大国。同时,也正是有这样一支无产阶级先锋队的存在,苏联在一定的时期中将具有不同文化和发展差异的民族整合到了一起。

苏联共产党在族际政治整合中的核心作用是不能低估的。但其发展的进程也孕育了衰落的因素。如前所述,苏联是高度中央集权制的国家。中央对整个国家的直接干预,使苏联共产党为众望所归,同时也使自己处在了各种矛盾的焦点上。而处在这一位置上的党的任何失误都将导致人们对这一政党的信任产生怀疑甚至否定。苏联立国以来出现的对斯大林的个人崇拜、肃反扩大化、俄罗斯化、出兵邻国、干部特权化、官僚主义、政治腐败等问题,连续的问题严重地损害着苏联共产党的形象。在苏联共产党强势地位面前,苏联普通民众或国内少数民族只能随声附和,但内心世界却充满了愤怒和仇恨。苏共开始和人民分离,和它所控制的民族形成隔阂。

苏联共产党队伍极大,将其凝聚起来需要一个重要的思想力量。在苏联共产党成立的早期,列宁思想发挥着重要的影响,列宁逝世后,斯大林主

义主宰了整个苏联共产党。尽管在这一过程中，苏联党内发生过不同的思想争论，但由斯大林个人崇拜而导致的对思想保持高度一致性要求成就了苏联的发展。斯大林之后，赫鲁晓夫否定了马克思主义关于阶级、阶级斗争和无产阶级专政的学说，将抽象的人道主义作为旗帜，并对后来苏联共产党的指导思想产生了巨大影响。进入 20 世纪 80 年代以后，随着世界政治的变革和整个思想意识形态领域的变化，苏联政党内部思想趋于活跃。尤其戈尔巴乔夫推出"新思维"后，苏联共产党内出现思想分化，导致苏联共产党内部开始出现严重的分裂。"到 1990 年选举的时候，苏共不再是一支统一的力量，作为戈尔巴乔夫自由化的结果，在铁板一块的苏共内部，有着不同意识形态的团体开始分裂成独立的政治组织，起初是作为一个派系，稍后提出纲领，最终演变成一个新的政党。"①这些不同政党的存在使统一的苏联共产党在思想上已经瓦解。

伴随这一进程，苏联共产党的领导人和整个队伍都在发生着蜕变。苏联学者普列特尼科夫等人认为，1952—1989 年间，苏共党员人数增加了两倍。在扭曲的苏联政治体制下，苏共的垄断地位把党员身份变成晋升的通行证，而党和国家上层人物的特权又使相当一部分党员干部蜕变：一方面，党的队伍中见风使舵、追求名利地位、牟取私利的人明显增加；另一方面，各种投机分子混入党的领导层，这些人与共产主义信念格格不入，完全没有为人民服务的献身精神。这样，党的统一和战斗力遭到破坏。② 由于党内环境发生了巨大变化，致使一些"投机分子、民族分裂分子向党和国家、向各共和国党和权力机构的领导层渗透"③，一旦时机成熟，掌握重要权力，最后就否定共产党的执政地位。

进入 20 世纪 80 年代以后，随着世界形势的变化，苏联国内经济与社会形势也在发生着变化。作为苏联的卫星国——东欧国家纷纷改革，脱离社会主义体制而转向到西方自由市场体制；卷入阿富汗战争而不能自拔，严重地影响了国内经济的发展；国内经济发展停滞。这一切铸就了苏联社会内部改革之声的崛起。在这一背景下，究竟如何改革，以什么样的思想指导改

---

① ［美］迈克尔·麦克福尔：《俄罗斯未竟的革命》，唐贤兴等译，上海世纪出版集团，2010 年，第 86 页。
② 转引自李兴耕：《前车之鉴》，人民出版社，2003 年，第 104 页。
③ 参见［俄］叶·库·利加乔夫：《警示》，当代世界出版社，2001 年，第 353、356 页。

革,苏联共产党内出现严重分歧。在这一时刻,苏联共产党领导人戈尔巴乔夫放弃马克思主义学说,选择了社会民主主义,为苏联共产党的解体撕开了口子,之后在选举中获胜的叶利钦当政后,完全按照西方自由宪政制度否定了苏联的政党制度,建立了多党制度和三权分立制度。伴随苏联共产党执政地位的旁落,"各地的民族官吏集团利用联盟中央影响的削弱来加强自己的地位"①。这些原来都是苏联共产党之下的地方党组织精英,摇身一变成了地方的民族主义者,积极鼓动民族分裂,建立独立的主权国家从而最终加速了苏联的解体。即使作为苏联最大的族体俄罗斯建立了现在的国家后,也陷入了此起彼伏的民族冲突中。

四、苏共族际政治整合失败教训

苏联族际政治整合的失败有不同原因,如苏联在缔结联盟条约中,曾明确规定了各加盟共和国有"脱离的权利"②。计划经济体制的僵化,干部思想教育上的放松,民族分裂势力没有得到有效遏制等,对于这些原因这里不再逐一分析,这里主要从治理的角度对这一问题作一解释。

苏联是幅员辽阔的多民族国家,共产党是这一国家的核心。在西方国家强大力量的压迫与国内纷繁复杂的状况下,依靠这一核心,苏联内部的不同加盟国家和不同民族结合成一体,通过几十年的奋斗,成为世界上的超级大国。但须看到,苏联共产党自身存在着难以克服的局限。建国之初,苏联共产党中的多数成员基本上都是俄罗斯人,为俄罗斯民族中的精英和先进分子。当这一阶级的成员浴血奋战而获得江山后,苏联共产党围绕党的书记和中央的有限核心人员,建立了庞大的官僚化组织结构。并"把各行各业、全国各地的人民都整合到党领导下的国家体系中"③。但官僚化在追求统一化和同质化的过程中,不可避免地与多民族文化环境发生冲突。在这种背景下,要保证多而不散,只能依靠意识形态的力量,并动用强制手段,使整个社会服从于一部分人的力量与意志,进而推进整个国家的建构。

---

① 转引自李兴耕:《前车之鉴》,人民出版社,2003 年,第 221 页。
② [美]胡安·J. 林茨:《民主转型与巩固的问题:南欧、南美和后共产主义欧洲》,孙龙等译,浙江人民出版社,2008 年,第 386 页。
③ [美]西达·斯考切波:《国家与社会革命》,何俊志等译,上海世纪出版集团,2007 年,第 274 页。

苏联又是一个高度异质性的国家。内部存在着不同的宗教，不同的语言、不同的文化习俗。地理空间辽阔，地域上的差异与多元文化相掺，更使苏联共产党面对的是一个断裂的社会。苏联共产党的一元性与苏联社会的高度多元性的矛盾与冲突是苏联共产党在治理国家上必须面对的问题。然而在这一问题上，苏联共产党犯了教条主义的错误，简单地将治党的办法运用到了治理民族问题上，从而使民族自治权利受到了极大的侵害。在执政党力量强大、国力强大、国家认同性高的条件下，各个民族地方的成员只能逆来顺受，即使存在民族矛盾也只是在一定范围内。但当共产党控制社会的能力下降而处在认同危机之中时，心存宿怨的民族群体就会在民族主义的旗帜下集合起来与中央分庭抗礼。

苏联共产党对国家建构同质性的努力往往是以刚性治理为基础的。而多元共存依赖的是妥协，因而需要的是柔性治理。在苏联政党—国家结构条件下，当刚性治理占据统治地位时，柔性治理退居到次要位置上。刚柔之间缺乏有效的中间环节。一旦两极断裂，中间层次不能紧跟其上，结果只能导致整个国家的严重断裂，甚至解体。

多民族国家的治党与治国各有不同之"道"。治党需要统一和加强同质性建设，治国需要集中与民主的有机结合。在多民族国家，承认和保护不同民族的权利是进行国家治理的一个重要内容。后发的多民族国家要保证国家统一和人民的团结，既要治党也要治国。失去任何一方都不足以保证国家的统一与政治稳定。由此需要发展二者之间的沟通渠道和协商机制。在此，中国共产党创立的民族区域自治制度和政治协商制度为多民族国家实现族际政治整合做出了重大贡献。

第五章　中国多民族国家建设之道

中国是统一的多民族国家,也是最大的发展中国家。在当代国家建设中,中国走了一条中国特色的多民族国家建设之路。

第一节　多民族发展中国家视野中的当代中国政治发展

自 20 世纪中后期以来,一些多民族发展中国家①经历了政治转型,转型后国家有的实现了国家的统一和政治稳定,也有一些国家民族和宗教纷争不断,转型效果欠佳。发生在中东国家的"颜色革命"并没有使国家获得进步,反而使国家陷入乱政之中,恐怖主义、民族分离主义势力和极端民族主义乘势而起,使国家陷入了一种"失败"②境地。在东南亚的一些国家,虽然实现了政治转型,然而治理绩效低下,诸多前政权时期遗留下来的族际政治问题并没有得到解决,而新政以来出现的新问题又接踵而至,族际关系紧张,族际冲突不断,国家依然难以实现有效的整合,政治发展小国堪忧。

从学术上看,自 20 世纪 70 年代亨廷顿(Samuel P. Huntington)提出政治发展理论,之后国外不少学者展开"国家建构"方面的研究以来,这些研究多数把发展中国家作为了研究对象。然而一个不可忽视的事实是,这些国家

---

① 本书指的多民族发展中国家既相对于多民族发达国家而言,也相对于单民族的发展中国家而言。主要指国家建构和民族建构进程中的、以异质性社会体为基础的国家。在这样的国家中,多族群、多语言、多宗教群体共存一体。

② 当代对国家的认识中存在着不同的观点,杨光斌教授在对"国家类型"的分析中涉及"失败国家"一词,对其含义解释很多,主要基于 4 点:①国家安全,②国内秩序,③基本福利,④社会正义。在杨光斌教授看来,"当一个国家不能提供前三项基本功能时,这样的国家就是失败国家。因此从概念上说,我认为国家失败就是因为国家治理结构衰败和国内主权的丧失而导致的统治力下降,甚至治理失效下的无政府状态或次无政府状态"。参见杨光斌:《政治变迁中的国家与制度》,中央编译出版社,2011 年,第 151 页。

都是多民族的、高度异质性的国家。在一个这样的国家中,政治发展究竟存在怎样的特点,亨廷顿、福山等一些学者主要从政治制度或国家建构角度探讨政治发展。也有一些学者,如东尼·D.史密斯(Anthony D.Smith)、林茨、利普哈特等人则另辟蹊径,从多民族共存角度来认识公民与民族、多民族与民主、民主与协和民主等政治发展中涉及诸多问题。这些研究为多民族国家研究提供了新的视角。

本书在吸收学术界观点的基础上,以政治制度发展和国家建构两个重要因素为重点,分析在一个高度异质性的多民族国家可能出现的不同效果。并在此基础上对中国政治发展的基本特定作一分析。

一、多民族发展中国家的复合一体结构

多民族发展中国家的政治发展是在以农业为主的畸形社会基础上起步的。在这样的国家中,虽然殖民地时代奠定了一定的工业基础,并伴随工业发展产生了本民族的工业和商业,但工业发展的基础不仅严重不足,而且工业和市场畸形分布。国家独立后为工业化的发展开辟了道路,但农业经济依然占主导地位。国内多种经济成分共存使多民族发展中国家形成了复杂的多元利益格局。尽管发展中国家在推进现代化上采取了一系列措施,促进了现代国家的建构,但对传统社会的改造依然步履艰难。

从历史角度看,多民族发展中国家在近代历史的发展进程中经历了两个重要"时刻":一是告别了封闭的传统社会,被迫沦为殖民地或半殖民地。在此之前,这些地区的民族群体均处在不同的历史发展阶段上,但总体看来,这些地区和民族群体依然带有强烈的"自然国家"特点,即在这样的国家中,人们的结合依然受制于血缘的、私人的和等级的关系。殖民主义的到来,冲击了这种传统的社会结合,但并未伤筋动骨,甚至在外部激烈竞争的压力面前,依然是一支联系不同群体纽带的力量。第二个时刻是"独立国家"降临。在这个时期,殖民地人民在民族主义政治精英的动员和组织下,联合起来赶走了殖民主义者,建立了自己的国家。但原有的"自然国家"依然保留下来,甚至转变为新国家的组织环节。在这样的国家中,多种经济成分和经济体制共存,不同文化复杂交错在一起,形成了现代的国家-民族(state-nation)。

在这样的一种政治共同体中,从纵向关系结构看,虽然形成了一定的中

央和地方关系以及官僚体系,但传统社会中形成的庇护关系或裙带关系网络渗透其中。公可入私,私可进公,公私相互建构,即一方面权力通过一定的"私人关系"进入社会,改造和影响社会;另一方面,"私人关系"进入国家,逐渐上升,俘获国家或改造国家:国家出现家族化或部落化。在这样一种结构中,公共利益与私人利益、中心与边缘之间既对立又合作,从而使不少多民族发展中国家有现代国家之名(如共和国、人民主权等),而缺现代国家之实,甚至一些国家在现代外衣下重新启用封建制,这种状况在不少亚洲、中东和非洲国家较为普遍,表面上采取现代国家名称,但各种原生的要素叠加在一起,形成了多而不散,若即若离的多元一体格局。①

从横向关系观察,在这种格局中,不同民族群体都有自己的圈子,同时他们又交叉互制。就前者而言,多民族发展中国家的不同民族、宗教群体在长期的力量发展中形成了各自的"圈子"和各自的文化边界。现代国家的建构穿透了这些边界,但长期形成的"认同"和归属感依然发挥着内凝聚、外排斥的作用。尤其在教派身份感深重的国家,教派认同铸就的感情和价值观更具排斥性,表面的现代国家,内部却是碎片化的。应该看到,现代化、社会分工和交换关系的发展促进了不同民族群体的交往,跨族性关系运行其中,解构着传统的社会纽带,形成了新的社会结合形式。但即使如此,这种横向关系与传统社会纽带之间的地位和影响不同,对多民族发展中国家复合一体结构的稳定和发展构成了重要影响。

在上述复杂的结构体系中,既包含现代因素,又含有传统的各种政治的、等级的、身份等各种社会资本,各种利益和偏好既有自己的核心结构又相互镶嵌,彼此纠缠一体形成了一个杂糅的政治共同体。现代化的迅猛发展,各种社会问题同时降临在了这些国家的政党、政府和民族群体上,旧有的问题没有解决,新的问题又追加其中。如阿尔蒙德(Gabriel A. Almond)指出:"新兴国家今天遇到的主要问题就是他们必须面对累积的革命要求。人们要求参与,要求国家民族的统一、经济状况的好转,要求法治和秩序,并且

---

① 在当代学界中,人们更多采用的是民族-国家(nation-state)概念,林茨等在《民主转型与巩固的问题:南欧、南美和后共产主义欧洲》中,采用了"国家-民族(state-nation)"概念。他以印度为案例,主要指内部包括了多个民族的国家。见[美]胡安·J. 林茨:《民主转型与巩固的问题:南欧、南美和后共产主义欧洲》,孙龙等译,浙江人民出版社,2008 年,第 36 页。

立即、同时予以解决。"①多民族发展中国家的诸多问题，既构成了多民族发展中国家政治发展的动力，也给政治发展带来了诸多不利的影响。

二、多民族发展中国家以制度建构为核心的政治发展

在一个高度异质且又复合性的社会中，如何才能将多元的力量集合起来呢？自亨廷顿政治发展理论产生以来，国内外不少学者将视角放在了制度建构上。确实，对于建立了属于自己民族或民族群体联合而成的国家来说，首要的任务莫过于建立一种政治秩序。以使转型中的社会稳定下来，实现国内和平、经济发展。

众所周知，在历史上，不同民族群体或教派形成了各种异质性秩序和一定的政治秩序。这里说的"原生的"政治秩序是一种基于私人和裙带关系的秩序，在此基础上发展起来的政治制度有以下特点：①政治制度带有私人性倾向，即政治制度更多是围绕君主或贵族等级和特权建立的，公私关系相互嵌入；②一定的政治制度围绕等级特权形成了一套利益分配机制，它将一定的集团作为政治中的核心集团，同时又将一定的集团或社会大众排除在外；③一定的政治制度与社会结合起来，成了社会成员的行为规范，甚至内化于心，形成了极强的臣民意识；④一定的政治制度的范围有限，在地方或民族群体居住地保留了更多的原始的制度和规则。

多民族发展中国家的建立是对传统社会或殖民地时代的超越。新的国家的首要任务就是建立新的政治制度，并使其成为整合社会和国家的重要纽带。但需要看到，多民族发展中国家的政治制度的建立并不是现代社会发展的结果，它是在对传统没有进行彻底改造，甚至对原有的传统制度因素的利用基础上建立起来的。

首先，就公民身份与群体权利关系而言，现代政治制度通过公民身份的确立，把本国居民纳入一定秩序中并组织起来。在发展中国家，这种行为和实现人的"政治解放"联系在一起，即一定的政党或政府通过一定的政策，将生活在不同等级、村落、家族、教派或教区中的人解放出来，使其具有公民身份。然而，由于多民族发展中国家大多数是农业国家，农业社会的现实决定

① ［美］罗伯特·杰克曼：《不需暴力的权力——民族国家的政治能力》，欧阳景根译，天津人民出版社，2005年，第13页。

了成员大多数被分散在了农村,而与土地的结合,也相应地决定了血缘、家族、教缘依然发挥着重要作用。即使身处其中的个体成员进入了城市,也与传统的关系有着难以割舍的联系。教育文化、公共交通等方面的发展程度,各种"圈子"的存在影响着公民权利的实现,宪法上的"公民"身份依然摆脱不了血缘或亲缘的关系,人们依然要凭借这些社会资本安身立命。这样多民族发展中国家的政治制度难以使公民实现"种属"的超越,使不同的社会成员树立起牢固的"国家"认同。公民身份弱,"族群"意识强的位差不同程度地影响到政治制度的整合效力。

面对国内异质性结构和发展不一的公民认同,多民族发展中国家不能不面对现实。一方面国家通过它的积极作用影响公民,通过提供公共物品、保护财产和自由权利解放"公民",以推进公民国家认同的培育和发展。另一方面,国家的这种行为势必冲击到国内各个不同民族地方集团,其中特别是作为这些集团的头目的特权和秩序,因而自然要引起他们的抵制和反抗。同时,面对公民的"政治解放"带来的社会参与的提升和参与渠道的有限性,从管理国家的角度看,国家不能不在一定时期利用这些集团以实现对"公民"的管理。因而在统一的政治制度下,赋予一些民族或地方群体以一定的"权力",比较有代表性的是印度。在这一国家中,宪法一方面宣布了所有公民一律平等,禁止宗教、种族、种姓、性别或出生地歧视,另一方面又通过宪法宣布法律保护文化多样性。加拿大多元文化主义代表人物金里卡(Will Kymlicka)在解读印度宪法的这一规定时指出,这意味着印度一方面把人看作国家的"公民",另一方面宣布了他又是特定文化群体中的成员。[1] 印度国家能够走到今天而没有发生分裂不能不和印度这种双重管理机制联系在一起:一方面,通过确立公民身份,国家获得了对公民的管辖和控制;另一方面,通过发挥族群的作用,使其承担起管理各自成员的作用。印度的这种实践,同样在不少多民族发展中国家也存在。而实际的效果是,统一的公民制度不断被各种地方的、民族的、宗教的力量所分解。

多民族发展中国家大小不同,各地区和民族发展状况不一。有些国家和民族进入近代社会以后有了巨大的进步,并形成了"竞争性民主"的局面。然而在现代化进程中,形式上的竞争性民主并不能同时提升参与者的素质,

---

[1]　Will Kymlicka &Baogang He,ed.,*Multiculturalism in Asia*,Oxford University Press,2005,p.289.

也不可能自动带来现代国家治理的提升和完备的政治制度的形成。民主并没有释放出它的正能量，亨廷顿所说的"腐蚀民主"①却相应而生。各种大众动员和参与打破了传统的政治格局，动摇了人们对传统权威的忠诚，世俗或宗教的和村落的领袖地位受到了新的挑战。往日的旧政权体系中的成员或显赫人物与新生的领导集团之间的冲突，既带来旧制度整合功能下降，也使新制度整合效能低下。

按照近代法国启蒙思想家卢梭（J. J. Rousseau）对民主的认识，民主与"公共意志"和"公共利益"联系在一起。人们推进民主首先应对整个国家的公共利益作出安排。对此，亨廷顿指出："公共利益就是公共制度的利益。它是由于政府组织的制度化而创造和产生出来的。在一个复杂的政治体系中，许多政府组织和程序都代表了公共利益的不同方面。"②然而在多民族发展中国家的现实中，这种公共制度和政府组织的设计从来和一定阶级的、一定的优势民族群体联系在一起。如在 20 世纪 70 年代后期，伊朗霍梅尼革命后建立起来的"民主"，只有什叶派人员才能担任国家公职人员。由于政治制度和某个民族群体勾连，也就使一定的政治制度的公共性大打折扣。一定的政治制度将一定的民族群体组织起来，公然地成为排斥和打压异己的民族群体或利益集团的工具。这种行为对多民族国家境内的其他少数民族群体造成了重要影响。

与上述问题相联系，自然要涉及对民主之"民"的判定。在西方近代国家产生中，由于民族国家建构的逻辑，"民主"之"民"首先是民族之"民"或由"同质性"公民构成的政治共同体的民主。与之不同的是，今天发展中国家中的"民"大多是指由不同的文化、宗教或民族为背景的异质性"民"。"民主"之"民"形式上有现代"选民"之意，但被"异质性"族群所分隔，并对民主的质量产生了重要影响。难免产生出"密尔"定律。19 世纪中后期的英国自由主义思想家密尔（John Stuart Mill），就非常明确地指出，共同的感情，共同的语言和共同的宗教有助于民族感情的形成，也容易形成合作。但在一个"由不同的民族构成的国家，自由制度简直是不可能的。在一个缺乏共

---

① ［美］塞缪尔·亨廷顿：《变革社会中的政治秩序》，李盛平等译，华夏出版社，1988 年，第36 页。

② 同上，第 25 页。

同感情,特别是语言不同的人民中,不可能存在实行代议制政府所必要的统一的舆论"①。在这里,多民族与民主不兼容就构成了一个定律。然而,今天的世界上的多民族发达国家推进了民主,就是多民族发展中国家,如印度、南非、黎巴嫩等也推进了民主。但在后者推进民主之时,投票和暴力如影相随,民主化没有带来民族和解,而是释放了"民族"仇恨,民主化和民族主义②冲突此起彼伏。在这种条件下,民主政治并没有把多元的族群组织起来,而是激化了民族矛盾。

多民族发展中国家内部的异质性结构也影响到政治制度化建设。政治制度有着把多元的力量组织起来,统一到一定的秩序中的功能。然而在多民族发展中国家实现政治制度化绝非短期内可以完成。在此进程中,战争、外部的干涉和内部的政治动荡,使上一政权建立起来的政治制度立足未稳便寿终正寝,而新的制度刚刚建立如水中浮萍。尤其在一个被多元的宗教的、语言的或文化所分隔的国家中,各有特点的"习惯法"充斥民间,它们各有自己的调整范围、权力和利益空间;而新的政权为了维持国家的统一和权威,通过新的政治制度,重新调整族群或教派的权力和利益。这样在多民族发展中国家便形成了一个不同的活动空间和"边界"。政治动荡和调整都会影响到政治制度的效能,有制度不执行、有制度难落实,成为多民族发展中国家常见的状态。

三、多民族发展中国家的国家建构

以一定的民主政治建构为中心的政治发展在多民族发展中国家暴露出种种问题,从根本上说是现代国家建构的问题。关于国家建构的反思和认识出现在当代不少著作中。一类著作主要探讨的是西方国家的国家建构,西方社会学家马克斯·韦伯(Max Weber)最早研究了欧洲大陆的现代国家形成。在他看来,现代国家是"那种借助官僚体制行政管理班子进行统治"③并"合法地垄断了暴力和强制性机构"④。之后出现的摩尔(Barrington

---

① ［英］J. S. 密尔:《代议制政府》,汪暄译,商务印书馆,2007 年,第 223 页。

② ［美］杰克·斯奈德:《从投票到暴力:民主化和民族主义冲突》,吴强译,中央编译出版社,2017 年。

③ ［德］马克斯·韦伯:《经济与社会》(上卷),中国社会科学出版社,2010 年,第 245 页。

④ 同上,第 731 页。

Moore, JR.)的《专制社会的起源和基础》分析了法国、德国、日本、俄国和中国等国家形成的道路，指明了不同主导阶级对国家建构的影响。蒂利（Charles Tilly）的《强制、资本和欧洲国家》提出了战争产生国家的理论；另一类探讨了发展中国家的国家建构问题。比较有代表性的著作是米格代尔（Joel S. Migdal）的《社会中的国家》，在这部著作中，作者解释了为什么很多发展中国家没有出现分裂的问题。针对中心对边缘渗透的国家建构理论，作者指出了发展中国家和社会之间互相建构并对国家保持完整有重要影响的观点。而禹正恩（Meredith Woo - Cummings）的《发展型国家》回答了大多数发展中国家在发展的目标下的国家和资本结合进程。以上这些作品都从不同视角回答了国家建构问题，但究竟多民族状况与国家建构是怎样一种关系？其中的权力与制度的关系尤其值得研究。

西方学者瓦尔德纳（David Waldner）在比较韩国和土耳其两国的国家建构和现代化建设关系时发现，制度和权力孰为先产生的效果差距很大。在土耳其这样一个多民族国家中，多元力量的制衡造就了制度的优先地位，结果导致国家权力受束，经济发展效果不佳。在韩国，"精英们也建立了保证体制内当政者权力的新制度，同时却促发了奇迹般的经济增长和工业转型"[①]。全球化的发展和对发展中国家的渗透，多民族发展中国家的复合一体结构的特点的局限，决定了在这样一个高度复杂的社会中，政权建构依然是多民族发展中国家政治发展的重要选择。1966 年，派伊（Lusian W. Pye）在《政治发展面面观》的 10 个选项中，只是把"民族国家"作为了政治发展的一项内容[②]，并没有放在突出的位置上。而从现实角度看，20 世纪后期以来，相继出现的苏联和东欧国家剧变，中东和中亚等国家的"颜色革命"都昭示着："一旦强大的中央政府的黏合力消除，潜藏的族群仇恨就会以排山倒海之势卷土重来。"[③]上述理论和现实经验说明，对于多民族发展中国家而言，政权建设、现代国家的政权建设和治理能力的提升具有重要的战略意义。

首先，政权建设是多民族发展中国家政治发展的关键。如果说发达国家的现代国家建构是在封建社会内部的发展进程中逐渐发育并建立起来

---

① ［美］戴维·瓦尔德纳：《国家构建与后发展》，刘娟凤等译，吉林出版集团，2011 年，第 1 页。

② ［美］鲁恂·派伊：《政治发展面面观》，任晓晋等译，天津人民出版社，2009 年，第 53 页。

③ ［美］马丁·N. 麦格：《族群社会学》，祖力亚提·司马义译，华夏出版社，2007 年，第 524 页。

的。而多民族发展中国家的国家建构更多是在争取民族独立的较短时间内，由一些精英凭借一定的强势政治力量建立起来的。然而在这些新生的独立国家中，"包括若干个从前独立的村落，或者说一个帝国可以整合从前已然存在的多个国家"①，是这些曾经存在过的历史现实。面对这样一个"马铃薯"社会，唯有行政权力或类似于行政权力特点的政党、军队或宗教组织才能发挥统帅和控制作用。在这样一个国家的建构进程中，一方面形成了以一定政治家、军队统帅和宗教领袖为核心的政权组织，这些组织拥有一定的中心性、渗透性和便捷性。它垄断了暴力组织，有了统一的自上而下的官僚体系和汲取资源的能力，凭借这一力量建立了一定的政治秩序。另一方面，在一些采取了共和政体的国家建立了民意表达机构。不过民意机构的形成、建立和组织均受到一定的权威的控制或影响。如由行政权威安排议会议席的设置，或通过开放一定的议席吸纳或接受由民间选举的代表进入民意机关，以此获得社会一些方面的支持。但决定民意取向的是一定的政党领袖、军队统帅或宗教领袖。

在当代多民族发展中国家的国家建构中，"国家性"的问题尤其值得关注。什么是国家性（stateness）？人们有不同的解释。林茨（Juan Linz）描绘道："在许多国家非民主政体的转型同时伴随着深刻的分歧：哪些在事实上构成了政治体（或者政治共同体），哪些民众或者民众们（大众或者大众们）应该成为这个政治共同体的成员。关于政治共同体的地理边界的分歧的出现，以及关于谁在这个国家拥有公民权利的分歧的出现。"②在这里，"国家性"指的是一种"共同体性"，也可以指国家应该具有的某种政治共同体的特质。而至于这种特质是什么？林茨并没有给予明确的解释。哈维尔·科拉莱斯（Jabier Corrales）认为，国家性是指"国家在国土内宣示权威的能力"。它是"国家制定政策并争取必要的共识——国内外的——以确保履行的一个程度上的衡量标准"③。在笔者看来，对多民族发展中国家而言，国家性本质上是国家的权威能力，既包括主观的方面，也包括物质方面的力量，二者密切结合时，国家才能稳固。在当代多民族发展中国家存在复合结构的背

---

① ［美］约瑟夫·泰恩特：《复杂社会的崩溃》，邵旭东译，海南出版社，2010年，第39页。

② ［美］胡安·J.林茨：《民主转型与巩固的问题：南欧、南美和后共产主义欧洲》，孙龙等译，浙江人民出版社，2008年，第16页。

③ ［美］彼得·H.史密斯：《论拉美的民主》，谭道明译，译林出版社，2013年，第257页。

景下，国家性具有重要的作用。它如同宇宙中的中心力量，有力地克服了国家内部多元异质性带来的离心力，保证了国家的统一和完整。不过在这些国家中，国家性都存在着不同程度的脆弱性。尤其不少多民族发展中国家采取了"竞争性民主"体制的国家，不同政党围绕执政权力竞争对这些国家的政治稳定和可持续发展均构成了重要影响。不少多民族发展中国家也推进了法制和政府建设，凭借一定的官僚体系推进了国家向地方的渗透。但由于公私关系错位，家族的、血缘关系渗透于国家，公共权力受到扭曲，甚至在一些地方，中央权力不出首都，国家自主性受到严重削弱。

面对外部世界的压力，多民族发展中国家也存在着治理上的难题。在此问题上，西方国家的学者把治理解释为是一种"没有政府的治理"。在他们看来，治理必定是由社会多元力量参与的"公共治理"，国家仅仅是其中的一个参与"因素"。然而在多民族发展中国家，这样一种治理模式并不一定实用。一方面，面对多民族发展中国家内部日益增强的多元文化格局和上位的社会政治一体化严重缺乏的状况，政府的缺位未必能够实现对国家的治理；另一方面，面对外部世界的干预、国内恐怖主义和分离主义的影响，决定了多民族发展中国家的治理只能是一种"元治理（Meta-governance）"①或多元中心的共同治理。这样，多民族发展中国家在国家尚不强大的条件下，又受到了多元力量的掣肘。

四、当代中国的国家建构与政治发展

在一个多民族且人口众多的国家中，中国是一个大规模的多民族发展中国家。当代中国虽然经过三十多年的改革开放取得了卓越的成就，但依然处在社会主义初级阶段。在这个阶段上，一方面，中国建立了社会主义制度；另一方面，中国同样也存在着发展中国家所具有的某些复合一体结构的因素。

（一）中国的政治发展是奠基在主要资源为国家所有这样一个基础上的
按照中国宪法第九条规定：矿藏、水流、森林、山岭、草原、荒地、滩涂等

---

① 元治理也就是治理的治理，由杰索普（Jessop Bob）首先提出，认为"元治理"的根本含义就是"协同不同形式的治理"，出现于 20 世纪末的一份由全球治理机构发布的报告中。参见 Jessop Bob, Governance, *Governance and Meta-governance*, Universita della Calabria, Arcavacata di Rende, 2003, pp. 9 – 11.

自然资源,都属于国家所有,即全民所有;由法律规定属于集体所有的森林和山岭、草原、荒地、滩涂除外。① 国家对重要资源的控制从根本上缓和了不同民族由于资源占有而产生的矛盾和对抗,同时也为现代化建设和各个民族的共同发展提供了重要物质保证。比较今天的不少发展中国家,如印度、巴基斯坦、埃及等国家土地私有,由此波及不同民族群体,围绕土地和资源占有产生的种种矛盾和冲突严重地影响到这些国家的现代化进程,也给这些国家的国家统一和政治稳定带来了重要影响。

回顾新中国建立以来的历史,中国的国家建构之所以取得巨大的成功,是与国家掌握着战略资源的支配权联系在一起的。依靠这样一个优势,中国推进了国土的机体化建设。借此,中国不仅在产业布局上发生了巨大转变,而且伴随着现代化的展开,现代化的内涵不断得到提升,内容更加丰富多彩。雄厚的经济和物质基础,改变了中国国内边疆地方的封闭和隔绝状态。② 随着现代化各项基础设施的建设和在全国的拓展,尤其互联网智能技术深入到农村、牧区和每个人,原来基于工业、经济和市场基础上的一体化在智能技术影响下,正在发生着质的变化。不仅如此,发生在当代中国的国土机体化建构同样蕴含了深刻的国家建构的内容。在这样一个建构中,不仅各个民族被动员起来参与其中,从而使各个民族、不同群体与国家命运密切联系在一起,而且通过国土机体化建构,政治一体化有了深厚的基础。

(二)中国也是一个典型的复合一体结构的国家

中国社会学家费孝通的名篇《中华民族的多元一体格局》深刻揭示了中国自古以来各个民族相互交往的历史。在当代这种多元一体的核心是"复合一体"。除此之外,当代中国传统的、现代的、后现代的各种因素同时在社会生活中大量存在。由于政治文化的原因,家文化与政治文化因素依然可在当代中国的制度建构和政治发展中找到踪迹。

由于上述状况的存在,决定了中国既不是单纯的"以制度为核心"的政治发展,也不是单纯的以"国家建构"为内容的政治发展,而是一种基于马克思主义政体和国体辩证关系基础上的政治发展。在中国这样一个多民族国

① 参见 2004 年 3 月 14 日通过的《中华人民共和国宪法》。
② 2015 年 9 月 12 日,西藏墨脱县通路,这是中国最后一个通公路的县,标志着边疆民族地区改变了封闭状态。

家中，政权归属和政权为哪些人服务关系到国家建构的成败。如果按照土地和重要国土资源归属于地主、官僚和买办等一小部分人，中国的资源势必为少部分人分割和控制，而绝大多数人将被排斥在外，由此带来社会内部激烈的阶级对抗，而且也将激化处在弱势地位的少数民族之间、少数民族和优势民族之间以及民族群体和国家之间的对抗。这种对抗也将为国际外部势力插手分裂中国提供了机会。反之，如果国家的主要资源由国家控制，"全民所有"或"集体所有"，并且政权控制在国家以及作为其代表以为人民服务作为执政宗旨的政党手中，国家将获得巨大的凝聚力。在中国，要防止复合一体中多元利益冲突以及由此而产生的对一体化解构，发挥政权的核心领导和组织作用，通过吸纳各个民族参与到国家体系中，才能保证国家的统一和民族的团结。中国共产党正是基于马克思主义国体和政体辩证关系的学说，制定和设计了中国的基本政治制度，并按照这一制度进行了中国的国家建构，推进了中国的有序的政治发展。20 世纪 90 年代苏联、东欧国家解体，21 世纪各种颜色革命袭来之时，中国依然保证了国家的统一，进一步证明了中国坚持马克思主义国体与政体关系学说的正确性。

然而不能不看到，中国的政治发展面临着诸多的挑战：

其一，国家政权体系内部面临着"三 D"①因素的侵蚀。多民族国家的国家建构关键是政权建构，政权保持高度凝聚力是国家建构的关键。诸多多民族发展中国家之所以出现国家失败、国家分裂或政治动荡，关键是政权不稳。中国的国家政权总体上是巩固的，尤其自习近平全面从严治党战略部署以来，中国的国家政权在维护国家政治稳定，实现经济和各项事业的发展中发挥了积极作用。但不能不看到，中国的政权体系依然面临着来自内部"小圈子"文化和"资本"势力的侵蚀。中国有着几千年的封建专制、家长制、等级制和裙带关系的传统。学缘、族缘、乡缘、教缘渗透于一些地方的党和政府机构之中。如一些地方的政府和政党官员在实现自己的"政绩"和"升迁"上殚精竭虑，利用这些"机缘""谋事"。由此带来政事与私事结合，私人关系与公共事务混合。在党和政府的机构中形成了以一定的人为中心的"圈子"文化。

不仅如此，今天的民族国家体系依然没有离开国际资本主义体系这样

① 所谓的"三 D"实际上就是三唯。笔者这里指唯钱、唯上、唯亲。

一个大环境。政府和资本的结合、政党和资本的结合是发展型国家难以避开的事实。在中国,市场经济的发展,资本的运用和影响,资本化经营已经渗透到一些地方的党和政府机体中。今天的中国可以看到不少地方的商贸活动或经济活动都有党政首脑的参与,甚至一些成功的企业家的军功章上,"有党和政府的一半,也有企业家资本的一半"。如果这种活动完全是在法律和严格制度监督以及公开透明的运行程序下进行则无可厚非,然而在现有的制度漏洞百出且执行不力的状况下,"三 D"现象依然严重,由此产生的腐败现象严重威胁着国家的党和政府的形象和国家的凝聚力。

其二,制度供给不足。中国长期以来存在着重人治、轻法治的传统。在对国体与政体关系的认识中,国体决定论一直处在重要地位上,而疏于对政体的建构。而政体的建构关键是制度、程序和规则的建构和实施。在这些规则建构中,权力和权利、中央和地方都要有相应的规则和制度加以规范。中国是多民族发展中国家,在新中国建立后的一定时期中,发挥政权的作用,突出政府和政党领导人的作用,对应对社会变迁中出现的突发事件是必要的。而改革开放以后,随着现代化的发展,不仅公民的权利意识在增强,就是民族群体的权利意识也有了巨大发展。在这种状况下,通过制度的作用规范权利和权力、制度的建构,以及由此而影响下的政体建构和完善自然也就有了重要价值。然而不能不看到,从政治发展的角度看,当代中国的制度化建构滞后于时代的需要。

其三,民主建构上的薄弱。国家建构、国家治理与民主建设联系在一起。民主建设强,能够把更多的不同的群体,其中包括不同的民族群体吸纳到民主政治的舞台中来,各个民族共商国是,可以有效地增强各个民族的国家归属感,推进现代国家建构的发展。在此,中华人民共和国成立后,中国建立了民主政治的基本框架。但严格说来,中国的民主建设宏观的和形式上因素多,而人民享受到实质性民主因素或过少或不稳。在不少为家族势力和宗教教派控制和影响的地区依然苍白无力。此外,在多民族共存,各个民族经济和政治发展存在巨大差距的条件下,民主建设依然面临着种种族际政治的风险。

其四,价值认同多元化与政治认同之间的张力。当代中国是一个由56个民族组成的统一的多民族国家,各个民族共同创建了中华民族,同时,各民族也在历史的发展进程中形成了各自的文化和价值认同。在社会主义核心价值观的影响下，各个不同民族群体都选择了社会主义道路，并接受了中国共产党的领导。然而不能不看到，各个民族在历史的进程中形成的不同的文化、宗教及传统与社会主义核心价值和现有的政治制度之间存在着差距。这些价值或习惯部分是与现行的宪法和法律制度相一致，但也有的与现行的制度存在矛盾，甚至冲突。不仅如此，在内外多元文化的影响下，不仅作为主要民族的汉族内部被各种价值观念所影响，就是在少数民族内部同样也为不同价值观所影响。一旦这些多元的、不同价值观念为狭隘的民族群体利益认同所驱使时，必然与社会主义核心价值以及共有的政治认同相背离，并对国家的统一和民族的团结带来不利影响。

基于上述分析，决定了当代中国的政治发展是以党的建设为核心的、以现代国家治理体系和治理能力提升为内容的综合治理的发展。中国的政治发展在党，党要承担起领导中国政治发展的艰巨任务关键是党的建设。这是诸多非西方国家的政治发展所不具有的。中国共产党形成于半封建、半殖民主义的旧中国。从党成立那一天起，中国共产党就开始了与党内各种封建的、资产阶级的思想和文化的斗争。抗日战争时期，中国共产党创造性地展开了整风运动，对凝聚全党共识，实现抗日战争的伟大胜利和建立新中国奠定了基础。中华人民共和国成立后，每隔一定时期，党都要开展一次整风活动。以习近平同志为核心的党中央以空前力度推进"全面从严治党"，其目的就是要保证中国共产党在改革开放的大环境下的领导地位。在全面从严治党中，党向等级特权、裙带之风和贪腐之风展开了斗争。不仅如此，党也加强了理想和信念教育，不仅增强了党的凝聚力和战斗力，而且对增强民族凝聚力有着重要的意义。在此，尽管党的凝聚力于民族凝聚力是两个不同的问题。但在推进中华民族的凝聚力上，党的凝聚力建设是增进民族凝聚力的关键。此外，在当代中国，中国共产党是一个事实上的准中央集权组织，它的组织体系渗透到社会的方方面面。目前，中国共产党的党员总数达到了8944.7万人，基层党组织为451.8万个。① 党的组织体系遍布于社会，也深入到民族地区。通过这些基层组织，紧紧地把分散的、多元的社会组织了起来。党的建设永远在路上，党的建设常抓不断为中国的国家建构和政治发展提供了持续动力源泉。

---

① 新华社 2017 年 6 月 30 日报道。

中国的政治发展是一种以现代国家治理体系和治理能力为重要内容的、综合性的、互补性的政治发展。在当代多民族发展中国家政治发展中有不同的路径选择,其中或把制度选择作为首要,或把国家建构作为关键。但可以看到,在一个高度异质且复合程度高的国家中,以某种单一目标引领的政治发展并不如愿以偿。作为南亚大国的印度把民主作为本国特色,但内部依然被臭名昭著的种姓制度所充斥。东南亚国家20世纪80年代纷纷选择了"民主"转型,但民族冲突不断,效率低下。也有的国家突出国家建构,但国家建构变成了政权重建、民族建构变成了民族同化。实际上,多民族发展中国家的政治发展是多维的。由于复合结构的连带作用:一个目标的解决可能波及另一个目标,甚至可能带来政治动荡,由此导致已经建立的好的制度功亏一篑。在当代中国,政治发展走的是一条互补性综合治理道路。在中国的政治发展进程中,各个时期的目标不同、任务不同、实现的途径和方式不同。因而在一定的时期中会存在以某个目标为主要目标,但其他的建构相伴而成的现象。

当代中国的政治发展既存在着"变"的方面,也存在着保持常态的方面。即在中国这样一个高度异质和复杂的国家中,党的领导不能变,中国的基本政治制度不能变。这些常态性的因素并不是不改,而是通过治理体系和治理能力的提升而得到不断完善。以中国的民族区域自治制度而言,这是适合中国国情建立起来的政治制度。由于各个时期的民族发展状况不同,各个时期的内容和实现途径存在很大差别。在20世纪80年代之前,民族区域自治制度主要通过宏观的政策体现出来。随着民族地区社会主义改造的完成和我国民族识别工作的完成,在积累了一定的政策和实践的基础上,1984年5月31日,第六届全国人民代表大会常务委员会第二次会议审议通过《中华人民共和国民族区域自治法》,此后2001年2月28日,第九届全国人民代表大会常务委员会第二十次会议对该法作了进一步修正。民族自治制度从政策到法律经历了三十余年的历程。在这一过程中,中国民族自治地方的改造基本完成,积累了诸多的经验,也产生了诸多的问题。从政策到法律的转变本身就是一个政治发展的进程。尽管目前这一法律依然存在着问题,但其中诸多的问题需要其他制度和国家发展的条件支持经过进一步完善才能解决。就民主政治建设而言,政治发展的重要内容就是民主建设。但发展怎样一种民主依然是一个棘手的问题。尤其在多民族发展中国家,民主如果发展不好，很容易带来民族的冲突和暴力。在中华人民共和国成立以后的发展历程中，中国建立了人民代表大会、政治协商制度等。随着实践的发展，协商民主构成了 21 世纪民主政治的重要内容，也为多民族共同发展提供了良好的对话协商机制。

（三）中国的政治发展是在与世界文明的对话和借鉴中的政治发展

当代世界各国的政治发展离不开国际秩序这样一个大格局。既要保持国家的自主性，又要适应于当今世界秩序的变革，构成了今天各国，特别是非西方国家政治发展的一个重要问题。由于今天的世界秩序基本上是资本主义世界秩序，资本的竞争依然是这样一个秩序的基本特点。受这样一个基本特点影响，不少国家在自身的政治发展中，把政治竞争原则引入政治体制建构中。循此逻辑，多党竞争几乎构成了不少国家建构和政治发展的内容。然而，这样一种逻辑极易导致多民族发展中国家的政权不稳和国家建构的失败。20 世纪 90 年代以来，发生在苏联、东欧国家乃至后来发生在中东、中亚的"颜色革命"充分说明，建立在"竞争"原则基础上的政治发展对国家的稳定有不利的方面。面对当代世界的变迁，中国的政治发展当然要吸收竞争的原则，但这种原则主要运用到了选人用人以及国家目标的实现上，而不是在执政条件上。通过这样的竞争原则运用，一方面可以增强各级干部和政府机构的活力，另一方面可以保证国家基本政治制度稳定。在国际秩序中，除了竞争的方面，同样有着合作的方面。世界是相互依赖的，就是国内各个地方、不同民族群体也是相互依赖的。在政治上，政治发展是在各方的相互协调和合作中的发展，绝不是零和博弈的发展。在民族关系和政治上体现为各个不同民族之间的"共同团结奋斗""共同繁荣发展"。

五、小结

在当代，多民族发展中国家的政治发展的诸多内容中，制度建设、国家建构和民族建构是三个重要的内容，它们之间形成了既相互依存，又彼此矛盾的关系。一些国家的政治发展有时从市场化角度出发，试图按照市场规则安排一定的制度变革，结果并不理想。也有的国家试图超越市场要求，追求国家建构或民族建构的亢进，结果要么导致国家权力的极权化，而忽视或否定多民族发展中国家存在的复杂的社会和政治现实；要么导致同化主义盛行，酿成了一波又一波的民族冲突。现实的状况决定，以一种单一的因素作为决定性因素的政治发展,并不能带来多民族发展中国家的成功。一种以中心-综合性为特征的现代国家治理构成了国家走向成功的关键。

在当代多民族发展中国家,实现现代化,推进本国的工业化发展是各国追求的目标。但在政治发展上,决定政治发展内容的不仅是"现代化"或"工业化",还受到来自国内复合一体结构格局的影响和作用。自亨廷顿以来的不少西方政治发展理论和国家建构理论,在分析发展中国家的政治发展和国家建构等问题上,主要是从西方国家工业化建构的角度构想政治发展和国家建构问题,而疏于对多民族发展中国家"多民族""多宗教"和"多语言"等复合叠加的社会结构进行思考,其单向度思维方式未必适合这些国家的发展需要,甚至也不可能使这些国家走向成功。

当代中国的国家建构在经历了对近代以来种种不幸的反思和总结后,已经形成了具有中国特色的社会主义政治发展模式。这种模式上溯于传统的"和而不同"文化,近有马克思主义的国家学说,特别是国体与政体辩证关系学说指导,当下紧扣国家治理现代化要求。既有中心力量的支持,也有各个不同因素之间的配合;既把实现现代化作为中国发展的大战略,也从中国的复合一体结构中寻求契机和积极移速,从而极大地推进了中国的国家建构和现代化发展。

第二节　帚和精神与当代中国政治认同建构

随着现代化的发展和中国在各个方面取得的成就,越来越多的人开始从文化的角度分析中国的发展模式。20世纪,随着西方学者对亚洲"儒家价值观"的分析,不少学者开始对儒家思想与中国现代化之间的关系展开了研究。在这之中,人们开始注意到儒家思想中的"和合"观念。2000年,时任全国政协主席李瑞环曾阐述过"和合"价值,指出:"当今中国要发展、要振兴,必须继续弘扬中华民族的优良传统,特别要提倡'和合',强调团结……唯有团结才能稳定,唯团结才能发展稳定。"[①]2001年,中国学者张立文出版了《中国和合文化导论》,对中国"和合"哲学进行了系统阐述。2004年,"和谐"在经过多年的改革实践后,在党的科学发展观中表达出来,并在当代中

---

① 张立文:《中国和合哲学导论》,中共中央党校出版社,2001年,扉页。

国思想文化领域产生了重要影响。与此同时，有的学者提出了混合主义的思想，指出，中国是多民族国家，也是多元文化国家，多元文化的现实决定了中国必然是一个混合主义国家。

从上述观点看，这些学者的论述重在对社会和政治角度分析。核心都离不开中国文化中的一个"和"字，这恰恰体现了两千多年前孔子提出的一个重要论述"和为贵"①。自此之后，不少思想家都对"和"进行了分析，将和作为政治思想中的重要观念，也将"和"作为处理不同身份、不同族群关系的重要原则。显然，贵和、重和构成了对中国最具有影响的观念。什么是"和"，汉字的解释有：平和、和缓；和谐、和睦；连带等意。但对"和"字的理解仅仅从字面还远远不够。从古代文献以及今世所用体现的意义解读，"和"字表示了一种文化与社会状态以及社会的一种联结。前者重在精神的、情感的、文化的；后者重在社会关系的，两者相互联系。和谐的情感世界与精神状态为相互之间的联结建立了精神基础和文化基础，也就是获得了亲和力。而相互之间的联结则需要和谐的精神状态才能更加牢固。

中国是一个多民族国家，和合观念根深蒂固。它已经构成了中国的一种文化意识，无论在过去，还是在今天都具有重要意义。尽管今天的中国没有像西方那样明确地提出多元文化主义之类的说法，但贵和精神已经作为一种文化意识进入理论之中，也成为中国目前政策的重要内容。本书试图从民族政治的角度对中国的贵和精神作一分析探讨。

一、贵和精神的基础：文化中国

中国社会学家费孝通在对中国研究中提出了"多元一体"格局思想。根据费老的分析，在多元一体格局形成上，主要有下列的构成要素发挥了决定作用：一是以农为本。中华民族的形成和发展基本上是以农业为基础发展和壮大的。尽管在这样一个社会状态为农业社会中，也存在着商业和民族地区的牧业，但它们之间存在着某种程度的互补关系，决定了它们之间具有某种程度上的交往。但比较起来，农业社会生产方式的特点，决定了农业社会往往容易形成封闭的格局，但在农业文明基础上产生出来的道德状况与宗教状况，又容易使不同民族之间形成某种共同意识。二是汉族为核心民

---

① 《论语·学而》。

族。在古代社会中,汉族在农业上占有绝对优势,汉族以其农业上的先进技术和滚雪球般地向外扩大,从而渗透到其他民族中去,它们构成了中华民族的骨干。汉族为世俗民族,但在儒家文化影响下,具有较强的包容精神,因而很容易与其他民族相处。因而汉族构成了多元一体的核心力量。三是以汉语为媒介。各个民族在发展中形成了不同的语言,尽管汉族地区也存在方言问题,但汉字与汉语交流构成了民族文化得以理解和传播的媒介。汉文化表现出来的伦理和宽容精神辐射到其他文化之中。

在费孝通对中华民族的形成过程的分析中,汉族是核心力量。以华夏为中心不断吸纳和融合周围的少数民族,华夏文明成为文化轴心。因此,前近代中国的历史一个突出特点是文化立国,通过文化这一软实力,将周围的少数民族联系起来,从而构成了中华民族。近代思想家章太炎在对"中华"一词解释中指出:"中华之名词,不仅非一地域之国名,亦且非一血统之种名,乃为一文化之族名。故《春秋》之义,无论同姓之鲁卫,异姓之齐宋,非种之楚越,中国可以退为夷狄,夷狄可以进为中国,专以礼教为标准,而无有亲疏之别。其后经数千年,混杂数千百人种,而其称中华如故。以此推之,华之所以为华,以文化言可决之也。"[①]日本学者也有同样的评价,指出以文化权力为轴心的古代国家成长,在中国传统文明体系中达到了相当成熟的程度,成为一个文化帝国。[②]

以文化立国家构成了前近代中国的一个基本特点。在此,"文化"具有了重要地位。文化一词有复杂的演绎过程。"文"的本义,指各色交错的纹理[③],引申为包括语言文字在内的各种象征符号,进而具体化为文物典籍[④]、礼乐制度[⑤],与"德行"对称的"道艺"[⑥]等;又由纹理义导出彩画装饰之意,引申为修饰、人为加工、经纬天地[⑦],与"质"对称[⑧],与"实"对称[⑨];进一步推衍

---

① 《中华民国解》,《民报》第十五期,1907年7月。

② 参见[日]三石善吉:《传统中国的内在性发展》,中央编译出版社,1999年。

③ 《易·系辞下》:"物相杂,故曰文。"疏:"正义曰:言万物递相错杂,若玄黄相间,故谓之文也。"《说文解字》:"文,错画也,象交文。"王注:"错者,交错也,错而画之,乃成文。"

④ 《尚书·序》"古者伏羲氏之王天下也,始画八卦,造书契,以代结绳之政,由是文籍生焉。"

⑤ 《论语·子罕》:"文王既没,文不在兹乎。"

⑥ 《论语·学而》:"弟子入则孝,出则悌,谨而言,泛爱众而亲仁,行有余力,则以学文。"

⑦ 《尚书·舜典》疏:"经纬天地曰文,照临四方曰明。"

⑧ 《论语·雍也》:"质胜文则野,文胜质则史,文质彬彬,然后君子。"

⑨ 《二程粹言》(卷一):"礼者,理也,文也,理者,实也,本也,华也,末也。"

为美、善①、文德教化②，以及文辞、文章，与"野"对称，或与武事对称。

"化"则有变化，改，化生③、造化④、化育⑤等意。归纳起来，"化"的含义是，二物相接，其一方或双方改变形态性质，由这层内涵引申为教行⑥、迁善⑦、告谕使人回心⑧、化而成之等。

"文"与"化"并联，形成了"文治教化"的说法，文化也由此而来。其深刻意义在于文化是德行、智慧、绝地通天的总称。因而古人每以"文"追谥贤明先王："道德博厚曰文，学勤好问曰文，慈惠爱民曰文，锡民爵位曰文，愍民惠礼曰文，经纬天地曰文"⑨，又以"文"作为团结、招徕人民的引力，所谓"远人不服，则修文德以来人"⑩，"恩覃九有，化被万方"⑪。文化成为中国境内诸多民族的黏合剂，文化中的"和"天下、"化"天下的贵和精神已经蕴藏其中。可以说，中国自古就有了今天为美国学者约瑟夫·奈提出的"软权力"思想。中国古代经典《易·贲卦》中曾有文字，深刻表明了中国文化中的重合主义的观点，"天文也。文明以止，人文也，关乎天文，以察时变；观乎人文，以化天下"。人文即人伦秩序，"化"即为"教化"。教化之根本在于使原来的特点发生变化，从而由自在的状态进入到文明的自觉状态。"以文教化"自然就有了以"文化"融合天下诸族。

中国文化中所含有的贵和精神特点主要表现在下列几个方面：一是柔和方式，主要体现在"和合"价值观念上。基本精神就是中国古代思想家提出的"和而不同"。孔子的弟子有子说："礼之用，和为贵。"治理国家，处理国际关系和大小事，以"和"为价值标准，即遵循"君子和而不同"的原则。尊重各种不同的意见和利益，冲突而又融合，不因不同的意见而结党营私，为害

---

① 《礼记·乐记》："以进为文。"注："文犹美也，善也。"
② 《尚书·大禹谟》："大禹曰：'文命敷于四海，祗承于帝。'"
③ 《易·系辞下》："男女构精，万物化生。"
④ 《素问》"化不可代，时不可违。"
⑤ 《礼记·中庸》："可以赞天地之化育，则可以与天地参矣。"《庄子·刻意》："化育万物。"疏："化导苍生，含育万物。"
⑥ 《说文解字》："化，教行也。"
⑦ 《荀子·不苟》："神则能化矣。"
⑧ 《书·大诰》："肆予大化，诱我友邦君。"
⑨ 《逸周书·谥法解》。
⑩ 《论语·季氏》。
⑪ 柳宗元：《为李谏议贺赦表》。

自己和国、家、人与别国、别家、别人。"小人同而不和",为一国、一家、一人之私利,不惜损害别国、别家、别人;或拉拢一些国、家、人,而损害别的国、家、人;以"和而不同"的和谐方式,化解矛盾,最终达到互相融合,天人一体。

以这种和合精神为指导,传统中国社会对于少数民族主要以教化为手段,即"化外之民",使"蛮夷之属"开化,从而认同于汉文化。少数民族在自觉或不自觉过程中,以汉文化作为典范,学习汉文化,规范中央朝廷的赐封和爵位。①

二是交往关系渗透。交往关系渗透可以是经济的也可以是文化人员往来的。实际上就是经济的交往,背后还是文化的人员之间的交往。在这种交往过程中,经济上的"马绢互市"和"茶马互市"使不同经济之间密切联系在一起。而且重要的是在这种交往中,不同民族之间在经济技术,经验方法,生活方式,族群来往,相互通浑,杂居混居、文化涵化等方面,形成了一种"你中有我,我中有你"的彼此相参的局面,这是一种重叠关系、网络结构和社会资本。借助于它,重合主义生长有了深厚的社会基础。

三是权威渗透。一定的权威主要体现在两个方面:一种作为握有权力的统治者队伍,在古代社会中要以"皇帝"为中心。庞大的统治者集团紧密围绕皇权形成了一个自上而下的体系。上集中到皇帝,下直接或间接地伸展到每个民族之中。另一种作为制度。制度本身就是文化价值的外在表现,其形式为典章、法律和各种礼仪制度。无论作为统治集团成员,还是作为制度规范实际都是文化的体现。庞大的体系和制度规范将各个不同的民族编织在一起。重合主义靠这一中央集权的体系不仅实现了以"文""化"天下,而且也是通过权威体系与制度体系对不同民族所"融",进而将境内诸多族群"和"到一起。

总体而言,"文化"中国在前近代社会构成了中国国家发展的最初形态。其本质就是以"文"化族群,以"文"和不同族群,在"文"的基础上,不同族群"和"成一体,从而形成了以中华民族为主体的中国。文化中国实质上就是通过人伦关系与道德将不同的人、不同的族群和在一起。近代中国实现了从"文化"中国向主权国家的转变。但是文化中国所形成的基础和传统深深影响了中国这一多民族国家的政治建构,即使今天"尊重差异""包容多元"

---

① 参见马戎、周星:《中华民族凝聚力形成与发展》,北京大学出版社,1999 年,第 13~16 页。

成为国策中的一个重要内容,多元一体格局中"一体"中所蕴含的贵和精神依然发挥着重要作用。

二、贵和精神的意蕴

贵和精神作为一种文化精神存在于中国亘古及今的文献中,上古时代在中国文献与典籍诸如《尚书》《易经》中就大量存在,此后在不同时期思想家的著作中得到进一步阐述,人们所熟知的"和而不同"说法即为典型。乃至到了当代"和合"价值中依然具有强烈的贵和精神的取向。全国政协前主席李瑞环指出:"在我国悠久的历史发展中,我们积累了很多的经验和教训,其中最重要的一条就是提倡'和合',强调团结。人和、祥和、和睦、和以处众、和衷共济、内和外顺等词语经常使用,随处可见。"①

"和合"作为贵和精神价值的精髓,重"和"重点在和谐,前提是承认差异的存在,而目标是通过和睦相处达到不同差异的融合,也就是差异中的各方,最终能够在一种融洽的关系中结合成一体。尽管今天的中国,和谐的说法具有普遍性,但和无论从现实效果还是实现,就是不同的民族最终达到真正的融合。这是现代国家建设的最终要求,也是目前实现中国国家统一的重要的文化基础。

从世界历史看,走向现代国家是目前很多国家的共同要求和希望,现代国家不仅要以一定的工业为基础,重要的是现代国家有它的特定的含义:现代国家来源于近代西欧国家,此后遍布到世界诸多国家中。现代国家的一个突出特征就是公共权力成了国家的核心,主权构成了国家的核心。然而这种权力来源于何处,现代国家总体上都确立了一个原则,即人民主权。人民是国家的主人,这种人民是国家的主人,从集体意义上说是人民,从个体意义上看,则是公民,因此现代国家是公民国家;另一个突出特征就是现代国家是民族国家。即现代国家作为权力组织从它的主体构成上说是由一定的主体民族为核心,以一定的民族群体语言和文化为基础的国家。这一国家将这一主体民族的文化变成了官方的语言,主体民族的文化作为一种秩序变成了一种占统治地位的秩序。尽管现代国家多数包括了多民族,但现代国家总体上都是以一个或几个主导民族的文化占统治地位。而对其他民

---

① 《李瑞环会见香港各界知名人士时的讲话》,《人民日报》,2000年11月9日。

族采取了民族平等的政策。然而不能不看到,在现代国家形成和建设过程中,曾出现过主体民族对少数民族的征服、歧视和同化的政策,曾有过对统一文化的追求的努力。但这种建立在政治强制力基础上的民族融合方式已经受到了抵制。尽管如此,多民族国家民族融合的努力依然没有减弱。当代加拿大、澳大利亚、新西兰等国家,以及老的西欧民族国家在多元文化主义政策上承认了多民族的存在,并通过政策保护它们的文化权利,但追求不同民族之间的融合依然是这些国家政策中的一个部分。也就是它们要通过和谐的民族政策,使这些具有不同文化背景的民族真正参与国家的建设,在相互承认和接受中,最终走向一体化,也就是融合到一体。2009 年 7 月,在昆明举办的世界人类学与民族学大会上,笔者见到加拿大政策研究机构人员骆静(Jean Lock Kunz)女士,她给了笔者一份已经递交给加拿大政府的政策建议报告,并提到,加拿大政府目前正在采纳报告上提出的政策建议,修改运行了近 40 年的多元文化主义政策。报告题目是"从马塞克到和谐:21 世纪的加拿大多元文化"。该报告提到,进入 21 世纪以后,加拿大多元文化主义将继续坚持平等,尊重差异、人权和充分参与的族际关系原则。主张加拿大的多元文化主义政策应该是一种"一体的多元文化主义(integrated multiculturalism)"①。

中国现代国家的建构同样离不开这样一个基本趋向,这一取向也是现代化发展的必然。在这一意义上说,贵和精神在现代条件下依然具有重要的价值,它构成了当代中国处理多民族关系上的基本文化逻辑。这可以通过几个主要方面体现出来。

其一,整体第一。中国贵和精神追求的是多民族族体最终能够交往交流交融。这与世界上不少国家的价值取向存在着很大的差别。在当代多民族国家体系中,有以多元文化主义为基本价值取向的国家。在这里,多族群权利构成了国家考虑问题的基本点,国家政治制度的安排涉及对少数族群的保护,以及一系列多元政治保障机制,也有的主张公民主义的民族主义与族裔民族主义之间的平衡。② 与之不同的是,中国的贵和精神本质上主张整

---

① See Jean Lock Kunz,From Mosic to Harmony:Multicultural Canada in the 21ˢᵗ Century:Results of Regional Roundtables,Government of Canada,Policy Research Initiative,< www. policyresearch. gc. ca >.

② 参见[英]安东尼·史密斯:《全球化时代的民族与民族主义》,龚维良等译,中央编译出版社,2002 年,第 118 页。

体是第一位的。所谓的整体第一位，首先体现的就是国家的统一性高于任何族群的局部利益。中国的民族政策有四个原则，即平等、团结、互助、和谐。在这四个原则中，中国执政党和政府确立了各个民族的平等地位，并且也确实在制度和政策上保障了不同民族的平等地位。比较起二战后国家的民族政策来，中国属于比较早地确立了民族平等的国家。然而平等有不同的含义。有建立在自由主义多元文化基础上的民族平等政策，也有建立在集体主义基础上的平等主义，中国的民族平等原则属于后者。即追求平等不是西方式的走向多元林立，而是主张不同民族通过实际差别的消除，更好地团结起来。平等也不意味着各个民族各自独立而不相帮助，而是互助互利。平等不是各个民族争求自己的权利，而是各民族处在和谐之中。这种和谐在相待程度上涉及多数人的民族——汉族对少数民族的帮助。而这些原则集中到一个方面就是整体具有优先的地位。这种取向与当代核心价值体系中讲到的集体主义原则相得益彰，后者是前者的基本价值和宏观环境，前者是后者价值的必然发展。在制度建设上，中国采取的是单一制度的国家结构形式下的民族区域自治形式，同样体现了整体优先的原则。

其二，和而不同，相互参和。这是贵和精神的基本精神，"和"就是承认和肯定差异和冲突的存在，并尊重参与各方与不参与各方的各自利益及其文化上的不同。只有尊重各方的历史和文化价值，才能和平共存、共同发展、共同奋斗。若不尊重对方的利益和文化价值，只能使自己与对方处在对立状态。在此之下，各方以各自的利益和文化价值为中心，形成一个又一个孤岛或部落。和而不同精神强调的是"和"之下的不同。也就是和谐相处下的不同差别的存在。然而在和而不同中，差异确实得到承认，但同时，不同差异之间相互掺和，你中有我，我中有你，彼此承认，相互帮助。在相互帮助、你我相参中、和而不同的格局下，形成了一个庞大的相互重叠的关系网络。有了这一网络，不同民族的联合就有了保障，不同民族之间的融合有了"人"所编织成的体系。

其三，互爱亲和，同情理解。这是贵和精神处理矛盾对立的重要原则。人类社会不同族际交往，矛盾冲突总是不可避免的。在对立之中，一种是对抗的方式，采取的是斗争原则即"你死我活"，最后形成"一极统治""一呼百应"。这种对抗性思维在中国文化中曾存在过。特别是在"文化大革命"时期，这种思维给中国带来了巨大的灾难。另一种调和式的，它正是和合精神的集中体现。在中国文化及哲学中有着悠久历史,儒家的"泛爱众",墨家的"兼相爱、交相利",运用到对少数民族的态度上,关心爱护少数民族,将其视为自己的兄弟姐妹,以大爱之精神,对待这些具有不同文化背景的民族。唐太宗曾言:"自古皆贵中华,贱夷狄,朕独爱之如一。"①又说:"夷狄亦人耳,其情与中夏不殊。人主患德泽不加,不必猜忌异类。盖德泽洽,则四夷可使如一家。"②乃至当代中国,中国文化观念上更把不同民族视为一家人。自然不同民族之间彼此互相关爱成为国家的伦理原则。这一原则的前提就是理解对方,体会对方之艰难,进而通过自己对对方帮助,使对方从苦难中解放出来。在此中国政府和民间组织中出现的"送温暖""献爱心"活动,以及东部地区对西方地区的对口支持活动,都体现出中国式的博爱精神。这对增加不同民族之间的同情和团结,进而对不同民族之间的和睦相处具有重要的意义。

其四,中和精神。传统中国哲学历来注重"中和"精神。中和精神的一个关键就是不走极端,而是通过相互适应而共处一体。古代思想家荀子曾提出,中和之声能激起主题内心情感的发动,以协调、和谐人心灵的各种冲突、差异。如中和之声能使君臣上下"和敬",父子兄弟"和亲",少长族党"和顺"③,使宗庙、乡里、家庭和睦、安定,增强宗庙、乡里、家庭的凝聚力。《礼记·乐论》亦认为,中和之乐,"可以善民心,其感人深,其易风俗"④,"故乐行而伦情,耳目聪明,血气和平,移风易俗,天下皆宁"⑤。中和之声的审美价值,就在于净化人的心灵,使人的心理失衡,情绪失序、精神失常等现象得以调理,道德情操得以提升,从而达到血气和平,和美愉悦,并收到天下安宁的效果。在这种精神影响下,不同族群的人们相遇在一起,各以中和原则彼此对待,以达到相互承认且又愉悦的精神境界。在情与理之中,达到相互感情上的融洽,进而升华出一体的意识。

在此,笔者想简单介绍自己到甘肃少数民族地区调查之事。2009年5月,笔者到甘肃裕固族进行考察,到达那里后,汉族干部和裕固族村民在一

① 《资治通鉴》(一九八卷)。
② 《资治通鉴》(一九七卷)。
③ 《乐论》,《荀子新注》,中华书局,1979年,第333页。
④ 《乐记》,《礼记注疏》(卷三十八),阮刻《十三经注疏》本,中华书局,1980年,第1534页。
⑤ 同上,第1536页。

起对酒当歌，其乐融融。笔者问陪同的乡长，他说，民族地区的群众非常愿意这样，在其乐融融的环境中，彼此之间关系非常密切，真正碰到问题大家也能彼此以中和的态度对待之。反之一些矛盾的出现恰恰都是因为彼此缺乏感情，爱走极端才出现的。同样的文化特点在藏族地区、蒙古族地区、南方的苗族地区和布依族地区亦为如此。

其五，天人相和。贵和精神不仅注重不同事物之间的融合、融洽，而且注意天与人，自然和人为之间的和谐与融洽，这是贵和精神的基础。人生于天地间，人又处在人与人的关系中。中国贵和精神从来不孤立地看待自然和人，不像西方哲学家那样，人为地将主观和客观、主体和客体截然分开，使其成为相互对立的两个方面。在中国传统哲学以及文化观念中，天人相合，人人相合，人心中和。中国的哲学与文化从来不把自然和人分开，而是将其看成一个相互联系的整体，它们彼此之间相互对应，互相影响，相互间存在着内在的联系。这种天人一体的思想构成了当今的生态主义的主要内容。也成为今天西方后现代主义的重要内容。而在中国几千年的历史中，这种生态思想已经具有了深厚的基础。由于人和自然之间的融合关系，人在对自然的关系上，应该以爱为本。即在爱护自然中，爱护人民，爱自然与爱人相通，"仁民而爱物"①。人与自然相应，与万物相伴，可以化解人与人之间的冲突，民族与民族之间的冲突。不同民族间的融合首先存在于人对自然的融合善待上。现代不同民族的冲突正是由于掠夺别的民族的自然资源，或由于获得自然资源而在相互竞争中走向兵戎相见的。

其六，和达精神。中国贵和精神的一个重要内容是"和达"精神。这种和达精神在几千年孔子思想中得到了明确表达："己欲达而达人。"也就是在中国贵和精神的精神世界中，人与人、人与自然都应是通达的或发达的。尽管自然生态环境、自然条件各有优劣，社会制度、社会发展亦有先有后，贫富的差异、文明的特征、风俗、信仰也相距甚远，但既然共同生活在一个国度，甚至生活在一个共同的区域和共同的星球上，就要允许差异的存在，各国、各族、各人、各种文明自己走自己的路。然而贵和精神不仅仅是这样一个意思，它还有另一个更为高尚的思想境界，即各个不同国家、不同民族、不同的人共同发达的思想。这种思想在今天中央提出的"两个共同"中表现出来，

---

① 《尽心下》，《孟子集注》（卷十四）。

即"共同团结奋斗,共同繁荣发展"。先富帮后富,东部帮西部。在共同发展、共同幸福中,不同民族之间的"共同性"越来越多,不同民族之间才能达到真正交融。而在那些己已达而不达人的国家或民族间,由于民族狭隘主义和各自的自私自利,相互之间很难过上幸福生活。南斯拉夫国家就是证明,那里的一些民族考虑的是自己先富而不顾及别的民族富裕,结果导致国家的分崩离析。

上述几个方面只是贵和精神的基本内涵与价值。但通过这些基本价值人们可以理解,中国的贵和精神已经发展成了一个丰富的文化思想体现和哲学理念。它已经镶嵌在民族文化的过去与今天。有了这一价值和哲学理念,中华民族形成了一个巨大的整体。20 世纪 80 年代末,当苏联与东欧国家出现分裂时,西方学者将眼光转向中国,期望中国也步它们后尘。然而贵和精神影响下的中华民族没有解体,相反在现代化进程中,各民族团结奋斗,不断创造出了一个又一个伟大成就。

三、贵和精神与政治认同

什么是认同,对此学界有不同的解释,英文《牛津高阶英汉双解字典》对Identity 的解释为身份、本身,本体,特征,特有的感觉或信仰等意。《美国传统字典》除以上意义外,还有"同一性"解释。西方学者埃托编辑的《布龙堡字源词典》中解释,Idengtity 有"整一性""独立存在""一种确定的特性组合"①。中国台湾学者江宜桦指出:认同有三种含义:同一,等同;确认,归属;赞同,同意。② 上述解释尽管重点不同,但大都含有这样一种逻辑意义,即一定的个体本身与社会群体之间的某种同一性关系。这意味着一个人或主体在大的社会中承担一定的角色并与这种角色保持一致,或主体将自己归属于某个群体或社会(国家)之中。

既然 Identity 涉及自我或群体的同一性问题,自然也就产生了两个方面意义:对内,它要保持对所属群体或群体本身特征的同一,这种同一也就意味着个体成员或群体成员与它所属的更大的群体之间的归属,以此获得群

---

① John Ayto, *Bloomsbury Dictionary of Word Origins*, London, Routledge, 1990. pp. 292 – 293.

② 江宜桦:《自由主义、民族主义与国家认同》,扬智文化事业股份有限公司,1998 年,第 8 ~ 11 页。

体对它的承认和保护；对外，由于 Identity 处在交往过程中，而且只有在交往过程中才涉及"认同"以及个人的身份。如当一个人在外旅游，见到很多外国人，此时他更感到自己的身份，而涉及自己国家受到侵犯或不公时，他更加认同于自己的国家。

认同中体现的个人和群体或群体与国家之间的关系是多方面的，其中文化的、感情的或精神的内容占据重要地位。然而在多民族国家中，由于人们的血缘和地域关系，人们的身份有两个是重要的：一个族群身份，这是他的自然基础；另一是国家成员身份，即公民身份。前者在个体的成长过程中，受到本族群的血缘、文化、教育等因素的影响，从而形成了本民族的或本族群的意识。个体既分享着这种意识，又在日常生活的一系列行为中不断生产和延续着这种意识，并在自觉或无意识的行为中认同着自己的民族或族群；再进一步拓展，个体成员超越自己所在的族群或民族的认识，将自己归属到国家中，热爱和忠诚于自己的国家，在国家中获得公民身份，借此得到国家法律所赋予的权利和利益，同时承担起应尽的义务。从民族或族群的角度看，由于其成员的认同的确立，也保证了民族或族群的凝聚力、民族或族群的生存和发展。

族群认同和国家认同构成了多民族国家政治认同的核心，它是一个国家族际政治整合获得成效的关键。当这两种认同得到合理调配时，国家的凝聚力就得到充分的巩固；反之，两者出现严重冲突，国家的凝聚力下降，族际政治整合也就出现危机。然而在现实生活中，对族群的认同为人的初级认同。因为它毕竟和它的文化与心理密切联系在一起。如何使初级的认同上升到对国家的认同，政治的认同确实和族群认同存在微妙的关系。西方学者霍布斯鲍姆和盖尔纳曾有一种观点，认为先有政治国家，然后才由国家创造出一种强烈的群体意识（国族 Nation）。① 笔者认为，这种认识颠倒了国家认同与群体认同的先后顺序。事实上，政治国家在国族认同的形成上所起的作用是所有成因中的一个部分。在对以国家为核心的政治认同的塑造上，还有很多间接的、分散的机制，对国家认同的形成产生了重要的影响。这里包括日常生活与工作的方方面面，如饮食、语言、服饰、居住格局、媒体、广播、印刷、戏剧、艺术、婚姻、习惯等因素的交互作用。当这些交互关系的网

---

① 江宜桦：《自由主义、民族主义与国家认同》，扬智文化事业股份有限公司，1998 年，第 179 页。

络遍布全国,形成了一个普遍的网络体系时,原来的初级认同(族群认同)与普遍的关系网络就形成了谁也离不开谁的联系。局部的认同也就逐渐上升到了对国族的认同。它们是国族认同的血肉,是国家认同的真正实在内容。而国家确立起来的政治认同不过是对这种长期形成的认同的确认和提升。

中国贵和精神是中国政治认同的基础。贵和精神从文化的角度编织起了彼此承认、相互认同、你中有我、我中有你的网络,是一个环环相扣的网络空间,它遍布于全国。贵和精神在相互承认和帮助中建立起来的信任关系,发展了不同民族群体之间的共同的利益、共同的文化心理。它作为一种共同的纽带,将不同的民族密切地联系在一起。一方面,处在这一纽带中的任何一个族群不可能独立,也没有能力独立。它需要与其他的族群和平相处,更重要的是认同于国家,才能发展和进步。另一方面,国家借用这种伸展到各个族群中的国家认同的因子,将管理与控制的手段伸展到了基层,从而有效地将分散的族群集合起来。

然而,以国家为核心的政治认同和族群认同毕竟是两个不同的领域,代表着两个不同的利益。政治认同更注重的是全局意义上的认同,也就是以整个国家作为族群的归宿。在这种意义上说,当族群的利益和国家的利益发生冲突时,族群的利益要服从于国家的利益和安排。这对具有强烈的族群意识的群体来说是一个极大的挑战。而族群认同注重的是本族群的利益,由于族群与族群之间具有一定的排他性,当不同族群围绕那些具有排他性的准公共物品展开竞争时,彼此之间难免发生纷争,甚至冲突。而中国的贵和精神恰恰构成了调节它们之间冲突的润滑剂。正如前面讲到的,贵和精神不同于西方的同化主义,它以中和的方式对待国家与族群、族群与族群之间的关系,它以和达的精神缓和着它们之间复杂的关系。最终还是将不同的族群有机组合起来,使它们认同于国家,从而在新的基础上建立起新的政治认同。史密斯曾想在族裔民族主义与公民民族主义之间寻求认同,由于西方功能主义和自由主义的民族政治的文化影响,未能找到一个有效的途径,而中国贵和精神在此找到了一个调节双方的文化途径。

如前所述,中国的政治认同是在贵和精神环境中培育起来的认同。这种文化观念注重的是相互参和与介入。和合中的国家与族群的任何一方在底线上不可让步,也就是只要不违背本民族生存基础丧失,或国家统一与权威受到冲击这一原则,民族群体与国家,或民族群体之间在很多方面问题的处理上都表现出不同程度的灵活性。即双方都可以通过妥协和让步实现政治认同。就族群一方而言，它有着自己的民族认同，但由于中国的各个族群处在重叠关系中，因而族群的自身利益与文化与对方的族群利益或文化，或族群与国家的利益与认同之间都存在着复杂的重叠关系。如果说在西方国家，由于受个人主义权利观影响，族群认同或对国家的政治认同往往强调边界意识，也就是重"分"，即国家、私人、族群、群体各有边界，并通过宪法和法律确定下来，正所谓"扎好篱笆再做邻居"。在这种意识指导下，形成了不同领域的身份认同。而在贵和精神影响下的中国，不同族群的重叠关系在保障基本利益的前提下，其边界是模糊的、移动的、可调整的。而且族群的排外性相对比较弱，即是说，不同的族群以包容的精神对待异者。当族群发生矛盾时，往往求助于政府调整。政府在调整中同样采取"重民"的原则，通过与各方代表谈判和调节而解决问题。这在一定程度上赢得了参与者族群的政治认同。同样，在族群与国家之间发生矛盾的情况时，在不损害国家根本利益的前提下，国家通过政策上的调整，或通过国家给予民族的支持以获得族群的认同。而国家的政策与合法性同时也得到了巩固。

笔者在甘肃和贵州民族地区考察时，曾听到这样的事，即当两个不同的地区或县发生草场或矿藏矛盾时，往往有政府官员、利益方代表合议解决纠纷。这是一种中国式协商民主在解决族群或地区矛盾上的运用，它体现了中国贵和精神。它通过和合精神和和达精神，既使具有不同族群认同的各方实现了对国家和政治的认同，也使国家合法性获得了进一步保障。相反，也存在这样的事，即上级政府处理民族地区事务不公的事，在此条件下，矛盾往往得到激化。

在中国政治认同的形成和建构上，还有一个重要方面就是中国人的权威崇拜。中国贵和精神的一个内容就是集体意识高于个体意识。而中国的"集体"不是西方文化中所说的个体集合。相反集体与权威联系在一起。中国古代思想家荀子最早曾对"群"作过分析。荀子说，人不同于其他动物或万物的地方，乃在于"人能群，彼不能群"（《荀子·王制》）；又讲"人生不能无群"（《荀子·王制》），"离居不相待则穷"（《荀子·富国》）。荀子所讲的"群"按照《辞海》解释，指"合群"，所谓"合群"即是结成团体，互助合作。梁启超在《十种德性相反相成义》中指出："合群云者,合多数之独而成群也。"①高长山《荀子译注》中对"群"的解释是:"形成社会群体。"②然而,在中国文化中,群之所成关键在权威人物的存在,"君者,善群也"(《荀子·王制》)。因而,中国思想文化中的"群"不是西方文化中所讲的因"契约"而成群,而是因人(权威)而成群。美国中国哲学教授安乐哲指出,在中国,"集体的意义可以表现为我的特殊的父亲、老师、我的毛泽东和孔夫子"③。而在其他宗教群体中,则表现为对各自宗教领袖或宗教权威的认同或崇拜。尽管汉族的权威崇拜和其他宗教群体的权威崇拜在过去的历史中存在着不同,但它所培养的是一种权威性人格。在现代化进程中,政党与政府日益发挥着重要作用的条件下,这种权威性人格中表现出的对权威的依赖构成了中国人的普遍心理。

以此为基础,决定了中国的各族群体较容易形成对中央权威的认同。这里有两个相互承认的因素在发挥着作用。一是中国各个族群都存在着权威崇拜的意识。这在中国悠久的历史中已经形成,即使今天各个民族的成员公民意识和民主意识得到了极大发展,但对政党和政府的期待依然发挥着重要的作用。二是中国的政治合法性不同于西方。如果说西方国家注重的是程序的合法性,其中特别注重政权的获得依赖于一系列产生政权的程序以及宪政制度的制约。而中国注重的是绩效合法性,这种绩效合法性主要有三个维度:经济表现,道德表率和国家防御。前两者都和民众直接联系在一起。也就是政府通过给予民众以更多的实际利益和给民众提供更好的道德表率而获得民众的认同。因此,这就决定了国家或政府必须要从人民的利益出发思考问题和解决问题。古代建立起来的"尊君爱民"传统在现代条件下转变为现代国家中政府层面与民众层面的相互义务,即民众要"保持政治稳定",政府要做到"权为民所用,利为民所谋"。

---

① 梁启超:《十种德性相反相成义》,原载 1901 年 6 月 16 日、7 月 6 日《清议报》(第 82、84 册,见《饮冰室合集·文集》之五,第 44 页。

② 高长山:《荀子译注》,黑龙江人民出版社,2003 年,第 154 页。

③ [美]郝大维,安乐哲《希望中国:中西哲学文化比较》,施忠连等译,学林出版社,2005 年,第 278 页。

四、贵和精神面对的挑战及未来

中国文化与哲学理念中的贵和精神构成了中国多元一体格局的思想文化基础。在走向世界，尤其在后现代社会的今天，中国的贵和精神具有了相当意义。当今的世界，全球化的发展越来越把世界联系成一体，各个民族、各个国家不再是一个封闭的领域。当代复杂性哲学的兴起，更改变了近代以来形成的形而上学的二元对立观点。放在这样一个环境中审视中国的贵和精神及其在中国民族政治认同中的地位，可想其意义与价值。

然而我们也不能不面对一个现实，即现代社会的发展，社会分工细密化及各个不同利益的分化，必然带来思想文化价值上的多样化。就个人而言，人们对其权利的关注超越了中国以往的任何时代。就群体而言，群体成员也越来越关注着自身所在的群体利益与群体权利，自然在此之中，处在市场经济时代的各个族群意识与权利意识也有了新的增长。中国目前正在推进的"纵向民主"或"有领导的民主"，使被动的民主逐渐转变为公民的主动民主，从"被代表"过渡到自主行使主体权利，培养了公民的民主与权利意识。而这种文化与认同的变革，在中国文化与政治发展上具有战略意义。一方面，权利意识的存在和发展意味着对权威主义群体的一种析出，更重要的是，意味着希望一部分资源归入个人或群体的掌握之中；另一方面，权利意识的建立意味着权利主体要与群体或他者有更清的界限。这些无疑对贵和精神的文化与哲学理念是一个极大的挑战。

正是在这种环境下，海外有学者提出了嫁接西方自由多元文化主义问题。确实，自由多元文化主义是高度发达的市场经济的产物，市场经济天生就是主张权利的。权利意识下的社会秩序与社会组织法则不是依赖于贵和精神，而是依赖于形而上学的功能主义。西方学者亨廷顿或阿尔蒙德讲到现代政治制度建设的标准时，将功能化作为了重要标准。将这种标准运用到中国族际政治整合上，自然引申出采取像西方国家那样的多元文化主义路线。然而西方多元文化主义的族际政治整合路线是以"分"为特点，以多元主义政治为制度保障，以西方资本主义为基础的。如果将这些规则运用到中国这一个已经采取了千年混合主义文化，并已具有了成熟的多元一体格局的社会来说，无疑是族际政治格局的彻底变革。对于这样一个正在走向现代化的中国来说，既不可能也是难以实现的。

不错,中国目前已经走向世界并把市场经济作为实现现代化的必由之路,但是无论从世界经济发展和资源利用的角度考察,还是从现代化发展的角度看,现代性并不是单一的,而是多样的。① 从世界不同国家积累财富,走向现代化的历史看,西方国家主要通过自由主义的方式积累财富,走向现代化。在这里,个人财产权的确立由此建立了个人为本的自由主义模式。在这里,作为人的主体性的个体性一方得到发展,其所涉及的道路是通过个人主体性发挥而达到整个社会的共同发展。有了这一思路,西方国家进一步将其扩展到社会乃至那些弱小的群体上。但是我们看到,这种从个人自由到集体权利的路线带有着弊端。美国学者克莱斯·瑞恩分析到由个人主义发展而来的多元文化主义时指出:"文化多样性并不总是保护善的力量。多样性也会表现为狭隘的地方主义、自私的抱团思想、颓废、鲁莽与残忍,并由此成为冲突的根源。"②因此,多元文化论之大患在于它实在无力"提升人生的多样性"③。

与西方国家比较,中国是后发国家。它所选择的道路是后发国家一般走过的道路,即国家推进路线。中国学者朱天飙指出,后发国家的发展往往采取的是国家干预的方式。这种干预,不仅仅是经济的,而且还深入到社会内部各种关系的组织上。④ 不过有一个不同点,即在后发国家发展的道路上,一些东南亚国家采取的是资本主义道路,中国选择了社会主义道路。这种道路选择在它的最初阶段表现为计划经济加政治上的高度集中。改革开放后,中国重新进行了发展道路上的调整,即经济上采取市场经济规则。但即使如此,中国的市场经济从来没有与国家干预完全断开。政治上中国进行了民主政治建设,但这种民主是"纵向民主",也就是一种自下而上的民主与自上而下的民主相结合的民主。在族际政治整合上,中国的民族区域自治制度是一种双向的民族共治。即从国家和民族自治地方的关系上说,国家对民族自治地方具有领导的责任和权威,但同时接受民族自治地方根据本民族社会的特殊情况"变通执行"国家有关法律、法令和法规的合理要求;

---

① 参见[以色列]S. N. 埃森斯塔特:《反思现代性》,旷新年等译,生活·读书·新知三联书店,2006 年,第 19 ~ 344 页。

②③ [美]克莱斯·瑞恩:《异中求同:人的自我完善》,张沛等译,北京大学出版社,2001 年,第 19 页。

④ 参见朱天飙:《比较政治经济学》,北京大学出版社,2006 年,第 66 页。

而民族自治地方一方面要接受上级国家机关的领导，另一方面则可通过一定的方式参与上级国家机关的决策。从民族自治地方和一般民族杂居区内部的民族关系上说，各民族之间也存在参与和接受之双向共治运动。①

中国的道路强调了人的主体性的另一个方面——社会性。也即是在实现社会财富的增长上，依靠社会的力量同样也可以实现国家的富强和民族的复兴。在这样一个总前提上，贵和精神自然具有了战略意义和发展空间。不可否认，权利意识的增长、族群意识的增长是对中国的贵和精神提出了挑战，但从贵和精神发展起来的文化与体制，为权利的实现，特别是族群权利的实现提供了坚实的物质基础。笔者在对西藏、贵州、云南和甘肃民族地区考察看到，目前中国民族地区的经济水平和文化事业都有了巨大的发展，原来贫穷的地方现在生活条件有了巨大的改变。目前的重要任务就是面对新的挑战，各个地方都在不断完善各种制度机制，通过实际有效的措施，保障不同民族真正过上幸福生活。从这种意义上看，中国的贵和精神随着中国现代化的发展，在适应外部挑战面前会作出新的调整，但这种调整依然是在中国现有体制和文化环境中的调整，但绝不是彻底否定贵和精神。

第三节　"两个共同"与当代中国多民族国家政治整合

综观近代历史，世界上的不少多民族国家，在现代化发展进程中都不可避免地出现了占统治地位的那个阶级或民族的国家凭借暴力或政治强制对少数民族进行剥夺或侵犯，以及多民族国家内部少数民族和国家、少数民族和少数民族之间的对立和斗争。中国作为多民族国家在走向现代化进程中，借鉴他国经验，结合本国实际，提出了"共同团结奋斗、共同繁荣发展"的思想。

20 世纪 90 年代初，江泽民提出："要创造条件，加快发展少数民族和民族地区的经济、文化各项事业，促进各民族的共同繁荣"②，首次提出了各个

---

① 朱伦:《自治与共治：民族政治理论新思考》，王建娥:《族际政治与现代民族国家》，社会科学文献出版社，2004 年，第 316 页。

② 江泽民:《加快各民族大团结，为建设有中国特色的社会主义携手前进》(1992 年 1 月 4 日发表，国家民族事务委员会:《中国共产党关于民族问题的基本观点和政策(干部读本)》，民族出版社，2002 年，第 284 页。

民族"共同繁荣"的思想；1999 年 9 月，江泽民将"促进各民族的共同繁荣"
列为中国民族工作的两大主要任务之一，指出："新中国的民族工作主要有
两大历史任务：一是通过进行社会制度的变革，引导翻身解放的各民族人民
走上社会主义道路；二是通过社会主义建设加快各民族特别是少数民族和
民族地区的经济发展和社会进步，促进各民族的共同繁荣。"①进入 21 世纪
后，随着西部大开发事业的蓬勃发展，2003 年 3 月，胡锦涛在全国政协十届
一次会议少数民族界委员联组讨论会上的讲话中第一次提出："各个民族共
同团结奋斗、共同繁荣发展是新世纪新阶段民族工作的主题"的思想。在
2005 年的中央民族工作会议上，胡锦涛进一步对"两个共同"的内涵作了明
确阐释："共同团结奋斗"就是"把全国各族人民的智慧和力量凝聚到全面建
设小康社会上来，凝聚到建设中国特色社会主义上来，凝聚到实现中华民族
的伟大复兴上来"②。"共同繁荣发展，就是要牢固树立和全面落实科学发展
观，切实抓好发展这个执政兴国的第一要务，千方百计加快少数民族和民族
地区的经济社会发展，不断提高各族群众的生活水平。"③党的十八大继续坚
持了"两个共同"思想，提出要"全面正确贯彻落实党的民族政策，坚持和完
善民族区域自治制度，牢牢把握各民族共同团结奋斗、共同繁荣发展的
主题"④。

　　自 2003 年"两个共同"民族工作主题提出至今，国内不少学者对这一思
想的意义与内涵进行了富有意义的探讨。仅从 CNKI 查寻，涉及"两个共同"
方面的文章就达数百篇之多，其中，郝时远、金炳镐等教授的文章尤具代表
性。郝时远在《民族研究》2009 年第 6 期上发表的《中华民族伟大复兴的必
由之路——各民族共同团结奋斗、共同繁荣发展》一文，深入阐述了"两个共
同"与中华民族复兴之间的关系，指明了中华民族是近代仁人志士提出的国
家民族概念，它是中国各个民族的总称。党中央将中华民族复兴作为了奋
斗目标，并认为"两个共同"是实现这一目标的必由之路。文章认为，目前民

---

①　本书编写组：《中央民族工作会议暨国务院第三次全国民族团结进步表彰大会文件集》，人
民出版社，1999 年，第 2 ~ 3 页。

②③　在中央民族工作会议暨国务院第四次全国民族团结进步表彰大会上的讲话（上），http：//
www. sina. com. cn 2005 年 05 月 28 日 14：46 北京日报。

④　《坚定不移沿着中国特色社会主义道路前进，为全面建成小康社会而奋斗》（胡锦涛在中国
共产党第十八次全国代表大会上的报告），http：//news. xinhuanet. com/18cpcnc/2012 - 11/08/c_
113641526. htm。

族问题的主题是如何解决少数民族和民族地区迫切需要发展和发展能力不足的矛盾，这将是一个长期存在的问题，解决这一问题的关键是团结奋斗，目的是繁荣发展。金炳镐和熊坤新的论文《对"两个共同"的再认识》主要从解决民族问题原则的高度对两个共同的意义进行了解读，作者在论文中分析了"两个共同"形成的历史过程和科学内涵，并着重分析了"两个共同"在当代解决中国民族问题以及未来发展趋势的意义。唐建兵《民族建构与国家建设》一文主要探讨了国家民族构建与国家建设之间的内在关系。作者在论文最后一个部分分析了"两个共同"对中华民族复兴与建构的重大意义，认为"两个共同"的建设将促进不同民族之间"互识性共同因素的不断增长"，随着不同民族之间差距的不断缩小，共同繁荣的美好愿望将在中华民族伟大复兴过程中不断趋近实现。[①]

从上述作者的论文看，郝时远、金炳镐等作者的论文主要从民族学的角度分析了"两个共同"在中华民族复兴中的伟大意义，而唐建兵的论文尽管从国家建设的角度接触到了"两个共同"，认识到"两个共同"与国家建设之间的关系。在笔者看来，"两个共同"不仅对中华民族这一国族复兴与建构具有重要意义，而且其中蕴含的有关于多民族国家政治整合的意义同样具有十分重要的价值；对"两个共同"的理解，不仅需要从民族学角度思考，也需要从政治学角度进行探讨。

首先，自国家产生以来，如何将社会内部的不同集团纳入一定"秩序"之中，一直就是国家所面对的重大问题。恩格斯在《家庭、私有制与国家起源》中指出，为了使社会内部存在的对立面，这些经济利益互相冲突的阶级不至于在无谓的斗争中把自己和社会消灭，就需要一种凌驾于社会之上的力量，其基本任务就是"缓和冲突，把冲突保持在'秩序'的范围以内"[②]，这个力量就是国家。显然，国家作为一种凌驾于社会之上的特殊的公共权力，它的一个重要任务就是将社会内部不同集团，其中也包括不同族群纳入一定的秩序中，使其能够共同生活在一起，国家的这种活动就是政治整合。

其次，从 2003 年国家将"两个共同"确定为民族工作主题，这一主题既有解决民族地区加快发展的战略设计，同时又从涉及诸如三个"凝聚"，即

---

① 参见唐建兵：《民族建构与国家建设》，《西北民族研究》，2012 年第 4 期。
② 《马克思恩格斯选集》（第 4 卷），人民出版社，1972 年，第 166 页。

"凝聚到全面建设小康社会上来,凝聚到建设中国特色社会主义上来,凝聚
到实现中华民族的伟大复兴上来",以及"发展这个党执政兴国的第一要务"
"加快少数民族和民族地区的发展"等内容看,无不是从"全国"意义上思考
如何将各个民族的人民凝聚起来,求得各个民族共同繁荣发展这一全局性
战略问题,而这一问题的思考和路径选择正构成新时期中国多民族国家政
治整合的重要内容。

　　基于上述分析,也就需要从政治整合的意义上对"两个共同"这一民族
工作主题作一解读。什么是政治整合? 目前学术界有不同的认识,有三种
观点值得注意:第一种,受英语概念影响,将整合与融合等同起来。① 其实,
融合和整合是两个不同的概念。融合表示的是两个不同因素结合后,原来
的各自特色消失而生成一个具有新的特质的统一体。整合则是构成其中的
不同因素依然保留自身的某种特色。第二种是自上而下论,也就是政治整
合指的是一定的政治主体凭借一定的权威将社会中的多元因素组合成一个
相互联系的整体。② 第三种为自下而上论,即社会中的不同集团由于共同的
利益而结合成一个相互联系的整体。③ 后两种整合解释各有所依,但都反映
了多元力量组成一体这一事实。具体运用到多民族国家的政治整合上,解
决的是同处于一个国家中的不同族群共同生活在一起的问题。观察近现代
以来的历史,可以说,随着主权国家建立的完成,大多数国家是多族群国家。
即使是西欧等那些老牌的"民族国家"随着"逆向殖民潮"④的发展,在事实
上,已经成了多族群国家。多族群共存一体,既存在"多族群"事实,也存在
作为统一秩序象征的宪法、共同的边界和主权的"国家"。由于这些国家内
部族际关系格局不同,产生出来的政治整合样式也各种各样。从国家与社
会关系角度看,存在着以市民社会为基础、以公民国家为政治表现形式的政

---

　　① 在英语中,integration 有整合、一体化、混合和融合之意。运用于社会学上,被解释为一个特
殊的次群体成员从群体范围内的孤立状态趋向与其他群体成员融合的过程。参见吴晓林:《现代化
进程中的阶层分化与政治整合》,天津人民出版社,2012 年,第 31 页。
　　② 认为政治整合就是"国家把处于分离、分散、分裂状态的多元利益群体和各种社会政治力量
统合进一个统一的政治体系,保持和实现政治系统良性有序运转的过程和状态"。见侯万锋:《民族
因素与多民族国家的政治整合》,《云南行政学院学报》,2006 年第 5 期。
　　③ 认为政治整合就是社会内部不同群体在共同目标的作用下形成有机结合的过程。参见
RobertRhodes, The New Governance without Government, *Political Studies*. XLIV, pp. 652－667.
　　④ 传统的殖民潮主要表现为西方国家向发展中国家的殖民发展。战后,随着西方国家经济发
展和进一步的开放,发展中国家成员大量流向西欧、北美等传统的殖民主义国家。

治整合样式。在这种样式中,公民化或去政治化构成了多民族国家政治整合思路①,如美国也存在以国家自主性为中心的国家主义多元一体格局。这种格局有,国家作为最高权威,对国内不同族群实施中心—边缘式管理,少数人族群成为国家统一管理下的一个边缘性群体,如缅甸、泰国、老挝等国家。以"同"与"异"的关系看,有"扶异求同""异中求同""弱异求同"和"灭异求同"四种具体样式②;从民主化与文化化关系看,存在有"民主化"政治整合和"文化化"两大类型。③ 从上述学者对当代多民族国家政治整合样式的区分,一方面,透视出现代多民族国家中族际关系格局与政治整合样式之间的内在关系;另一方面,从学理上看,都涉及诸如差异与共同、多元与一元、民族群体权利与国家权力、族群认同与公民认同等与政治整合密切相关的因素的组织问题。具体落实到多民族国家的政治整合上,所谓的政治整合就是,多民族国家内部不同族群之间,以及这些群体与国家之间形成一种国族国家④的状态和过程。它有以下几个方面内涵:首先是政治整合的政治基础,也就是构成政治整合的群体地位及它们之间的相互关系。这是多民族国家处理民族关系的原则和政治整合的基础;其次是政治整合的价值与目标定位,多民族国家的政治整合既有原生文化的编织,也有自觉建构的作用,其中一定的价值和目标选择构成了政治整合的精神纽带与合力之源;最后是政治整合内部不同主体的互动与组织领导,社会内部不同主体之间的良好互动与科学有效的组织指导,是政治整合获得健康发展与巩固的保证,从多民族国家角度看,就是各个民族群体结合成国族国家。

　　中国作为多民族国家,在长期的历史发展过程中,在处理"同"与"异"的关系上形成了自己特有的传统。尤其改革开放以来,东西部发展的差距、民族地区经济发展上的不平衡、民族之间事实上的不平等、民族关系发展中存

　　① 当代公民国家建构主张以公民民族主义为多民族国家结合之路,其主要代表国家为美国。在这种样式中,族群文化差异保留在私人领域,政治领域一律公民化。这一观点在格罗斯的《公民与国家》及中国学者马戎的《族群、民族与国家建设》一书中。

　　② 参见张会龙:《当代中国族际政治整合》,北京大学出版社,2013 年,第 238 页。

　　③ 参见王建娅:《族际政治:20 世纪的理论与实践》,社会科学文献出版社,2011 年,第 313 页。

　　④ 关于国族的认识,在当代学术界有不同的争论。郝时远研究员认为,"无论是相对单一民族成分的国家还是多民族成分的国家,从领土政治的角度说,都叫国族——国家。"见《热话题与冷思考》,《当代世界与社会主义》,2013 年第 5 期,第 4 页。近代以来不少学者将一族一国视为理想,其中含有同化主义和分离主义的因子。笔者这里采用的国族国家主要指共处于一个疆域,由两个或两个以上的民族组成,不同民族成员享有共同国籍的国家。

在着相对的不和谐等因素,不同程度地给中国多民族国家政治整合带来了新的挑战。如何解决这些问题? 学术界曾对民族识别、公民化、多元文化主义政策、中国民族区域自治的完善或变革、民族权利与国家权威关系等问题的讨论,提出了种种不同的解决途径。本书尝试以"两个共同"为基点,借助比较政治学方法,对蕴含其中的政治整合机制作一初步探讨。

一、民族平等:"两个共同"的前提和当代中国①政治整合的政治基础

多民族国家的政治整合,首先涉及如何处理不同族群在国家中的地位。近代以来,随着人权和公民平等原则的确立,民族平等原则也成为不少国家宪法和法律的一个重要原则和进行政治整合的政治基础,在中国也不例外。

当代中国的民族平等②原则首先是各个民族政治上的平等。这里说的政治平等集中体现为人民主权意义上的政治平等,即所有民族不论大小都是人民主权的参与者,各个民族平等地共同参与国家治理,行使人民当家做主的权利。在新民主主义革命时期,中国共产党团结各个民族,通过艰苦卓绝的斗争,推翻了帝国主义、封建主义、官僚资本主义的压迫,实现了国家独立和民族解放,共同建立了中华人民共和国。在夺取政权以后,中国共产党领导各个民族消灭了阶级压迫制度,建立了体现各民族人民当家做主的政治制度,即建立了人民代表大会制度,确立了人民代表大会在政治生活中的权威地位;建立了中国共产党领导的多党合作和政治协商制度,充分发挥人民政协作为协商民主重要渠道作用,围绕团结和民主两大主题,推进政治协商、民主监督、参政议政制度;建立了民主制度,通过这些制度,来自不同领域、不同民族的代表和群众共同致力于国家的管理。显然,要实现各个民族的平等,首先要保证各民族共同参与国家管理,他们在共同的政治参与中相互承认、平等协商,在共识中形成凝聚力而共同建设自己的国家。

与之形成对比的是,在苏联和南斯拉夫,民族平等实践更多以"主权民

---

①　由于标题字数限制,本论文所采用的"当代中国"主要指作为"当代中国多民族国家",后面标题均同。

②　在当代话语中,民族与族群有着严格的区分。一般说来,前者与领土和主权密切联系在一起。后者主要指作为民族国家中的次级群体。对于两个概念,无论国内还是国外学界均有不同观点,因为篇幅字数关系,不多赘述。鉴于中国用法习惯,当指中国的各个民族时,依然采取"民族"一词;涉及国外多民族中的"民族"时,采用"族群"一词,以与国家相区别。

族"平等为特点，即作为共同体中的每个民族分享主权，各个民族在保留自决权基础上形成政治共同体。① 这是一种民族联邦意义上的民族平等。在这种共同体中，以民族自由选择作为民族平等的重要原则，其中含有对抗与分裂的因子，为这些国家政治整合的失败留下了隐患。与上述不同的是，在民族聚居较强的多民族国家，如西班牙、法国、意大利、瑞士等国家，通过建立民族自治而实现民族平等。在这里，民族平等更多表现为以民族群体为基础，通过本民族政党参与和影响国家政策制定，分享国家主权，保护民族利益和权利，通过这种政治机制，实现多民族国家的政治整合。

中国的民族平等是各个民族通过共同参与行使人民当家做主的权利。在实现国家管理中，集中表现为民族区域自治制度的建立。刘少奇在评价各民族政治上平等的重要意义时指出："必须让国内各民族能够积极地参与整个国家的政治生活，同时又必须让各民族按照民族区域自治的原则自己当家做主，有管理自己内部事务的权利。这样就能消灭历史上残留的民族间的隔阂和歧视，不断地增进各民族间的相互信任和团结。"② 在这里，一方面，中国的民族区域自治本身体现了人民主权原则；另一方面，中国的民族区域自治又带有行政管理的意义。即民族区域自治地方政府在享有宪法和法律赋予的自治权力的同时，又作为国家行政管理体系中的一级政府。显然，这种管理方式不同于苏联以及其他国家提出的"主权平等"或"民族自治"意义上的政治整合，而是以一定的单一制为基础，同时伴随有各个民族共同参与的一种政治整合。

民族平等不仅通过民主政治制度的建设得到落实，在实际中存在着民族形式上平等与实质平等问题。就形式平等而言，这是基于构成中华民族所有民族群体的平等。《中华人民共和国宪法》规定："中华人民共和国各民族一律平等。国家保障各少数民族的合法权利和利益，维护和发展各民族的平等、团结、互助关系。禁止对任何民族的歧视和压迫。"中国各民族公民

---

① ［南］基罗·哈季瓦西莱夫：《民族平等与社会自治》，冯锡友译，见朱伦等编：《民族与民族主义：苏联、俄罗斯、东欧学者的观点》，社会科学文献出版社，2013 年，第 334～335 页。

② 刘少奇：《关于民族区域自制问题》，中共中央文献研究室、中共新疆维吾尔自治区委员会编：《新疆工作文献选编》(1949—2010 年)，中央文献出版社，2010 年，第 118 页。

广泛地享有宪法和法律赋予公民的各项平等权利。① 就民族的实质平等而言,主要是指各个民族在发展水平、发展阶段、权利本身行使等具体方面的平等。斯大林曾根据列宁的思想,对苏联社会主义建设时期的民族平等问题有过一段分析。他指出:"文化发达的民族和文化不发达的民族之间还存在着旧的资产阶级制度遗留下来的事实上的不平等(文化的、经济的、政治的),民族问题就具有一种形式,这种形式要求采取一些措施来帮助各落后民族和部族的劳动群众在经济、政治和文化上繁荣起来,使他们有可能赶上走在前面的无产阶级的俄国中部。"②因为各民族的"事实上的不平等仍然是一切不满和摩擦的根源"③。斯大林的这些分析尽管反映的是苏联的事实,但同样在中国存在。以贫困规模为例,中国贫困人口数量在少数民族地区尤为集中。例如,2010 年全国贫困人口数量 12800 万人,其中内蒙古、广西、贵州、云南、西藏、青海、宁夏和新疆分别为 237. 77 万人、1012 万人、1532 万人、1500 万人、83. 3 万人、138. 36 万人、101. 5 万人和 329. 77 万人;贫困发生率全国为 13. 4%,而内蒙古、广西、贵州、云南、西藏、青海、宁夏和新疆分别为:20. 34%、25. 0%、45. 1%、42. 0%、34. 42%、37. 6%、25. 6%和 25. 4%。④

　　为解决民族地区贫困,实现各个民族的事实上的平等,中国共产党进行了坚持不懈的努力。其中"最根本的问题是帮助少数民族发展生产,改善生活。如果少数民族在经济上不发展,那就不是真正的平等。所以要使各民族真正平等,就必须帮助少数民族发展经济"⑤。同时,为了解决少数民族及其地区的贫困和发展问题,国家采取了以"区别对待,分类指导"相结合的原则,建立了有针对性的差别化国家支持政策,其中包括了财政补贴、干部名

---

　　① 　主要包括诸如:各民族公民不分民族、种族、宗教信仰,都同样地享有选举权和被选举权;各民族公民的人身自由和人格尊严不受侵犯;各民族公民都有宗教信仰自由的权利;各民族公民都有接受教育的权利;各民族公民都有使用和发展本民族语言文字的权利;各民族公民都有言论、出版、集会、结社、游行、示威的自由;各民族公民都有从事科学研究、文学艺术创作和其他文化活动的权利;各民族公民都有劳动、休息和丧失劳动能力时从国家和社会获得物质帮助的权利;各民族公民都有对国家机关和国家工作人员提出批评和建议的权利;各民族公民都有保持或改革自己风俗习惯的自由等等。参见《中华人民共和国民族政策法规选编》,中国民航出版社,1997 年。

　　② 　斯大林:《俄共(布)第十次代表大会》,《斯大林全集》(第 5 卷),人民出版社,1957 年,第 35 页。

　　③ 　同上,第 201 页。

　　④ 　参见蓝红星:《中国少数民族地区贫困问题研究》,经济科学出版社,2013 年,第 216 ~ 217 页

　　⑤ 　周恩来:《要尊重少数民族的宗教信仰和风俗习惯》,中共中央文献研究室、中共新疆维吾尔自治区委员会编:《新疆工作文献选编》(1949—2010 年),中央文献出版社,2010 年,第 145 页。

额、高考加分、自治地方的双语教育、计划生育等政策。这些政策对提高一些民族及其个人的发展能力，帮助少数民族群体参与社会主义市场经济与国家建设具有非常重要的意义。

当代中国在两个平等的结合上的努力，有效地促进了多民族国家的政治整合。就形式平等而言，国家通过宪法和法律及各项制度，促进了各个民族平等权利的实现，在这里不存在任何一个民族有高于另一个民族的权利。在政治上不存在一个民族压迫另一个民族的问题，最大限度地缩小了不同民族群体之间的政治冲突，将各个民族有效地组织进国家。各个民族在政治上成为人民主权的一个成员。但在现实中，由于各个民族所处的具体环境、发展条件存在不同程度的差距，即存在着事实上的不平等。应该承认在市场经济条件下，一定的形式平等是市场经济发展的要求，同时出现一定的不平等也是不可避免的，采取计划经济时代的平均主义不利于社会经济的发展。但这绝不意味着可以任其发展，如果那样，将使少数民族产生一种被剥夺和被压迫感，严重影响到少数民族对国家政治制度的认同和政治整合的实现。在市场经济时代，少数民族总体上是弱势群体。国家在坚持各个民族形式平等的同时，通过一定的制度和政策安排，帮助那些弱小的、发展慢的民族提高自身的经济、文化和社会参与能力，可以缩小民族之间发展上的差别，增进不同民族之间的共同性，促进政治整合稳定和健康发展。

相比较而言，在当代多民族国家中，一些国家强调市场的作用，追求形式平等和自由。这种平等在打破各个族群隔离状态，实现经济生活的一体化上起到了一定作用，但随着竞争的加剧，使本来族群事实上的不平等扩大，带来族际间冲突与摩擦的产生。如在东南亚国家的城市中，既存在着豪华的富人居住区，也存在着大量的贫民。既有富裕的族群，也存在着穷苦的族群。美籍华人蔡爱眉指出："市场将巨大的财富集中到'外来的'少数族群手中，在时常处于贫困的多数族群中挑起嫉妒和仇恨。从绝对意义上说，多数族群的生活可能会得到改善，也可能得不到改善，这也是许多全球化讨论所集中的争论所在，但任何意义上的改善都敌不过它们的持续贫困和它们所仇视的少数族群非凡的经济成功。"①由于利益上悬殊，决定了这些不同族群之间不平等感的加强，并把这种不平等与政治不平等联系起来，此时，民

---

① [美]蔡爱眉：《起火的世界》，刘怀昭译，中国大百科全书出版社，2005年，第11页。

族关系将受到伤害,社会和政治凝聚力随之下滑,甚至走向政治整合的失败,20 世纪 70 年代以来,发生在印度尼西亚的民族冲突印证了这一特点。①

二、作为精神力量的"两个共同"与当代中国政治整合

在全面建成小康社会和实现中华民族伟大复兴的过程中,采取怎样的一种价值,选择怎样的一种道路决定着国家的命运。党的十八大报告指出:"道路关乎党的命脉,关乎国家前途、民族命运、人民幸福。"②在此,中国共产党从改革开放之日起,在对"两个共同"内容的阐述及党的十八大报告中,都十分明确地将中国特色社会主义价值体系置于统帅地位上,为中国多民族国家的政治整合提供了原则。

其一,"两个共同"中的价值与道路坚持。众所周知,在当代众多国家中,实现经济发展和国家的繁荣、人民富裕是各国政府面临的主要任务,但这里受到了各国社会制度与价值的影响。在当代,苏联和东欧国家剧变后,世界不少国家多采取了资本主义制度,强调了自由主义或社会民主主义的价值选择,它们虽然提出了"人民的富裕"思想,但由于受资本主义影响,这种"富裕"只能是少数人的富裕和发展。美国学者埃斯科瓦尔指出:"发展对于第三世界国家来说如此重要,以至于国家的领导者同意让他们的人民接受各种各样的干预,让他们服从于更广泛的权力形式和控制系统;以至于第一世界和第三世界的精英们能够视这 切为发展的必要代价:人规模贫困,将第三世界的资源随意贩卖给竞标者,损害他们的自然生态和人类生态环境,杀戮、折磨、声讨他们的原住民,将他们逼入绝境。"③美籍华人蔡爱眉指出:"在发展中国家贫困的本土多数族群中,极少有人会相信自由市场会使

---

① 20 世纪发生在印度尼西亚,生活在中央区域的爪哇民族和亚齐民族在经济上存在着差距和冲突。"自 1975 年以来亚齐贡献给国家的自然资源占了地区毛收入的 11%。但(中央)政府每年反馈给亚齐地区建设的只占(其中的)0.5%。爪族不仅掌握政治主导权,而且独享经济发展的大部分好处,而亚齐等外岛少数民族难以接受。"(参见陈衍德主编:《多民族共存与民族分离运动》,厦门大学出版社,2009 年,第 152 页。)

② 《坚定不移沿着中国特色社会主义道路前进,为全面建成小康社会而奋斗》(胡锦涛在中国共产党第十八次全国代表大会上的报告),http://news. xinhuanet. com/18cpcnc/2012 – 11/08/c_113641526. htm。

③ [美]阿图罗·埃斯科瓦尔:《遭遇发展——第三世界的形成与瓦解》,汪淳玉等译,社会科学文献出版社,2011 年,第 59 页。

他们'从赤贫到暴富'。"①资本规则统治下的富裕和发展往往是资本占有者的富裕和发展,资本的排他性必然表现为对人的排斥和对弱势民族的排斥。资本主义影响下的对物的征服必然表现为对人,特别是对那些弱势地位的族群的征服。受此规则影响,也必然导致这些国家的发展和富裕只能是少数人的发展和富裕及大多数人或弱势族群的贫穷。在印度尼西亚,苏哈托曾以威权的形式推进了国家的发展,但"新秩序"时期,中央财政为苏哈托军人政府的核心和亲信中产生的陆军军人所控制,军人集团的成员绝大多数都是印尼多数人民族爪哇人。非爪哇民族成为前者消费的供应者,也由此构成了"非爪哇人不满的根源"②。在墨西哥,"深肤色的穷困潦倒,浅肤色的有钱有势",前者为具有印第安血统的人,占人口的10%,他们从事繁重的体力劳动,社会地位低下,贫困、疾病和文盲伴随着他们;而社会中获利好的职业往往被白人享有。在这种严重的两极分化面前,利益发展严重失衡,使不同利益群体、不同族群之间缺乏共同性,严重影响着社会和政治凝聚力、政治整合的稳定。

与之形成对比的是,中国自改革开放以来,中国共产党就坚定提出,中国的繁荣、发展和富裕只能是在社会主义共同富裕原则基础上的繁荣、发展和富裕。邓小平提出:"各项工作都要有助于建设有中国特色的社会主义,都要以是否有助于人民的富裕幸福,是否有助于国家的兴旺发达,作为衡量做得对或不对的标准。"③面对经济发展中出现的一部分人先富的问题,邓小平指出:"鼓励一部分地区、一部分人先富裕起来,也正是为了带动越来越多的人富裕起来,达到共同富裕的目的。"④1986年,邓小平在天津的讲话中强调:"社会主义的最大优越性就是共同富裕,这是体现社会主义本质的一个东西。"⑤对于现代化发展过程中出现的贫富分化问题,邓小平同志提出:"解决的办法之一,就是先富起来的地区多交点利税,支持贫困地区的发展……在本世纪末达到小康水平的时候,就要突出地提出和解决这个问题。到那

---

① [美]蔡爱眉:《起火的世界》,刘怀昭译,中国大百科全书出版社,2005年,第214页。

② [印尼]C. L. 夏尔玛:《印度尼西亚的民族、民族一体化与教育》,王士录译,《民族译丛》,1990年第1期。

③ 《邓小平文选》(第三卷),人民出版社,1993年,第23页。

④ 同上,第142页。

⑤ 同上,第364页。

个时候,发达地区要继续发展,并通过多交利税和技术转让等方式大力支持不发达地区"①。以社会主义共同富裕思想为指导,党的十八大报告中进一步明确提出:"必须坚持走共同富裕道路。共同富裕是中国特色社会主义的根本原则。要坚持社会主义基本经济制度和分配制度,调整国民收入分配格局,加大再分配调节力度,着力解决收入分配差距较大问题,使发展成果更多更公平惠及全体人民,朝着共同富裕方向稳步前进。"②

　　随着全球化的发展,各个国家之间竞争的加剧,建立强大国家成为不少国家的理想。在印度,进入 21 世纪以来,印度领导人提出 21 世纪印度要成为一个"强大、繁荣富强的国家"的豪言壮语。从苏联解体以后满目疮痍的状态中恢复过来的俄罗斯,其总统普京在向俄罗斯联邦会议提交的国情咨文中提出:"俄罗斯唯一的现实选择是选择做强国,做强国而自信的国家。"③即使处于中小国家的马来西亚同样不甘示弱。1991 年 2 月 28 日,马哈蒂尔在马来西亚工商委员会成立大会上提出了"2020 年宏愿",其目标是在 30 年内(即到 2020 年)把马来西亚建成一个"全面发达的工业国家"。各个国家对自己国家的未来发展与民族振兴理想实现提出了不同的价值选择和制度选择,有的寄希望于国家政策,也有的寄托于强有力的国家元首,也有的侧重强调国内民族之间的"和谐",它们试图通过各自的理想和政策,获得国内不同族群的认同,以便促进国内的政治整合,但总体上依然没有超越其所在国家资本主义制度和价值的选择。尤其 20 世纪,在华盛顿共识影响下,不少国家更把自由市场、自由主义作为实现国家富强、人民幸福的唯一价值选择。苏联和东欧国家的共产党改弦易辙,放弃社会主义理想和信念,不仅导致国家走向衰落,而且也使国家陷入剧烈的民族冲突之中,有的国家发生了性质的转变,使政治整合失去了灵魂,不能不使国家陷入动荡。

　　中国共产党从国内和国际经验教训中,倍感"社会主义核心价值体系是兴国之魂,决定着中国特色社会主义发展方向",要实现中华民族伟大复兴,必须"坚定不移高举中国特色社会主义伟大旗帜,既不走封闭僵化的老路,

---

　　① 《邓小平文选》(第三卷),人民出版社,1993 年,第 374 页。

　　② 《坚定不移沿着中国特色社会主义道路前进 为全面建成小康社会而奋斗》(胡锦涛在中国共产党第十八次全国代表大会上的报告)http://news. xinhuanet. com/18cpcnc/2012 – 11/08/c_113641526. htm.

　　③ 《普京文集》,中国社会科学出版社,2002 年,第 78 页。

也不走改旗易帜的邪路"，通过"开展理想信念教育，把广大人民团结凝聚在中国特色社会主义伟大旗帜之下"①。党的十八大报告明确提出："全面建成小康社会，加快推进社会主义现代化，实现中华民族伟大复兴，必须坚定不移走中国特色社会主义道路。"

其二，"两个共同"中的目标定位。在近现代国家的政治发展进程中，国家建设与民族建构构成了其中的重要内容，甚至国家建设在现实意义上就是国族建构。多民族国家中的不同民族如果不能形成有效的整合，国家建设势必受到影响。如西方学者派伊指出的，"政治发展就是国族整合"②。不过，历史上当西方国家还是发展中国家的时候，在国族建构中都曾经把同质性国族国家建设作为目标，然而，随着全球化的发展和不同民族的流动，这种同质性国家建设收效甚微。目前，世界上的不少国家，其中特别是发展中国家多为多民族国家。如何在民族国家疆界已经确立且内部包括不同族群的条件下有效地实现政治整合，创造一种国族国家？这是国家面临的重要问题。但不能不看到，当今世界上的这些国家，在国家建设与民族建构上不乏有好的想法与设计，但为国内多元利益和国际势力控制与影响，这些国家的发展往往为国内多族群的内圈化所困扰。"一种强烈的——也是排他性的——群体归属感往往可造就对其他群体的疏远与背离。在群体内部的团结每每发展成群体间的不和。"③因身份认同的不同，相互间走向兵戎相见。卢旺达胡图人对图西人、南斯拉夫的塞尔维亚对阿尔巴尼亚人、印度的印度教教徒对伊斯兰教信徒都曾经发生过暴力。世界上不少国家中的族群在把本族的人聚合起来之时，也把"他者"视为了"敌人"。"民主化"浪潮影响下不少多民族国家出现的"颜色革命"，更使民族分裂主义和宗教政治有了发展的空间。在族群认同唯一的条件下，不少多民族发展中国家难以形成社会与政治的合力，更妄谈国家的发展与民族振兴。

当代中华民族的复兴是发生在由 56 个民族组成的国家中。民族复兴的

---

① 《坚定不移沿着中国特色社会主义道路前进为全面建成小康社会而奋斗》（胡锦涛在中国共产党第十八次全国代表大会上的报告），http://news.xinhuanet.com/18cpcnc/2012 - 11/08/c_113641526.htm.

② 转引自[美]阿伦·利普哈特：《多元社会中的民主》，刘伟译，上海人民出版社，2013 年，第14 页。

③ [美]阿马蒂亚·森：《身份与暴力——命运的幻象》，李风华等译，中国人民大学出版社，2009 年，第2 页。

发展一个重要前提就是各个民族团结起来,在不同民族的和睦相处、和衷共济、和谐发展中形成合力,在坚持社会主义基本价值和道路选择的基础上,凝聚到全面建设小康社会、中华民族伟大复兴这一目标下。在当代中国,各个民族已经被纳入市场经济大潮之中。各个民族群体的利益要求在市场经济面前都有了新发展。同时,随着市场经济发展带来的物化意识成长,也必将导致享乐主义和精神空虚的发展。对一个国家和民族来说,贫弱落后固然可怕,但更可怕的是精神空虚。失去理想信念,内心失去约束,行为就会没有顾忌,道德就会伦丧。人心将会离散,不同族群的认同就会取代国族认同。近代以来,中国人民奋斗的目标、中国梦的重要内涵,就是寻求国家的价值内核,以其作为精神之钙,民族之魂。而中华民族复兴是各个民族的共同理想,是中国各民族工作者要实现的"中国梦"。习近平指出:"中华民族具有五千多年连绵不断的文明历史,创造了博大精深的中华文化,为人类文明进步做出了不可磨灭的贡献。经过几千年的沧桑岁月,把我国56个民族、13亿多人紧紧凝聚在一起的,是我们共同经历的非凡奋斗,是我们共同创造的美好家园,是我们共同培育的民族精神,而贯穿其中的、最重要的是我们共同坚守的理想信念。"①坚信这一"理想信念",56个民族,13亿多人口能够凝聚起来;坚信这一理想,各个民族共同团结奋斗,共同创造"美好家园",推动着中华民族的进步与发展;坚信这一理想,兴邦强国家就能实现,人民就能团结起来。

　　回顾历史,近代以来的中国内忧外患,积贫积弱,无数志士仁人为实现国家的独立与民族复兴,为使苦难的中国人过上幸福生活而艰苦奋斗,甚至献出了生命。中国共产党成立以来,紧紧依靠人民,通过付出千辛万苦和最大牺牲,结束了旧中国悲惨命运,开启了社会主义建设的征程。在此进程中,一方面,中国共产党和中国政府动员起千千万万的各族人民加入到建设新中国,实现幸福生活伟大事业中;另一方面,饱经战乱与贫穷的亿万各族人民也以忘我的精神参与到这一伟大事业中。改革开放进一步调动了各个民族的积极性。经过30多年奋斗,中国的"经济总量从世界第六位跃升到第二位,社会生产力、经济实力、科技实力迈上一个大台阶,人民生活水平、

----

　　① 《习近平在全国人大闭幕会上讲话谈中国梦》(全文) http://news.cnhubei.com/xw/2013zt/2013qglh/201303/t2506841.shtml

居民收入水平、社会保障水平迈上一个大台阶,综合国力、国际竞争力、国际影响力迈上一个大台阶,国家面貌发生新的历史性变化"[①]。但也必须看到:"我国仍处于并将长期处于社会主义初级阶段的基本国情没有变……我国是世界最大发展中国家的国际地位没有变。"[②]在这样一个国情下,更需要各个民族坚定信念,努力为全面建成小康社会而奋斗。

总之,"中国特色社会主义"和"中华民族复兴"既构成了各个民族共同团结奋斗、共同繁荣发展的精神源泉,也为当代中国多民族国家政治整合铸就了灵魂和方向,它将有力地把不同民族群体聚合起来,形成正能量,共同致力于中华民族的建构。

三、作为实践行动的"两个共同"与当代中国政治整合

"两个共同"强调各个民族的共同团结奋斗和共同繁荣发展,其中既蕴含着各个民族在团结、合作、互助与和谐基础上的良性互动和社会实践,也蕴含着国家在两个共同实践中的关键作用。这也就为当代中国多民族国家的政治整合注入了生机和力量。

1. 各个民族与国家的实践发展

基于现代化分工基础上的各个民族之间的良好互动为"两个共同"的实践提供了强大的社会基础。在实践中,各个不同的民族在现代化进程中被动员起来,参与到现代化建设与小康社会的建设中来。他们在相互合作中,既增进了自身的发展素质和能力,也促进了其他民族的发展和整个国家的发展,他们在彼此之间的相互交往中,编织和再生产着中华民族多元一体格局。以进入 21 世纪以后的人口流动情况看,在 2000 年中国全部的跨省迁移人口中,东部地区的 65% 仍在东部的其他省(市),而中部地区超过 84%,西部地区超过 68% 的人口则迁往东部。[③]而从民族人口比例变化情况看,少数民族人口向汉族地区迁移。大量少数民族迁居东部,使得中国西部地区的少数民族人口占全国少数民族人口的比重,由 1982 年的 77.64% 下降到 2000 年的 71.27%;8 省区少数民族人口占全国少数民族人口的比重,由

---

①② 《坚定不移沿着中国特色社会主义道路前进 为全面建成小康社会而奋斗》(胡锦涛在中国共产党第十八次全国代表大会上的报告),http://news. xinhuanet. com/18cpcnc/2012 - 11/08/c_113641526. htm。

③ 王希恩:《全球化中的民族过程》,社会科学文献出版社,2009 年,第 309 页。

1982 年的 69.59% 下降到 2000 年的 63.16%。而中东部少数民族人口占全国少数民族人口的比重则处于上升趋势。[①]

随着民族之间交往的发展,各个民族以各自的特点和优势参与到现代化进程中去。众所周知,中国民族地区大多是拥有丰富资源的地区,发展潜力很大。东西部优势互补,极大地使原来封闭的民族地区处在了民族的相互合作之中。一种基于市场意义上的合作使各个民族密切地联系在了一起。在此进程中,各个民族和睦相处、和衷共济、和谐发展局面也得到了进一步发展,同时不同民族之间的涵化也发展起来。具体而言,在一定民族区域内,不仅汉族的语言结构要素及模式影响在一定程度上影响了少数民族的语言,而且后者也在一定程度上"改造"着前者。有研究发现,在西北一些城市民族文化中,汉语虽然在日常生活当中占据重要的,甚至是核心的地位,然而各民族却用自己的文化方式、语言方式,改变着汉语,加工着汉语。这一过程采取了两种方式:一种方式是直接将各民族自己的语言译成汉语进行交流,另一种方式是用少数民族自己的语法结构改造着汉语。同时,在日常生活的涵化方面,突出表现为在饮食起居方面,许多民族中出现了互相借鉴的现象,各民族的饮食禁忌也在不断受到其他民族的影响,发生了不同程度的改变,比如汉族的饮食中有不少清真菜谱成分。在婚丧嫁娶等风俗习惯的涵化方面,突出表现在族际通婚现象。改革开放以来,就国内族际通婚情况来看,俄罗斯族、满族、壮族、仡佬族、白族等大量与汉族通婚,使得其民族人口基数大量增加,人口年增长率不断提高;傣族、回族、苗族等也逐渐由民族内婚转向允许民族外婚;东乡族、彝族、瑶族、朝鲜族等与外族通婚的很少,大多仍保持民族内婚的习惯。

在全面建成小康社会的实践中,民族之间交往加深,彼此之间的相互镶嵌,形成了一种动态的、和谐的多元一体格局。这是一种来源于社会层面的各个民族参与其中的自下而上的社会与政治整合。各个民族之间的相互承认和相互帮助,使各个民族的发展都不是封闭的自我发展,而是在相互合作、帮助与团结中的发展。

在"两个共同"实践的伟大实践中,国家发挥了巨大的作用。其一,各个民族在国家的大力支持下交通条件有了巨大改观。改革开放前,中国民族

---

① 王希恩:《全球化中的民族过程》,社会科学文献出版社,2009 年,第 310 页。

地区总体上处在十分封闭的状态中。由于气候、地理状况的原因，很多地方交通极为不便，甚至一些民族地区与世隔绝，民族地区的群众世代活动没有超出自己所居住地方，不知道外部世界怎样，历史发生了怎样的变化。尽管在此过程中，国家已经在民族地区的基础设施建设上进行了大量投资，如修建公路、铁路、桥梁，建立邮政、电报、电话和通信系统，但由于国家经济比较落后，财力有限，决定了这些设施还很难深入到农牧民和偏远地区。改革开放后，随着经济发展的需要，中国的基本设施建设有了长足发展。国家"陆续建成了南昆铁路、内昆铁路、南疆铁路、拉萨机场、兰（州）西（宁）拉（萨）光缆工程、宁夏扬黄灌溉工程等一大批重点工程，极大地改善了民族地区交通、通信等基础设施和生产生活条件"①。尤其值得一提的是，"雪域高原"的西藏地区，2007 年，青藏铁路铺轨到拉萨，结束了西藏没有铁路的历史，使西藏不仅与内地之间有了一条经济、快速、全天候、大能力的运输通道，而且使西藏与内地之间更加密切地联系在一起。2010 年 12 月 15 日，全国唯一没有通公路的西藏墨脱县结束了没有公路的历史，这样一个高原孤岛不仅进入了全国公路网，而且与外界联系到了一起。国家在完成民族地区基础设施建设工程中，村村通公路，户户通广播和电视的工程也已陆续在民族地区展开。现代的民族地区每个乡、村或寨，基本都有了自己的公路、广播和电视。交通和网络条件的改善使"两个共同"的实践更加便利。

其二，国家通过各项公共物品的提供，使民族与民族之间，民族内部的不同群体之间，民族与国家之间相互镶嵌，促进了经济的、社会的一体化。中华人民共和国成立后，特别是改革开放以来，中国政府根据不同地区、不同民族的情况制定了各种不同的政策。如 2009 年《中国的民族政策与各民族共同繁荣发展》白皮书所分析的，"八五"计划时期以来，国家在资金和政策投入方面加大了对中西部地区特别是西部地区的倾斜力度，在民族地区建设了一批大中型工业项目。如新疆的塔里木油田、广西平果铝厂、青海钾肥工程、内蒙古大型煤电基地等，从而使民族地区形成了若干重要的资源开发和深加工产业基地，与整个国家的经济发展密切联系在了一起。进入 21 世纪以来，随着西部大开发战略的实施，民族地区的经济发展地位凸显，其

---

① 中华人民共和国国务院新闻办公室：《中国的民族政策与各民族的共同繁荣发展》，人民出版社，2009 年。

中包括优先在民族地区安排资源开发和深加工项目,引导和鼓励较为发达地区的企业到民族地区投资,加大对民族地区的财政和金融支持等,民族地区经济一体化及民族地区与全国经济的一体化,为各个民族的共同繁荣发展提供了坚实的经济与技术基础。

其三,国家大力发展民族地区的文化教育事业。改革开放以后,"国家根据少数民族的特点和需要,帮助少数民族加快各项文化事业的发展。中国政府通过各种政策措施,尊重和保护少数民族文化,支持少数民族文化的传承、发展和创新,鼓励各民族加强文化交流,繁荣发展少数民族文化事业"①。同时,国家也发展了少数民族教育与文化事业。中国政府在 2009 年发表的《中国的民族政策与各民族共同繁荣发展》白皮书中指出,中国政府在少数民族的语言文字、教育结构、民族文化遗产、文化艺术事业发展等诸多方面给予了大力支持。通过国家的这种支持,少数民族的文化在现代化的大潮中,不仅得到保留,而且与时俱进,不断得到繁荣发展。

2. 中国共产党的组织与领导

在"两个共同"的伟大实践中,中国共产党和中国政府通过提供科学有效的组织与良好的服务,保证了各个民族的共同团结奋斗和共同繁荣发展。

第一,"两个共同"的伟大实践是在中国共产党提出的正确理论指导下进行的。中国共产党在领导中国实现民族独立和国家解放过程中,将马克思主义与中国具体实际相结合,形成了中国特色社会主义理论体系。这是一个"包括邓小平理论、'三个代表'重要思想、科学发展观在内的科学理论体系,是对马克思列宁主义、毛泽东思想的坚持和发展"②。在这一理论体系指导下,"两个共同"的伟大实践更加自觉,更有方向,在共同建设小康社会与实现中华民族伟大复兴中更能形成合力,这是中国多民族国家政治整合特有的思想优势。

相比起来,当代世界上的不少多民族国家由于深受多元思想影响,自由主义、保守主义、社会民主主义、社群主义、民族主义、多元文化主义等思潮

---

① 中华人民共和国国务院新闻办公室:《中国的民族政策与各民族共同繁荣发展》,人民出版社,2009 年,第 40 页。

② 《坚定不移沿着中国特色社会主义道路前进 为全面建成小康社会而奋斗》(胡锦涛在中国共产党第十八次全国代表大会上的报告),http://news. xinhuanet. com/18cpcnc/2012 - 11/08/c_113641526. htm。

竞相在西方和发展中国家的文化与政治舞台上出现，影响着这些国家的政党的思想意识形态和政策价值取向的发展。他们往往各依一定的思想主张制定竞选纲领，制定执政政策。然而在竞争民主体制下，任何一个执政的政党都不可能长期执政，即使在位，其政策主张常常受到其他持有不同政策与理论主张的政党或集团的批判或抵制，使这些国家难以形成为更多人信服的精神认同，降低了这些国家的政治凝聚力和民族凝聚力。

第二，中国共产党是实现"两个共同"的领导力量，这是中国多民族国家维护政治整合的又一个重要优势。中国是最大的发展中国家，发展是执政兴国的第一要务，是解决中国所有问题的关键，也是解决民族地区困难和问题的关键。同时，加快少数民族和民族地区经济社会发展，既是各族群众的迫切要求，也是现阶段解决民族问题的根本途径，在当代中国具有着十分突出的战略地位。而中国共产党肩负着领导和组织各族人民实现中华民族伟大复兴的重任。要承担起这一重任，中国共产党根据各个时期的不同任务和情况，加强了自身的思想、组织和作风建设，最近，中国共产党围绕加强与人民群众的密切联系而开展的党风廉政建设，充分证实了这一特点。围绕发展是党执政兴国的第一要务，中国共产党推进了国家各项制度的建设和完善：中国共产党不断推进人民代表大会制度建设和完善，为各民族人民当家做主提供了制度保证；不断发展和完善了民族区域自治制度，促进了民族地区自治与民族共治的结合；通过多党合作和统一战线，将各个民主党派、不同民族代表有效地组织起来，协商共事，共同致力于中华民族的复兴；通过建立《中华人民共和国民族区域自治法》各项法律和政策，维护民族平等、保护民族权利。

比较而言，在不少发展中国家，社会内部代表不同利益与认同的的政党，与国内宗教、部落与族群纠缠在一起，为了各自的政治与经济利益而相互竞争，而置国家和整个人民利益不顾，在权力、资源的分配上，不少国家的当权者以所代表的部族、族裔、教派利益发展为首要考虑对象，极大地损害了国家的整体的发展。如在部族根深蒂固的也门，尽管那里的人经过长期的历史积淀及反对外族入侵斗争，形成了"我们"反对"他们"的意识，但仍难以接受"主权国家"的概念，特别是在部落和边远地区。对他们来说，政府仅仅是那些掌握权力，并用其损害国家的政治精英的同义语。部落成员既不相信政府意图,也不关心政府政策。① 在喀麦隆,独立后曾是一个比较稳定的国家,1992 年实行多党制,国内很快陷入民族冲突与动乱。在刚果(金),刚宣布多党制,一场政变随之而来。这些案例说明,在缺乏核心权威和成熟的民主制度国家,当政治权力的竞争和资源分配为部族、民族所困时,多民族国家中的不同族群之间难以形成合作,更谈不上什么发展。

四、小结

当代多民族国家是处在全球化时代的国家。在由主权国家组成的人类世界中,多民族国家在激烈的竞争中,如何能够立足并得以发展? 在国内政治中,如何既要保证国家的统一和团结,又使各个民族获得承认和发展? 总之,多民族国家如何在凝聚和发展的两个问题上实现科学和有机的结合? 如何使不同的族群结合成一个包容性的国族国家,是当代多民族国家面临的一个棘手问题。追求发展是多民族国家,特别是发展中的多民族国家的首要任务。但发展带来的国内利益分化及文化认同上的碰撞,严重影响着这些国家的凝聚力的形成和稳定。

观察当代世界上的不少多民族国家,其政治整合有成有败,其间充满了曲折和变数。在此,凝聚与发展相互关系及凝聚与发展各自内部构成的科学与合理安排,对发展中的多民族国家具有重要意义。一个民族没有发展只能面临着萎缩和死亡,失去发展希望的族群只能走向颓废或反抗;而没有凝聚力的国家,人民离散;没有合力,就会导致国家政治动荡、国家分裂,发展更无希望。一部近现代国家崛起史,有兴有衰,正确地解决了凝聚和发展的关系者则兴,反之则衰。历史经验表明,多元一体,合力国强。在一个充满了激烈竞争的国际社会中,只有正确处理了凝聚与发展的关系,国家才能站立起来而走向繁荣。

当代中国无论从价值意义上还是实践意义上的"两个共同",由于正确把握了凝聚与发展这一关键问题,因而保证了国家和民族复兴事业的不断进步,其机制在于:

首先,当代中国的政治整合以中国特色社会主义的"共同富裕"为基本

---

① Elham M. Manea, Yemen, *The Tirbe and The State*, http://www.al-bab.com/yemen/soc/maneal.htm.

原则。"社会主义最大的优越性就是共同富裕，这是体现社会主义本质的一个东西。"①与建立在资本主义制度基础上的多民族国家相比，后者由于受资本统治的驱使，资本占有私人化背后的排他性。特别是在发展中国家各项制度不健全，经济落后和国家能力受限的条件下，资本排他性带来的社会内部不同群体、不同族群之间的矛盾与不同族群认同带来的内卷化纠缠一起，困扰着社会一体化进程。而前者是对资本主义本质的一种反思和超越，通过"共同富裕""共同团结奋斗""共同繁荣发展"既保证了各民族繁荣发展，也使不同民族在团结、合作中结合与凝聚起来。

其次，当代中国的政治整合确立了与各民族愿望息息相关的奋斗目标。"小康社会"和"中华民族伟大复兴"，既承认和保护了各个民族发展的积极性，也使这种积极性凝聚到中华民族复兴之中。既承认了各个民族小康社会经济的、文化的与社会生活的丰富内容，也确立了为各个民族奋发向上的精神理想；依靠繁荣发展，多民族国家生生不息，充满活力，不断走向辉煌；依靠理想和信念，各个民族精神充实，具有灵魂，而唯有各个民族有了这种共同精神，中华民族这一国族才有了统一的灵魂，政治整合才有了精神纽带。

最后，当代中国的政治整合有着科学合理的组织保证。在当代中国，"两个共同"主题中所确立的内容和进行的实践既有自上而下的特点，也有自下而上的特点。在全球化时代，任何一个多民族国家，特别是多民族发展中国家的政治整合，无不起着国家建构的作用。即使是在采取多元文化主义政策并被西方学者视为是一种自下而上政治整合典范的加拿大，国家在政治整合中同样发挥着重要作用。在当代中国，社会发生巨大变革，改革进入攻坚时期，更需要两个方面的结合。两个整合形式的结合使中国的政治整合充满活力，生生不息。

需要指出的是，提出"两个共同"绝不能与搞民族"融合"画等号。相反，"两个共同"思想及其实践从来都和承认、尊重民族差异，承认、保护民族权利、完善民族区域自治制度联系在一起。党的十八大报告明确指出："全面正确贯彻落实党的民族政策，坚持和完善民族区域自治制度，牢牢把握各民族共同团结奋斗、共同繁荣发展的主题，深入开展民族团结进步教育，加快

---

① 《邓小平文选》(第三卷)，人民出版社，1993年，第364页。

民族地区发展,保障少数民族合法权益,巩固和发展平等团结互助和谐的社会主义民族关系,促进各民族和睦相处、和衷共济、和谐发展。"①

---

① 《坚定不移沿着中国特色社会主义道路前进 为全面建成小康社会而奋斗》(胡锦涛在中国共产党第十八次全国代表大会上的报告), http://news. xinhuanet. com/18cpcnc/2012 - 11/08/c_113641526. htm。

感　谢

在本书的编写过程中，以下人员给予了我很大的支持和帮助。第二章第一节"国家认同及其建构"由王恒供稿，第五节"印度尼西亚的世俗主义国家认同建构"由付海梅供稿；第二章第四节"埃及的民主选择与政治整合困境"由郭小虎供稿；第三章第六节"南斯拉夫族际政治民主化的失败"由王恒供稿；第四章第四节"印度多民族国家的治理"由常晶供稿。

本书作者对以上学者的供稿进行了进一步编辑和整理。同时也对他们的大力帮助表示由衷的感谢！

常士閤

2017 年 10 月

政治文化与政治文明书系书目

1. 《多元文化与国家建设》　　　　常士闿　高春芽　吕建明◎主编
2. 《当代中国政府正义问题研究》　　　　　　　史瑞杰 等◎著
3. 《社会管理的理论与实践》　　　　　　　曹海军　李　筠◎著
4. 《历史中的公民概念》　　　　　　　郭台辉　余慧元◎编译
5. 《让权利运用起来
　　　——公民问责的理论与实践研究》　　　　韩志明◎著
6. 《应为何臣　臣应何为
　　　——春秋战国时期的臣道思想》　　　　刘学斌◎著
7. 《社会转型期城市社区组织管理创新研究》　　李　璐◎著
8. 《党内民主与人民民主》　　　　　　　　田改伟◎著
9. 《当代政治哲学视域中的平等理论》　　　　高景柱◎著
10. 《美德与国家
　　　——西方传统政治思想专题研究》　　王乐理 等◎著
11. 《民主的否定之否定
　　　——近代西方政治思想的历史与逻辑》　　佟德志◎著
12. 《马克思主义从原创形态向现代形态的发展
　　　——关于中国特色社会主义基础理论的探索》　　余金成◎著
13. 《中国传统政治哲学的逻辑演绎》　　　　张师伟◎著
14. 《在理想与现实之间
　　　——正义实现研究》　　　　　　　许　超◎著
15. 《快速城镇化背景下的群体性突发事件预警与
　　　阻断机制研究》　　　　　　温志强　郝雅立◎著
16. 《中国共产党执政能力建设研究
　　　——以中国政治现代化为背景》　　　　宋林霖◎著
17. 《中国公共政策制定的时间成本》　　　　宋林霖◎著
18. 《当代中国政治思潮（改革开放以来）》　　马德普◎主编